KB190198

셰르파,

히말라야의 전설

TIGERS OF

THE SNOW

| 옮긴이 **서영철** |

서강대를 졸업하고 같은 대학원에서 석사학위를 받았다. 이후 캐나다 온타니오 주 킹스톤의 퀸즈 대학원에서 석사와 박사과정을 마쳤다. 현재 부산 경성대학교 영어영문학과 교수로 재직하고 있다.

셰르파, 히말라야의 전설

조너선 닐 지음 | 서영철 옮김

Tiger of the Snow

초판 1쇄 인쇄일 · 2006년 10월 9일
초판 1쇄 발행일 · 2006년 10월 16일

발행처 · 출판사 지호 | 발행인 · 장인용 | 출판등록 · 1995년 1월 4일 | 등록번호 · 제10-1087호
주소 · 서울시 마포구 서교동 410-7(1층) 121-840 | 전화 · 325-5170 | 팩시밀리 · 325-5177
이메일 · chihopub@yahoo.co.kr | 편집 · 김희중 | 마케팅 · 전형세 | 표지디자인 · 오필민
본문디자인 · 이미연 | 종이 · 대림지업 | 인쇄 · 대원인쇄 | 제본 · 경문제책

ISBN 89-5909-020-4

셰르파,

히말라야의 전설

조너선 닐 지음 · 서영철 옮김

지호

| 추천의 글 |

내가 히말라야에 첫발을 내디딘 것은 1985년 겨울이었다. 그것도 지구에서 가장 높다는 에베레스트(8,850m). 당시만 해도 베이스캠프(5,400m)까지 오르는 데만 15일 이상이 소요되었다. 그때 올라가는 길에서 가장 인상 깊었던 곳은 남체(3,440m)였다. 원정대는 그곳에서 식량을 추가로 구입하고 고소 적응도 할 겸 휴식을 취했다. 당시 머물렀던 곳이 쿰부 롯지이며 나는 여기서 한국의 전형적인 어머니상을 지닌 남두라는 분을 알게 되었다. 그리고 곧 그녀를 '어머니'라고 부르게 되었다.

그 인연을 시작으로 에베레스트 지역을 등반할 때면 꼭 쿰부 롯지에 머물렀고, 어머니는 물론 딸인 느왕 도카와 아들도 나를 가족처럼 대해 주었다. 나는 그들을 통해 셰르파들의 문화와 정신세계를 이해할 수 있게 되었다.

그후로 나는 수없이 많은 고산 등반에서 셰르파들과 생사고락을 같이했으며 그들의 노력과 희생 덕분에 히말라야 8천 미터 고봉 14좌 완등이라는 목표를 달성했다. 그래서 히말라야 등반 중 운명을 달리한 술딤 도루지, 나티, 카미 도르지, 앙 다와 타망 셰르파에게는 항상 깊은 존경과 함께 감사의 마음을 갖고 있다.

마침 『셰르파, 히말라야의 전설』의 추천사를 써달라는 부탁을 받고 글을 읽어보니, 평소 셰르파에 대한 나 자신의 생각과 궤를 같이하고 있는데다 남체의 남두 어머니와 그 딸 느왕 도카의 이야기도 소개되고 있어 반가운 마음이 앞섰다.

한 해에도 수십 종의 '산서(山書)'가 출판된다. 그러나 전체 출판시장의 규모에 비해 극히 적은 양이며, 산서가 베스트셀러에 올랐다는 이야기를 들어본 적이 없다. 국내 시장을 감안할 때 산서를 펴낸다는 것은 큰 모험이라고 할 수 있다. 그럼에도 히말라야 등반에서 그동안 조연으로만 인식됐던 셰르파의 이야기를 한 권의 책으로 소개한 지호출판사의 의지에 산악인의 한 사람으로서 깊은 감사의 뜻을 표한다.

2006년 9월

산악인

엄홍길

| 머리말 |

1965년, 열여섯 살 소년이었던 나는 인도에서 살았다. 내가 다니던 러크나우의 콜빈 탈루크다르 중학교에서 다르질링에 있는 히말라야 등반학교에 보낼 학생 세 명을 선발했다. 나도 선발되었는데 아마도 학교에서 유일한 외국 학생이었기 때문일 것이다.

이 등반학교에서는 일 년 중 대부분 기간에 성인을 위한 등반 강습과정을 운영했으며, 겨울에만 다르질링 근처에 남학생을 위한 체험 강습과정을 열었다. 우리는 트레킹을 하고, 야영지를 마련하고, 지도를 읽고, 아침 6시에는 반드시 냉수 목욕을 했다. 나는 인근 전 지역에서 온 소년들과 사귀었다.

셰르파족이 강사를 맡았으며, 우리는 그들을 경외했다. 땅딸하고 단단한 체구의 남자인 나왕 곰부는 두 해 전에 미국인들과 에베레스트를 등정했으며, 그해 봄에도 인도 원정대가 에베레스트를 등정할 때 첫번째 정상 공략조가 되어 두번째로 그 봉우리를 올랐다. 1953년에 힐러리 경과 에베레스트를 등정한 텐징 노르가이가 등반학교의 교장을 맡고 있었다. 우리의 강습이 끝나는 마지막 날 그가 휴가를 마치고 학교로 돌아왔다. 우리 세 명의 소년들이 등반학교 입구에 서 있는 그를 존경의 눈길로 바라보았다. 그는 수줍은 듯 우리에게 미소를 지었으며, 나로서는 그때가 유명한 사람에게 가장 가까이 다가간 순간이었다.

강습을 맡은 셰르파족 강사는 모두 젊었다. 나는 그들 같은 사람들을 만난 경험이 전혀 없었다. 서 있는 모습이 강인하고 듬직해 보이는 그들은 육체적으로 최상의 자신감에 차 있었다. 더구나 그들은 부드럽게 이야기하는 친절하고 점잖은 사람들이었다. 나는 텍사스에서 성장했으며, 고등학교 때는 축구선수로 뛰었는데, 언젠가는 나도 셰르파처럼 되기를 갈망했다.

우리는 등반학교 근처에서 거대한 바위를 타는 연습을 했다. 바위는 산길 쪽으로 약 15미터 높이고 반대편 쪽으로는 수직으로 3백 미터 정도 낭떠러지였다. 우리가 낭떠러지 위로 조금씩 올라가서 정상에 도달할 때까지 강사들은 바위 정상에 꿇어앉아서 자일을 꽉 잡고 있었다.

나는 공포에 질려 얼어붙은 채로 손가락으로 바위를 꽉 잡고 다리를 부르르 떨었다. 도와달라고 기어드는 소리로 비명을 지르며 나는 바위 쪽으로 몸을 힘껏 밀착시키려 했다.

바위 정상에는 펨바라는 이름의 셰르파가 내 몸에 묶인 자일을 잡고 있었다.[1] 나는 그를 볼 수 없었다. 바위의 경사가 너무 심했다. 하지만 그가 나에게 편안하게 먼저 말을 걸어 자신감을 심어주고, 해낼 수 있다고 용기를 북돋아주었다.

그러나 나는 해낼 수가 없었다. 공포감과 전율이 점점 더 엄습해왔다. 모든 것이 정상적이라고 말하면서 펨바는 나를 잡아당겨 끌어 올리기 시작했고, 내가 스스로 올라오도록 격려를 아끼지 않았다. 나는 굉장히 무거웠다. 나는 그의 계속되는 낮은 목소리와 나를 부드럽게 끌어올릴 때 느꼈던 그 손의 힘을 기억하고 있다.

나는 정상에 오르면 창피를 당하리라는 각오를 했다. 그런 경우라면 축구 코치는 으레 그렇게 했으리라. 하지만 펨바는 나에게만 조용히 말했다. "모든 사람들이 두려워한단다."

나는 셰르파 사람들과 그 산악지대를 결코 잊지 않았다.

30년이 지난 후 나는 히말라야로 되돌아왔다. 네팔의 잔스카르, 안나푸르나, 셰르파 지방을 트레킹했으며 네팔어와 셰르파 언어를 조금 배웠다. 나는 작가였기에 카트만두의 서점을 샅샅이 뒤져 히말라야를 원정한 유럽계 등반가에 대한 수백 종류의 서적을 찾아낼 수 있었지만 셰르파 등반가에 대한 서적은 단 한 권도 찾아볼 수 없었다.[2] 그래서 나는 이들에 대한 책을 쓰기로 결심했다.

물론 셰르파가 짐을 나르고, 차를 끓이고, 미소 짓는 모습은 등반 관련 서적에 항상 담겨 있다. 우리는 고용자의 시선으로만 그들을 바라본다. 그들은 충직하고, 강인하고, 도움을 주며, 용감하고, 웃음이 많은 반면 땅딸막하고, 미신을 믿고, 비이성적인 두려움을 가지고 있어 진정한 성인(成人)이 아니라고 여긴다. 일종의 히말라야에 사는 호빗(『반지의 제왕』에 나오는 키 작은 유사인간/옮긴이) 정도로 여기고 있는 것이다.

나는 셰르파의 관점에서 그들을 보려고 노력했다. 이런 이유로 반년을 셰르파 마을에서 살았으며, 조금이나마 셰르파 말을 배우고 트레킹 여행자나 관광객과 함께 일하는 그들을 지켜보았다. 나는 노인들을 면담해 무슨 일이 벌어졌고 그들이 그 일을 어떻게 느끼는지를 알아냈다.

그리고 오래된 등반 관련 서적을 다시 뒤적여서 행간의 의미를 읽어내고, 셰르파는 무슨 생각을 했는지를 추측하려고 애썼다.

1922년 히말라야 등반가들은 영국인이었다. 당시 셰르파족과 티베트인 포터들은 단순한 '쿨리'로서, 기술도 없고 경험도 부족한 일상노동자였을 뿐이었다. 그런데 1953년 셰르파 텐징 노르가이가 에베레스트 정상에 우뚝 서자 그 쿨리들이 마침내 '설산의 호랑이'로 다시 태어났다. 이 책은 그러한 변화의 결정적 순간을 그리고 있다. 그 순간은 1934년에 일어났다. 독일 등반대가 낭가파르바트를 올랐을 때 산 위에서 끔찍한 비극이 벌어졌다. 그때 독일 등반가들이 어떻게 처신했고, 셰르파족과 티베트인 포터들이 무슨 일을 했어야 했는지, 누가 살아남았고 누가 죽었는지 하는 사실은 포터들의 정체성을 영원히 바꾸어놓았다. 이 책은 일차적으로는 하나의 산과 등반에 관한 이야기지만, 그 등반은 1921년부터 1953년까지의 모든 등반대에 관해 많은 것을 알려주고 있다.

세계에는 8천 미터가 넘는 봉우리가 열네 개 있다. 모두 인도 북부의 거대한 히말라야와 카라코람 산맥의 일부이다. 낭가파르바트는 8,125미터로서 세계에서 열번째로 높은 산이다. 히말라야 산맥의 서쪽 끝에 치우쳐 있는데 지금은 파키스탄의 북부 지역이고 1934년 당시에는 영국 식민지인 인도의 일부였다.

우르두(urdu)어 이름인 낭가파르바트는 '벌거벗은 산'을 의미한다. 왜 이런 이름이 붙었는지 확실히 아는 사람은 아무도 없지만 두 가지 설이 존재한다. 하나는 카라코람과 히말라야 산줄기의 다른 산들은 거의 모두 주변의 능선과 정상이 얽히듯 밀집된 틈에서 솟아오르는 듯 보여서 여러 방향으로부터 감추어져 있다는 것이다. 예를 들면 K2는 광활하게 전개된 고봉들 가운데에 있어 눈에 잘 띄지 않고, 에베레스트조차 남쪽 방향에서는 볼 수 없으며 사이에 끼어든 눕체 장벽 너머로 정상만이 고개를 내밀고 있다. 그러나 낭가파르바트는 인더스의 강둑으로부터 외로이 홀로 솟아올라 있다.

또 다른 설은 수직 암벽이 급경사여서 비교적 암벽에 눈이 쌓이지 못해 검은 바위가 그대로 눈에 띄게 드러나기 때문에 벌거벗은 산이라고 한다는 것이다.

낭가파르바트의 첫 등반은 1895년 프랭크 머메리가 이끄는 영국 등반대가 시도했다. 등반대의 일원인 J. 노먼 콜리는 등산길에서 그 산을 처음 보았을 때, "본능적으로 우리 모두는 지당한 예의를 갖춰 등반한다는 것을 보이기 위해 모자를 벗어 들었다"라고 말했다.[3]

프랭크 머메리는 당시 고산 등반의 대가였다. 그가 등산을 시작하던 시절에 영국 등반가 대부분은 신사들이었고, 거의 모든 등반가들은 안내인으로 고용한 현지 고산 부락민들의 도움을 받아 유럽에 있는 산들을 등반했다. 머메리는 등반가들이 스스로 길을 개척해가는 '안내인 없는 등반'을 처음으로 유행시킨 사람이었다.[4] 하지만 그는 히말라야 등반에는 도움이 필요하리라는 것을 알았다.

고산 지역의 포터 역할을 할 산지인(山地人)을 찾기 위해 머메리는 영국의 구르카(Gurkha) 연대와 접촉했다. 구르카 연대는 장교와 사병은 물론이고 하사관들도 네팔인이었으며 영국인 장교의 지휘 하에 인도 군대에서 복무하고 있었다. 그들은 고산지대가 아니라 중부 네팔의 산악지대 출신이었지만 용감하고 강인하며 충성심 강한 병사로 정평이 나 있었다. 그들이 큰 도움이 될 수도 있었다.

찰리 브루스는 등반 경험이 여러 번 있는 구르카 장교였다. 그는 등반 원정에 동행할 수 있는 기회를 흔쾌히 받아들였으며 머메리와 등반할 두 명의 구르카인을 선발했다. "라가비르 타파는 최고 수준의 암벽 등반가였고, 나와는 칠라스와 치트랄에서 함께 머물렀다. 그는 모든 면에서 최고 수준이었고, 한두 번 정도 자일을 탔다. 또 한 명은 가만 싱으로 신참이고, 물론 산지인이었으며, 조심성이 넘쳤다"[5] 하고 훗날 브루스는 기록했다.

1895년의 상황에서는 두 명의 고산지대 출신 포터만으로 구성된 소규모 등반대가 낭가파르바트에 도전하기는 역부족이었다. 영국인과 포터들은 용감하게 여러 고개와 능선을 힘겹게 지나서 때로는 지치기도 하고 추위에 떨며 등반 가능한 루트를 찾으려 했다. 찰리 브루스는 휴가가 끝나 연대로 복귀해야만 했다. 며칠 후 프랭크 머메리, 라가비르 타파, 그리고 가만 싱이 능선의 고개를 향해 출발했고 다시는 세상에 나타나지 않았다.

그들이 낭가파르바트에서 목숨을 바친 최초의 등반가였다. 라가비르 타파와 가만 싱은 히말라야에서 등반 사고로 죽은 최초의 네팔인이었다.

낭가파르바트 주위에 사는 아스토리스(Astoris) 부족은 이슬람교도로 유일신을 섬겼다. 그러나 이 비극은 위협적인 신령이 낭가파르바트에 깃들어 있다고 전해오는 믿음을 다시금 확인시켰다. 오랜 세월 동안 그들은 그 산을 올라서는 안 된다고 아들과 손자들에게 경고했다. 그후 37년간 어느 누구도 낭가파르바트를 오르려 하지 않았다.

차례

3부 낭가파르바트의 그림자

| 지도 목록 |

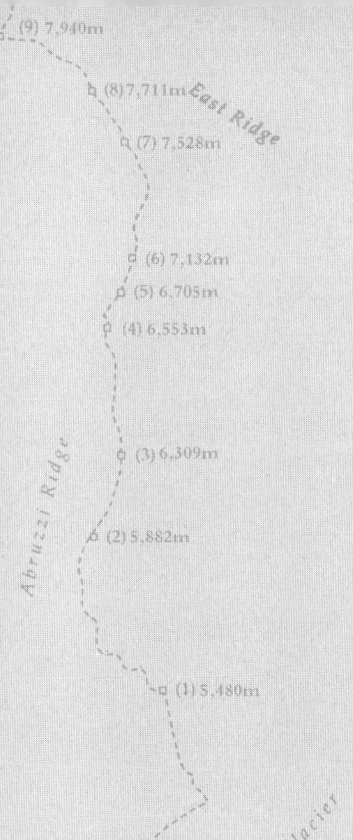

TIGERS OF
THE SNOW

1부

셰르파와 사히브

1. 셰르파

쿰부의 셰르파족

약 5백여 년 전 동부 티베트에 있는 캄(Kham)에서 전쟁이 벌어져 많은 피난민이 생겼다. 몇몇 가족들은 에베레스트 산 북쪽 지역으로 도망친 다음, 에베레스트 동쪽에서 가장 높은 고개인 낭파라 너머로, 네팔의 쿰부 계곡을 따라 내려갔다. 이들 가족이 최초의 셰르파족이다.

쿰부는 세 계곡이 나란히 펼쳐진 빙하계곡이다. 낭파라 아래쪽으로 서쪽 계곡에 셰르파족이 타메 마을을 건설했다. 세계에서 아홉번째로 높은 초오유 산으로부터 중심 계곡이 시작되는데, 그곳에 그들은 돌출한 계곡의 비탈진 평지에 포르체 마을을 건설했다. 그리고 에베레스트 아래 동쪽 계곡에는, 녹아내리는 빙하로부터 흘러내린 하얀 물, 즉 '우유의 강'인 두드코시 강 기슭에 팡보체 마을을 세웠다. 강은 남쪽으로 흘러갔으므로, 계곡들은 좁아져서 깊은 골짜기가 되었다. 세 개의 강이 합쳐지는 위쪽에 그들은 남체 바자, 쿰중 그리고 쿤데 마을을 형성했다.[1] 이들 마을의 해발 고도는 3,350미터에서 3,800미터이다. 티베트에서조차 소수의 은둔자를 제외하고는 일 년 내내 해발 4천 미터 이상에서 사는 사람은 없다. 여름에 그들은 야크와 나크(야크 암컷)를 더 높은 계곡의 고지대 초원으로 데려가 풀을 먹였다.

그후 약 4백여 년간 많은 셰르파족 가족들이 쿰부로부터 '중간지대'인 파락을 거쳐 남쪽의 솔루까지 이동했다. 해발 2천 미터에서 3천 미터 사이에 위치한 솔루는 쿰부보다 따뜻하고 비옥하다. 솔루의 셰르파족은 일 년에 이모작을 할 수 있고, 밀빵을 먹는 사치도 누릴 수 있다. 이 지대에서는 야크나 나크는 수척해져서 죽게 되지만, 소와 양은 잘 자란다. 오늘날 쿰부의 북부 지역에는 3천여 명의 셰르파족이 살고 있고, 중부와 남부 지역에는 7천여 명이 살고 있다. 이 책에서는 쿰부의 북부 사람들이 중요한데, 그 이유는 초기의 많은 등반가들이 그곳 출신이었기 때문이다.

쿰부는 국경지대였다. 셰르파족은 때로는 효과적으로 독립을 유지했으나, 때로는 티베트 혹은 네팔 정부에 지배받았다. 1865년 네팔과 티베트 사이에 벌어진 국경 전쟁 후, 쿰부는 네팔이 영향력을 행사하게 되었고 그것이 지금에까지 이르고 있다.

쿰부에는 결코 많은 사람이 거주한 적이 없으며, 1900년경의 인구는 아마도 천5백 명 정도였을 것이다. 가장 높은 곳의 땅은 쓸모없는 암석과 얼음으로 덮여 있다. 그 아래에 빙퇴석이 펼쳐져 있는데, 여름에는 야크에게 훌륭한 목초지가 되지만, 너무 높아서 건초용 풀 말고는 어떤

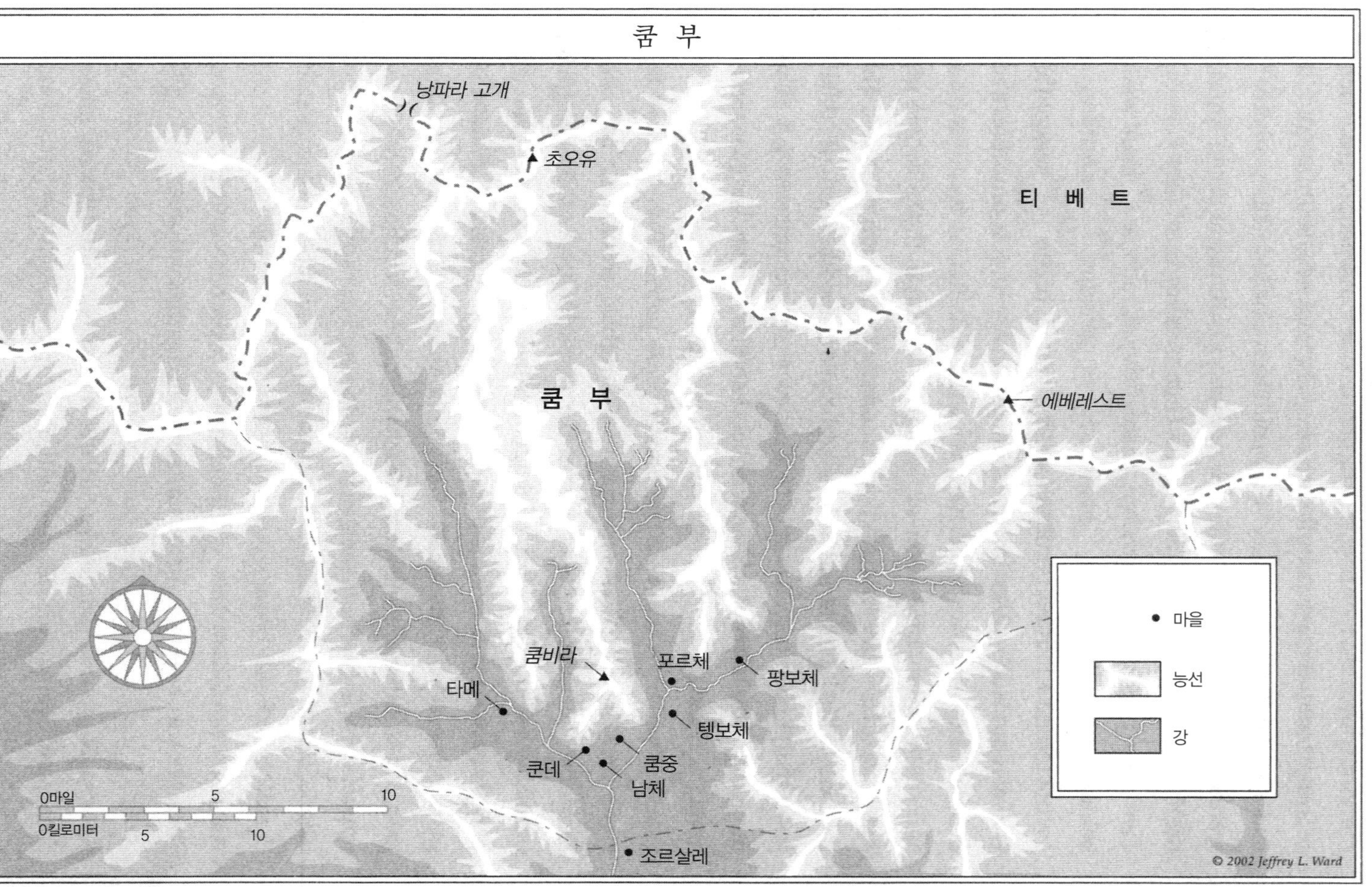
쿰 부
낭파라 고개
초오유
티 베 트
쿰 부
에베레스트
쿰비라
포르체
팡보체
타메
텡보체
쿤데
쿰중
남체
조르살레
마을
능선
강
0마일 5 10
0킬로미터 5 10
© 2002 Jeffrey L. Ward

곡물도 경작할 수 없다. 빙퇴석 아래 지형은 대부분 가파른 언덕 경사면으로 이루어져 있다. 그러나 해발 2천7백 미터에서 4천 미터 사이에는 경사가 비교적 완만해서 언덕 기슭에 계단식 경작지를 개간할 수 있다. 이런 경작지 하나하나는 거대한 층계의 계단처럼 생겼다. 경작지 밑부분의 돌벽은 흙이 흘러내리지 않도록 하며, 윗부분의 돌벽은 위의 경작지를 지탱한다. 네팔의 산악지대를 낮게 비행하면 고도 1천 미터에서 1천8백 미터 사이의 언덕에서 인간 지성과 노동의 기념비인 이러한 계단식 경작지가 수백 킬로미터에 걸쳐 펼쳐져 있는 것을 볼 수 있다. 그러나 가파른 쿰부 지역에는 경작지가 거의 없고 풍광은 저지대처럼 초록색의 화려한 팔레트가 아닌, 회색과 갈색 그리고 반짝이는 얼음바다뿐이다.

셰르파족은 티베트 국경 너머로 가서 야크를 팔아 티베트인으로부터 도살한 야크의 말린 고기를 구매했다. 힌두계 네팔 정부는 소의 도축을 금했고 불교 역시 살생을 꺼렸지만, 티베트에서는 승려들조차 항상 고기를 먹는다. 티베트 고원의 사람들은 곡물 재배만으로는 삶을 영위할 수 없었다. 그런데 1880년경에 쿰부에 감자가 전래되었고 경작지에서 감자는 보리보다 두서너 배의 칼로리를 생산할 수 있었다. 감자는 주 작물이 되었고 사람들의 삶은 윤택해졌다.

어떤 가정은 야크와 저지대 암소를 교배하여 낳은 생식 불능의 잡종인 조프키옥스(zopkyoks)를 길렀다. 그들은 조프키옥스를 티베트에 내다팔았으며, 조프키옥스는 야크가 하려 하지 않는 밭 가는 일에 아주 유용해 수요가 넘쳤다. 쿰부 자체에서는 50년 전까지만 해도 사람의 힘으로만 밭을 갈았다. 남자 둘이 쟁기를 끌고, 또 다른 남자가 쟁기 몰이를 했으며, 여인네 하나는 뒤를 따라 가며 씨를 뿌렸다.

겨울에 쿰부 가정은 작지만 높은 돌집에 거주한다. 아래층에는 동물을 기르는 공간이 있고 위층에는 사람들이 사는 긴 방이 있다. 장식이 화려한 문틀과 덧문 달린 창문은 폭이 좁다. 봄이 되면 어떤 가정은 감자를 심기 위해 마을에 머물렀으며, 다른 사람들은 동물을 고지대 초원으로 몰고 갔다. 그곳에서 그들은 작은 돌집이나 오두막에 머물렀다. 그들은 또한 때때로 강가에 약간의 경작지와 오두막을 소유하고 있었다. 여름에서 가을까지 사람들은 가족 유대를 돈독히 하고 사랑과 잔치를 하기 위해 음식과 건초, 먹을 것과 땔나무를 가지고 산을 오르내렸다.

그곳에는 제각각의 색깔이 넘쳐흘렀다. 집은 하얗게 칠을 하거나 원래의 돌 그대로지만, 창문과 지붕은 밝은 초록색이나 붉은색 혹은 노란색으로 채색했다. 지붕 위에는 오색 깃발이 휘날렸다. 조금 여유가 있는 가정은 위층에 검은색, 빨간색 그리고 오렌지색으로 화려하게 그린 신들의 채색화로 장식한 자그마한 불당을 두었다. 모두 사람들을 위하여 작은 마을 수도원과, 각 마을의 입구에 서 있는 가려진 문 안에 채색화와 조각상들을 두었다. 집마다 피워놓은 화롯불 반대편 벽에는 정성스럽게 닦아놓은 수십 개의 놋쇠와 구리로 만든 사발과 접시가 있는데, 진한 붉은색과 갈색 그림자가 덮인 가운데 불규칙하게 담금질한 금속 위에서 불빛이 춤추고 있었다. 그곳에는 항상 아름다움이 있었다. 그러나 삶은 고단했고, 그들은 여전히 감자와 야크로부터 얻는 것 이외에 더 많은 수입을 필요로 했다. 대부분의 사람들에게 그것은 짐을 나르는 일을 의미했다.

칸사 셰르파

칸사 셰르파는 1953년에 텐징과 영국 등반대와 함께 그리고 1963년에는 미국인들과 함께 에베레스트를 등반했다. 그는 지금 예순다섯 살이며 남체에 곰파 롯지(lodge, 산악인을 위한 간이 숙소/옮긴이)를 소유하고 있다. 이 롯지는 거주하는 수도승이 없는 작은 수도원인 마을 불당 아래, 언덕 위 서쪽에 있다. 서양의 트레킹 여행자들이 남체를 통과해서 에베레스트 베이스캠프로 갈 때 가끔 칸사의 롯지에 머문다. 그러나 대부분은 지루하게 긴 남체의 구릉지대 정상에 이를 즈음에는 탈진해 마을 아래쪽 어디엔가 머물게 된다.

칸사는 젊은 시절에는 그렇지 않았으나 지금은 무척 종교적이다. "당신은 종교에 대해 깊이 생각하지 않을 테지만, 쉰 살이 되면 당신은 죽을 수밖에 없다는 사실을 깨닫게 될 겁니다. 그러면 당신도 종교적으로 됩니다"라고 그는 말한다.

셰르파 사람들은 불교를 믿는다. 종종 작가들은 그들의 종교가 '티베트 불교'라고 말하지만, 그것은 누군가가 자신을 기독교도라고 생각하는데 다른 사람이 '미국 루터 교회' 혹은 '불가리아 정교회'라고 말하는 것과 같다. 신앙심 깊은 셰르파족은 자신들의 종교가 위대한 세계 종교의 일부인 것과, 네팔의 타망족, 구룽족, 네와르족 그리고 인도인, 대만인, 일본인, 스위스인, 미국인 등과 자신들의 믿음을 서로 나누는 것을 자랑으로 여긴다.

날마다 칸사는 기도 바퀴를 돌리고 조용히 기도하면서 아침과 저녁, 즉 하루에 두 번씩 남체를 한 바퀴 돈다. 남체의 120가구와 주위 경작지는 마치 거대한 로마 원형경기장처럼 생긴 말편자 모양의 분지에 위치해 있다. 칸사는 자기 집 뒤의 곰파 수도원을 지나 마을 정상의 산등성이를 가로질러 간다. 그런 다음에 동쪽으로 가파른 길을 택하는데, 이 길에서 활기찬 십대들은 학교 가는 길에 뜀박질로 경주를 하곤 한다. 그 길을 따라가면 외길 시장을 통과하고, 마을로 향하는 길이 나오는 의식용 아치에 이르게 된다. 아치 옆에는 부처의 거대한 눈으로 장식된 하얀색 피라미드 형태의 초르텐(chorten, 티베트어로 탑이라는 뜻/옮긴이)이 있다. 이 초르텐은 아주 오래된 것으로, 남체에 단지 여섯 가구만이 살았고 곰에 대한 공포 때문에 남자들이 함께 물을 길러 다녔던 시절부터 전해 내려왔다고 한다. 남체 사람들은 그 시절에 초르텐을 세웠다고 말하며, 타메에서 온 사람들은 자신들이 만들었다고 주장한다. 칸사는 불교식으로 남체를 시계 방향으로 걸어서 아주 성스러운 여러 장소를 지나간다. 그의 기도 바퀴가 돌아갈 때마다 안에 씌어 있는 기도문은 하늘에 닿는다. 칸사는 순례가 장수와 내세에 도움이 되기를 바란다. 그는 어떤 경우라도 매일 세 시간씩 운동을 해서 건강을 유지하고 있다.

나는 어느 겨울 유난히도 따뜻한 오후에 칸사의 부인인 라크파와 함께 앉아 있다. 칸사가 순례를 마치고 돌아오기를 기다리며, 햇볕을 즐기면서 우리는 곰파 롯지 밖 암석으로 된 앞마당에 앉아 있다. 나는 오래전에 이혼한 일을 라크파에게 이야기한다. 그녀는 내 이야기에 빠져들기도 하고 분개하기도 하는데, 나는 셰르파 말을 엉터리로나마 말할 수 있는 나 자신이 대견스럽다.

라크파가 "칸사가 저기 오네요" 하고 소리친다. 그녀는 저 아래에서 걸으면서도 기도에 빠져 있는 자그마한 형상을 가리킨다. 온 세상의 모든 사랑이 그녀 목소리에 담겨 있다.

집으로 돌아오자 칸사는 자신이 예전에는 언제나 신앙심 깊고 완벽

셰르파의 이름

셰르파 사람들은 누구나 태어난 날의 명칭을 이름으로 갖고 있다. 니마(Nima)는 일요일을 의미하고, 다와(Dawa)는 월요일, 밍마(Mingma)는 화요일, 라크파(Lhakpa)는 수요일, 푸르부(Phurbu)는 목요일, 파상(Pasang)은 금요일, 펨바(Pemba)는 토요일이다. 이것이 기본적인 작명 체계이다. 그리고 다른 이름이 첨가된다.

앙(Ang)은 젊다는 의미이다. 어떤 가정에 이미 파상이란 이름이 있다면, 새로 태어난 아기는 앙 파상이라고 불릴 것이다. 이 이름이 평생 동안의 이름이 된다.

아이가 점점 자라면 종종 옹그디(Ongdi, 축복받은), 타와(Tawa, 동승), 도르제(Dorjee, 번개), 텐징(Tenzing, 신심 깊은), 혹은 노르부(Norbu, 부유한) 같은 종교적인 이름이 따로 붙여진다.

한 가정에 나이가 어린 아이가 죽으면, 새로 태어난 아이에게는 때때로 사악한 힘의 관심을 다른 곳으로 돌리기 위해 상서롭지 않은 이름을 지어준다. 그래서 아이는 파상 키(Ki, 개), 파상 키쿠리(Kikuri, 강아지), 혹은 파상 카미(Kami)라고 불릴 수 있다. 카미는 전통적으로 네팔의 하층 계급인 대장장이이다. 그 아이는 이 이름을 평생 사용하고 신분도 상실하지 않는다.

사람들은 또한 여러 가지 별명을 갖게 된다. 예를 들면 파상 부티아(Bhutia)는 티베트인 파상을 의미한다. 파상 픽처(Picture, 사진)는 사진사의 조수로 일했다는 의미이다. 파상 타와는 승려 파상을 의미하고, 승려였다가 사원을 떠난 사람에게도 사용될 수 있다. 그렇다 해도 다른 아이들도 타와 혹은 라마라고 부를 수 있는데 부모들이 그 이름을 좋아하기 때문이다.

이름은 또한 축약된다. 남체의 아누는 전체 이름이 한때 앙 니마 노르부였으나, 아누 자신 말고는 어느 누구도 그 이름을 거의 기억하지 못한다. 다와는 종종 다라고 줄여서 쓰고 툰 두프는 툰두로 쓴다.

이름에는 남녀 구별이 없다. 내가 잘 아는 앙 체링이란 이름의 사람이 둘 있는데, 한 사람은 다르질링에 사는 96세 먹은 노인이고 다른 하나는 남체에 사는 3살짜리 여자애이다.

티베트인 이름은 셰르파 이름과 유사하나 꼭 같지는 않다.

유럽 등반가들이 종종 이름의 철자를 달리하여 쓰고 있으며 영어를 사용하는 많은 셰르파들도 마찬가지였다. 그래서 앙 체링(Ang Tsering)의 이름이 또한 앙 체링(Ang Tshering)과 앙체링(Angtsering)으로 나타난다. 다 툰두(Da Thundu)는 또한 다와 툰두(Dawa Thundu)와 다와 툰두프(Dawa Thundoop)로도 쓴다.

하지는 않았다고 나에게 말한다. 우리는 영어를 사용한다. 그는 등반하면서 영어를 배웠고 그의 영어는 내 셰르파 말보다 훨씬 낫다. 칸사는 지난 이틀 동안 장례식에 다녀왔다. 남체에서 같은 날에 두 사람이 사망했는데, 이들은 같은 해에 태어났다. 이런 일은 예전에는 일어난 적이 없었다. 칠십대의 두 남녀 노인은 모두 암에 걸려 치료를 받기 위해 카트만두로 갔다. 그들은 희망이 없다는 것을 알고 나자 집에 돌아가 죽겠다고 귀향을 고집했다.

장례식에서 사망자들은 살아 있을 때처럼 앉은 자세로 자기 집에 안치되고 이웃들이 존경의 예를 표했다. 에베레스트로 가는 길에 있는 텡보체 사원에서 온 승려가 어떻게 사자의 땅을 지나 길을 찾는지 충고해주는 성전(聖典)을 주검들에게 읽어준다. 다른 승려들이 1미터 80센티

미터쯤 되는 길이의 얇고 구부러진 놋쇠 나팔을 불면, 깊은 톤의 소리가 마을 전체에 울려 퍼진다. 장례식의 마지막 날인 어제, 마을 위쪽 암석들 사이에 감춰진 석대 위에 주검을 올려놓고 화장하였다. 나는 바깥을 걷다가 늦은 오후 햇빛이 깃든 언덕 너머로 화장용 장작더미를 보았다. 남자 넷이 서 있었는데, 어깨가 축 처져 있었고, 회색과 흰색 연기 앞에 거무튀튀하고 좁은 몸집을 드러냈으며, 머리 위로는 오색 깃발이 바람에 휙휙 나부꼈다.

우리는 칸사의 첫번째 등반이었던 1953년 에베레스트 원정에 대해 이야기를 나눈다. 그는 열여덟 살이었다. 지금 그때 일을 회상하면서 그 당시 함께 일했던 거의 모든 사람들이 사망했다는 사실을 깨닫는다. "술이 그들을 죽였죠"라고 그가 말한다. 그들은 돈이 조금 생기고 생활이 조금 나아지자, 집에서 담근 술인 라크시(rakshi)에 돈을 낭비했다. 사람들은 집에서 발효한 술인 창(chang)을 항상 너무 많이 마셔댔다. 특히 아주 추운 겨울 아침에 죽과 섞어 창을 마시면 몸이 따뜻해진다. 라크시는 좀 독하다. 칸사 자신도 그런 길을 똑같이 갈 수도 있었으며 거의 그럴 지경에까지 이르렀다. 하지만 그는 술을 끊었다. 그는 아직 살아 있고 다른 이들은 저 세상 사람이다. 칸사는 그들을 그리워하며 두려움에 떤다.

칸사와 같은 연배의 남자들도 여럿 술을 끊었다. 그는 새해를 맞아 자신들의 집에서 잔치를 번갈아가며 여는 모임 친구들과 어울린다. 예전에는 사람들이 이런 잔치에서 술을 퍼마셔서 무질서하고 소란했다. 행복에 겹고 감상에 젖어, 남자들은 한 줄로 서서 몸을 흔들고 여자들은 또 다른 줄에 서서 그렇게 한다. 한 사람이 노래를 시작하면 모든 사람들이 춤 장단에 따라 발을 구른다. 노래와 노래 사이에 사람들은 분노가 폭발하여 고성이 오가는 싸움이 될 때까지 가슴을 찌르는 농담으로 서로를 놀려 먹는다. 세상 모든 마을에서처럼 겉모습 뒤에는 언제나 분노가 잠재되어 있다. 남체에서 분노는 일반적으로 토지와 성(性)에 관한 불만에서 생겨났다. 아마도 두 형제가 부모의 경작지를 어떻게 분배할지에 대해서 의견 일치를 보지 못했거나, 한 이웃이 다른 사람의 경작지를 해마다 야금야금 잠식해왔는지 모른다. 또는 아마도 오래전에 한 남자가 일을 하기 위해 멀리 떠났다가 되돌아와서는 아내가 다른 남자와 연분이 난 것을 알게 되었는지도 모를 일이다. 그런데 그 상대방 남자가 보상을 했고, 화해의 잔치가 열렸다. 셰르파족은 사람들을 용서하고 성적인 문제에도 관대하려고 노력하는 편이다. 하지만 그들도 질투를 느끼고 삼사십 년 후에 술에 취했을 때는 괴로움을 토로할 수도 있다. 사람들은 칸사와 그의 친구들이 이제는 술을 마시지 않기에 그들의 새해맞이 잔치가 좀더 품위 있어졌지만 한편으론 지루하다고 말한다.

나는 칸사에게 어떻게 등반 일을 하게 되었는지 물어보았다.

그는 어린아이였을 때 아버지 집에서 땔나무를 모아오고 나서는 놀고, 또 놀고, 또 놀았다. 그에게는 자신의 집처럼 가난하고 언덕 바로 아래 살고 있는 단짝 친구가 있었다. 그는 기억을 떠올리며 미소를 지었다. 칸사와 그 친구는 땔나무를 모으기 위해 바구니를 들고 밖에 나가서는 몰래 주사위놀이를 하며 하루 종일 보내곤 했다. 아이들에게는 육포가 점심이었고, 얼마 안 되는 옥수수 튀밥이나 감자를 먹었다. 여러 번이나 칸사는 점심을 통째로 잃었지만, 그 친구는 그것을 되돌려주지 않았다. 몇 시간이 지난 뒤에 집에 돌아가면 아버지는 화를 내곤 했다. "어디에 있었어? 무슨 일을 하고 다닌 거야?"

나는 그에게 어린아이였을 때 화를 잘 냈느냐고 물어보았다.

이것은 심리학적인 질문이었으나 그는 경제학적인 대답을 했다. 가난한 것이 그를 화나게 했다. 그는 옷이 너무 얇아서 추위에 떨었다. 집에 돌아왔을 때 먹을 것이라고는 감자와 순무밖에 없었다. 그는 점점 더 그것들을 먹기가 지겨워졌다. 칸사는 몸집이 큰 사람인데, 그가 옛날을 회상할 때는 감정이 온몸을 휘감아 얼굴을 찡그리는 모습을 볼 수 있다. 그러나 그는 감정을 삭이고 목소리를 낮추었다. 나는 그가 아이였을 때 어떻게 화를 삭였는지 짐작할 수 있었다.

가난이 누구의 잘못이라고 생각하는지를 물었다.

"누구 잘못도 아니죠. 우리 아버지도 가난했고, 아버지의 아버지도 가난했고, 아버지의 할아버지도 가난했습니다. 그네들은 선택의 여지가 없었지요. 나도 선택의 여지가 없었어요."

등짐을 지다

칸사는 십대 때부터 아버지와 함께 짐 나르는 일을 시작했다. 그들은 각자 35킬로그램의 짐을 타메를 경유하여 낭파라를 넘어서 티베트까지 운반했다. 이렇게 왕복하는 데 보통 일주일이 걸렸다. 남체의 가장 부유한 네 가구만 빼고 모두 짐 나르기를 해야만 했다. 그들은 대부분 솔루에서 발행된 가볍지만 부피가 큰 네팔어 신문을 운반했다. 가끔은 물소 가죽도 운반했다. 물소 가죽은 야크 가죽보다 두터워서 티베트에서는 더 귀중한데, 이것으로 한결 좋은 등산화를 만들 수 있기 때문이었다.

부자들은 나흘 동안의 운임으로 한 사람 앞에 5루피씩을 지불했다. 칸사는 5루피로 티베트 산 소금 35킬로그램을 사서 남체의 집까지 운반해왔다. 고개 정상이 5,730미터인 낭파라에는 언제나 눈이 쌓여 있었으며 빙하에는 크레바스가 도사리고 있었다. 노인이 부엌에서 일어나 어떻게 크레바스를 뛰어 건너는지를 보여준다. 칸사는 팔을 자기 몸 쪽으로 당기며 무릎을 구부리고, 두려운 듯이 아래를 내려다보며 깊은 숨을 들이마시고, 상상 속에서 35킬로그램을 등에 진 채로 부엌을 가로질러 뛰어넘는다.

낭파라에서 칸사와 그의 아버지는 발을 따뜻하게 하려고 무릎까지 오는 야크 가죽 등산화 속을 풀로 가득 채웠다. 등산화는 가벼웠으며 남체의 집에 돌아오면 더 이상 뚫어진 구멍을 수리하지 않아도 되었다. 그렇게 쉬고 난 다음 칸사는 중간지대인 파락을 거쳐서 솔루에 위치한 주빙까지 이삼 일을 더 걸어서 소금을 운반했다. 주빙에서는 티베트에서 가져온 소금의 절반과 옥수수 45킬로그램을 맞바꾸기에 소금 절반만을 운반했다. 그는 옥수수를 그곳의 방앗간에 가져가 가루로 빻아 집으로 가져왔다. 옥수수는 소화하기 어려웠다고 칸사는 말한다.

어떤 해에는 티베트와 솔루를 열세 차례 왕복했다. 소년이지만 낭파라를 넘어 35킬로그램의 짐을 날랐다는 것은 결코 과장이 아니다. 그 당시 장사꾼들은 물건을 시어—1시어는 대략 9백 그램 정도—로 무게를 달았다. 오늘날에는 킬로그램 단위로 무게를 재며 포터들은 예전보다 더 무거운 짐을 운반하기도 한다.

네팔의 산악지대에는 아직도 아주 적은 수의 길만이 있다. 그 길은 미국의 국립공원에서처럼 황무지에 난 길이 아니다. 이 길은 잘 유지 보수되는 도로이며, 몇 세기에 걸쳐 교역로 구실을 해왔다. 오늘날 매주 수백 명의 포터들이 버스의 종착지에서부터 남체까지 걷는다. 일주일이 걸리는 여정이다. 이들은 키가 작고 깡말랐으며, 대부분 근육질의 젊은 이들이다. 그들은 일반적으로 50~60킬로그램의 바구니를 등에 지고 운반한다. 다른 사람보다 힘이 센 사람은 70킬로그램까지도 나른다. 길은 대부분 가파른 고개이거나 내리막이다. 바구니마다 끈(tumpline, 텀프라인)이 달려 있는데 이 끈을 이마에 둘러 무게를 지탱한다. 그렇게 운반하기 위해서는 부단한 연습과 강인한 목 근육이 필요하지만, 포터들은 등짐을 지는 데 이 방법이 수월하다고 말한다. 그들은 짧고 굵은 T자 모양의 지팡이를 갖고 있다. 이 지팡이로 몸의 균형을 잡는데, 특히 산 아래로 내려갈 때 도움이 된다. 더욱 중요한 용도는 가파른 길을 오르다 몇 분 간격으로 휴식을 취할 때, 무게를 지탱하기 위해 바구니를 받치는 것이다. 그러면서 가쁜 숨을 고르고 조용히 서 있는다.

남체로 가는 산길에는 남자들과 함께 여행하면서 웃음을 터뜨리고 시시덕거리는 여자 포터들도 있다. 남체로부터 이틀 반 거리인 주빙에서 그들은 10~12일 이전에 네팔이나 비하르 지방 평원에서 올라온 포터들과 합류한다.

오늘날 이들은 코카콜라, 환타, 투보르그 맥주, 산미구엘 맥주, 생닭, 쌀, 렌즈콩, 피자용 치즈와 토마토, 양파, 마스나 스니커즈 같은 초콜릿바, 운동화 등 관광객을 위한 물품 대부분과 학생들의 공책, 기도용 깃발, 그리고 플라스틱 신발을 운반한다. 그들은 남체 언덕까지 나무로 된 지붕 대들보를 운반하기도 한다. 아마도 무게가 60킬로그램은 나감 직한 12미터 길이의 가지를 친 통나무를 받치고 한 남자가 비틀거리며 나아간다.

포터들은 또한 트레킹 원정대를 위해 일한다. 보수는 더 나은 편이지만 더 높은 고소와 심한 추위를 견뎌내야만 한다. 1995년 안나푸르나 주위 트레킹에서 나는 40여 명의 포터들과 야영하고 있는 네덜란드 트레킹 여행자 넷을 만났다. 한 포터는 45킬로그램은 족히 나갈 장작용 주물 난로를 13주 내내 운반했다. 그는 해발 5,425미터인 토룽라 너머로 운반했는데, 그해에는 파묻힐 정도로 눈이 많이 내렸다.

쿰부에서 사람들이 많이 쓰는 말인 두크파아(dhukpaa)는 어려움을 뜻하지만, 때로는 고통도 의미한다. 이 말은 어렵고 공정하지 않은 노동을 의미한다. 또한 고용한 사람을 공정하게 대하지 않고, 가난한 사람을 고통받게 하는 고용주들의 학대를 의미한다. "두크파아, 두크파아"라고 말하며 한숨 지으면 대체로 이런 뜻이다. "어떤 일이 있어도 당신이 할 수 있는 일이라고는 참는 것뿐이지만 이것이 세상 돌아가는 순리는 아니다."

두카아(dhukaa)도 이와 비슷한 네팔어 단어이다. 저지대 출신 포터들은 트레킹 전문회사를 위해 일하는데, 너무 커서 다루기 힘든 짐을 지고, 남체에서 주요 도로를 따라 하산한다. 어떤 아이가 그의 힘에 대해 감탄하면, 그는 얼음 위에 넘어지거나 돌길에 무릎을 다치지 않으려 조심하며 빙글 돌면서 네팔어로 "두카아, 두카아"(고생 또는 학대라는 뜻)라고 말한다.

남체 위쪽으로 에베레스트 베이스캠프로 가는 포터들은 트레킹 관광회사에 고용되어 신발을 안 신거나 얇은 캔버스 운동화만 신고 해발 5,550미터까지 올라간다. 헬리콥터는 병이 난 트레킹 여행자를 실어 내리고, 보험회사에서 이에 대해 한 번에 4천 달러씩 지불한다. 하지만 이 헬리콥터는 폐렴이나 고산병에 걸린 포터들을 실어 내리지는 않는다. 1977년 대폭풍 때 네팔 전역에서 트레킹 여행자 일행이 눈 속에 갇혔다. 많은 외국인들은 헬리콥터로 구조되었지만 포터들은 아무도 그들의 구출비용을 감당하려 하지 않아 그대로 남겨졌다. 그들 중 여럿이 사망했다. 남체 근처 루크라 뒤쪽 고개에서 혹한에 포터 한 사람이 사망했는데, 그의 등짐에는 트레킹 여행자들을 위한 야영 침낭과 오리털 재킷이 가득 들어 있었다.[2] 그는 이 짐을 운반하는 대가로 하루에 3달러를 받았을 텐데 이는 남체까지 코카콜라를 운반하는 사람들보다 나은 보수이다.

사람들은 짐 운반 얘기를 나눌 때 대부분 '두카아' 그리고 '두크파아' 라는 말을 사용한다. 지난날을 회상할 때, 사람들은 항상 두 가지를 정확히 기억한다. 얼마나 무거운 짐을 운반했는지와 짐을 나르는 품삯을 얼마 받았는지를 말이다.

짐을 지지 않았더라도 칸사가 굶어죽지는 않았을 것이다. 하지만 그의 가족은 감자만 먹어야 했을 것이다. 그러나 감자 말고 다른 것, 예컨대 의복, 옥수수, 기름, 차, 지붕 대들보, 기도용 깃발, 고기 등을 얻으려면 그는 짐을 져야 했다.

1952년 칸사가 열일곱 살이었을 때 스위스 등반대 두 팀이 쿰부에 도착하여 봄과 가을에 에베레스트 등정을 시도했다. 두 등반대에서 텐징 노르가이는 포터들의 십장인 사다(sardar)였다. 그해 겨울 칸사는 두 친구와 다르질링으로 달려갔다. 그는 그 이듬해 봄에 영국 등반대에서 일하기를 바랐다. 다르질링은 쿰부 동쪽, 걸어서 3주 걸리는 히말라야 기슭의 벵골에 있었다. 칸사가 도착했을 때 그와 친구들은 곧바로 텐징 노르가이의 집으로 찾아갔다. 그들은 텐징이 영국 등반대의 사다로 이미 임명되었다는 것을 알고 있었다.

그들은 어둠 속에서 텐징의 집 현관에 서서 큰 소리로 이름을 불렀다. 텐징이 창가로 와서 누구냐고 물었다.

칸사는 "남체의 아무개의 아들 칸사"라고 답했다.

텐징은 그의 아버지를 기억한다고 말했다. "네 아버지와 1930년대에 에베레스트를 등반했지. 들어오너라." 그는 다른 아이들 아버지는 알지 못하며 그들에게는 되돌아가라고 말했다. 칸사는 열심히 일하고, 냄비의 때를 닦아내고, 자신의 진가를 보이려고 노력하면서, 4개월 동안 텐징의 집에 머물렀다. 그는 다른 소년들과 같이 다르질링 산등성이를 내려가 장작을 모아서 비틀거리면서도 엄청난 짐을 등에 지고 운반하곤 했다. 그는 텐징에게 자신의 부지런함을 각인시키고 사다에게 자신의 힘을 과시하고 싶었던 것이다.

4개월이 지난 후, 텐징이 말했다. "좋아, 너도 에베레스트에 가자."

그해 봄 칸사는 생애 최초로 등반하면서, 에베레스트 남면의 빙폭을 올랐다. 날카로운 아이젠이 다리에 상처를 내거나 바지를 찢지 않도록 하면서 얼음 위를 걷는 것이 가장 어려운 일이었다. 산악용 등산화를 신고 걷는 것은 어색하고 불편하다. 그는 나에게 술에 취해 혼란에 빠진 사람처럼 갈지자로 걷는 모습을 보여준다. 게다가 영국제는 싸구려인데다 짝짝이여서 등산화가 발에 맞지도 않았다. 1963년, 그보다 10년 뒤에 칸사는 미국 등반대와 일을 했는데 그들은 짝이 맞는 모든 크기의 등산화를 필요한 양보다 훨씬 많이 가져왔다. 하지만 1953년에 칸사는 지급된 것을 신고 절뚝거려야 했다.

빙폭은 에베레스트 등정의 첫번째 관문으로 가장 위험했다. 빙폭은 강이 엉겨 붙어 얼어버린 것으로 항상 밑바닥 암석 위에서 서서히 움직인다. 베이스캠프의 텐트에 드러누우면 밤새 빙벽이 서로 부딪히면서 신음하는 듯한 소리를 들을 수 있다. 위쪽에 있는 빙하 전체의 무게가 아래로 밀어대서 눈사태가 수없이 일어나고, 이 빙하에서 일어나는 갑작스런 진동으로 인해 통로는 물론 통로에 있는 모든 것이 함몰되고 만다.

칸사는 빙폭에 머물렀던 시간 동안 내내 두려움에 떨었다. 그는 계속해서 남이 들을 수 없게 마음속으로 "부처님이 보우하사, 부처님이 보우하사"를 되뇌었다. 나이 들고 관록 있는 다르질링 사람들이 그에게 무엇을 해야 하는지 친절히 가르쳐주었다.

얼마나 무서웠던지, 그 이전이나 이후에도 그렇게 두려웠던 적이 없었지만, 그는 그때가 행복했다고 말한다. 낭파라에서의 나흘 품삯인 5루피를 매일 벌었고 등반이 끝나고 나면 새 옷과 침낭을 집에 가져갈 수 있었다. 게다가 8천 미터의 사우스 콜(South Col, 남안부)까지 올라갈 수 있다면 3백 루피의 보너스가 기다리고 있었다.

그는 그렇게 무서웠던 적도 없었지만 동시에 그렇게 행복한 적도 없었다는 사실을 내가 알아주기 바랐다.

왜 산을 오르는가

셰르파족은 돈 때문에 등반을 했다.

쿰부에 사는 이 등산가들을 인터뷰하기 위해 나는 여러 질문을 작성했다. 정말 효과가 있었던 질문은 "왜 외국인들은 산을 등반하는가?"였다. 이 질문이 그들의 웃음을 자아냈는데, 외국인이 그 질문을 했기 때문이기도 했다. 나는 외국인을 지칭하는 일상적인 셰르파 단어를 썼는데, 그 말 그대로는 '하얀 두 눈'을 의미하고 아주 정중하지는 않은 표현이다(셰르파족은 외국인에 대해 관광 산업에 종사하는 사람들이 느끼는 것만큼만 느낀다).

그러나 이 질문은 실로 미스터리였으며 모든 이들의 생계가 이 어이 없는 미스터리에 달려 있었기에 흥미로웠다. 어떤 이는 거의 50여 년 동안이나 이 질문에 대한 해답을 생각했으나 아직까지도 만족할 만한 답을 찾지 못하고 있다.

외국인들은 분명 돈을 벌고 명예를 얻기 위해 등반을 했다. 셰르파는 돈을 위해 산을 올랐다. 셰르파족 몇 사람은 또한 '큰 이름(Ming girpu)'을 얻기 원했다고 한다. 밍 지르푸는 서구의 명예 혹은 명성과 정확히 같은 의미는 아니다. 이 말은 자신의 마을에서, 그리고 쿰부의 다른 마을에서 인정받는 것을 뜻한다. 내가 한 나이든 셰르파 등반가 친구에게 여러 마을에서 그의 이름을 알고 있더라고 전한 적이 있었다. 그 친구는 원래 침착하고 말이 없는 사람이었지만 그 이야기를 듣자 조용히 앉아 스스로에게 미소 지으며 뜻을 천천히 반추했다. 그것은 그의 일생이 가치 있었다는 것을 의미했다.

타메 아래의 40여 가구가 모여 있는 마을 출신 셰르파 네 사람은 모두 합쳐서 스물아홉 번이나 에베레스트를 등정했다. 라크파 리타는 다섯 번 등정했고, 그의 동생 카미 리타는 네 번 올랐다. 사십대 초반인 두 사람, 아파와 앙 리타는 열 차례나 등정했다.[3] 그 둘 사이에 어느 정도 경쟁은 있으나 어느 누구도 그 사실을 여러 번 입에 올리지는 않는다.

어느 날 카트만두의 싸구려 식당에서 셰르파 친구와 저녁을 먹고 있었다. 우리는 옆 테이블에 앉은 가늘지만 균형 잡힌 몸과 친절한 얼굴을 가진 마흔 살 정도의 남자와 기분 좋은 몇 마디를 나눴다. 식사가 끝날 즈음, 내 친구가 이 사람이 타메의 아파 씨라고 하며 우리를 소개했다.

"아파 씨라고요?" 내가 말했다. "당신이 에베레스트를 열 번이나 등정했던 분입니까?"

그는 고개를 끄덕였다. 나는 악수하던 손에 힘을 주며 매우 존경한다는 말을 쏟아냈다. 그는 몸을 비틀어 나에게서 떨어졌지만, 이번에는 자기 손으로 내 손을 힘차게 꽉 쥐며 머리를 돌려 나에게 눈으로 미소를 보냈다. 그는 이런 공개적인 칭찬을 들어본 적이 없었으나, 만족스러우며 수줍어한다는 것을 알아챌 수 있었다.

라인홀트 메스너와 에드먼드 힐러리라면 이런 칭송에 힘들이지 않고 대처한다. 그들은 지루해하기까지 했을 것이다. 만일 아파와 앙 리타가 미국에 살았다면 서로 중상모략하며 나이키와 펩시의 선전 대가로 수백만 달러를 벌면서 『뉴스위크』와 『피플』 같은 잡지의 표지 모델이 되었을 것이다. 사실 아파도 수천 명이 존경하는 큰 이름을 얻었음을 만족스러워한다.

대부분의 셰르파가 거의 인정을 받지 못한다는 것은 놀라운 일이다. 칸사 셰르파는 1953년에 에베레스트 사우스 콜까지 40킬로그램의 산소통을 운반했다. 하지만 그는 그 등반 때의 사진을 갖고 있지 않았다. 2000년 여름 내가 그에게 존 헌트 경의 1954년 저서인 『에베레스트 등정』 한 권을 주었다. 그 책에는 칸사가 일원이었던 등반대의 사진이 실려 있었다. 그는 무슨 말을 해야 할지 정말 모른 채로 손에 든 책장을 넘겼다. 그는 사진을 부인과 하녀 그리고 이웃들에게 보여주었다. 47년이 흐른 뒤에야 그는 무엇인가 보여줄 것이 생겼다.

보안경을 쓰고 오리털 재킷을 입고 에베레스트 정상에 서 있는 집 주인의 사진이 문간에 걸려 있는 경우도 가끔 있다. 의식용 비단 스카프로 사진을 장식하고 있는데, 이는 존경심과 자부심을 나타내는 것이다. 하지만 일반적으로 셰르파가 정상에 오르면, 아무도 사진을 찍지 않을뿐더러, 설사 찍더라도 그에게 사진을 주지 않는다. 다행히 네팔 정부는 여권 크기의 사진이 부착된 단순한 양식의 에베레스트 등정 허가증을 내어준다. 그래서 셰르파 등반가는 의식용 스카프로 그 사진을 장식해 벽에 걸어둘 수 있다.

타메의 카미 리타는 밍마 체링의 작은아들인데 에베레스트에 네 번 올랐다. 가장 좋았던 건 아바나에서 열린 회의로 마무리된 세계청년회의의 해 경축 행사의 하나로, 네팔 정부가 조직하고 후원했던 청소년 등반이었다. 카미 리타는 정상에 올랐던 네팔 청년 네 사람 가운데 한 명이었다. 그의 이야기에 따르면 그 등반은 마음이 놓였는데, 이유는 외국인이 한 사람도 없었기 때문이었다. "산소통이나 다른 것들을 운반하느라 시간을 버리지 않고 아침에 차를 끓여 마시며 하루 종일 산을 오를 수 있었죠. 쉬웠어요." 청년 등반대에서 초록과 붉은색의 네팔 국기와 붉은색과 푸른색의 쿠바 국기를 기념으로 주었다. 그는 벽장에서 두 깃발을 차례로 뽑아내 앞으로 팔을 쭉 뻗어 들고서 자랑스러운 듯 아침햇살이 드는 창가에 섰다. 카미 리타는 자기가 산을 오르는 본래 이유가 돈이 아니라 큰 이름을 얻는 것 때문이라고 말한 유일한 셰르파이다. 그가 에베레스트를 네 번 등정했다는 사실을 나에게 알려주고자 했던 것도 그런 이유에서이다. 그리고 그는 운 좋게도 대부분의 사람들에게는 없는 깃발 같은 기념품을 가지고 있다.

내가 카미 리타와 그의 아버지인 밍마 체링에게 왜 외국인들이 산에 오르는지 까닭을 묻자, 그들은 다른 모든 사람들처럼 소리 내어 웃었다. 그리고 고산 목초지에서 어느 봄날, 야크 사료인 부드럽고 검게 마른 이목초더미 위에서 모두가 쉬고 있을 때, 그들은 그 문제에 대해 생각한다. 결국 밍마 체링은 큰 명성을 얻기 위해서라고 답한다.

자기 자신이 큰 이름을 얻기 위해 등반하고 그 증거로 두 나라 깃발을 보여준 카미 리타도 그렇다고 말한다. 하지만 그는 그래도 무슨 생각이 났는지 돈이 그렇게 많은 사람들이 왜 등반을 하는지를 나에게 다시 묻는다.

그리고 우리는 앉아서 그 문제에 대해 심사숙고하지만 아무도 답을 알지 못했다.

나는 영어로 칸사 셰르파에게 왜 외국인들이 산을 등반하는지 물어본다. 그는 웃으며 아내인 라크파에게 셰르파 말로 말한다. "그가 나에게 무슨 질문을 했는지 당신은 짐작이 가오? '왜 외국인들이 산을 등반합니까' 하고 물었소."

라크파 역시 웃는다.

칸사는 1953년 이래 이 문제에 대해 줄곧 생각해왔다고 내게 말한다. 그는 결국 외국인들은 등반을 좋아하기 때문에 산에 오른다고 결론을 내렸다. 꼭 그래 보이진 않지만 이해할 만한 다른 설명은 없다는 것이다.

"남편이 살아 있기만 바랐지요."

산은 사람의 목숨을 앗아간다.

산을 등반하는 것만큼 자연스럽지 않은 것도 없다. 알프스, 안데스, 그리고 히말라야에 사는 사람들에게조차 그렇다. 등반이 시작된 첫번째 고산은 1786년 알프스의 몽블랑이었다. 19세기에 몇 세대에 걸쳐 영국 신사들이 현지 주민을 안내인으로 삼아 알프스 등반 루트를 개척했다. 이 신사들은 산업혁명의 주역이거나 후예들이었다. 이들은 산 정상에서 자연을 정복했다고 상상한 인류 역사상 최초의 사람들이었다.

셰르파족과 티베트 사람들은 꼭 그래야 할 때만 고개를 넘었다. 그들은 고개의 정상에 가까이 갔을 때 두려워했으며, 그럴 만한 이유도 있었다. 티베트 사람들은 고개 정상에 도달했을 때 공물인 쌀을 하늘로 던지면서 신에 감사하며 "체초, 체초"(tse tso, '장수'라는 의미)라고 외친다. 셰르파 말에는 산 정상을 의미하는 단어조차 없다. 셰르파어를 구사하는 예전 등반가들은 영어 top을 써서 '탑 키초모룽마'(Top Ki Chomolungma, 에베레스트 정상)라고 표현한다. 셰르파어를 쓰는 좀 젊은 사람들은 영어 단어인 summit으로 꼭대기를 표현한다.

나의 첫번째 셰르파어 선생이었던 느왕 도카 셰르파는 1960년대에 유명한 등반가였던 파상 카미 셰르파의 딸이다. 1995년에는 셰르파어 교본이 없었으므로, 우리는 학습 과정을 스스로 만들었다(지금은 앙 핀조 셰르파가 지은 『셰르파어 네팔어 영어』라는 훌륭한 책이 있다). 나는 등반에 관한 단어를 배우기 원했으므로, 느왕은 회화 예문을 다음과 같이 시작했다. "에베레스트를 등반하는 것은 어떠한가? 에베레스트 등정은 아주 위험하다." 그리고 그것이 등반에 관한 공부의 끝이었다.

느왕은 언제나 아버지가 돌아오기를 기다리며 어린 시절을 보냈다. 아버지는 언제나 돌아왔다. 하지만 1953년에서 1983년 사이에 솔루와 쿰부 출신 116명이 산에서 죽었다. 그 가운데 14명은 느왕이 사는 마을인 남체 바자 출신[4]이었다.

그녀의 아버지는 파상 카미이다. 지금은 모든 사람들이 그를 영어 별명인 PK로 부른다. PK는 어렸을 때 아버지를 여의였고, 어머니가 남의 집에서 바느질이나 길쌈을 해서 근근이 살아갔다. 고용주가 어머니에게 먹을 것을 주면, 그녀는 옷 속에 약간의 음식을 감추어 집에 돌아와 아들을 먹이곤 했다.

PK와 그의 부인 남두는 처갓집의 반대를 무릅쓰고 사랑으로 맺어졌다. 그러나 그들은 그후 오랜 세월을 돌아와야 했다. 카트만두에서 아직도 팔리고 있는 우편엽서에 30여 년 전 트레킹 여행자가 찍은 아주 오래된 옛날 사진이 있다. 이 사진에서 전통 의상을 입은 아름다운 셰르파 여인이 나무 창가에 기대어 미소 짓고 있는데 그 여인이 바로 남두이다.

그들이 결혼했을 때, PK는 주요 인물은 아니었으나 튼튼했다. 그리고 무엇보다도 영리했다. 그는 어떻게 유럽인을 친구로 사귀고 어떻게 그들을 돕고 그들이 어떻게 자신을 도울 수 있는지를 알았다. 거대한 히말라야 산들을 등정하기 위한 첫번째 등반이었던 1970년 안나푸르나의 남벽 원정에서 PK는 크리스 보닝턴의 사다였다. PK는 자기가 번 돈을 투자했고 트레킹하며 만난 미국 상원의원과 노스웨스트 항공 소유주와 친분을 맺었다. 1982년 그는 지미 카터를 에베레스트 베이스캠프까지 안내했다. PK는 카터를 좋아하며, 그가 좋은 사람이라고 말했다. 카터는 많은 비밀 경호원을 대동했는데, 거만하고 체구가 건장한 이들은 트레킹 도중에 두통을 호소하고 희박한 공기 때문에 숨이 차, 나이든 지미와 보조를 맞추지 못하고 떨어져 나갔다. PK는 그런 사실을 속으로 재미있어했다.

그는 남체에다 관광객을 위한 최고급 롯지를 지었는데, 강 너머로 쾅데(Kwangde, 콩데Kongde라고도 한다/옮긴이)의 남면이 바라보이는 장대한 그림이 그려 있는 창문이 있었다. 그는 카트만두 소재 트레킹 여행사의 공동 운영자이고 미국, 뉴질랜드, 그리고 유럽을 여행했다. PK의 딸 느왕 도카는 캐나다에서 치과 치료사 교육을 받았고 아들 펨바는 벵골의 가장 우수한 학교와 오스트레일리아의 대학에 진학했다. 교육을 받지 않았으나 인내심 많은 PK는 결국 혼자 힘으로 오십대에 네팔어를 읽을 수 있게 되었다. 그는 2000년 겨울 예순 살 초반에 삶을 마감했다.

남두는 가정의 정서적 중심이자 가족 별장의 관리자이다. 자녀들은 아주 좋은 사람들이었다. 2000년 봄에 가족 별장의 식당에 앉아 PK와 등반 문제로 다툰 적이 있는지 남두에게 물었다.

"물론이지요, 아주 조금."

나는 그들이 몸으로 싸웠는지 물었다. 나는 몇몇 부인들이 산에 가지 못하도록 애원하면서 남편의 팔을 부여잡고 매달렸다는 사실을 알고 있다. 남편들은 부인들을 뿌리치고 나서야 집을 떠날 수 있었다.

"아니오, 그냥 말로. 그러나 가끔은 심한 말이었지요."

롯지, 모든 투숙객, 그녀의 사진 그리고 뉴질랜드 바닷가의 PK, 사각모와 가운을 입고 대학을 졸업하는 딸, 에드먼드 힐러리와 지미 카터와 함께한 남편의 사진을 가리키며 나는 "돈은 문제되지 않았나요?" 하고 물어보았다.

"돈은 신경 쓰지 않았어요. 남편이 살아 있기만 바랐지요."

1997년 어느 저녁에, 에베레스트 베이스캠프에서 걸어서 사흘 거리에 있는 한 관광객을 위한 롯지에서 나의 동료인 낸시와 그 집의 나이 어린 소년 둘이 몇 시간 동안 그림을 그리고 있었다. 아이들은 헬리콥터를 그렸다. 모든 다른 투숙객들이 잠을 자러 가고 나서, 주인아주머니가 겨우 자리에 앉아 우리에게 이야기를 들려주었다.

그 아주머니의 남편은 수년 동안 등반가로 활동했다. 그는 28번이나 등반 원정에 따라나섰고 에베레스트 정상을 두 번이나 등정했다. 아주머니는 그 모든 세월을 두려움에 떨며 살았다. 그러나 에베레스트, 또는 안나푸르나, 혹은 다른 높은 봉우리에 오를 때면 한 시즌에 천 달러에서 천2백 달러를 벌 수 있었다. 그래서 아주머니 남편은 일 년에 평균 2천 달러에서 2천4백 달러를 벌었다. 요즘은 그보다 액수가 조금 늘었는데, 특히 에베레스트 정상에 오른 경우에는 보너스가 있다.

그녀는 남편에게 계속 그만두라고 만류했다. 하지만 남편은 말을 듣지 않고, 돈을 조금 더 모아 관광객을 위한 롯지를 세워 가구를 들여놓고, 카트만두에 있는 영어를 사용하는 학교에 아이들을 보내 아이들이 고생하지 않고 살아가게 해야 한다고 대답했다.

그녀는 남편이 살아 있는 것이 낫다고 말했지만 그는 일을 해야만 한다고 대답했다.

남편의 마지막 에베레스트 등정 때 다른 여러 등반대들도 그 산을 등반하고 있었다. 그리고 다른 등반대에 소속된 셰르파 셋이 사고로 사망했다. 그 셋은 모두 포르체 마을 출신이었다. 주인아주머니의 침실 창문에서 내다보면, 80여 가구와 약간의 경작지가 있는 좁은 계곡인 포르체 마을을 볼 수 있다.

그 원정대의 사다는 세 남자의 부인들에게 사고 소식을 전해주기 위해 포르체를 향해 계곡을 내려왔다. 그것이 그의 의무였으며 그는 착실한 사람이었다.

하지만 포르체에 도착하자 사다는 너무 당황하여 말을 꺼낼 수가 없었다. 포르체 여자들은 이미 그의 얼굴에서 누군가가 죽었다는 사실을 읽어냈지만, 누가 사망했는지를 알아낼 수는 없었다. 그래서 부인들은 아래쪽으로 내려가 강을 건너 언덕 위 텡보체 수도원으로 갔다. 그곳에서 승려들이 누가 사망했는지 그들에게 말해주었다.

주인아주머니는 남편이 무사하다는 사실에는 안도했지만, 다른 한편으로는 남편에 대한 걱정이 더욱 심해졌다. 그녀는 베이스캠프에 있는 남편에게 그녀가 중병에 걸려 헬리콥터로 카트만두로 이송될 것이며,

어쩌면 죽을지도 모른다는 내용의 전갈을 보냈다. 이는 거짓말이었지만 그녀는 남편이 산에 오르지 못하게 하기 위해 그 전갈을 보냈다.

남편은 베이스캠프에서 에베레스트 등정을 위해 막 출발하려는 순간에 그 전갈을 받았다. 그는 되돌아서 집으로 향했다(그녀는 우리에게 이 이야기를 하며 뿌듯해했다. 다섯 시간이 채 안 돼서 그가 집에 돌아왔으며 그렇게 빨리 돌아온 것은 그가 가졌던 두려움과 사랑의 표시였다).

그녀의 남편이 거친 숨을 내쉬고 가슴을 벌렁거리며 집으로 들어왔다.

"어떻게 된 거야?" 그가 물었다.

"아무 일도 없어요." 그녀가 행복에 젖어 말했다.

그는 그녀가 자기 일을 망쳐놨으며 너무 놀랐다고 크게 화를 냈지만 "내가 늘 얼마나 걱정하는지를 이제야 당신이 이해하는군요" 하고 그녀가 말하자, 그는 바로 화를 누그러뜨렸다.

지금 그는 네팔에서 트레킹 여행자의 안내인으로 일한다. 그는 일거리가 많다. 트레킹 여행자들은 에베레스트 정상을 두 번 오른 셰르파와 함께 있다는 것을 자랑스러워한다.

다르질링으로

칸사 셰르파만이 다르질링으로 넘어온 사람은 아니었다. 셰르파들은 50년 이상 그래왔다. 텐징 셰르파는 그중 가장 유명한 인물이다.

텐징은 에베레스트의 약간 동쪽인, 티베트의 마칼루 아래 카르테 계곡에서 1914년에 태어났다.[5] 그는 열세 형제 중 열한번째였고, 그의 형제들은 성년이 될 때까지 넷만이 살아남았다. 그가 아주 어렸을 때 텐징의 가족은 등에 질 수 있는 만큼 가재도구를 가지고 카르테를 떠나 낭파라를 넘어 타메에 정착했다.

가난한 티베트인들은 4백여 년 동안 셰르파 지역으로 이주해왔다. 언어는 달랐으나, 그들은 어느 정도 의사소통을 할 수 있었으며, 이는 스페인어와 이탈리아어 사용자 사이나, 덴마크어와 노르웨이어 사용자 사이의 관계와 같았다. 이주해온 티베트인들은 기반을 닦은 셰르파족의 야크를 기르거나 농사 일꾼으로 일을 시작할 수 있었으며, 그러고 나서 자신들의 경작지를 개척하고, 어쩌면 현지 처녀나 총각과 결혼할 수도 있었다. 몇 세대가 지나면, 사람들은 누구누구의 조부모는 티베트 사람이었다고 기억한다. 하지만 일상적인 의미로 그들은 셰르파족이었다.

네팔 지배 계층은 티베트 방언을 사용하고 불교를 신봉하는 모든 네팔 사람을 지칭하는 보티아(Bhotia)라는 말로 그들을 불렀다. 셰르파족은 보티아라고 불리는 것을 좋아하지 않는데, 그 말이 네팔 상류층에게는 무슨 뜻을 지니고 있는지 잘 알기 때문이다. 보티아는 더럽고, 가난하고, 어리석다는 의미를 지니고 있다. 쿰부에는 네팔인에게 속은 셰르파족에 관한 서글픈 전설이 전해 내려오고 있다. 네팔인이 나무에 올라가 가지 사이에 몸을 숨겼다. 셰르파족이 길을 내려오다가, 소리를 듣고 위를 쳐다보고서 이방인이 나무에 있는 것을 보았다. 셰르파족이 너무 놀라 입을 벌리자, 약삭빠른 네팔인이 그 입 안으로 침을 뱉었다. 이것이 오늘날까지 상류계층인 네팔 힌두교도들이 셰르파족을 어리석고 오염되어 있다고 여기는 이유이다.

그렇기에 셰르파족은 남들이 그들을 셰르파라고 부르는 것을 좋아하는데, 그것은 그들 언어로 '동쪽 사람'을 뜻한다. 아마도 이 말은 티베트의 먼 동쪽으로부터 이주해왔다는 것을 가리키거나, 또는 바로 카트만두 동쪽에 거주했던 네팔 거주 보티아를 뜻하는 것일 것이다.

그러나 1920년경 텐징 가족이 타메에 도착했을 즈음에 그곳에는 더 이상 개간할 경작지가 남아 있지 않았다. 그들은 다른 사람들을 위해 노동을 해야만 했다. 텐징은 자서전에서 다른 아이들과 자신이 다르다는 사실을 알았다고 말하고 있다. 다른 아이들이 놀고 있을 때, 그는 홀로 앉아서 티베트의 수도인 라사에서 사람들을 이끌고 전쟁에 나서는 모험을 꿈꾸었다. 그는 나이를 먹어가면서 카트만두와 인도, 그리고 언제나 돈과 명성을 꿈꾸었다.

1920년대에 부를 쌓는 길은 두 가지였다. 정부 관리가 되거나 장사꾼이 되는 것이었다. 1855년 네팔과 티베트 간의 전쟁 이후, 네팔 정부는 쿰부 지역을 장악하려 시도했다. 정부는 펨부(Pembu)라고 부르는 조세 수납 농민을 임명했으며, 세금을 걷어서 현금이나 곡물의 일부를 카트만두에 있는 중앙 정부로 보냈다. 쿰부에는 여덟 명의 펨부가 있었으며, 각자 여러 마을의 많은 가구를 감독했다. 많은 사람들이 옮겨다니기 때문에, 펨부는 경작지뿐만 아니라 남편과 아내, 그리고 그들 자녀들까지 관리했다. 펨부는 생산량의 20퍼센트를 거둬갔으며, 해마다 여러 차례 납세자들이 펨부의 경작지에서 무임 노동을 해야 했다. 주민들은 세금보다 무임 노동을 더 원망했다.

부를 쌓는 또 다른 길은 교역이었다. 네팔 정부는 남체 시장의 상인들에게 낭파라 너머 티베트와의 북부 독점 교역권을 주었다. 남부에서 온 장사꾼들은 상품을 남체에서 팔아야만 했고 티베트에서 온 장사꾼이나 포터들 역시 남체에서 물건을 팔아야 했다. 남체에 실제로 시장이 형성되어 있는 것은 아니어서 장사꾼들이 가가호호 호객 행위를 하며 매매를 했다. 1940년경에는 남체에 약 50여 호밖에 없었다. 이 중 네 가구가 장사로 부를 쌓아 올렸다.

가장 부유한 가구들은 펨부와 장사를 어떤 형식으로든 겸업했으며, 그들 대부분은 많은 야크와 나크 또한 소유했다. 가축 20두는 일반 가정에서 키우기가 예나 지금이나 힘든 법이다. 하지만 1920년대에 어떤 펨부는 4백 두나 되는 가축을 소유했다. 가을이 와서 그의 야크와 나크가 고지대 목초지를 떠날 때 팡보체의 주요 도로를 따라 들려오는 소리가 마치 천둥 같았고, 나이 어린 남자 아이들이 가축 떼를 따라 뛰면서 흥분하여, "펨부가 온다. 펨부가 온다"고 소리쳤다고 한다.

소년 텐징은 쿰부에서는 부를 축적할 가능성이 없다는 사실을 깨달았다. 성공하려면 떠나야 했다. 다른 많은 소년들처럼 그도 어린아이였을 때 사원에 보내졌다. 그는 또래의 대부분의 동승이 그렇듯이 장난꾸러기였다. 나이 많은 승려가 머리를 때려서 절에서 달아나 집으로 돌아왔다고 텐징은 말했다.

영국 등반대가 1921년, 1922년 그리고 1924년에 에베레스트의 티베트 방면으로 올라왔는데, 그때 텐징의 나이는 일곱 살에서 열 살 사이였다. 타메 사람들이 고개를 넘어와 영국 등반대와 일을 하게 했고, 텐징은 에베레스트를 꿈꾸기 시작했다. 그는 어린 나이에도 돈 많은 집의 야크 돌보는 일을 해야 했는데, 고지대 목초지에서 에베레스트를 바라볼 수 있었다.

그는 열두 살 때 낭파라를 넘어 자신이 태어났던 카르테로 도망쳤다. 카르테에서 빙 돌아갔기에 다시 두 주일이나 걸어서 카트만두에 도착했다. 그곳에서 텐징은 보디나스 사원의 거대한 불탑에서 여러 승려들과 함께 먹을 음식과 쉴 곳을 찾았다. 그는 한밤중의 불빛, 붉은색과 황금색 사리(sari, 인도의 전통 여성옷/옮긴이)를 입은 여인네, 도시 안에 숲같이 들어선 작은 사원들을 마음껏 눈요기하면서 돌아다녔다. 두 주일이 지난 뒤 열두 살의 텐징은 집이 그리워서 걸어서 집으로 돌아왔다. 부모는 그를 껴안아주고 나서 매를 들었다.

그리고 텐징은 남체 윗마을인 쿰중 마을의 부잣집에서 빚 대신 머슴살이를 했다. 그는 이 사실을 자서전에서 언급하지 않고 있다. 성공을 거둔 그 당시 아마도 그는 소년 시절의 가난을 수치스러워했을 것이다.

많은 셰르파족과 이주 티베트 가정의 십대 자식들이 빚 대신 머슴살이를 하러 보내졌다. 예를 들면 부자가 가난한 사람에게 열네 살짜리 아들을 일 시키는 대가로 50루피(12달러)를 지불할 수 있다. 아들은 부잣집을 위해 5년 동안 또는 아버지가 빚을 다 갚을 때까지 일해야 한다. 아들은 야크를 돌보거나, 무거운 짐을 나르거나, 쟁기질을 하거나, 무엇이든 시키는 대로 해야 한다. 특히 가축 돌보는 것은 외로운 일이었다.

텐징과 같이 빚 머슴살이를 했던 사람은 텐징의 아버지가 텐징을 계속해서 저당 잡혔다고 이야기한다. 그러한 일은 고용주가 얼마나 친절한가에 따라 엄청난 차이가 있다. 어떤 이들은 친절했지만 어떤 이들은 그렇지 않았다. 어떤 경우이든지 다른 아이들이 사랑을 받고 자라는 집에서 머슴은 가장 천한 사람이었다.

빚 머슴살이의 해결책이 있었다. 부모에게 알리지 않고 도망가는 것이다. 텐징이 열여덟 살이었을 때 열한 명의 소년 소녀가 무리지어 다르질링으로 도망쳤다. 그들은 몇 주 전부터 미리 바위 사이에 음식을 감추어두었다. 텐징은 빚을 해결하기 위해 부모를 떠났다. 일 년이 지난 후 다시 부모가 그리워 걸어서 되돌아왔다. 그가 도착했을 때 부모는 텐징의 장례식 준비를 하고 있었다. 이번에는 얼싸 안아주었고 매는 들지 않았다. 텐징은 몇 달 동안 타메의 집 근처에서 일하다가 그후 다르질링으로 되돌아갔다. 그는 이미 세상 구경을 했으며 그 세상을 원했다.

소녀들도 역시 다르질링으로 갔다.

갈첸은 지금은 84살인데 남체에서 두번째로 나이가 많으며 가장 부자이다. 그는 1950년대에 등반가로 일했고, 그 이후에는 티베트에서 장사로 많은 돈을 벌었다. 그러나 거의 40세가 될 때까지는 하루에 1루피 이상의 돈을 벌지 못했으며 많은 짐을 운반해야만 했다.

젊었을 적에 그는 어느 친절하고 뚱뚱한 부자에게 빚 머슴살이를 해야 했다. 거기에서는 아주 소수의 부유한 사람만이 뚱뚱해질 수 있었으며, 그들은 상당한 성공을 거둔 사람들이었다.

어느 날 갈첸의 여자친구가 그에게 말을 꺼냈다. "나 임신했는데…… 어떻게 하지?"

갈첸은 자기도 모르겠다고 대답했다.

"우린 다르질링으로 도망가야 해."

"난 모르겠어." 그는 계속 머뭇거렸다.

그녀는 언제나 영리했다. 약 60년이 지난 지금 그들은 행복하게 결혼생활을 하고 있으며, 신년 잔치 때 야한 농담까지 하는 것을 보면 그녀는 아직 날카로운 유머 감각을 유지하고 있었다.

"우리 도망치자. 우리 아버지가 알면 당장 배상하라고 하실 거야. 당신은 그 돈을 어떻게 구할 건데?"

갈첸은 모르겠다고 대답했고, 그녀는 자기가 하고 싶은 대로 했다. 그들은 몇 년 동안 다르질링에 가서 살다가 아이들을 낳아 되돌아왔다. 그녀의 아버지는 받아들일 수밖에 없었고, 그것으로 끝이었다.

임신만이 소녀들을 떠나도록 하는 이유는 아니었다. 어떤 소녀들은 부모가 결혼을 반대하는 소년과 도망을 쳤다. 그러나 많은 소녀들은 남자 형제들이 갖고 있던 것과 비슷한 모험심에 이끌려 친구들과 함께 도망을 갔다.

셰르파, 산을 오르다

다르질링은 그 당시 별천지였다.[6] 밍마 체링은 1954년에 다르질링에 도착해 친척 집에 머물렀다. 그가 2000년에 뉴욕 양키스 야구 모자를 쓰고서 내게 영어로 말하기를, 자신이 다르질링을 처음 봤을 때 세계에서 가장 큰 도시 중 하나라고 생각했다면서 이렇게 덧붙였다. "캘커타와 봄베이에 갔을 때 내가 얼마나 바보 같았는지 알겠습니까?"

영국 동인도회사는 1835년 시킴 주(州)로부터 다르질링 지역을 합병했으며, 영국군의 요양소로서 좋은 곳이 되리라고 기대했다. 하지만 병든 병사들은 차가운 안개가 끼는 기후에 더 외로워지고 우울해졌다. 어느 겨울 14명의 병사가 잇달아 자살했으며 이 요양소는 문을 닫았다.

그러나 차와 관광객이 다르질링을 다시 세웠다. 세계의 많은 곳들이 다르질링은 몰랐지만 다르질링 차에 관해서는 잘 알고 있었다. 다르질링 아래의 언덕은 습기를 머금었고, 선선하며 비옥하다. 1900년까지 영국의 차 농장과 차 농가가 많은 숲을 개간했다. 대부분의 농장 노동자와 소작농들은 네팔에서 온 이민자들이었고, 네팔어가 다르질링 지역의 언어가 되었다.

또한 다르질링 도시 자체가 휴가 여행지인 '피서용 주둔지'가 되었다. 영국 식민치하의 벵골 지방정부는 평야지대의 찌는 더위를 피하기

언어

1934년 다르질링에 사는 대부분의 셰르파족은 여러 언어를 구사했다. 물론 그들의 모국어는 셰르파어이다. 셰르파어는 관점에 따라, 티베트어의 방언이거나 티베트어와 관련된 언어로 취급된다. 셰르파어는 문자화되지 않은 탓에, 전통적으로 승려가 하는 교육에서는 티베트어를 사용했고, 많은 노인들은 티베트어를 읽을 수 있다. 다르질링의 셰르파족은 대부분 티베트어를 아주 잘한다.

네팔어는 네팔의 국어이다. 1934년에 쿰부에 사는 대부분의 셰르파족은 네팔어를 말할 수 없었지만, 지금은 대부분의 다른 네팔인처럼 네팔어도 유창하게 할 줄 안다. 네팔어는 인도의 다르질링 지역에서 예나 지금이나 가장 많이 쓰이는 언어이기도 하다. 그래서 다르질링에 간 셰르파는 그 말을 빨리 배워야만 했다. 요즈음 다르질링에 사는 많은 젊은 셰르파족은 네팔어는 구사하나 셰르파어는 할 줄 모른다.

네팔어는 아일랜드의 게일어부터 동부 인도의 벵골어까지 포괄하는 인도-유럽어계의 분파이다. 그래서 네팔어는 셰르파어보다 영어에 아주 더 가깝다. 네팔어는 많은 단어를 힌디어와 공유한다.

힌디어와 우르두어는 세르보-크로아티아어와 같이 동일한 언어이다. 언어명은 누가 사용하는가에 따라 정해지는 법이다. 힌두인들은 힌디어라고 부르고 이슬람교도들은 우르두어라고 부르려 한다. 하지만 1934년에 힌두-우르두어의 구어체는 힌두스타니어라고 불렀다. 이 언어는 산스크리트어와 페르시아어가 혼합된 단어에 어원을 둔다. 문어체는 두 가지로 쓰일 수 있다. 만일 페르시아와 아랍어 문자의 수정된 형태를 사용하면, 이 말은 우르두어라고 부른다. 만일 산스크리트 글자체의 수정된 형태를 사용하면, 이 말은 힌디어이다. 또 다수의 산스크리트 단어를 사용하는 아주 높은 지식 계층의 힌디어가 있으며, 다수의 고대 페르시아 단어를 사용하는 문어체 우르두어가 있다.

1934년에 다르질링에 사는 셰르파족은 거의 영어를 하지 못했으나, 지금은 많은 사람들이 영어를 할 줄 안다.

위해 여름 몇 달 동안은 다르질링으로 옮겨갔다. 도시는 높은 구릉지대를 따라 건설되었다. 여름 몇 달간 정부가 옮겨오면서 더욱 많은 영국 관광객이 와서 길게는 2주까지 머물렀으며, 또 운이 좋으면 부인과 아이들이 여름 내내 여기에 머물 수도 있었다.

1934년 다르질링의 인구는 약 3천 명이었으며, 이들 중 수백 명이 셰르파족이었다. 그들은 주로 상업지와 관광지에 가까우나 산을 바라볼 수 없는 구릉지의 뒷면에 위치해 있는, 티베트인과 셰르파 빈민촌인 퉁숨 부스티에 살았다. 셰르파족은 티베트, 시킴, 그리고 부탄에서 온 다른 '보티아'와 섞여 살아가며 일했다. 그런 이유로 티베트인과 셰르파족은 보수가 좀더 많고 힘이 덜 드는, 집에서 일하는 하인이나 호텔 종사자 같은 일을 얻기가 어려웠다. 말을 구입할 수 있는 티베트인들은 상업 지역에서 관광객에게 조랑말 타기 사업을 할 수 있었으나 새로 온 이민자는 그런 식으로는 거의 생활을 시작할 수 없었다. 그들 대부분은 짐을 나르거나 인력거를 끄는 힘든 일에 종사했다. 1922년에 나온 여행 안내서에는 이렇게 적혀 있다.

> 다르질링에 도착하자마자 사람들은 조랑말을 타고, 여자들과 아이들은 가마와 인력거에 올라타고…… 여러 호텔이나 숙박 시설로 이동하게 되

며, 여자 포터들이 뒤따라온다…… 가마에는 아주 앞쪽에 의자가 있으나, 평야지대의 마차 의자와 별로 다르지 않고, 좌석의 높이만큼 위로 올라와 있으며, 네 명의 건장한 남자들, 일반적으로 보티아들이 가마를 멘다. 이들은 수평으로 교차된 막대로 가마를 어깨 위에 메고 느릿느릿한 속보로 언덕 위아래로 손님을 싣고 흔들흔들 나아가며, 자리에 앉은 손님이 조금도 불편해하지 않으면 아주 만족스러워한다.[7]

이들이 바로 산악 등반대에서 포터로 일했던 사람들이다.

앙 체링은 1934년 낭가파르바트에서 마지막으로 살아 돌아온 생존자인데 지금 96살이다. 그는 퉁 숨 부스티에 살고 있으며, 그곳은 아직도 셰르파족과 티베트인 거주 지역이지만, 더 이상 빈민촌은 아니다. 앙 체링은 나무로 깔끔하게 지은 방갈로를 소유하고 있다. 이 집은 밝은 푸른색으로 단장되어 있고 밖에는 제라늄과 팬지가 흐드러지게 피어 있다. 과부가 된 예순이 넘은 세 딸이 함께 살고 있으며, 은퇴한 육군 하사관인 외아들도 같이 살고 있다. 그들은 모두 아버지를 자랑스러워하며 잘 모신다. 그들이 아버지의 사진과 메달을 가지고 나오자 아버지가 농담을 하고 그들은 웃음을 터뜨린다. 그는 네팔어로 이야기하고 아들이 통역한다. 앙 체링은 타메에서 태어났으나, 76년 동안이나 다르질링에 살았다. 그가 독일인들로부터 받은 낭가파르바트 등정 기념 메달이 벽에 걸려 있고, 히말라야 클럽으로부터 받은 '설산의 호랑이' 메달 역시 전시되어 있다. 그는 여전히 덩치가 크며, 집 안을 쿵쿵거리고 돌아다니고, 누가 나에게 차를 대접하는지 확인하며, 자신의 옛날 사진첩을 뒤적인다.

1924년과 1934년 사이에 앙 체링은 가마가 아닌 바퀴 달린 인력거를

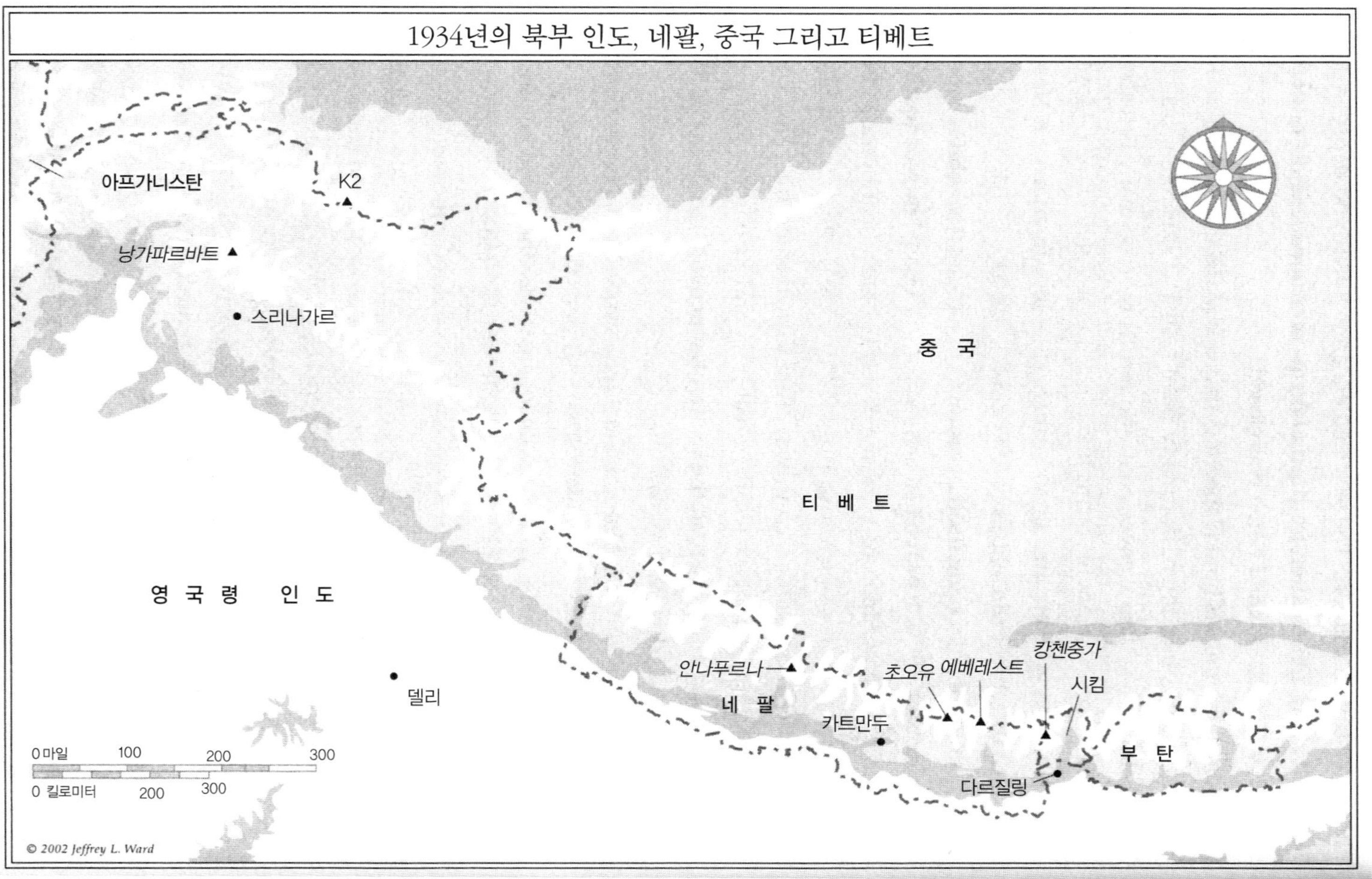
1934년의 북부 인도, 네팔, 중국 그리고 티베트
아프가니스탄
K2
낭가파르바트
스리나가르
중 국
티 베 트
영 국 령 인 도
델리
안나푸르나
네 팔
카트만두
초오유
에베레스트
칸첸중가
시킴
부 탄
다르질링
0 마일
100
200
300
0 킬로미터
200
300
© 2002 Jeffrey L. Ward

끌었다. 한 사람이 인력거를 언덕 위로 끌면 두 사람이 뒤에서 밀곤 했다. 언덕 내리막길에서는 한 사람이 앞에서 길을 내려가고 두 사람이 뒤에서 중량을 지탱했다. 돈벌이는 그리 좋지 않았다. 한 달에 고작 15루피 정도 벌었다. 그러나 종종 총독 관저의 파티가 이른 아침까지 계속될 때, 인력거꾼은 서로 담소를 나누고 창을 통해 흘러나오는 음악을 즐기며 밖에서 기다렸다. 그것이 그 일의 가장 좋은 면이기도 했다.

또 다른 등반가인 파상 푸타르르는 지금 나이가 아흔이다. 그는 남체에서 다르질링으로 왔으며 1920년대와 1930년대에 인력거를 끌었다. 그와 나는 셰르파어를 사용한다. 그는 그 당시 인력거에 탄 영국인의 무거운 몸무게보다 쏟아지는 비가 문제였다고 말한다. 승객 좌석은 덮개가 있었으나 파상 푸타르르는 우비를 살 돈이 없었다. 그는 어깨를 바짝 죄고서 막대 사이에 집어넣는 수밖에 없었다. 다르질링에는 비가 엄청나게 내리는데다, 해발 2천5백 미터의 고지는 굉장히 춥다. 등반은 오히려 춥지 않은 일이었다고 한다.

"그래서 등반 일을 하게 되었나요?"

"부분적으로는." 그가 음흉한 웃음을 지으며 대답한다. "그리고 인력거를 끌어서 큰 이름을 얻은 사람은 지금까지 아무도 없었으니까."

2. 최초의 등반

이제 영국 등반가들과 에베레스트에 대한 이야기로 들어가자. 이 책에는 두 종류의 문체가 있다. 두 문체는 내가 다룬 두 종류의 출전 자료에 기인한다.

한 문체는 등반가들이 남긴 책과 서신들에 기초한 역사가의 목소리이다. 이것은 신중한 목소리로서, 증거를 평가하고 이성에 따라 주장한다. 이 목소리는 정열은 용인하지만, 감정의 세계를 파고드는 것은 회피한다. 이 목소리는 고용주의 견해를 전해주는데, 이유는 그들이 기록을 남겼기 때문이다. 이 목소리는 셰르파에 대해서는 관심이 없다. 이 문체는 영국과 독일 등반가들이 사용했다. 나 또한 그들 역사에 관해 기술할 때 이 문체를 사용한다.

또 다른 문체는 오늘날 나이든 셰르파 남자 및 여자와의 인터뷰에서 얻은 것이다. 여기에는 그들 목소리, 그리고 내 목소리가 기탄없이, 구어체로 표현되어 있고, 좀더 감정에 직접적이고 개방적이다. 이 문체는 종종 너무 단순하기까지 한데, 이는 내 능력 부족 때문이다. 나는 많은 사람들과 일반적으로 그들의 어휘에 한계가 있는 영어나 내 어휘가 턱없이 부족한 셰르파어로 대화했다. 두 경우에서 복잡하고 지적인 사람과의 대화에서 내가 만든 메모는 책 한 구절을 단순히 인용하는 듯하다. 그렇기에 나는 셰르파족이 다른 셰르파족에게 말할 때의 복잡성을 조금이라도 더 표현하는 영어를 사용하려고 노력했다.

하지만 문제는 여전히 남는다. 한 권의 책에 서로 다른 두 문체가 있고, 어떤 독자들은 문체가 바뀌는 것이 실망스럽다고 느낄 수도 있다. 그러나 이 책의 핵심은 사는 곳이 아주 달랐던 사람들이 갖고 있는, 서로 아주 다른 세계관 사이의 대비이다. 이런 대비가 이 책의 문체에 반영되지 않을 수 없다. 무슨 일이 일어났는지 이해하려면 우리는 역사적 기록과 개인 인터뷰 모두 필요하다. 다시 말해서 등반가의 관점과 셰르파의 관점 둘 다 필요하다. 이 책은 그 관계에 대한 이야기이다.

인력거꾼에서 등반가로

"왜 외국인들은 산을 오르는가" 하고 내가 셰르파들에게 묻자 그들은 크게 웃었다.

1923년 영국 등반가 조지 맬러리가 미국에서 순회강연을 했다. 뉴욕에서 한 기자가 왜 에베레스트를 등반했는지를 물었다. "산이 거기 있기 때문"이라고 맬러리는 대답했다.[1]

여러 세대 동안 등반가들은 맬러리의 대답을 소중히 여겼다. 이 말은 그런 질문에 대한 그들 자신의 감정을 잘 드러내고 있다. '묻지 마시오. 나는 알고 싶지 않습니다. 나는 대답하고 싶지도 않습니다.'

이것은 그 자체로 중요한 사실이다. 만일 왜 고기를 낚는지, 사냥을 하는지, 또는 왜 축구를 하는지 대해 사람들에게 묻는다면 상당히 구체적인 대답을 들을 수 있다. 사람마다 대답이 같을 수는 없겠지만, 모두 이해할 수 있는 수준이다. 축구는 불가사의하지 않다. 그러나 서양인들에게 왜 히말라야를 오르는지 묻는다면, 그들 스스로도 불가사의해 할 것이다. 그러니 셰르파족에게도 자연히 불가사의한 일이다.

여기에 무엇인가 숨겨져 있다. 다른 사람들에게만 감춘 것이 아니라 등반가 자신들에게도 숨긴 무엇이 있다.

그러나 맬러리는 기자들에게 더 설명했다. "에베레스트는 세계에서 가장 높은 산이고, 아무도 그 정상을 밟지 못했다. 에베레스트의 존재는 도전 자체이다. 그 해답은 본능적이고, 내가 생각하기로는, 우주를 정복하고자 하는 인간 욕망의 하나이다."[2]

맬러리는 그 시대와 장소의 상류층 사람에게 매력적으로 들리는 단어를 써서 대답했다. **도전**, **본능적인**, **인간**, **욕망**, **정복**. 이 말들은 우주를 정복해야 할 대상으로 상상했던 그 당시 최상층 사람들의 어휘였다. 다윈과 프로이트 그리고 세계의 많은 땅을 정복한 대영제국이 그런 어휘들을 사용했다. 또한 표현하지는 않았지만 그 말 뒤에는 다른 이들이 모두 알고 있던 맬러리의 야망이 있었다. 그의 야망은 결국 열한 명을 죽음으로 이끌었다. 우리는 이제 에베레스트의 맬러리와 어떻게 인력거꾼들이 등반가로 변신했는지에 대한 이야기를 시작한다.

셰르파족은 에베레스트 산 아래서 자라났기 때문이 아니라 그들이 다르질링에서 포터로 일하고 있었기 때문에 등반가가 되었다. 1921년 영국 정찰대가 다르질링을 출발해 티베트 쪽으로부터 에베레스트를 오르기 시작했다. 등반가 알렉산더 켈라스는 그전에도 다르질링 포터들을 고용해 히말라야 산맥에서 소규모의 등반을 여러 차례 시도했었다. 그는 그 포터들을 적극 추천했다. 에베레스트 원정대는 어쨌든 다르질링 시장에서 포터들을 고용해야만 했다. 그곳에 포터들이 모여 있었다. 그들은 시킴과 티베트에서 온 티베트인 대부분과 셰르파족 일부를 합쳐 20여 명을 고용했다.

영국은 티베트 정부에 상당량의 군사 장비를 기증하는 대가로 에베레스트 등반 허가를 얻어냈다. 티베트의 지배계급은 이런 움직임의 진의에 대해 의견이 갈렸다. 수도 라사 주위 수도원의 승려들과 정부의 지도자 격인 승려들이 이런 영국과의 동맹을 몹시 의심했다. 프랜시스 영허즈번드가 지휘하는 영국군이 1904년에 티베트를 침공하여 단기간 라사를 점령한 적이 있었기 때문이다. 하지만 1910년 중국 군대가 또 단기간 침공했으며, 달라이 라마와 티베트군은 무엇보다도 중국의 또 다른 침공을 더욱 걱정하였다. 그래서 그들은 영국 무기를 받는 대가로 티베트 쪽에서 에베레스트를 탐험할 수 있는 허가를 내주었던 것이다.[3]

에베레스트 주위의 마을 사람들은 영허즈번드의 1904년 침공 당시에 영국군 장교들이 광범위하게 행한 노략질을 떠올리며 마음의 준비를 단단히 했다. 영국군 장교들은 특히 티베트 예술품을 약탈해갔었다. 하지만 이번 등반가들은 필요한 모든 것의 값을 정중하게 지불했기에 마을 사람들은 기뻐하면서도 놀라움을 금치 못했다.[4]

1922년 두번째 본격적인 등반이 시작되었다. 원정대는 더 많은 포터들을 대동하고 티베트 쪽으로부터 에베레스트에 오르기 위해 다르질링을 출발했다. 이들 티베트 사람들과 셰르파 포터들은 본디 등반가는 아니었다. 그들 중 많은 이들이 산의 고개를 지나간 적은 있었으나, 1924년에는 오히려 영국 등반가들이 에베레스트 기슭에서 살았던 사람들보다 바위와 빙산에 관해 더 많이 알고 있었다.

사히브와 쿨리

이런 등반 원정에서 고용주와 고용인 사이의 관계는 온정주의적이다. 이런 온정주의를 바라보는 두 가지 관점이 있다.

인력거를 끌어서 큰 이름을 얻은 사람이 없다고 말한 파상 푸타르는 조랑말 타는 것을 바라보며 다르질링의 초우라슈트라(Chowrashtra) 근처 벤치에 앉아 있던 1930년대의 한때를 기억해낸다. 만일 영국 등반가가 말을 건네기 위해 다가온다면, 그는 벤치에 앉을 것이고 파상 푸타르는 벤치에서 일어나 발밑에 웅크리고 앉아야 했다. 푸타르는 그들이 나쁘고 사악한 사람들이었으며 그들을 위해 일한다는 것 자체가 '두크파아, 두크파아', 곧 압제와 고난이었다고 말한다.

앙 체링은 1920년대에 일을 시작했으며 그도 역시 벤치에서 일어나야 했다고 기억한다. 그러나 영국인들이 인도의 중산계층보다는 훨씬 낫다고 말한다. 앙 체링이 이야기하기를 영국인들은 요리사, 하인, 경비, 정원사, 청소부 그리고 유모를 고용하곤 했다. 인도인들은 돈이 있어도 단 한 사람의 하인만을 두었다. 앙 체링은 몇 년 동안 하인 노릇을 경험했는데, 하인 관점에서 본다면 영국인은 혹독한 고용주가 아니라 마음씨 좋은 온정주의자였다.

셰르파어로 '진다크(zindak)'라는 말이 있다. 이 말은 고용주를 뜻하며 젊은이를 자신의 보호 아래 두고 있는 후원자인 부자를 의미한다. 정말로 나쁜 '진다크'를 만날 가능성도 있다. 많은 사람들이 나쁜 '진다크'를 만난다. 그러나 전혀 없는 것보다는 나쁜 '진다크'라도 있는 것이 낫다. 옛날에는 부자가 종종 가난한 소년에게 티베트 교역을 가르치곤 했다. 가난한 소년들이 그 방법으로 부자가 되는 경우는 거의 없었지만 많은 사람들은 그렇게 많은 돈을 번 누군가에 대한 이야기를 들었다. 다르질링에서, 영국인 후원자는 노동자의 일생을 바꿀 수가 있었다. 그래서 그들이 고용한 셰르파와 티베트 출신 포터들은 가능성 있는 영국인 '진다크'에 관심을 쏟았다.

많은 영국 등반가들은 그들 스스로를 친절한 아버지로, 포터들을 충실한 아들로 여겼다. 물론 어떤 포터는 반항적이고, 게으르고, 나약하고, 또는 품성이 나쁘다고 생각했다. 하지만 등반가들은 자신들이 좋아하는 사람들과 산에 대한 관점을 공유할 수 있을 것이라고 느꼈다.

등반가와 포터는 서로를 '사히브'와 '쿨리'라고 불렀다. 이 단어들이 오늘날에는 좀 이상하게 들린다. 힌디어로 '사히브'는 원래 '주인' 혹은 '나리'를 뜻하는 말이고, 특히 고용주에 대한 존경심을 나타내는 용어였다. 그러나 이 말은 백인에게 존경을 표현하고 싶어하거나 표현해야만 하는 인도인들이 모든 백인을 호칭하는 용어가 돼버렸다. '멤 사히브(mem sahib)'는 여성에게 사용되었다. '부라 사히브(burra sahib)'는 뜻 그대로는 '위대한 사히브'라는 말이며 원정대의 최고 선임자나 대장을 의미했다. 셰르파는 사히브를 백인의 동의어로 사용했다. 그 말이 너무도 식민주의적이고 굴욕적임을 알게 된 네팔의 셰르파들은 1950년대 이래로 백인 등반가를 부를 때 그 말을 사용하지 않았다. 대신에 그들은 등반가들이 그들에게 말을 거는 것처럼 등반가들의 이름을 그냥 부른다.

이 책에서 나는 사히브라는 말을 자주 사용했는데 그것은 그 말이 뜻하는 그대로 '백인 주인'이라고 서술하기가 불편했기 때문이다.

'쿨리'는 힌디어와 네팔어로 '짐꾼', 또는 '비숙련 노동자'라는 뜻이고, 지금도 마찬가지다. 네팔어로 "그가 누구지?", "단지 쿨리일 뿐이야" 하는 용례에서 보듯이 경멸하는 뜻으로 쓰일 수도 있다. 또 "요즈음 무슨 일을 합니까?", "막노동을 해요(coolie work)" 하는 용례에서 보듯이 중립적일 수도 있다. 영국 식민주의자들이 이 말을 중국으로 가져가 중국인 노동자를 부르는 데도 사용했다. 현재 영어에서 이 말은 경멸하는 뜻으로 들린다. 이 책에서 나는 가급적 이 단어의 사용을 피했다. 하지만 그 단어를 사용한 사히브의 말을 인용할 때는 그대로 두었는데, 이 경우 경멸의 뜻이라기보다는 단지 포터라는 의미의 힌디어 단어를 사용한 것일 뿐이다.

최초의 도전

1922년의 원정 등반은 에베레스트를 등정하기 위한 첫번째 본격적인 시도였다. 원정대는 베이스캠프로 가는 계곡 기슭에 위치한 롱부크 수도원에 도착했다. 이 거대한 수도원에는 남녀 수백 명이 수도원 건물이나 계곡 훨씬 위쪽에 위치한 동굴에서 참선을 하고 있었다. 그들은 티베트 쪽에서 에베레스트가 주는 장대함과 고립감, 그리고 이 수도원을 창건한 라마의 환생인 림포체의 인격에 이끌려서 여기에 온 것이다.

림포체는 나중에 티베트어로 자서전을 썼는데, 이 중 일부가 번역되었다. 그는 라사 승려들의 뜻에 공감해 영국에게 에베레스트 등반 허가를 내준 것을 반대한 것 같다. 1922년 티베트 지방관리는 림포체가 영국 등반대원을 만나주기를 촉구했다. 하지만 그는 만나려 하지 않았다. 관리는 적어도 등반대장 정도는 만나주어야 한다고 했다. 이런 강권에 림포체는 역겨워했으나, "만일 이교도 한 명을 만난다면, 모든 이교도들을 못 만날 이유가 없다"[5]고 대답했다.

이튿날 림포체는 등반대장 찰리 브루스와 등반대원 세 사람, 그리고 통역인 다르질링의 티베트인 카르마 폴을 만났다. 찰리 브루스는 1895년 낭가파르바트에 머메리와 함께 등반했던 구르카 장교였다. 이제 그는 몸집이 크고 뚱뚱하고 단단해 보이는 56세의 장군이었다. 브루스는 30여 년 동안 히말라야 일대를 등반했으며, 네팔어를 유창하게 구사했고 펀자브의 직업 씨름선수와 대결하기를 즐겼으며, 북서부 전선에서 소단위 전투 방식을 혁신한 인물이었다. 그의 휘하에 근무하는 구르카 사람들은 브루스가 연대에 소속된 모든 남자의 부인들과 성관계를 맺었다고 했다. 물론 구르카족 사병의 부인이지 동료 장교의 부인은 아니다.[6]

림포체는 찰리 브루스에게 왜 그가 에베레스트를 오르려 하는지를 물었다. 브루스는 신에게 더 가까이 가기 위해서라고 대답했는데, 이것이 림포체가 듣고자 하는 대답이라 생각했기 때문이었다. 카르마 폴은 이 말을 에베레스트 정상에 오르면 영국 정부가 브루스에게 많은 돈을 줄 것이라는 뜻으로 통역했다.

"우리나라는 아주 추워서, 남에게 해를 끼치려 하지 않고 종교에 헌신하는 사람이 아닌 다른 사람들은 견디기 어렵습니다. 이 지역 신령은 분노의 화신이므로, 당신은 아주 굳건하게 행동해야 합니다"[7] 하고 림포체는 브루스에게 말했다. 그는 이 영국인에게 에베레스트는 아주 위험하다는 것을 일깨워주려고 애를 썼다.

베이스캠프는 고지대의 황량한 계곡에 자리 잡았다. 그 주위에는 남녀 수백 명이 동굴이나 바위 은신처에서 참선을 하고 있었다. 그들은 자신들의 운명을 명상하는 비구와 비구니, 그 지방의 일반인들, 그리고 노인들이었다. 어떤 이들은 홀로 몇 주, 또는 몇 년씩 명상했다. 이 모든 사람들은 솟아오른 에베레스트의 공허함과 영적인 힘에 이끌렸다. 존 노엘 대위는 등반대의 수송 담당 대원이었는데, 어느 성자에게서 감동을 받아 다음과 같이 썼다.

> 에베레스트 산 아래, 밀폐된 바위 은둔지에서 15년간 어둠 속에 살면서 명상하고, 가부좌를 한 채로 움직이지 않고, 한 해 한 해를 보낸 아주 존경받는 성자가 있었다. 하루에 한 번씩 승려 형제들이 물 한 잔과 한 줌밖에 안 되는 보리빵을 이 속세를 떠난 성직자에게 가져다준다. 은둔지에 난 구멍을 통해서 은자의 손이 가만히 나와서 물과 빵을 가져가는 것을 직접 지켜보았다. 그때조차 손은 천으로 감싸 있었다. 아무도 그를 보아서는 안 되고 대낮의 햇빛조차 그의 피부에 닿아서는 안 되기 때문이었다.[8]

열세 명의 사히브, 백 명의 높고 낮은 계급의 포터들, 그리고 짐을 나르는 동물 3백여 마리가 평화와 고독을 추구하는 은자들 사이에 자리 잡았다. 계곡에서는 짐승을 죽이는 일이 금지되었다. 브루스 장군은 사냥하지 않겠다고 림포체에게 약속해야만 했다. 매일 아침 등반가들은 야생 산양이 캠프로부터 백 미터 정도 떨어진 은자의 은둔지까지 내려오는 것을 보았다. 은자들은 산양에게 무엇인가를 먹이곤 했고, 산양들은 다음 동굴, 또는 바위 은신처로 계속 옮겨 다녔다. 동물들은 전부 온순했으며,

바위 비둘기와 까마귀조차 등반가의 손에 있는 모이를 쪼아 먹었다.

왜 영국인들은 그렇게 많은 포터들이 필요했을까.

그 당시 그들은 지금은 포위법이라 부르는 극지법 등반 방식을 사용하고 있었다. 유럽 등반가들이 베이스캠프에서 출발해 암벽을 오르고, 쌓인 눈을 뚫어 길을 내며, 혹 있을 눈사태를 피하고, 뒤따라오는 사람들을 위해 고정 자일과 사다리를 놓으며, 더 위로 올라가는 길을 찾았다. 그런 다음 다른 등반가과 함께 포터들이 제1캠프까지 보급품을 운반했다. 그들 위에서 선두에 선 등반가는 다시 제2캠프까지 길을 내었다.

등반 내내 산을 오르락내리락 하게 된다. 유럽인 등반가들은 포터들을 동행하고서 교대해가면서 길을 뚫었다. 피로에 지친 포터들은 베이스캠프로 내려가고, 휴식을 취한 포터들이 다시 위로 올라갔다. 등반가 몇 명이 제6캠프를 향한 길을 뚫고 있을 때 포터들은 아직도 제2캠프로 짐을 운반하고 있었다.

아래 캠프에서 다음 캠프로 조금씩 조금씩, 유럽인 등반가들과 아시아인 포터들은 정상 바로 아래에 캠프를 세울 때까지 길을 만들면서 위로 올라갔다. 마지막 캠프에서 유럽인 등반가 두 사람이 자일 하나에 몸을 연결하여 포터 없이 정상까지 올라갈 것이다. 그들이 침낭 두 개, 이틀치 식량, 자일, 방수포를 마지막 캠프까지 가져가기 위해서는 산더미 같은 보급품이 필요했고, 또 이 보급품을 나르기 위해서는 유럽인 등반가 열 명, 아시아인 고소 포터 사오십 명과 저소 포터 이삼백 명이 길이 끝나는 곳에서부터 베이스캠프까지 모든 짐을 운반해야만 했다.

알프스에서라면 두서너 명이 누구의 도움도 없이 등반할 수 있다. 하지만 해발 5천 미터가 넘는 히말라야에서는 캠프와 캠프를 거쳐 등반하는 것이 훨씬 더 안전하다. 캠프가 있으면 그 누구라도 히말라야의 폭풍에 휘말렸을 때 아래로 내려와 텐트, 온기, 음식 그리고 친구들을 발견할 수 있다. 만일 누군가 높은 곳에 위치한 캠프에서 부상을 당한다면, 바로 아래 캠프에서 재빨리 도움의 손길을 뻗칠 수 있다.

게다가 히말라야 등반은 영국 신사들이 만들어낸 스포츠였다. 에베레스트에서 포터들은 높은 곳에서도 15킬로그램의 짐을 운반했으며 영국인들은 아무것도 운반하지 않았다. 그들은 정상 정복을 위해 힘을 아꼈다. 에베레스트 베이스캠프까지 가는 2주 동안 등반가들은 말을 탔으나 포터들은 짐을 운반하며 도보로 이동했다. 이는 아주 자연스러운 듯 보였다. 등반가들은 영국에서도 하인을 부렸으나, 인도에 있는 영국인들은 더 많은 하인을 거느렸다. 강가에 소풍을 가거나 호랑이 사냥을 가거나 간에, 영국인들은 다른 누군가가 짐을 나르고 시중들기를 원했다. 이런 습관은 산에서도 조금도 다르지 않았다.

오늘날 어떤 등반가들은 포터 없이 소규모 '알파인'(고정 자일이나 중간 캠프를 설치하지 않고 최소의 장비만으로 짧은 시간 안에 등반하는 방식/옮긴이) 등반대로 히말라야 고봉에 도전한다. 그들은 이것이 더 낭만적이고 더 깔끔한 방식이라고 여기는 듯하다. 이 방법은 또한 비용도 적게 들고 포터의 죽음에 대한 책임을 지지 않아도 되는 이점이 있다. 정말로 오늘날 이 등반가들은 바지조차 걸치지 않고 곧바로 히말라야 북면을 통해 최초로 단독 겨울 등반을 할 수 있는 기회를 호시탐탐 노리면서, 좀더 어렵거나 위험한 방법으로 이미 이전에 달성된 것을 성취하려고 애쓴다. 그러나 히말라야는 극지법으로 등반하는 것이 아직도 안전하다. 1922년 영국인들은 그 당시로서는 인간 한계의 경계였던 산을 오르려 하고 있었다.

눈사태

1970년대까지는 그 어느 누구도 에베레스트의 노출된 벽에 도전하지 못했다. 대신 그들은 능선으로 올라가 능선을 따라 등반하려 했다. 능선 등산은 비교적 쉬운 편이었으며 눈사태나 낙석으로부터도 비교적 안전했다.

1922년의 영국 등반대는 우선 능선에 도달해야 했다. 그들은 서부 능선 쪽으로 곧장 올라가서 해발 7천 미터 높이의 노스 콜(North Col, 북안부)에 이르렀다. 이곳이 인간이 지금까지 캠프를 친 가장 높은 곳이었다. 이곳에서 네 명이 정상 도전을 했으나 실패했다. 원정대장이자 가장 경험이 풍부한 히말라야 등반가인 찰리 브루스와 등반대 의사인 웨이크필드가 이제는 집으로 되돌아가야 한다고 말했다. 우기가 막 시작되었고, 경사면은 새로 내린 푸석푸석한 눈으로 덮였다. 눈사태가 일어날 완벽한 조건이 마련된 것이다. 하지만 조지 맬러리와 하워드 소머블이 이에 반발하여 마지막으로 한 번 더 시도해볼 것을 주장했다.

맬러리는 영국 주류 사회의 일원이었으나 그 체제에 만족하지 못한 사람이었다. 마른 몸매에 근육질이며 품위 있고 타고난 운동선수인 그는 케임브리지 대학에서 '올해의 가장 아름다운 사람'으로 뽑히기도 했다. 그는 평생 사회주의자였으며, 여성 참정권 운동가였고, 진보 교육을 주장한 과격한 대변자였다. 맬러리는 또한 양성애자였으며, 보스웰(James Boswell, 18세기 영국의 전기작가/옮긴이)에 대한 책을 펴냈고, 소설을 쓰고 있었으며, 블룸즈버리의 전위 예술가와 작가들과 사귀고 있었다. 그는 화가 던컨 그랜트(Duncan Grant)의 나체 모델을 해주려고 런던에 즐겨 가곤 했다. 1919년에는 아일랜드로 가 아일랜드 공화군

(IRA)의 관점에서, 영국에 대한 아일랜드의 독립 전쟁을 직접 목격하기도 했다.

조지 맬러리는 영국 상류계층의 주변부에 존재했다. 그의 부인인 루스는 유산을 물려받아 꽤 큰 수입이 있었으며 집에서 하인 다섯을 고용했다. 에베레스트에 갈 때까지 그는 최고로 꼽히는 '퍼블릭 스쿨(public school)'—엘리트 사립학교를 가리키는 영국 용어—중 하나인 차터하우스(Charterhouse)에서 교사로 일했다. 하지만 그는 그 일을 싫어해 1921년 직장을 그만두고 에베레스트로 갔다. 우선 당장은 부인의 수입과 에베레스트에 대한 강연에 의존해야 했다. 그는 에베레스트에서 두각을 나타내 공식적으로 인정받으면 앞날이 바뀔 것이라고 설득해 목숨을 걸어야 하는 이 등반에 대한 루스의 허락을 받아냈다.

맬러리는 정상 도전에 대한 야망이 아주 강했다. 6월 7일 맬러리, 소머블, 퍼디 크로포드, 그리고 포터 14명이 제2캠프 위를 올라가고 있었으며 노스 콜에 거의 다가갔다. 포터들은 모두 다르질링 사람들이었다. 원정대는 티베트인 포터들을 남녀 불문하고 롱부크 근처에서 고용했으나, 이들은 제2캠프 위로는 나아가기를 거부했다. 그들은 산의 여신을 지키는 악령들을 두려워했다.

사히브들과 포터들은 오후 햇빛이 눈의 결정에 반사되어 반짝이는 가파른 설원을 가로질러 나갔다. 눈사태는 태양이 눈에 열을 가하여 응집력을 떨어뜨릴 때 가장 빈번히 일어난다. 하지만 맬러리와 소머블은 정상을 향해 힘차게 밀고 나갔다. 맬러리는 "마개가 닫혀 있는 화약통의 폭발하는 것 같은, 날카롭고 주의를 끄는, 격렬하지만 어느 정도는 부드럽기도 한 불길한 소리"[9]를 들었다. 그는 그런 소리를 이전에 들어본 적이 없었으나 곧바로 눈사태가 일어났다는 것을 직감했다. 순식간에 그는 눈 속에 파묻혔다.

멜러리는 눈 밖으로 헤치고 나왔다. 그는 세 사람—포터 한 사람, 소머블 그리고 크로포드—과 자일로 연결되어 있었다. 네 사람은 서로를 점검했다. 모두 무사했다. 그들은 아래를 내려다보았다. 두번째 자일에 연결된 포터 네 사람 역시 살아 있었다. 그들이 눈 위에 앉아서 더 아래쪽을 가리켰다.

눈사태는 세번째 자일에 연결된 포터 아홉 사람을 빙벽 벼랑 너머로 쓸어내려갔다.

'육군의 명사수'인 존 노엘 대위와 웨이크필드 박사는 아래쪽 캠프에서 푸석한 눈 속을 헤쳐 나가는 검은 점처럼 보이는 등반가들을 올려다보고 있었다. 노엘과 웨이크필드가 눈길을 돌렸다가 다시 되돌아보았을 때, 검은 점들이 사라져버렸다. 노엘이 의사에게 말을 걸었다.

"여보게, 무슨 일이 일어난 거야?"

"눈사태야."[10]

노엘은 망원경을 통해 그 현장을 보았다. "절벽의 앞면이 떨어져 나갔다. 다른 포터들을 불러 절벽을 가리키면서, 상황을 말해주었다. 그들은 굉장히 흥분해서 서로 이야기를 나누고 울기 시작했다."

사히브와 포터들이 담요와 뜨거운 음료를 가지고 산을 오르기 시작했다. 그들은 "노천에서 하룻밤을 지내야만 할 거라고 생각했다…… 저녁은 이미 다가오고 있었다. 우리는 살아 있는 사람을 찾을 수 있는지조차 알 수 없었다. 산에 오를 수 있는 모든 포터들은 모두 최대한의 음식과 담요를 운반하여 참사 현장에 도착했다".

그들은 눈에 갇혀 미친 듯이 눈을 파내고 있는 멜러리를 발견했다.

그 위쪽으로, 두번째 자일의 생존한 포터들이 빙산 절벽 끝에 앉아 있었다. 그곳에서 그들은 겨우 추락을 면했다. 또 다른 눈사태가 일어날까 두려웠기 때문에 그들은 일어서서 걷거나 기어가지조차 못했다. 그후 서너 시간 동안 그들은 그곳에 꼼짝 않고 앉아 그들 밑에서 등반가들이 사망한 동료들을 파내는 것을 바라보았다. 그들은 피로와 추위가 그들을 낭떠러지 너머로 떨어뜨려 죽음에 이르게 될 때까지 마냥 가만히 있었다. 노엘은 그들의 위치를 조심스레 살펴보고는 아마도 그들을 구출하는 것이 불가능할지 모른다고 생각했다.

낭떠러지 끝 너머로 떨어진 포터들에 대해 노엘은 다음과 같이 설명했다.

> 그들 사이의 자일 한 부분이 면화 실처럼 딱 끊어질 정도의 힘으로 휩쓸려갔다. 경사면에서 가장 밑에 있던 사람들은 낭떠러지 끄트머리 너머 크레바스 속으로 쓸려 내려갔다. 어떤 사람들은 크레바스의 좁은 입구로 떨어져서 부드러운 눈 속에 깊이 묻혔다. 다른 사람들은 벌어져 있는 입구 너머로 휙 내던져져서 빙산의 단단한 가장자리를 들이받았다. 우리는 나중에 그들의 두개골과 뼈, 그리고 몸이 박살나 즉사했다는 것을 알게 되었다.
>
> 이들을 찾으려고 도움을 받기 위해 캠프로부터 우리가 데려온 사람에게 말을 건넸다. 이들은 실종된 사람들의 형제나 사촌으로 대부분 혈족관계였다. 그러나 그들은 혼란에 빠져 조금도 움직이려 하지 않았다. "그게 무슨 소용이죠? 그들은 다 죽었을 거예요. 신령이 공격했어요. 그들을 돕는다면 남은 사람들도 신령의 분노를 받게 될 겁니다." 그들은 이렇게 말했다.
>
> [사히브들이 파낸다.] 단단한 빙하에 세게 내동댕이쳐져서 다섯 사람이 죽어 있는 것을 발견했다. 그러나 가까이에 있는 한 크레바스는 부드러운

눈으로 채워져 있었다. 사람들을 묶은 듯 보이는 두 자일이 이 크레바스로 향해 눈 속으로 사라졌다. 우리는 잡아당겼으나 자일을 조금도 움직일 수 없었다. 우리는 푹신한 눈을 파고 들어갔다. 맬러리가 아래로 1.5미터쯤 되는 곳에서 등산화 한 짝을 발견했고, 더 파고 들어가서 한 사람을 끌어냈다. 그는 거의 두 시간 동안 묻혀 있어 의식을 잃었지만 곧 의식을 회복하고 나중에 완전히 정신을 되찾았다. 자일 가닥을 따라 파내려가다가 피켈이 등산화에 부딪혔고 좀더 파내려가자 또 한 사람을 발견했다. 그는 거꾸로 눈 속에 처박혔다. 파냈을 때 그는 이미 죽어 있었다. 그를 묶고 있는 자일은 눈 속 더 깊숙이 빠져 있었다. 다른 실종자가 더 깊은 곳 어딘가에 자일에 매달려 있었지만, 우리는 더 이상 파내려갈 수 없었다.

라크파, 누르부, 파상, 페마, 상가, 도르제 그리고 펨바가 사망했다.

하워드 소머블은 1916년의 솜 전투 때 외과 의사였다. 외과 의사들은 한 텐트에 네 개의 수술대를 운영했고, 수천 명의 사람들이 텐트 주위에서 줄에 줄을 이어 누워 기다리면서, 들것 위에서 죽어갔다. 수술대에서의 짧은 휴식 시간이면, 소머블은 죽어가는 사람들 사이를 이리저리 걸어다니며, 짧게나마 그들과 말을 나누었다. 그들 중 어느 누구도 자기 먼저 수술 받게 해달라고 애원하지 않았다. 그날로 소머블은 분노한 과격 평화주의자가 되었고, 나머지 인생 전부를 평화주의자로 살았다.

눈을 파내려가면서 그는 생각했다. "'셰르파족과 보티아족(티베트인)만 죽었다. 왜, 아, 왜 우리 영국인 중 한 사람이라도 그들과 운명을 같이한 사람이 없을까?' 만일 살아남은 이 멋진 사람들에게 우리가 진정 위험을 함께 나누었듯이 그들의 희생도 함께 나눈다는 심정을 전할 수 있다면, 나는 기꺼이 그 순간 눈 위에 쓰러져 죽음을 맞이했으면 했다."[11]

소머블은 눈사태가 일어날 수 있는 상황에서 등반을 고집했던 것이 포터들을 죽음으로 몰아넣었다는 것을 알았다. 두 달 후에 그는 런던의 전도유망한 자리를 포기하고 케라라 소재 인도 선교회 병원의 의사가 되었으며, 그곳에 머물며 의사로서의 나머지 인생을 보냈다.

결국 여러 시간이 흐른 뒤, 밤이 점점 다가오자 소머블과 맬러리는 눈을 파는 작업을 중지하고 그들 위쪽 절벽에 앉아 있는 사람들에게 되돌아갔다. "그들은 완전히 기가 죽어서 아기처럼 울면서 몸을 떨고 있었다"라고 항상 강인한 군인이었던 노엘이 썼다. "맬러리와 소머블이 한 사람씩 한 사람씩 빙벽을 돌아서 건너오게 했다…… 그들의 상태와 슬픔을 보는 것은 가슴 아픈 일이었다. 그들은 우리에게 자신들의 형제가 어디에 있는지 물었다. 왜냐하면 어떤 생존자들은 자신들의 형제를 잃었기 때문이었다. 그들은 뭉개진 시체로 가서 자신들의 부적이나 다른 가족 기념물을 목에서 빼냈다."[12]

몇 시간 동안 움직이지 않고 앉아 있던 사람들이 구조되었다. 그러나 일곱 명이 사망했고, 맬러리와 소머블은 오후의 깊고 푸석한 눈 너머로 그들을 이끌고 가야 할 받아들이기 어려운 위험을 감수해야만 했다. 캠프에 내려와 조지 맬러리는 부인인 루스에게 글을 썼다.

> 내 실수의 결과는 너무도 참혹해. 이런 사고가 일어났다는 게 도저히 믿기지 않아. 어떻게 보상할 방법이 없어. 이 사람들을 돌보는 것이야말로 가장 명예로운 의무일 것 같아. 그들은 위험한 산에 사는 철부지였고, 우리를 위해 아주 많은 일을 했는데, 지금 내 실수로 일곱 사람이 죽었어.[13]

이 글은 온정주의로 가득 차 있으며, 마치 어른이 아이를 돌보려는 것 같다. 하지만 진실된 고뇌와 죄책감이 베어 있다. 진심이 담겨 있었다.

17.5파운드의 보상

그것으로 등반은 끝이었다. 브루스 장군은 롱부크 수도원의 림포체에게 심부름꾼을 통해 돈을 보내고 진혼 불공을 요청했다. "나는 그런 불필요한 일 때문에 그런 고통을 겪은 이들의 운명에 대한 심대한 연민으로 휩싸였다"고 림포체가 썼다. "나는 아주 중요한 '브슨고-스몬'(bsngo-smon, 공덕을 기리는 진혼 기도를 뜻하는 티베트어/옮긴이)을 준비했다."[14]

하산하는 길에 사히브 여덟 명은 림포체를 만나러 갔다. 림포체에 따르면, 브루스는 자기가 보낸 돈이 어떻게 쓰였는지, 림포체가 사망한 포터 일곱 사람을 위한 불공을 거행했는지를 묻기 시작했다. 림포체는 말을 끊고서 찰리 브루스에게 물었다.

"피곤하지 않습니까?"

"저요? 전 괜찮습니다. 몇 사람이 죽었지요" 하고 브루스는 대답했으며 약간 수치스러워했다.

나는 통에 가득한 염주와 타라(神)의 금동불상을 그에게 주었다. 나는 훗날 그가 불교로 개종하도록 기도하기로 결심했다.[15]

브루스는 림포체에 대해 훗날 기록했다. "진심으로 오늘 문제에 대해 동정적이고 친절했다. 이들처럼 흥미로운 사람들을 다루어는 것은 아주 생소하다. 그들은 미신과 좋은 감정의 특이한 혼합체이다."[16]

브루스가 떠난 뒤 지역 마을 사람들은 많은 양의 밀가루, 쌀, 기름 그리고 다른 사치품들을 영국인들이 남겨두었다는 것을 알았다. 위쪽 계곡은 신성한 곳이었으나 어느 마을의 젊은이 20여 명이 승려에게 알리지 않고 그곳에 올라갔다. 림포체는 그들이 수도원 옆을 지나갔다고 말한다. "그들은 한밤중에 몰래 수도원 옆을 지나 새벽에 산기슭에 이르렀다. 근처 낭떠러지 밑에 쌓인 돌더미의 틈새에서 곰 일곱 마리가 나타났다. 처음에 한 사람이 곰을 발견했고 곧이어 모든 사람들이 곰을 보았다. 그들은 보급품을 챙기기는커녕 너무 놀라서 도망치기에 급급했다."

공포에 질린 사람들이 수도원으로 가서 고백을 했다. 그들은 림포체에게 물었다. "이 불길한 광경은 안 좋은 겁니까? 우리 목숨이 위험하게 될까요?"[17]

림포체는 신령들이 화가 많이 났으나, 승려들이 적절한 의식을 행하면 해는 더 이상 없을 것이라고 했다.

림포체가 그런 말을 하지는 않았으나, 일곱 사람이 사망하고 곰 일곱 마리가 식품을 저장해둔 곳에서 발견된 것은 우연이라고 볼 수 없었다.

런던에서 원정을 조직했던 프랜시스 영허즈번드 경도 이 비극적인 사고 소식을 듣고, 부인에게 다음과 같은 편지를 썼다. "그들은 정말 훌륭히 등반했지만 운이 아주 나빴소. 그러나 고맙게도 유럽인들은 무사했소."[18] 영허즈번드는 또 다른 에베레스트 원정을 계획하기 시작했다.

맬러리는 영국으로 되돌아왔다. 원정대의 등반가 세 명—찰리 브루스, 스트럿과 롱스태프—이 어쨌든 맬러리와 소머블이 눈사태로 일곱 사람을 죽음으로 몰고 간 그릇된 판단을 내렸다고 넌지시 내비추었다. 맬러리는 영허즈번드가 맡고 있는 알파인 클럽과 영국 왕립 지리학회가 공동으로 조직한 에베레스트 위원회에서 자신을 성공적으로 변호했다. 이때쯤에 맬러리는 사고가 자신의 잘못이 아니었다고 스스로에게 다짐한 듯 보인다. 확실히 부인 루스는 그의 죄책감이 자학적이기에 죄책감을 극복해야 한다고 강하게 느끼고 있었다. 에베레스트 위원회와 이름난 등반가들의 추천으로, 그는 노동자 교육협회를 위한 야간 강좌를 맡아 가르치는 케임브리지 대학의 공개 강의 강사 자리를 얻었다. 그는 그 일을 사랑했다.

에베레스트 위원회는 마침내 사망한 포터 일곱 사람들의 가족에게 일시금 250루피를 지급하는 데 동의했다. 인도의 임금 조건으로 이 돈은 거의 성인 남자의 일 년치 임금에 상당했으며 영국 화폐로는 17.5파운드였다. 굳이 비교해보면, 맬러리는 케임브리지 대학에서 강사로 일 년에 5백 파운드를 벌었고, 에베레스트 위원회는 1922년 원정 때 쓴 비용보다 2,474파운드를 더 모금했다.

비극의 그림자

영허즈번드와 에베레스트 위원회는 또 다른 원정대를 조직했으며, 1924년에 찰리 브루스를 대장으로 삼아 맬러리와 소머블이 다시 산으로 돌아왔다. 브루스의 조카 제프리 브루스는 구르카 장교였는데 포터를 고용하는 임무를 맡았다. 제프리 브루스는 훗날 다음과 같이 썼다.

우리의 경험으로 날씬하고 균형 잡힌 순종인 사람들을 데리고 가야 한다는 것이 증명되었다. 짐을 운반하는 모든 포터들은 셰르파족이거나 보티아여야 한다. 다르질링의 공중보건의가 언제나 모든 예비 신참자들의 건강 검진을 도와줄 것이다. 예전 일꾼은 이전 원정에서 기록과 행동이 뛰어나게 좋았을 경우에만 다시 고용한다. 몇몇 이전 일꾼들은 분명한 이유가 있을 경우 선발하고, 아주 신중하게 선택해야만 한다. 그렇지 않다면 재빠른 새 사람들이 훨씬 나을 것이고, 그들은 '고참' 역할을 하지 않을 것이다.[19]

1922년 사고를 기억한다면 제프리 브루스 대위가 왜 '고참'을 피하려 했는지 쉽게 알 수 있다. 새로운 사람들은 통제하기 쉬울뿐더러 좀더 쉽게 위험을 감내할 것이다. 하지만 일이란 꼭 그런 것은 아니다. 노엘 대위 역시 그곳에 있었는데, 그는 다음과 같이 말했다.

우리는 1922년 참사에도 불구하고 우리와 다시 일하기를 원하는 옛날 셰르파 포터들의 환영을 받았다. 많은 다른 사람들도 또 일을 하겠다고 했다. 장군(찰리 브루스)과 의사 힝스턴이 그들을 주의 깊게 관찰했으나, 가끔 옛날에 좋아했던 사람이 나타나 경례를 하면, 장군은 그의 등을 치며 재빨리 의사 앞을 통과시키곤 했다. "어, 여기 옛날 쳄사르가 왔군! 좋아! 그는 꼭 있어야 해. 또 누구누구도 있군!" 그래서 옛날 포터들은 모두 다시 소집되었다.[20]

1924년에 58세의 찰리 브루스 장군은 어쨌든 자신이 '고참 군인'이었다. 그가 선발한 고참 중 한 사람은 눈사태가 난 뒤 눈 속에 산 채로 묻혀 있던 것을 맬러리가 파냈던 사람이었다. 다르질링에서 온 티베트인

50명과 셰르파족 5명은 모두 고소 포터였다.

경험 있는 셰르파에 대한 편견은 몇 년 동안 여러 사히브들 사이에서 계속되었다. 1933년 영국 에베레스트 원정대의 일원이었던 프랭크 스마이더는 "지원자 가운데서 단지 젊은이들만이 짐을 운반할 포터로 선발되었는데, 이유는 '고참 포터'는 불평이 많을뿐더러 불만을 동료에게 퍼뜨리는 얕은꾀가 있었기 때문이었다. 한편으로 과거 원정대의 몇몇 사람들은 아직도 에베레스트에 대해 지어낸 미신에 사로잡혀 있었다"고 썼다.[21]

에베레스트를 둘러싸고 들끓고 있던 미신은 산은 위험한 곳이며 등반가들은 신중해야 한다는 것이었다. 이런 교훈을 학습한 포터를 피하는 것이 산을 쉽게 오르는 일이기는 했으나, 좀더 위험한 일이기도 했다. 결국 브루스 대위가 경험 없는 사람을 고용하기 원한 것은, 포터들을 통제해야 했기 때문이었고, 브루스 장군이 유경험자를 고용하려 한 것은 그들이 필요했기 때문이었다.

1924년 원정대가 롱부크 수도원에 도달했을 때 어느 승려가 존 노엘에게 다가왔다.

> 우락부락한 얼굴에 이빨이 두 개밖에 남아 있지 않는 늙은 사람이 적갈색 승복을 걸치고 정원을 가로질러 발을 질질 끌며 다가왔다. 그리고 그는 나를 사원 입구로 데리고 가 안쪽 벽에 새로 그린 그림을 보여주었다. 처음에는 너무 어두워서 알아볼 수 없었지만 그림을 자세히 보고 나서 이것이 수호견과 수크파, 그리고 뿔 달린 악마에 둘러싸여 창에 찔린 채 에베레스트 산 밑에 나뒹구는 백인의 그림인 것을 알았다. 나는 통역인 체드업에게 그것에 대해 설명하게 했다. 그리고 나는 그것을 사진에 담고 복사도 했다.

흥미로운 그림이었다.[22]

이 그림은 롱부크의 비구와 비구니들이 갖고 있는 정서와 죽은 영국 등반가에 대한 예감으로 생긴 희열을 나타내고 있다. 비록 노엘이 영국 독자들에게 자세히 설명하지는 않았지만 그는 이 그림을 이해했다. 그는 또한 노승이 그 그림을 보여주면서 무엇을 즐기고 있었는지도 이해했다.

포터들 또한 그 그림을 보았음이 틀림없었다.

이번에 사히브들은 포터들이 절대로 혼자 등반하지 않으리라는 것을 확신시켰다. 포터가 죽으면 자일에 묶인 사히브도 함께 죽게 될 것이다.

1924년 원정대는 노스 콜 아래 하루 거리에 있는 제3캠프까지 올라갔다. 사히브와 포터들이 제3캠프에 보급품을 비축하자, 맬러리는 바로 노스 콜에 있는 제4캠프로 가는 루트를 개척했다. 그는 2년 전 눈사태가 났던 지역보다 약간 위로 지나는 루트를 선택했으며 이번에는 이 선택이 잘한 것이기를 바랐다.

제3캠프의 포터들이 곤란을 겪고 있었다. 2년 전에 맬러리는 과학자 조지 핀치가 에베레스트에서 실험해온 새로운 산소 장비를 혐오했었다. 하지만 1924년이 되자 맬러리는 산소 사용을 계획하고 있었으며, 산소 사용이 이 등반의 성공과 실패를 좌우하리라고 확신하는 듯했다. 그는 산 위로 보급품을 운반하는 책임을 지고 있었으며, 식량, 의복, 담요가 든 짐보다 산소통 운반을 우선시하기로 결정했다. 영국 등반가들은 질 좋은 단단한 등산화, 캐시미어 각반, 양말 네 켤레, 털 바지, 여러 벌의 카디건, 때때로 외투 한 벌을 입었다. 포터들은 옷을 훨씬 얇게 입었고, 먹는 음식도 조악했다. 영국 등반가들은 고기, 치즈, 설탕을 먹었지만 포터들은 이런 것들을 먹지 못했다. 이제 산소통을 위로 용이하게 올리고 가기 위해 식사 배급을 줄이자, 그들은 배고픔 때문에 추위를 더 심하게 느끼게 되었고, 그사이 날씨마저 나빠졌다. 능선에서는 바람이 시속 160킬로미터에 이르렀고, 눈이 공중으로 3백 미터 가량이나 솟아올랐다. 많은 포터들이 제3캠프에서 고소증을 호소했으며 여러 명이 동상을 입었다.

병이 아주 심한 사람들은 베이스캠프로 이동시켰다. 구르카 병사인 삼세르푼이 동상과 뇌출혈로 베이스캠프 바로 위에서 사망했다. 또 다른 구르카인인 만 바하두르는 동상이 너무 심해서 "다리는 물론이고 허리까지 마비되었다".[23] 베이스캠프에서 그의 다리는 검게 썩어 변색되었고, 서서히 죽음에 이르렀다.

삼세르푼과 만 바하두르는 오로지 성공하고자 하는 의지만 가득했던 조지 맬러리의 보급 판단 실수로 사망했다. 하지만 그는 그 방식을 강행했다.

등반대는 롱부크 수도원의 림포체에게 사기가 떨어진 포터들을 북돋기 위한 의식을 마련해달라고 간청했다. 영국의 통역자 카르마 폴은 의식 중에 림포체가 사람들을 축복했으며, 초모룽마(에베레스트)에 다음과 같이 빌었다고 나중에 노엘 대위에게 말했다. "위대한 초모룽마여, 우리 옛 신령이 지키는 어머니 여신이시여. 나는 당신을 위해 신령들과 중재하려 합니다. 당신이 등을 돌리면 악령들에게 기쁨을 선사하게 됩니다. 악령들이 당신을 멀리 물러나게 해왔으며 다시 당신을 더 물러나게 할 것입니다."[24]

셰르파 앙 체링은 림포체의 말을 들은 포터들 중 하나였다. 그는 스무 살이었고, 다르질링에는 여섯 달 정도만 머물렀을 뿐이며, 이것이 그의 첫번째 등반 일이었다. 10년 후가 되면 앙 체링은 낭가파르바트에서 마지막으로 살아남은 사람이 될 것이다. 그때 그는 림포체가 포터들에게 산의 신령들이 분노해 있다고 경고하는 것을 잠자코 들었다. 림포체는 그들에게 해야 할 일을 하라고 말했지만, 가장 높은 캠프에 오르면 자신들의 짐을 빨리 내려놓고, 영국인들을 남겨두고 돌아서서 곧바로 내려오라고 경고했다. "사람들은 그곳에서 죽게 될 것이다. 너희들은 그곳에서 도망쳐라." 앙 체링은 림포체의 말을 믿고, 그 충고를 따랐다.

고립된 포터들

제3캠프에서 맬러리는 노스 콜로 가는 루트를 만들어냈다. 포터들을 이끌고 처음으로 노스 콜로 올라가는 것은 항상 위험한 일이었다. 퉁 숨 부스티는 좁은 지역이다. 1924년의 모든 포터들은 1922년의 생존자들로부터 눈사태에 대한 이야기를 듣고 있었고 그들 중에는 눈사태를 겪은 이들도 있었다.

1924년 5월 21일, 소머블, 어빈, 해저드가 제3캠프로부터 노스 콜의 제4캠프까지 제1진 열두 명의 포터를 이끌고 올라갔다. 소머블은 기상조건이 마음에 들지 않았다. "날씨가 거칠고, 폭풍이 불어왔으며, 가벼운 가루 같은 눈이 소나기처럼 내려서 맬러리가 앞서 만들어놓은 모든 길을 감추어버렸다."[25]

어려운 피치(고정 자일 하나 길이 정도의 짧은 등반 구간/옮긴이)에서 사히브들은 포터들을 위해 눈 속의 스텝(능선에 계단처럼 돌출한 부분/옮긴이)을 깎아야 했다. 맬러리가 얼음 침니(바위나 얼음의 넓게 갈라진 틈/옮긴이) 위로 사다리를 고정시켜 포터들이 번갈아 손으로 잡고 올라갔다. 노스 콜 바로 아래 그들이 가로질러 가야 하는 6백 미터 너비의 가파른 빙원, 그 어려운 부분에 도달했다. 그들은 빙원을 아무 피해 없이 건너갔다.

소머블과 어빈은 자신들의 임무를 마치고 그날 밤으로 제3캠프로 되돌아갔다. 그들은 힘이 남아돈다고 느꼈으며 제4캠프에서 보급품을 낭비하고 싶지 않았다.

남게 된 사히브인 해저드와 열두 명의 포터들은 7천 미터에 있는 제4캠프까지 몇 분 더 올라갔다. 거기서 그들은 텐트를 치고 그날 밤을 지낼 자리를 잡았다.

이튿날 눈이 왔다. 아래쪽 제3캠프의 소머블이 일기에 기록했다. "지독한 날. 노스 콜에 보급품을 보내기 위해 장비를 완전히 갖춘 후발대가 출발조차 할 수 없었다. 제3캠프는 지옥이었다. 노스 콜에 있는 열세 명이 우리보다는 더 편하리라 생각한다. 하지만 이번 눈 때문에 위로 등반하는 것 자체가 아주 위험해졌다. 우리는 내일 다른 후발대를 보낼 수 있기를 바랄 뿐이지만, 노스 콜의 경사면 역시 안전하지 않다."[26]

소머블은 눈사태가 또 닥칠까봐 두려워했다.

이튿날 아침 제프리 브루스 대위, 오델 그리고 열네 명의 포터들이 보급품을 더 가지고 노스 콜을 향해 출발했다. 그러나 새로 내린 눈이 너무 두터워서 얼음 침니 아래에 짐을 던져버리고 제3캠프로 되돌아와야 했다.

위에서는 해저드 사히브와 열두 명의 포터가 36시간 동안 노스 콜 텐트 속에 갇혀 있었다. 텐트 안에서 그들은 2년 전 일어난 눈사태를 포함하여 많은 얘기를 나누었음이 틀림없었다. 그들은 밑으로 내려가기 시작했다. 눈이 내리고 있었으며, 그들이 노스 콜에 계속 머물러 있는 동안 날씨가 더 악화될지도 몰랐다.

얼마 되지 않아 제4캠프 아래 이틀 전에 아무 사고 없이 가로질렀던 빙원에 도달했다. 48시간 동안 계속해서 눈이 내리고 있었다. 새로 내린 눈은 눈사태를 일으킨다. 빙상 위의 새로 내린 눈은 더더욱 위험하다. 게다가 그들은 1922년에 눈사태가 난 곳의 바로 위에 있었다. 열두 명 중 네 명의 포터가 빙원을 건너가기를 거부했다. 해저드와 여덟 명의 포터는 그들을 그곳에 남겨두고 제3캠프까지 계속 내려갔다.

왜 해저드는 네 사람을 남겨두었을까? 그가 어떤 생각을 했는지는 알기 어렵다. 소머블이 베이스캠프에서 그의 형에게 이런 편지를 쓴 적이 있다. "해저드는 자기 스스로 심리적인 벽을 쌓아놓고 그 안에서 살아. 가끔씩 그는 '좋아, 정말 좋아!' 하고 외치며 그 벽 안에 숨어 있는 즐거움을 분출하지. 심지어 그는 고난에서도 즐거움을 느껴. 그리고 그 벽이 닫히면 아무것도 받아들이지 않아."[27]

해저드는 알프스 등산의 경험이 많았고, 전쟁 중에는 적진 밑으로 터널을 파기까지 했던 공병장교였으나 이전에는 히말라야에 온 적이 없었다. 물론 그는 혼자서 결정을 내리지 않았다. 여덟 명이 그와 함께 하산했다. 그러나 해저드가 대장이었다. 그는 유일한 사히브였고, 그들 중 유일한 등반가였으며 고용주였다. 그런 상황에서는 해저드의 말이 더 중요하게 들린다. 그러나 그와 함께 내려온 여덟 명의 포터들은 아이들도 아니고 도덕적으로 무능력자도 아니다. 그들과 해저드는 나머지 네 명이 공포에 질려 죽음을 선택했다고 생각했고 그들 자신은 그와 같은 선택을 하지 않았다고 보는 것이 옳을 것이다.

소머블은 제3캠프에서 하산하는 그들을 보았다. 그리고는 안심하며 일기에 이렇게 적었다. "해저드가 포터들과 하산하는 것 같다. 이것이 그가 할 수 있는 최선이다. 눈이 조금만 더 오면 정말 난장판이 될지 모른다." 하지만 그 다음 "조금 더 시간이 지난 후 해저드와 포터 여덟 명만이 도착했다. 네 명이 아직도 위에 있다는 뜻이다. 우리는 누구라도 뒤에 남겨둔다는 것은 큰 잘못이라고 생각했다. 모두 다 내려오든지 아무도 내려오지 말든지 했어야 했다".[28]

소머블은 화를 냈다. 눈은 계속해서 내렸다.

1922년의 생존자였던 소머블과 맬러리는 다음날 아침 노스 콜에서 네 명의 포터를 구조하는 것밖에 선택의 여지가 없다고 느꼈다. 브루스가 병이 나서 다르질링으로 되돌아간 뒤 에드워드 노턴이 등반대의 지휘권을 넘겨받았다. 노턴이 소머블과 맬러리와 자원하여 가기로 했다. 노턴은 구르카 부대의 중령이었으며 네팔어를 유창하게 구사했다. 그는 노스 콜에 있는 사람들도 인간임을 잘 알고 있었다. 노턴은 그때의 심정을 다음과 같이 기록했다.

> 가장 중요한 것은 그 사람들을 생환시키는 일이라고 생각했다. 어떤 이유로도 올해에는 포터 중에서 희생자가 없어야 한다고 내내 결심했는데 여기서 우리는 네 사람을 잃을지도 모른다는 아주 절박한 위기 상황과 마주하고 있었다. 버려진 포터들을 구조할 수 있는 기회가 이번에는 희망적이지 않다는 것을 인정해야 했다. 우리 모두는 분명히 지쳐 있었다. 맬러리와 소머블은 기침이 심하고 목이 아팠으며, 이 상태가 그들의 등반 능력을 심하게 저해했다. 노스 콜 경사면의 여건이 등반을 극심하게 더디게 하고 힘들게 할 것이 뻔했으며, 눈사태의 위험이 상존해 있었다. 그날 밤 텐트에 드러누워 텐트 벽에 가벼운 눈이 쌓이는 소리를 들으면서, 우리가 비관적

인 견해를 갖고 있었다 하더라도, 다음날 구조 작업이 성공할 것인가에 대해 내기 같은 것을 맬러리와 할 수 없다는 것을 알고 있었다. 한밤중에 눈이 멈췄으며 달이 얼굴을 내밀었다.[29]

물론 구조를 시도하다 사히브 자신이 죽을 가능성도 아주 높았다.

그들 위에서 네 명의 포터들은 산의 수호견인 신들의 울부짖음을 들으면서 텐트 안에 함께 드러누워 있었다. 그날 아침 네 명의 포터들은 마지막 남은 음식을 먹었다. 그들은 구조되리라는 기대를 품지 않았다. 그들은 악마와 죽음을 기다리며, 두려움에 떨면서 누워 있었다.[30]

노턴, 맬러리, 그리고 소머블이 아침 8시에 출발하여 천천히 올라갔다. 노턴만이 아이젠을 착용했다. 소머블은 "눈사태가 거의 모든 곳에서 일어날 것 같다"[31]고 느꼈다. 거의 7천 미터 높이에서 깊이 쌓인 눈을 뚫고 나아가기가 어려웠다.

저녁 6시경에 그들은 노스 콜 바로 아래쪽 빙원에 다가가 남아 있던 포터 중 하나가 반대편에서 그들을 기다리고 있는 것을 보았다. 그들은 그에게 이동하라고 소리쳤다. "위, 아니면 아래?" 하고 그가 물었다.

포터가 곧 내려와야 하는 긴박성을 알지 못한다면 얼마나 위험한지를 알아채지 못하고 있는 것이라고 노턴은 문득 생각했다. 노턴은 이 사람들이 남아 있겠다고 한 것이 어리석거나 경험이 없어서인지 의아해했다. "내려와!" 빙원을 가로질러 노턴이 소리치자 그 사람은 사라졌다. 그는 일 분 후에 다른 동료 세 명과 되돌아왔다.

사히브들은 60미터짜리 자일을 가져왔다. 맬러리와 노턴이 곧장 피켈을 눈 속에 박아 소머블에게 안전한 자일 확보 지점을 만들었다. 그런 다음 소머블은 빙하를 건너, 기다리고 있는 포터에게 걸어갔다. 하지만 포터들에게까지 자일이 6미터 정도 모자랐다. 약 여덟 발자국의 거리였다.

소머블은 힌두스타니어를 조금 구사할 줄 알았다. 그리고 포터들도 마찬가지였다. 그는 포터들이 힘들더라도 길을 헤쳐 나와서 그의 바로 뒤에 서게 되면 다음에는 걸어 내려갈 수 있다고 용기를 북돋아주었다. 그는 피켈을 얼음에 박아 안전을 확보하고 먼저 두 사람을 잡았다. 그리고 이 두 사람은 자일을 따라 무사히 맬러리와 노턴에게 내려갔다.

빙원 위에 남겨진 두 사람이 안도하며 광경을 지켜보았다. 그들은 더 이상 기다릴 수가 없었다. 그들은 소머블 위로 길을 잡지 않고 곧바로 빙벽으로 향하기 시작했다. 그중 한 사람이 넘어지고 소규모 눈사태가 시작되었다. 두 사람이 절벽 너머 죽음을 향해 미끄러져 내려갈 때 소머블은 아무 도움도 주지 못하고 지켜볼 수밖에 없었다. 하지만 그들은 미끌어지다가 바로 절벽 위에서 멈추었다. 소머블은 신에게 감사했다. 그는 그들에게 다시 다가갈 수 있으리라 생각했다. "나는 더 큰 재앙을 일으킬지도 모를 동작과 몸부림을 막기 위해 그들을 웃겨 안심시키고 익숙하지 않은 말로 할 수 있는 모든 격려를 보냈다. 조금도 움직이지 말라고 말했다."[32]

소머블은 얼음에서 피켈을 끄집어내 두 사람 쪽으로 더 가까이 밀었다. 자기 허리에서 자일을 풀어 피켈의 윗부분을 한 번 감싸고 오른 손목에 자일을 묶었다. 맬러리와 노턴도 팔 길이만큼 자일을 늘여서 잡고 있었다.

소머블이 절벽 끝에 움직이지 않고 앉아 있는 두 사람에게로 얼음 위를 가로질러 조심스레 다가갔다. 오른쪽 손목의 자일이 길이가 다 되어 두 사람에게 약간 못 미치는 지점에서 멈춰 섰다. 소머블은 몸집이 큰 사람이었다. 그는 날개 편 독수리같이 자기 왼팔을 닿을 수 있는 데까지 뻗었다. 소머블은 포터의 목덜미를 잡아서 자일에까지 들어 올렸다.

그리고 나서 소머블은 다시 두번째 사람을 구했다.

아래 제3캠프에서, 노엘은 2킬로미터 밖에서 구조 광경을 필름에 담고 있었다. 노엘은 원정을 담은 영화를 만들고 있었다. 그리곤 내려오고 있는 소머블과 다른 사람들을 마중 나갔다.

> 우리의 빈번한 호출에 응답하는 고함소리를 들으며…… 우리는 약 한 시간 반 가량 어둠 속에서 악전고투했다. 대원들을 만났을 때 그중 많은 사람들이 눈 위에 털썩 주저앉았다…… 포터들은 무슨 일이 일어났는지 알지 못한 채, 마치 술에 취한 것 같았다. 노턴, 소머블, 그리고 맬러리는 거의 말이 없었다. 우리는 뜨거운 음식을 가져왔다. 포터 한 사람은 음식을 한 입 집어넣자마자 토했고, 다른 한 명은 우리가 무릎으로 지탱해주어야 했다…… 그들은 남은 기간 동안 다른 일을 하기는 이미 글렀다. 실제로 다음 며칠 동안 몸상태가 좋지 않은 사람들은 모두 스노필드 캠프에서 내보냈다.[33]

훌륭한 아버지가 자기 자식을 돌보듯이, 온정주의가 어떻게 작용하는지를 보여준 일이었다.

영웅이 되었지만

앙 체링은 '몸상태가 좋아서' 머물게 된 사람들 중 한 사람이다. 그는 산을 올랐으나 림포체가 충고한 대로 짐을 부리고는 재빨리 하산했다.

노턴과 소머블이 먼저 무산소로 정상 공격을 시도했다. 하지만 소머블은 곧 중단해야 했고, 노턴도 산소 없이 홀로 산을 오르다 수직으로 정상까지 3백 미터를 남겨두고 포기했다.

그 다음으로 맬러리가 산소를 가지고 기회를 잡았다. 그가 계산하기로는 아주 충분한 가능성이 있었다. 그는 두 사람 중 한 명을 동료로 선택할 수 있었다. 한 사람은 존 오델인데 지난 며칠 동안 활발하게 활동해온 경험 많은 등산가였다. 다른 사람은 샌디 어빈으로 스물한 살이고, 잘 생기고, 넓은 가슴과 강인함을 갖추고 있었다. 그는 이번 원정이 아니었다면, 그해 옥스퍼드 조정 팀에서 노를 저으며 케임브리지 팀과 겨루었을 것이다. 어빈은 북극 탐험에 참여한 적이 있었으나 등반 경험은 거의 없었다. 그가 유용한 사람이라고 여긴 다른 옥스퍼드 출신자들의 말만으로 에베레스트의 가장 높은 캠프에 있을 수 있었다는 것은 영국 등반계의 아마추어 정신과 그들 계층 사이에 형성된 신뢰를 나타내는 것이다.

맬러리는 오델 대신에 어빈을 정상 공격의 파트너로 선택했다. 맬러리가 어빈에게 낭만적으로 끌렸다는 점 때문에 이런 선택을 내렸다는 것이 여태까지의 추측이고 그럴 가능성도 충분하다. 하지만 어빈이 강인한 젊은 공학도로 산소 기구를 고칠 줄 알았기 때문이라는 것이 더 타당한 이유인 듯하다.

맬러리가 10년 전에 결혼했을 때 신혼여행으로 부인인 루스와 알프스 등반을 가고자 했다. 알프스 능선에 대해 많은 지식을 가르쳐준 오랜 친구인 제프리 영은 맬러리에게 경험이 없는 젊은이들과 너무 많은 위험을 무릅쓰는 경향이 있다고 충고했다. 맬러리는 마음이 상했으나 루스를 산행에 동행시켰다.

지금 그는 다시 어빈을 택했다. 몇 시간 뒤에 오델은 그들이 정상을 향해 가는 모습을 보았다. 그리고 그들은 다시는 나타나지 않았다. 맬러리의 시신은 1999년 산 위에서 발견되었으나, 오늘날까지 그와 어빈이 정상을 올랐는지는 알 수 없다. 맬러리의 야망이 라크파, 누르부, 파상, 페마, 상가, 도르제, 펨바, 삼세르푼, 만 바하두르, 샌디 어빈 그리고 맬러리 자신을 죽음으로 내몬 그릇된 판단을 하게 했다. 바로 그 야망, 정상에 도달하기 위해 기꺼이 목숨을 내놓거나, 모든 장애에도 불구하고 노력하는 의지 때문에 그는 수백 수천만 사람들의 영웅이자 전설이 되었다.

1924년 에베레스트 원정의 전체 경비는 1만 파운드였다. 노엘 대위는 원정에 대한 영화 제작권을 갖는 대가로 총 경비 중에서 8천 파운드를 지불했다. 이제 그는 자기 돈을 되찾아야 할 필요가 있었다. 영국에서 "선도적인 여성 에베레스트", "눈 덮인 무서운 처녀를 정복하기 위한 남성의 열정적인 투쟁" 같은 문구로 『위클리 디스패치』에 영화가 과대 선전되었다.[34]

노엘 대위는 티베트의 기안체에 있는 대수도원의 승려 다섯 명을 설득하여 영국으로 데려왔다. 티베트에서 불교 승려는 매년 특별 의식에서 전통춤을 추어서, 티베트로의 불교 유입 과정과 신앙의 청명한 빛으로 악귀를 쫓아내는 의식을 재연했다. 그리고 스카라 영화관 무대에서 값싼 가면을 쓰고 승려들이 노엘이 '악마의 춤'이라고 명명한 이 의식을 축 소하여 재현했다. 『데일리 스케치』의 헤드라인은 다음과 같았다.

무대에서 춤추는 주교

티베트 교회의 고위 성직자 런던에 오다

해골의 음악

히말라야에서 온 둥둥거리는 소리와 의식[35]

몇몇 티베트인들이 영국에 살고 있었다. 어떤 이들은 샌드허스트 사관학교에서 공부하고 있었고, 어떤 이들은 사업을 하고 있었으며, 영국 외교관과 결혼한 사람도 있었다. 그들은 춤추는 라마승에 대한 뉴스를 고향에 보냈다. 마침내 달라이 라마가 신문을 보았다. 그와 티베트 정부는 분노했다. 결국 영국과의 연합에 대한 찬반 논쟁에서 반대파 승려들이 이길 수 있었다. 티베트는 영국 외무성에 공식적으로 항의했고, 어떤 영국 에베레스트 원정대도 이후 9년 동안 입산 허가를 받지 못했다.

셰르파의 슬픔

맬러리가 눈을 파낼 동안, 셰르파들은 얼음 위에서 꼼짝 않고 기다리며 무슨 생각을 했을까? 노엘은 그 포터들이 산에 대한 경외심이 지나쳐 미신적인 두려움에 사로잡힌 듯이 기술했다. 그들의 두려움을 종교적이라고 단정함으로써 두려움이 어리석은 것이었다고 치부했다. 하지만 여기서 신중해야만 한다. 림포체와 포터들이 말했던 것은 에베레스트가 위험하다는 것이었다. 찰리 브루스 또한 일상 언어로 이것을 맬러리에게 말해주려고 했다. 많은 외국인들이 오랜 세월 동안 셰르파족을 무시해왔듯이 맬러리와 소머블도 그 모든 것을 무시해버렸다.

2000년에 나는 경험 많은 셰르파 등반가와 쿤데에서 면담을 했었다. 그는 조심성 많고, 예의 바르며, 외교적이었다. 우리는 다른 사람들을 조금도 비난하지 않고 이야기를 한 시간 가량 나누었다.

그에게 가장 좋았던, 그리고 최악이었던 원정은 어떤 것이었는지 물었다.

"모두 좋았지요."

"누가 가장 좋은 사람이었나요?"

"아, 모두 좋았어요."

"외국 등반가들은 눈사태가 얼마나 위험한지 이해하던가요?"

그는 할 말을 잃고 나를 쳐다보았다. 그는 그런 바보 같은 질문에 대한 의례적인 표현을 찾아내지 못했다.

내가 이야기를 나누었던 경험이 풍부한 셰르파 등반가 거의 모두는 히말라야에서 눈사태가 가장 주된 위험 요소이며, 외국인들은 눈사태를 이해하지 못하고, 원정에서 치명적인 위험은 외국인들이 눈사태에 대한 경고에 귀를 기울이지 않을 때 일어난다는 데 의견을 같이한다.[36]

눈사태의 위험을 무릅쓸수록 히말라야 산 정상에 다다를 가능성은 커진다. 오후에 등반을 하지 않는다면 눈사태의 위험은 줄어들지만, 산을 올라가는 데 무척 오랜 시간이 걸린다. 일반적으로는 올라갈 수만 있다면 가파른 루트가 눈사태로부터 안전하고, 또한 힘이 제일 많이 들고 더디게 진행된다. 주요 히말라야 원정은 성공을 위해 여유를 거의 두지 않고 이루어지고 있다. 정상 등정이 가장 중요한 외국인들은 위험을 감수한다. 셰르파들에게 문제가 되는 것은 그들의 생명과 가족이다. 그들은 그러한 위험을 감수하기를 바라지 않으나, 종종 고용주들이 요구하는 일을 해야만 했다.

예를 들면 H. P. S. 아루왈리아 소령은 1965년 인도 에베레스트 원정대에 참여했는데, "제3캠프를 6,797미터에 설치하고 이 캠프가 안전하다고 생각했지만, 셰르파들에게 전혀 인기가 없었다"라고 기록했다. 이 말은 인도 등반가들은 제3캠프가 안전하다고 생각했으나, 셰르파들은 안전하지 않다고 생각했음을 뜻한다. 아루왈리아는 계속 적어 내려간다.

> 1952년 스위스 원정대 때 이 지역에서 눈사태로 셰르파 한 사람이 사망했다. 그 이후로 내내 야경꾼 귀신이 이 지역을 배회하고 있다는 미신이 떠돌았다. 셰르파들은 될 수 있는 한 캠프에서 밤을 보내는 것을 피했다. 그들은 야경꾼 귀신이 밤에 텐트를 두드린다며 불안하다고 불평했다. 셰르파 나왕 체링은 1960년 아주 험한 날씨에도 불구하고 제3캠프에 머물기를 거부했다. 2년 뒤 1962년에 인도의 두번째 원정 때 그는 구르는 돌에 맞아 그 자리에서 사망했다. 이 사실은 단지 미신에 힘을 실어줄 뿐이었고, 캠프에는 충분한 보급품이 갖추어져 있더라도 '귀신에 홀려' 있었다.[37]

여기서 아루왈리아 소령이 말하고 있는 것은 눈사태로 이전에 사람이 죽었던 곳에 텐트를 세우는 것은 어리석은 일이라고 믿기 때문에 셰르파들이 미신적이라는 것이다. 하지만 만일 같은 장소에 벼락이 친 것에 대해서 의심할 여지가 없다면, 눈사태에 대해서도 의심할 여지는 없다. 눈사태는 몇 번이고, 몇 년이고 계속해서 같은 장소에서 발생한다. 1960년 나왕 체링이 제3캠프에 머물기를 거부했을 당시, 그는 미신을 믿는 원시인이 아니었다. 그는 1952년도 셰르파들이 자신에게 말해준 사실을 경험 삼아 자신의 생명을 구하려고 노력한 것이다. 2년 뒤에 또 다른 인도 원정대가 같은 장소에 캠프를 설치했기에 나왕 체링은 거기서 낙석에 맞아 사망했다. 눈사태를 불러오는 조건이 똑같이 낙석의 위험을 만든다. 그러나 두 사람이 사망한 뒤에도 인도 등반가들은 셰르파족이 그들에게 이야기하려는 것이 무엇인지를 들으려 하지 않았다. 셰르파들이 말하려 했던 것은 그 장소가 안전하지 않다는 사실이었다.

1922년의 에베레스트에서도 같은 일이 일어나고 있었다. 산에 사는 셰르파족과 티베트인, 그리고 롱부크 수도원의 승려들은 종교적인 사람들이었다. 그들은 종교적인 용어로 표현했지만 그러한 용어로 그들이 말하고자 했던 것은 산이 안전하지 않다는 사실이었다.

영국 등반가들은 이 정보를 미신이라고 치부했다.

나는 남체의 칸사에게 에베레스트가 지금은 안전한지 질문한다.

그는 그렇다고 하고, 나는 왜 그런지를 되묻는다.

"지금은 등반가와 셰르파들이 옛날보다 더 기술이 좋고 장비도 좋기 때문이지요. 더구나 1953년보다 요즈음은 눈이 덜 옵니다. 그리고 많은 눈사태가 일어났던 로체 빙벽 바로 아래 제3캠프 자리가 아주 위험했지만 셰르파들은 결국 그 장소를 이용하지 않도록 외국인들을 설득했습니다."

그곳은 아루왈리아 소령이 얘기하고 있는 곳과 같은 곳인데, 1962년에 이곳에서 나왕 체링이 낙석에 맞아 사망했다.

셰르파들이 언제 외국인에게 화가 나는지를 칸사에게 물어본다.

"트레킹 여행자가 무례할 때 그러죠." 그 셰르파족은 머리를 떨구고 땅을 쳐다본다. "매일 그런 일이 일어납니다."

"그럼 산에서는 어떻죠?" 하고 내가 물어본다.

칸사는 트레킹 여행자보다 등반가들이 더 예의 바르다고 말하고, 이

제 셰르파들은 산에서는 거의 화를 내지 않는다고 한다. "하지만 종종 날씨가 사나울 때 '이봐 너! (칸사는 팔을 오만하게 휘두르며 말한다) 너는 제3캠프까지 짐을 운반해' 하고 사히브가 명령합니다."

셰르파들은 날씨를 보고 눈사태가 덮칠 것인지 아닌지를 알지만 그들이 할 수 있는 일은 아무것도 없다. 그들은 다만 거기 앉아서 속으로 화를 삭인다(칸사는 셔츠 밑으로 가슴에 손을 얹고, 화를 속으로 어떻게 담고 있는지를 나에게 보여준다). 셰르파들은 넷 또는 여섯 명씩 모여 앉아 서로 용기를 북돋기 위해 함께 이야기를 나눈다. 그리고는 화가 났다며 짐을 운반하기를 거부한다.

하지만 화내는 것만으로 끝나지 않을 때도 있다. 1963년의 에베레스트 원정 때 어느 미국 등반가가 칸사와 다른 셰르파에게 제4캠프까지 짐을 운반해가라고 명령했다.

칸사는 셰르파가 약하고 애처로운 피진어(주로 상거래에서 사용되는 간략한 영어/옮긴이)로 말하는 모습을 흉내 낸다. "날씨가 나빠요, 눈사태."

그는 엄하고 깊게 가라앉은 목소리의 그 미국인을 흉내 낸다. "아니, 당신들은 꼭 올라가 돼."

그래서 그들은 1963년에 산으로 출발했고, 출발한 지 채 10분이 되기도 전에 눈사태가 그들을 덮쳤다고 얘기한다. 온통 새로 내린 눈이었고, 새로 내린 눈이었기에 생명을 구했다. 왜냐하면 눈이 단단하게 다져지지 않았기 때문이었다. 날카로운 얼음 조각은 없었다. 아래에 있는 모든 물건이 마구 흔들리는 버스를 탄 것과 같았다. 칸사는 부엌 불가에 자리 잡고 앉아 몸을 위아래로 흔들면서 비포장 도로를 달리는 시골 버스를 탄 사람처럼 장난기 있는 미소를 지으며, 살아난 것을 다시금 기억해 내는 듯하다.

눈이 그를 쓸어내려가고 목까지 눈에 빠져 갇혔으나, 머리를 돌려서 자일에 묶여 자기와 함께 떨어진 두 친구를 볼 수 있었다. 눈사태의 진로 바로 바깥에 있었던 네번째 사람이 피켈 하나로 그들 모두를 확보하고 있었다.

눈사태가 지나가고, 그들은 스스로 눈을 파헤치고 나왔다. 그들은 눈 속을 헤치며 운반하고 있던 산소통을 내팽개쳤다(이 이야기를 하면서 칸사는 미소를 머금었다. 그것은 약간의 분풀이였다).

그들이 되돌아가서 미국인에게 눈사태에 대해 들이대듯 말했다. "미안하오, 미안하오" 하며 미국인이 사과했다. 어쩔 줄 모르며 손을 싹싹 빌던 미국인을 흉내 내면서, 칸사는 손으로 얼굴을 감싼다.

"가끔은 화도 납니다" 하고 칸사가 나에게 말하며, 말을 들으려 하지 않았던 미국인을 향한 분노를 다시 상기해내고는 약간 몸을 떤다.

"누군가가 죽으면 화가 나나요?"

"아니오." 칸사가 대답한다. "슬픕니다."

3. 독일인

1930년대의 인도

이 책은 1934년도 낭가파르바트의 독일 원정대에 관한 이야기이다. 독일인들은 비극적 사건이 있기 2년 전인 1932년에도 낭가파르바트의 정상 정복을 시도했다. 1932년도 원정대에는 셰르파족이 없었으나, 그때 어떤 일이 일어났는지를 어느 정도 자세하게 이야기할 필요가 있다. 1932년에 독일인들은 포터와 심각한 갈등을 겪었고 이런 갈등은 등반가들이 피고용인에게 무엇을 기대했으며, 고용주가 그들을 어떻게 대했는지에 대해 많은 사실을 알려준다. 1932년 이야기는 셰르파족에 대해 직접적인 언급을 하지 않을지라도, 1934년에 그들이 해야 할 일이 무엇이었는지를 말해준다.

독일의 낭가파르바트 원정은 영국과의 산악 등반 경쟁에서 배태되었다. 독일 원정대의 대장 파울 바우어는 뮌헨에서 변호사를 하고 있었으며, 열렬한 민족주의자이자 아주 결의가 굳은 사람이었다. 독일인에게는 에베레스트를 오를 기회가 주어지지 않았다. 영국인들은 티베트로부터 입산 허가를 받을 수 없었지만 여전히 티베트로 들어가는 통로를 장악하고 있었다. 영국인들은 티베트인들이 바우어의 입국을 원하지 않는다고 말했다. 바우어는 자신의 접근이 막혀 있다고 의심했다. 사실 티베트 정부가 독일인에게도 허가를 내주었을 가능성이 많다. 그들은 영국인과 중국인은 멀리하려 했지만 다른 외국인은 그렇게 대하지 않았다. 티베트인들이 결국 1930년대에 영국에 세 번 허가를 내주었을 때 영국인들은 이 허가를 다른 나라와 공유하려 하지 않았다.

바우어는 불만스러웠지만 다르질링에서 보이는 세계에서 세번째로 높은 캉첸중가를 등정하기로 결정해야만 했다. 캉첸중가는 길고, 높은 톱니바퀴 같은 능선과 가파른 절벽으로 이루어져서 에베레스트보다 훨씬 더 등반하기가 어렵다는 사실은 분명했다. 짧은 기간에 연속해서 세 개의 원정대가 실패했다. 1930년에 바우어의 독일 원정대와 스위스 등반가 디렌푸르트가 이끄는 국제 원정대, 그리고 1931년에 바우어가 이끄는 또 다른 독일 원정대가 모두 등정에 실패했다.

독일에서는 뮌헨의 등반가이자 철도기술자인 빌리 메르클이 낭가파르바트를 오르기로 결정했다. 네팔과 티베트는 모두 독일에게 문을 걸어 잠그고 있었다. 인도에 있는 고봉 가운데에서 캉첸중가는 난공불락이었고, K2는 그보다 더 어렵고 보급로도 아주 길다. 이 산들을 제외하면 낭가파르바트가 아직 아무도 정상에 오르지 못한 가장 높은 산이었다.

낭가파르바트에서 찍은 사진에 담긴 메르클은, 깃털이 달린 바이에른 풍의 모자를 쓰고, 곱슬곱슬한 금발 턱수염에 미소를 머금은, 잘생긴 남자이다. 등반가들이 산에서 유명인의 이름을 추측해내는 언어 놀이를 할 때, 메르클은 기술자와 공장 소유주에 관해서는 전문가였다. 하지만 그는 낭가파르바트 원정 기금을 모으는 데에는 많은 어려움을 겪었다. 독일은 대공황으로 고통을 겪고 있었으며, 메르클은 기업 후원금이나 정부 보조금을 거의 받지 못했다. 독일과 오스트리아의 산악회에 소속된 회원들이 성심껏 내는 적은 기부금으로 기금을 조성했다. 메르클은 기금을 모금하기 위해 원정대에 미국인 두 사람을 추가해야 했다.[1] 랜드 헤론은 부자이고, 키가 훤칠하고, 가무잡잡한 피부에 이탈리아어로 시를 썼고, 낭가파르바트를 능숙히 등반했으나, 메르클은 그를 다만 돈 때문에 받아들였다. 엘리자베스 놀턴은 사라 로렌스 대학을 졸업한 등반가로 상당한 기금을 모았다. 그녀는 원정대의 기자였는데, 그녀가 원정 이후에 쓴 책이 이 등반에 대한 이야기의 주요 출처이다.

두 미국인이 참여했음에도 원정대는 여전히 기금이 모자랐다. 어느 등반가도 이전에 히말라야에 올랐던 경험이 없었다. 히말라야 경험이 있는 독일 등반가와 인도의 영국 등반가들이 이구동성으로 빌리 메르클에게 다르질링에서 티베트인과 셰르파족 포터들을 고용하라고 권했다. 그 포터들은 에베레스트 등반에서 영국인들에게, 캉첸중가 등반에서 독일인들에게 큰 도움이 되었다. 메르클은 그들을 고용할 여유가 없다고 거절했으며, 낭가파르바트 근처에서 저임금으로 현지 포터를 고용해보겠다고 했다. 결국 그는 이 결정을 후회하게 된다.

1919년에서 1932년 사이에 마하트마 간디가 이끄는 독립운동으로 인해 영국 지배자와 인도 피지배자들 사이의 관계가 변했다. 따라서 이 변화는 백인 등반가와 인도 포터 사이의 관계도 변화시켰다. 이것이 메르클에게 무시하지 못할 문제를 안겨주었다.

낭가파르바트에 근접해 있는 투쟁 근거지는 북서 변방 지역(NWFP)에 있었다. NWFP는 인도와 아프가니스탄 국경을 따라 위치한 파탄(또는 푸쉬툰) 지방이다.[2] 구릉지대에서 이슬람교도인 파탄 사람들이 자체적으로 부족 단체를 조직하여 80여 년간 간헐적으로 영국인과 국지전을 전개했다. 영국 군대가 파탄의 구릉지 계곡으로 진입해 사람들을 사살하고 가옥을 불태운 뒤 퇴각하곤 했다. 공격받기에 취약한 평야지대나 주도인 페샤와르에서는 영국 당국이 인도에서 하듯이 파탄족 농민을 지배했다.

1919년 마하트마 간디와 인도 국민회의는 인도 전역에 걸쳐 독립을 쟁취하기 위한 비폭력 투쟁을 시작했다. 데모대의 규모와 열정이 영국 당국을 당황시켰다. 펀자브 지역 시크교도의 성지인 암리차르에서 영국 장교 지휘 하의 구르카 부대가 넓은 광장인 자리앙와라 바그에 모인 군중을 포위했다. 군인들이 광장의 출구를 막고 나서 비무장 군중을 향해 총탄을 퍼부었다. 공식 집계로 사망자가 379명이지만, 인도 쪽 집계로는 훨씬 더 많다.

지휘자였던 다이어 장군이 어떤 조사위원회에서 이 사건의 목적은 단순히 군중을 해산시키는 것이 아니었다고 발언했다. 그는 "정신적 효과를 얻으려는"[3] 희망을 갖고 있었다. 그러나 정신적 효과는 그가 기대했던 것과는 정반대로 나타났다. 인도 전역에서 일어난 분노와 소요 사태에 직면하여, 제국주의 당국은 다이어와 대량학살 사태로부터 관계를 끊으려 했으나 그를 기소하지는 않았다.

북서 변방 지역의 주도인 페샤와르에서는 암리차르에서 발생한 사태에 항의하는 이슬람교도와 파탄족의 데모가 그때는 발생하지 않았다.

그러나 페사와르의 지역행정관인 로스케펠은 상관에게 암리차르 사태는 "모두가 한마음으로 영국 통치를 혐오하도록 만들었다"[4]라고 보고서를 썼다.

1919년, 인도는 독립을 추구하는 많은 나라 가운데 하나였다. 40여 년 동안 아프가니스탄은 준독립 상태로 있었으며, 무기 수입이나 외교 정책을 영국이 통제했다. 이제 아프가니스탄의 통치자가 완전한 독립을 희망했다. 5월에 그는 카불에서 인도에 이르는 간선도로를 따라 카이버 고개까지 아프간 군대를 출동시켜 영국군 진지를 공격하라는 명령을 내렸다.

그러자 아프칸인과 연대하는 시위가 페사와르 부근에서 갑자기 일어났다. 로스케펠은 상관에게 이렇게 보고했다. "전 지역 상황이 악화되고 있습니다. 많은 사람들이 우리에게 매우 적대적이며 우리를 몰아낼 수 있다면 침략도 불사할 듯합니다."[5] 등뒤의 인도에서 대규모 소요 사태도 있었기 때문에 영국은 사태를 진정시키기 위해 페사와르에 계엄령을 선포하고, 재빨리 아프카니스탄의 완전 독립에 동의했다.

압둘 가파르 칸은 그 당시 북서 변방 지역의 파탄족 안에서 인도 국민운동을 서서히 일으키려는 인고의 작업에 착수했다. 파탄족 마을들은 거대 봉건지주인 '칸'에 의해 통치되었는데, 칸은 무장한 하수인을 이용하여 소작인들을 다루었다. 그때 압둘 가파르 칸은 자신의 새로운 운동을 '신의 하인'(파탄족 언어인 푸쉬트어로 쿠다이 키트마가르Khudai Khitmagar)이라고 불렀다. 영국인들은 이들이 제복으로 입은 긴 셔츠에 빗대어 그들을 '붉은 셔츠'라고 불렀다.

'신의 하인'은 부유한 가정 출신이 대부분인 교육받은 젊은이들이 이끌어나갔다. 압둘 가파르 칸 자신이 지주의 아들이었다. 하지만 그들이 마을의 가난한 농사꾼이나 소작농 중에서 점점 더 많은 지원자를 충원하게 되자, 지주인 칸들은 점차로 힘을 잃어가기 시작했다.

1930년 봄에 간디와 국민회의는 대규모로 전국적인 운동을 일으켰다. 여기에 '신의 하인'도 동참했다. 식민통치 경찰이 페사와르에서 이들의 지도자 둘을 체포하자 경찰서 밖에 만 명의 군중이 운집했다. 페사와르의 영국 행정관 차석인 부행정관 메트칼페[6]가 경찰분견대와 장갑차 네 대를 끌고 나가 군중을 진압하려 했다. 군중이 던진 벽돌과 돌 가운데 하나가 메트칼페를 맞혔다. 경찰이 사격을 시작하고 장갑차 한 대가 군중 사이로 돌진하여 사람들을 압사시켰다. 경찰은 군대를 불러들였지만 군중은 여전히 해산을 거부했다. 그후 네 시간 동안이나 군인들과 데모대가 대치했으며, 군인들이 간헐적으로 가까이 다가오는 데모대에게 총검을 사용했다.

군중은 여전히 의지를 꺾지 않았으며 몇몇 사람이 돌을 던지기는 했으나 대체로 비폭력적이었다. 페사와르의 많은 사람들은 지금처럼 그때에도 총을 지니고 있었지만 그 어느 누구도 총을 사용하지 않았다. 모든 사태가 끝났을 무렵 경찰, 군인, 또는 백인들 중에는 아무도 죽은 사람이 없었다. 그러나 경찰 추산으로도 군중 중에서 30여 명이 죽었다. 국민회의는 곧바로 국가적 지도자이자 구자라티 힌두교도인 사다르 발랍하이 파텔을 페사와르로 보내 사건의 전말을 조사하게 했다. 파텔은 조사를 통해 이름이 알려진 125명의 사망자를 밝혀냈으며 이름을 확인할 수 없는 사람들이 더 있다고 했다.

네 시간이나 총검과 기꺼이 대치한 사람들의 용기는 커다란 도덕적 영향을 끼쳤다. 이틀 후에 네팔 국경지대 출신 주축의 인도 육군 연대 왕립 가르왈리 2개 소총 소대가 자신들은 다른 인도인을 향해 총격을 가할 수 없다는 이유로 페사와르 순찰 명령을 거부했다.

영국 당국은 페사와르에 주둔한 다른 부대가 가르왈리의 예를 따를까 두려워했다. 인도 전역에서 토착민 부대가 사격 명령을 총체적으로 거부할 수도 있었으며, 이것은 바로 영국 식민통치의 종말을 뜻할 수도 있었다. 그래서 영국 당국은 페사와르에서 모든 부대를 철수시켰다. 이후 9일 동안 '신의 하인'과 국민회의는 도시를 통제했다. 고위 영국 행정관은 겁을 먹고 도시를 떠났다. 5월 중순에 이르러 정부 당국은 자신감을 회복하여 페사와르로 부대를 복귀시켰고, 서서히 어느 정도 지배력을 되찾을 수 있었다. 하지만 주변 농촌에서는 새로운 상황이 벌어지고 있었다. 70년 동안 영국인들은 파탄족들—와지리족, 아프리디족, 모만드족, 신와리족, 그리고 나머지 부족들—과 산악 계곡에서 전투를 벌여왔다. 그러나 이제는 부족의 의용군(lashkars, 라쉬카르스)이 힌두교도와 이슬람교도를 통합한 도시 국민운동을 지지하고 영국에 대항하여 영국군 요새인 페사와르로 진격했다.

이들 부족의 봉기는 결국 진압되었고, 1930년 가을에 이르러 영국 당국이 북서 변방 지역을 물리적으로 다시 통제하게 되었다. 그러나 그해 가을에 '신의 하인'은 당국에 대한 대규모 불복종 운동으로 방향을 바꾸었다. 그들은 조직적으로 토지세를 내지 않았으며, 이듬해에는 세금 징수가 정상 수준의 3분의 1로 감소하였다. 동시에 그들은 영국 법률에 의한 집행을 거부했다. 그들은 공식적인 기관과 동등하게 자신들의 법정을 세웠으며, 나름대로의 정의를 시행했다. 군중들이 영국 법정에 세우기 위해 사람을 체포하려는 경찰과 대치했다. 이웃 주민들이 영국 법정에서 증인을 서려는 사람을 밤에 찾아가 협박했다. '신의 하인'은 군중들이 영국 법정에 난입하도록 조직했으며, 진행 절차를 방해했다. 이것은 법을 뒤집으려는 것이 아니라 영국인으로부터 법의 통제권을 빼앗으려는 시도였다.

일 년이 지나가기도 전인 1931년 6월에 어느 농촌 지역에서 "카다크 지방은 급속하게 붉은 물이 들고 있다…… 주요 지도자들은…… 붉은 셔츠를 입은 수천, 수만의 지원자들이 왔다고 주장한다"고 정부 당국이 보고했다. '신의 하인'이 "가난하고 도움이 필요한 계층의 대중 운동의 성격을 띠게 될 위험성이 있다"고 또 다른 영국 관리가 걱정했다.[7]

1932년 9월과 10월에 이 운동이 가장 왕성하게 전개되었는데, 이때 페사와르에서만 27번의 대규모 시위와 9번의 대규모 대중 집회, 그리고 한 번의 총파업이 있었다. 1932년에 독일-미국의 낭가파르바트 원정대가 산악지대로 들어가서 포터를 고용하기 시작한 것은 그 6개월 전이었다.

원치 않는 일

1932년 원정대는 하인, 요리사, 포터 그리고 조랑말 몰이꾼을 카슈미르에서 고용했다. 그들은 낭가파르바트 바로 동쪽에 위치한 소도시인 아스토르로 나아갔다. 그곳에서 등반가들은 산의 반대편에다 베이스캠프를 설치하고 서쪽으로부터 등반하고자 했다. 그 계획대로라면 조랑말이 다니기에는 아주 가파르고 좁은 길로 보급품을 운반해야 했다. 그래서 그때까지 짐을 운반하지 않았던 카슈미르 출신 요리사와 하인들도 이제는 포터들과 함께 짐을 운반해야 했다.

요리사와 하인들은 이를 거부했다. 그들은 자신들이 포터를 하기 위해 계약을 하지 않았다고 주장했다. 하인들의 십장인 압둘 바트는 주름지고 현명해 보이는 얼굴에 흰 턱수염을 헤너로 붉게 물들인 경험 많은 사냥꾼인데, 하인들과 포터들을 모두 한데 모았다. 엘리자베스 놀턴이 압둘 바트를 이렇게 묘사했다.

그는 극적인 연설을 했는데, 인도 하인의 자연적인 권리를 지키려는 대신에 사히브와 한패가 되는 사람은 누구라도 자신이 목을 따겠다는 제스처를 보여주었다. 이것이 백인의 전통적인 권위에 복종하지 않는 일종의 '과격론'을 접하게 된 첫번째 경험이었다. 우리는 이런 경향이 전 산악지대에 퍼졌다는 이야기를 듣게 되었다. 예를 들면 이전에는 길에서 백인이 다가오는 것을 보면 토착민들은 존경의 표시로 사히브가 지나갈 때까지 말에서 내려 그대로 기다리곤 했다. 지금은 많은 젊은이들이 더 이상 그렇게 하지 않으며, 동등한 신분처럼 뻔뻔스럽게 말을 타고 지나간다고 한다.[8]

낭가파르바트 주변의 카슈미르 사람이나 산지인은 파탄 산악지대에서 일어난 운동에 대해 모두 듣고 있었다. 낭가파르바트 주위의 산악 계곡인 칠라스, 아스토르, 그리고 훈자 등지는 단지 이삼십 년 전에 남에게 정복당했다. 중년인 사람들은 영국으로부터의 독립을 기억할 수도 있고 지금 다시 독립이 현실로 다가오고 있다고 상상할 수도 있다. 그들은 사히브에게 절하기 위해 말해서 내리지 않는다.

빌리 메르클은 파업을 하는 하인들을 어떻게 다루어야 할지를 몰랐다. 그는 영국 당국이 파견한 연락장교인 길기트 정찰부대의 프라이어 중위에게 도움을 청했다. 길기트는 인도, 중국, 그리고 아프가니스탄이 만나는 아주 외진 산악지대에 위치한 영국군 본부였고, 길기트 정찰부대는 영국인 장교 지휘 하에 지역민으로 구성된 여단이었다. 길기트의 영국인 행정관이 프라이어를 보내 통역과 포터들의 관리를 도와주게 하는 한편 독일인을 감시하도록 했다. 프라이어는 우르두어와 어느 정도의 산지 언어를 구사했고 토착민을 어떻게 다루어야 하는지도 잘 알고 있다고 자신했다. 그는 항의하는 카슈미르 하인과 포터를 해고하고 현지에서 새로운 포터를 찾기 시작했다.

카슈미르 사람들은 돈이 필요해서 계약서에 서명했다. 새로 온 사람들은 그처럼 자유로운 노동력이 아니었다. 영국은 대부분의 인도를 직접 통치했지만, 이러한 외진 북부 산악지대에서는 간접 통치의 방식을 취했다. 낭가파르바트 근처 어떤 곳에서는 훈자의 미르(Mir, 소왕국의 왕을 뜻하는 말/옮긴이)와 같은 자신들의 통치자가 존재하는 완전한 틀이 잡힌 지역 왕국들이 자리 잡고 있었다. 다른 지역에서는 아스토르의 나힘 테셀다르 같은 소(小)군주들이 몇몇 이웃하고 있는 계곡을 다스리기도 했다. 형식적으로 이러한 지역 통치자들은 대부분 자신들의 일을 자유롭게 처리할 수 있었지만 실제로는 길기트의 영국인 행정관이 그들 위에서 실제 권력을 휘둘렀다. 그는 프라이어를 아스토르로 보냈고 이제 프라이어는 아스토르의 나힘 테셀다르에게 포터를 구해달라고 요청했다. 나힘 테셀다르는 이 요청에 부응해야 했다.

영국 식민 지배를 받는 인도, 네팔, 그리고 티베트의 많은 산악지대에서는 지역의 군주와 정부를 위해 운반, 관개사업 그리고 도로 건설에 무임금으로 부역하는 것이 관례화되어 있었다. 마을 사람들은 지역 통치자나 관리의 경작지에서 무임금으로 일해야 했다. 1932년에 프라이어를 위해 나힘 테셀다르가 구해준 120명의 아스토르 사람들에게는 이와는 반대로 임금 지급이 약속되었으며 실제로도 지불되었다. 그러나 그들은 자원자가 아니었다.

그리고 그들은 1895년도 원정과 라가비르 타바, 가만 싱 그리고 프랭크 머메리의 죽음을 잊지 않고 있었다. 이 비극은 오래전 일이었으나, 아스토르가 바로 머메리의 원정 본부였었다. 그 당시 많은 아스토르 사람들은 원정이 무모하다고 느끼고 있었다. 아스토르 사람들은 이슬람교도로 유일신을 숭배했으나, 낭가파르바트에 위험한 악령이 있다는 것이 증명되었다고 믿었다. 그들은 이 기억을 손자 세대까지 전수했으며, 그 손자 세대가 이제 포터로 소집되었다.

이들 젊은 아스토르의 징집자들은 무엇을 해야 할지 알지 못했다. 프라이어가 군주에게 요구했기에 그들이 소집되었다. 그들은 감히 거부할 수 없었으나, 낭가파르바트를 감히 오를 수도 없었다. 그래서 그들은 짐이 너무 무겁다는 이유로 일하기를 거부했다. 프라이어는 당황하여 나힘 테셀다르가 각자 20킬로그램씩 운반하기로 이미 동의했다고 말했다. 아스토르 사람들은 이에 굴하지 않았다. 프라이어는 무슨 일이 벌어지고 있는지를 이해할 수 없었다. 포터들은 언제나 20킬로그램의 짐을 운반했는데 말이다. 포터들에 대한 "사회적 대가가 설명하기 어려운 그들의 고집을 꺾게 되기를"[9] 바랐다고 프라이어는 놀턴에게 말했다. 그가 말하고 있는 '사회적 대가'란 만일 그들이 계속 파업을 할 경우에 나힘 테셀다르가 그들에게 가할 조치를 의미했다.

나힘 테셀다르는 프라이어에게 40명의 발티족 포터 또한 제공했다. 발티족은 티베트어 계열의 언어를 쓰는 이슬람교도로서, 동쪽 지역 마을 출신이었다. 이웃으로부터 자주 위협받아온 그들은 유연한 예절을 갖추고 있다고 전통적으로 정평이 나 있었고, 이때에도 아스토르 사람들이 거부하는 짐을 기꺼이 운반했다. 그래서 프라이어 중위는 발티족 40명이 산을 돌아 베이스캠프까지 릴레이식으로 짐을 운반하도록 계획했다. 이튿날 결국 아스토르 사람들 역시 짐 운반에 동의했다. 나힘 테셀다르가 아마도 그들에게 그 '사회적 대가'를 설명했을 것이다. 하지만 또한 모종의 협상이 있었으며, 프라이어는 산에는 오르지 않겠다는 아스토르 사람들의 요구를 수용해야만 했다.

며칠 후에 발티족 40명도 역시 산에서는 작업을 하지 않겠다는 의사를 명백히 했다. 아스토르 사람들과 그들이 서로 이야기를 한 것이 틀림없었다.

길기트의 행정관은 친구이자 사업 상대인 훈자의 군주에게 도움을 청했다. 훈자 왕국은 인도에서부터 중국령 투르키스탄까지 가로질러 가는 오래된 먼지투성이 도로의 고개 기슭에 위치한 카라코람 북쪽에 자리잡고 있었다. 어떤 이들은 이곳 사람들이 보통 백 살까지 살았다고 이야기했으며, 또 어떤 이들은 이곳이 제임스 힐턴의 소설에 나오는 샹그리라의 모델이라고 주장했다. 이곳은 아름다운 계곡이지만 관개를 한 땅이 거의 없는 극심한 사막지대로 몹시 가난한 곳이고, 또 살구로 유명한 곳이다. 길기트의 행정관은 훈자 사람들이 타고난 고소 포터로서의 효용성을 증명하기를 희망했다. 그들은 네팔의 셰르파족과 같은 천부적인 산지인들이었다. 그리고 그들의 고립된 고향은 카슈미르와 아스토르보다 전국적인 소요 사태의 중심으로부터 아주 멀리 떨어져 있었다.

30명이나 되는 훈자 왕국의 포터들이 낭가파르바트 대산괴를 돌아 전진하고 있는 원정대에 합류했고, 놀턴은 "무거운 짐을 지고 웃으며 농담하면서, 언덕의 비탈면을 활기차게 올라오는 그들을 바라보는 것은 상쾌한 일"이라고 생각했다. "그들은 키가 크고 검은 피부에 근육질이었고, 아리안족의 골격과 특징을 지니고 있었다." 다른 사히브들과 마찬가지로 놀턴은 그들이 "명랑하고, 적극적이고, 야심에 찬 것"[10]을 만족스러워했다. 그들과 함께 우르두어로 '하사관'이란 의미의 제마다르(jemaddar)라 부르는 십장이 같이 왔다. 그는 훈자 군주 수하의 사람으로 모든 일에서 사히브들과 한편이 되었다.

추한 협박

며칠 뒤에 그들은 유럽인들이 요정의 초원이라고 불렀던 평평한 지대에 위치한 베이스캠프에 도착했는데, 이곳은 현지 칠라스 사람들이 여름에 양을 방목하는 곳이었다. 그들 위로는 은백색 얼음과 바윗덩이의 장대한 낭가파르바트 대산괴가 펼쳐졌다. 포터들이 사히브의 텐트를 설치하고 나서 1, 2백 미터 떨어진 곳에 나뭇가지와 나뭇잎, 그리고 풀로 오두막을 만들었다. 산에서는 고소 포터도 사히브와 같이 텐트를 갖고 있었다. 그렇지만 여기서 훈자 사람들은 스스로 꾸려나가야 했다.

프라이어 중위와 빌리 메르클은 120명의 비협조적인 아스토르 포터들은 돈을 주어 집으로 돌려보내기로 결정했다. 그들은 여전히 산을 오르기는 거부하지만 베이스캠프까지 짐을 운반하는 데는 쓸모 있을 40명의 발티족을 데리고 있었다. 몇 개의 짐이 행군해오는 과정에서 분실되었고, 메르클은 짐을 찾기 위해 훈자 사람 열 명과 십장을 내려보냈다.

십장이 가버리자 그날 밤 훈자 사람들이 음식과 관련해 불만을 표시했다. 그들은 하루에 합쳐서 약 천8백 칼로리에 이르는 밀가루 450그램과 렌즈콩 230그램을 받기로 약속되어 있었다. 행군 초기에는 매일 어스름할 때 그들이 사히브 중 한 사람에게 줄을 서서 차례로 한 발자국 나와 그들의 목도리를 앞에 내밀면, 사히브가 조심스레 그 위에 배급량을 부었다. 그러면 그 사람은 감사하다고 고개를 끄덕이고 자기 자리로 되돌아갔다.

천8백 칼로리는 다이어트를 하는 사람들이 취하는 열량이다. 3천 칼로리는 되어야 힘든 육체노동을 하는 사람의 필요량을 채울 수 있다. 오늘날 히말라야를 오르는 서양 등반가들은 하루에 3천 칼로리 이상을 섭취하는데도 한 번 원정을 마치면 몸무게가 10~20킬로그램 가까이 줄어든다. 고소 작업은 잠을 자는 것조차도 지방과 근육을 분해시킨다. 훈자 사람들은 처음부터 '군더더기 없는' 몸을 하고 있었다.

1932년 원정대의 재정은 충분치 못했으나, 포터들을 인색하게 취급하지는 않았다. 영국 원정대도 같은 배급량을 주었다. 포터들은 차 그리고 밀가루로 차파티 빵을 만들 수 있는 소금과 기름도 배급받았다. 그들은 고기, 우유, 치즈, 야채, 과일, 비스킷, 사탕, 차에 넣을 설탕은 받지 못했다. 사히브들은 이 모든 것을 배급받았다. 이것은 물론 표준량이었다. 물론 훈자의 포터는 체구가 작고, 가난하여 집에서도 아주 많은 열량을 섭취할 수는 없었다. 그러나 집에서는 빵과 채소를 먹을 수 있었고 세계에서 열번째로 높은 산을 등반하려고 애쓰지 않아도 되었다. 유명한 인도 등반가인 도르제 라투는 많은 포터들이 고소에서 병에 걸리는 이유는 순전히 영양 부족 때문이라고 생각한다.

산을 돌아 요정의 초원으로 가는 행군의 마지막 단계에 이르러 약속된 배급량이 제공되지 않았다. 훈자 사람들에게는 대신 쌀이 배급되었다. 쌀이 지금은 이 북쪽 산악지대에서 사치스런 음식으로 아주 귀중히 여겨지고 결혼식 때 잔치 음식으로나 나온다. 하지만 1932년에는 쌀이 아직도 낯설고 익숙치 않은 음식이었다. 훈자 사람들은 차파티를 원했다. 그래서 요정의 초원에서 첫째날 밤에 쌀을 배급하자 이를 거부했다. 프라이어 중위는 사히브들에게 "그들의 파업에 관심을 두지 마십시오…… 그들은 말썽꾸러기 아이들 같아서 아침이 되면 고집 부린 것을 잊어버릴 겁니다"[11] 하고 말했다. 다음날 아침 일찍 프라이어 중위는 총을 들고 현지인과 사라졌다. 누군가가 긴 털의 아름다운 아이벡스 염소를 보았다고 한다. 프라이어와 십장이 자리에 없자 나머지 포터 20여 명이 쌀의 수령을 또다시 거부했다. 그들은 사히브의 텐트가 있는 중앙에 반원으로 앉아서 서로 의견을 개진하기 시작했다. 후에 놀턴은 그해 여름을 회상하면서 혁명기의 공산 러시아가 그랬을 법한 끝없이 이어지는 연설 장면을 떠올렸다. 그녀는 "오는 도중에 소요를 불러일으킨다고 생각해왔던 특히나 적극적이고 말 많은 훈자 사람"을 골라냈다. "그는 검은 콧수염을 기른 몸집이 큰 사람으로 감정이 듬뿍 담긴 큰 목소리로 말했다. 또 다른 주동자는 약간 사시인 남자로 암갈색과 회색 옷 사이에서 눈에 띄는 기다란 색 바랜 붉은 겉옷으로 아주 적당하게 옷을 잘 차려입었다."[12]

발언이 계속 이어졌다. 한 사람이 일어나 자기 속내를 이야기하고 나면, 또 다른 사람이 일어났다. 마침내 프리츠 비스너는 요리사에게 가서 자신의 말을 통역하라고 했다.

메르클이 대장이었으나 비스너가 책임을 맡고 있었다. 메르클만 영어를 구사하지 못하는데도 그렇게 된 부분적인 이유가 있었다. 하지만 비스너는 경험 많은 등반가이자 독일에서의 제약업과 미국에서의 수입을 연관하여 일하는 사업가였다. 독일에서 어떤 사람들은 비스너가 등반대장이 되었어야 했는데, 큰 아량으로 메르클 밑에 참여했다고 말했다.

이제 요리사가 통역했으며 비스너는 그곳에 서서 여유와 권위를 보이려고 했다. 협상이 시작되었다. 서둘러 비스너는 그들이 산을 오르기 시작하자마자 밀가루 배급을 두 배로 늘리려고 애초부터 계획되어 있었다고 훈자 사람들에게 설명했다. 이런 계획은 말이 안 되는 것이었다. 만일 정말로 그랬다면 누군가가 훈자 사람들에게 말해주었을 것이다. 그러나 비스너는 그렇게 이야기하여 체면을 구기면서 굴복하지 않고도 크게 양보할 수 있었다. 훈자의 포터들은 만족하여 의견 개진을 멈추고 쌀을 받아갔다.

프라이어 중위가 죽은 아이벡스 염소를 가지고 그날 오후에 돌아왔다. 그날 저녁 그는 포터들에게 행군 중에 분실된 짐 대부분은 고소 포터의 장비가 들어 있는 짐 꾸러미라고 설명했다. 스웨터, 장갑, 등산화, 털모자, 머플러, 고글, 피켈, 그리고 아이젠이 아홉 사람이 착용할 만큼만 남아 있었다. 사히브들은 포터들이 장비를 번갈아가면서 착용하기로 결정했다. 산을 오를 때는 완전히 장비를 갖추고, 베이스캠프로 내려오면 장비를 다른 사람에게 넘기는 방식이었다.

이번에는 포터들이 아무 의견도 말하지 않았다. 그들은 집으로 가기 위해 조용히 짐을 꾸리기 시작했다. 놀턴은 왜 그랬는지 그 이유를 말하지 않았으나 우리는 짐작할 수 있다. 고소 포터들은 일반적으로 일이 끝나면 등반 의류를 보너스로 받았다. 그런 장비들은 자신들의 임금보다도 훨씬 더 비쌌다. 그 당시에 쿰부에서 등반 재킷, 침낭 그리고 등산화를 모두 팔면 작은 집을 살 만한 돈을 받을 수 있었다. 훈자 포터들은 남아 있어도 거의 아무도 등반 의류를 집에 가지고 갈 수 없다는 사실을 깨달았을 것이다. 이때쯤이면 그들은 1895년의 비극과 산에 살고 있는 신, 혹은 악령에 대하여 현지 아스토르의 포터들과도 이야기를 나누었을 것이다. 그들은 히말라야에 한 번도 와본 적이 없는, 그리고 등산화나 차파티를 준비해주지 못하는 사람들에 이끌려서 왔다. 누구라도 그런 지도력밖에 없는 사람에게 자신의 생명을 맡기는 것은 이해가 되지 않을 것이다.

훈자 포터들은 정중하게 프라이어에게 자신들은 떠나간다고 말했고, 모두 떠나고 세 명만이 남았다. 사히브들은 선 채로 훈자 사람들이 길모퉁이를 돌아 사라질 때까지 묵묵히 바라보았다. 그리고는 낙담하여 갑자기 적막감이 감도는 캠프에 앉아 있었다. 단 세 명 남은 포터들과 자신들이 산을 어떻게 등반할 수 있을까?

한 사람이 열 명의 훈자 포터와 십장이 잃어버린 짐을 찾기 위해 아직 계곡 아래 있다는 사실을 기억해냈다. 그는 아마도 그들이 항명을 한 포터들을 만날 것이고 십장은 그들에게 의무를 다하도록 명령할 것이라고 말했다. 다른 등반가는 항명을 한 포터들이 나머지들을 설득해서 함께 훈자로 돌아가자고 할 것이라고 말했다. 자신의 권력을 믿고 있는 사람으로서 여유 있는 자신감에 차서 프라이어 중위는 "그들이 정말로 그렇게 하리라고 생각하지 않습니다"라고 말했다. 그는 십장은 훈자 군주와 친구이며 "포터들이 우리와 머물게 하기 위해 아마도 최선을 다할 것입니다. 그리고 그들은 내가 일어난 사건을 보고할 것을 알고 있습니다. 그들 또한 만일에 이처럼 충분한 이유 없이 떠나면 군주가 자신들에게 내릴 조치를 알고 있습니다. 군주는 땅을 회수하거나 아니면 훈자에서 완전히 추방할 수 있는 권력을 갖고 있습니다. 그리고 그들은 그렇게 멀리 갈 수 있을 만큼 식량도 넉넉치 않습니다. 걱정하지 맙시다. 내일이면 그들은 꼬리를 내리고 되돌아올 것입니다"[13] 하고 설명했다.

이것은 프라이어가 만들어낸 추한 협박이었다. 자기 땅을 잃은 남자는 소작인이 될 수밖에 없으며 그는 생산한 것의 5분의 1이나 3분의 1만을 가지고 나머지는 지주에게 내게 된다. 그는 며느리를 맞기도 힘들 것이고, 돈 있는 사람들로부터 부인과 딸을 지키기도 어렵게 될 것이다. 정기적으로 공개적인 모욕을 당할 것이고 식구들을 먹여 살릴 식량을 구하기 위해 해마다 걱정해야 할 것이다.[14] 훈자 사람들은 봉건사회에 사는 사람으로 자유로운 노동자가 아니다. 훈자 사람들에 대한 프라이어의 경고는 그가 앞서 내키지 않아하는 아스토르 사람들에게 들이댔던 '사회적 대가'를 의미한다.

항명을 하고 떠난 포터들은 길 위에서 십장과 그의 일행 열 명과 마주쳤다. 그들은 서로 말을 주고받으며 다투고 나서 십장 휘하의 두 사람도 그들과 함께 집으로 되돌아갔다. 십장과 여덟 명의 포터들만이 그날 저녁 요정의 초원으로 되돌아왔다. 그들은 잃어버린 장비를 하나도 찾지 못했다. 돌아온 여덟 명과 항명하지 않은 세 명을 합해서 열한 명의 포터가 남아 있었고, 그 정도면 충분하다고 사히브들은 결론을 내렸다.

다음날 아침, 항명을 하고 사라졌던 포터들 중 세 사람이 잔뜩 긴장한 채로 아무에게도 인사를 건네지 않고 말없이 캠프로 되돌아왔다. 그들은 곧바로 프라이어에게 가서 다른 사람들 거의 모두가 길 바로 아래 숨어서 기다리고 있으며, "용서받고 되돌아오기를 간청하고 있다"고 말했다. 프라이어는 용서해주기 전에 한두 시간 동안 뜸을 들여 진땀을 흘리게 했다. 오직 "가장 질 나쁜 소요 주동자들만은 되돌아오지 않았다".[15] 요정의 초원에 되돌아온 사람들은 강제 노역을 했을지는 몰라도 집에 있는 경작지를 잃지는 않았다.

너무 느린 진행

요정의 초원에서 등반대원들은 한 시간에 두세 차례씩 2천4백 미터에서 3천6백 미터 사이에서 산 아래로 벼락 치듯 내려가는 수많은 눈사태를 볼 수 있었다. 히말라야에서 등반하기 가장 쉬운 루트는 상대적으로 완만한 경사면인데 이 루트는 일반적으로 눈사태가 일어나기 십상인 곳이기도 했다. 가파른 경사면은 등반하기가 더 어렵겠지만 눈이 덜 쌓이기 때문에 상대적으로 눈사태의 위험이 훨씬 덜하다. 능선은 가장 안전한데 이유는 등반가가 항상 정상에 위치하고, 눈이 양쪽으로 떨어져 내려가기 때문이다. 하지만 능선은 바람이 방해받지 않고 지나가는 길목이므로 더 춥다. 등반대가 위아래로 항상 능선의 변화에 따라 전진해야 하기에 능선은 오르기에 시간도 더 걸린다. 그래서 히말라야에서 등반 루트를 정할 때는 항상 위험, 난이도, 그리고 시간 사이에서 균형을 잡는다.

등반대원들은 서북 경사면을 가로지르는 쉬운 루트는 눈사태 때문에 배제해야 한다는 것을 곧 알 수 있었다. 단 하나 안전한 루트는 북쪽에서 정상으로 접근하는 루트일 듯싶었다. 이 루트는 경사면을 곧바로 올라가서, 얼음과 설원이 뒤섞여 있는 지역을 들락날락하며 나아가게 될 것이다. 그런 후에 능선의 낮은 지점의 약간 북쪽에 위치한 북쪽 능선에 도달할 수 있을 것이다. 거기서부터 북쪽 능선을 따라 내려가야 하고, 그 이후에 능선을 다시 올라 정상을 향하게 될 것이다. 이 루트는 능선에다 캠프를 설치해야 하는데 며칠, 또는 아마 몇 주가 걸리게 될 것이다. 모든 루트는 해발 7천 미터 위에 위치해 있었다. 하지만 이 루트가 직선 루트보다는 훨씬 더 안전해 보였다.

이 루트가 안전한 것은 사실이었다. 하지만 상대적으로 안전할 뿐이었다. 등반은 천천히 진행되었다. 그들이 출발한 지 일주일 후에 겨우 북쪽 능선으로 가는 경사면 위 약 3분의 1 정도 되는 지점에 위치한 제2캠프에 도달했다. 어느 날 비스너와 아센브레너는 포터 네 명과 요리사를 제1캠프로 데리고 갔다. 그날 밤 두 사히브는 텐트 한 곳에서, 그리고 네 명의 포터와 요리사는 다른 텐트를 쓰게 되었다. 사히브와 쿨리가 같은 텐트를 쓰지 않는 것이 일반적인 등반대의 관습이었다. 한밤중에 눈사태 소리를 듣고 일곱 명 모두 놀라 잠에서 깨어났다. 소리가 점점 커졌고, 그들은 충격에 대비했다. 눈사태가 덮쳤다. 두 텐트 모두 뒤틀리고, 지지대가 뽑혔다. 비스너와 아센브레너는 텐트에서 텐트 천을 밀어내어 조금이라도 더 오래 숨을 쉴 수 있도록 공간을 만들려 했다.

서서히 고요함이 다시 찾아왔다. 일곱 명 모두 숨을 쉴 수 있었으며 텐트 밖으로 기어 나왔다. 빙벽 은신처 바로 아래 그들은 캠프를 쳤으며 눈사태는 그들 위를 지나갔다. 눈사태가 일으킨 매우 강한 바람이 텐트의 지지대를 부러뜨리고 바람에 휘날리는 눈이 텐트를 덮었다. 하지만 그들은 살아남았다.

만일 그들이 몇 미터 떨어져서 닷새 전에 헤론과 쿠니크가 잠을 잤던 곳에 캠프를 쳤다면 빙벽의 보호를 받지 못해 그 눈사태로 죽었을 것이다. 이 일 때문에 사히브에 대한 포터들의 신뢰가 깊어질 수 없었다.

포터들은 밤이 새도록 기도하면서 깨어 있었다. 놀턴은 그들이 낭가파르바트, 곧 그 산에 사는 신에게 기도했다고 이야기하고 있으며, 어쩌면 그랬을지도 모른다. 하지만 그들은 이슬람교도였기에 분명 알라에게 기도했을 것이다.

새벽이 되자 네 명의 훈자 포터는 더 이상 나아가기를 거부했다. 그들이 베이스캠프로 내려가서 다른 사람들에게 눈사태가 났음을 알렸다. 그들 모두는 다시 집으로 돌아가기로 결정했다. 하지만 그들은 두 가지 두려움 사이에서 갈등하며 머뭇거렸다. 만일 그들이 머문다면 그들은 빙하 속에 육신을 묻을지도 모른다. 그들이 떠난다면 프라이어의 분노와 밭을 잃어버릴 위험에 직면해야 했다. 그래서 그들은 베이스캠프의 임시 거처에서 나와 사히브들의 텐트 가운데 공터에 쪼그리고 앉았다. 이틀 동안 그들은 프라이어와 십장과 다퉜다. 십장은 아주 질이 나쁜 경찰이었고, 그들에게 고함을 질렀다. 그들에게 협박을 하고 절대적 권력을 휘두를 수 있었지만 프라이어는 좋은 경찰이었다. 포터들은 의견 개진을 통해 그들의 입장을 고수했다. 프라이어는 그들에게 점점 더 많은 급료를 제시하게끔 되었다. 이틀이 지난 뒤에 그는 산에서의 하루 품삯을 5루피로 제시했는데 이는 통상 품삯의 다섯 배였다. 1932년경 영국에서 노동자가 벌 수 있는 돈보다 더 많았고 1938년에 도입된 미연방 최저임금의 약 4분의 3에 해당하는 금액이었다. 훈자 사람들은 이 제안을 받아들여 다시 일하러 산으로 갔다.

사히브와 포터들이 북쪽 능선까지의 3분의 2에 해당하는 제4캠프까지 작업을 하며 올라갔다. 놀턴은 포터 한 무리와 함께 올라갔다. 매번 쉴 때마다 그들은 유일하게 알고 있는 영어인 담배를 달라고 졸랐다. 그녀가 한 사람에게 담배 한 개비와 성냥을 주었다. 한 사람이 자기 담배에 불을 붙여 옆 사람에게 전달하여 한 사람이 한 모금씩 돌아가면서 빨도록 하고 다른 사람들은 다음날 피기 위해 자신의 담배를 소중히 보관했다. 이에 대한 답례로 그들은 놀턴에게 자신들이 집에서 가져온 그 유명한 훈자 살구를 건네주었다.

그 당시 등반가들은 굴뚝처럼 담배를 피웠다. 자신의 자서전에서 텐징 노르가이는 베이스캠프 위쪽에서는 결코 담배를 피운 적이 없다고 말하고 있다. 내가 처음 그 글을 읽었을 때는 그가 베이스캠프에서 담배를 피웠다는 데 놀랐다. 나중에 더 많은 등반 관련 서적을 읽고 나서야 텐징이 자신의 절제력을 자랑하고 있다는 사실을 알았다. 1950년 안나푸르나에서 등반가 중에 아주 참을성 많은 강골인 모리스 에르조그는 아주 어려운 상황을 겪고 난 뒤에는 항상 멈춰 서서 기운을 나게 하는 담배 한 모금을 빨았다.

높은 산 위에서 훈자 포터들이 간절히 원하는 또 한 가지는 차에 넣을 설탕이다.

이 원정은 3개월이 걸렸고 해발 7천 미터의 북쪽 능선에 도달하기까지 모두 일곱 개의 캠프를 설치했다. 1924년에 에베레스트에 오른 등반가들은 네 개의 캠프만을 설치하고 6주 만에 같은 높이에 도달했다. 독일인들은 아주 느릿느릿 움직였던 것 같다. 물론 그들은 더 적은 수의 포터들과 일을 하고 있었고, 분명히 사히브들은 원정이 거의 끝날 때까지 짐을 운반하지 않았다. 하지만 이런 어려움을 감안하더라도 3개월 동안 그들이 천8백 미터보다 조금 더 등반했다고 계산할 수 있다.

놀턴이 나중에 쓴 책에서 그들이 얼마만한 속도로 등반했는가를 알아내기는 쉽지 않다. 대부분의 원정 책자는 아주 정확하고 종종 지루하게 날짜와 캠프, 그리고 누가 어디에 갔는가 하는 목록을 나열하고 있는 경우가 많다. 하지만 놀턴은 그렇게 하지 않았다. 그녀는 경험 많은 등반가이자 재주 있는 저술가였다. 아마 그녀가 정확한 날짜를 제시하지 않은 이유는 그런 기록이 등반가들이 얼마나 느리게 이동했으며 얼마나 많이 휴식을 취했는지 드러낼지도 몰랐기 때문이었을 것이다.

그들의 몸은 그들의 마음이 아직도 파악하지 못한 것을 어렵게 배워가고 있었다. 그것은 히말라야 정상에 얼마나 오르기 힘든가라는 것이었다. 그들이 올라야 하는 지형은 뒤얽히고 가팔랐다. 어떤 곳에서는 눈이 허리까지 차올랐고 또 다른 곳에서는 빙하가 미끄러웠다. 그들은 자신의 한계에 다다랐으며 쉬어야만 했다. 그래서 그들은 휴식을 취했다. 그렇지만 그들은 진행이 너무 느린 것을 포터의 탓으로 돌렸다.

마지막 강행군

어느 날—놀턴은 명확한 날짜를 이야기하고 있지 않다—비스너, 베히톨트, 메르클 그리고 두 명의 훈자 포터가 북쪽 능선 바로 앞 제6캠프에 있었다. 포터 한 명이 고산병으로 텐트에 신음하며 누워 있었다. 다른 포터가 환자 곁을 떠나려 하지 않아, 세 사히브들은 포터 없이 계속 나아가기로 결정했다. 그들은 북쪽 능선에 다다랐다가 다시 되돌아왔다. 그러나 제6캠프는 병든 포터가 내는 신음소리 때문에 '기운나는 장소'가 아니었다고 놀턴은 쓰고 있다.[16]

사히브들은 그 사람이 고산병에 걸렸다는 사실을 알았다. 1932년 등반가들은 산소가 아주 결핍되면 병이 난다는 사실을 알았다. 하지만 그들은 유일한 치료 방법이 병이 난 사람을 산 아래로 아주 빨리 데려가는 것이라는 사실을 몰랐다. 메르클, 베히톨트 그리고 비스너는 능선 위에 제7캠프를 세우는 일에 온 열의를 쏟았다. 그들은 스스로에게 제7캠프에서 이틀이면 정상 정복을 할 수 있다고 말했다. 이것은 무모하리만큼 낙관적인 생각이었으나, 이 생각은 사실 비관주의로부터 나온 것이다. 이런 고소에서 2주 동안 등반하면 자신들의 몸이 견디지 못하리라는 것을 그들 스스로가 느낄 수 있었다. 그래서 그들은 스스로에게 정상 정복이 이틀 정도 걸릴 것이라고 다짐했다. 그들은 알프스에서 그런 식의 등반을 쉽게 할 수 있었기에 이 다짐을 믿을 수가 있었다. 그들의 정신은 자신들의 몸이 히말라야 기후와 고도에서는 그렇게 할 수 없다는 사실을 아직도 알지 못했다.

그래서 그들은 병이 난 포터를 산 아래로 내려 보내기보다는 제7캠프에 보급품을 힘써 저장하려고 했다. 하지만 이튿날 아침 그가 눈에 띄게 고통스러워해서 다른 포터 한 명만을 돌보라고 남겨둘 수 없다고 생각했다. 이것은 그가 죽을지도 모른다고 걱정한 것을 의미한다. 비스너, 베히톨트 그리고 메르클이 누가 병자와 남을 것인가를 제비뽑기했다. 비스너가 '운이 나빴다'.[17] 그는 지원을 맡은 프라이어 중위와 다른 여러 포터들을 기다렸다.

그날 메르클과 베히톨트는 능선에다 제7캠프를 설치하고 내려왔다. 프라이어나 포터도 오지 않았고 "병이 난 훈자 사람은 이제 그 위험한 지점에서 여러 날을 보냈으며 전보다 더 큰 신음소리를 냈다. 그와 그의 동료가 짐을 운반할 수 있으리라는 희망은 전혀 없었다. 제6캠프는 신음소리를 내는 쿨리와 함께 거기서 하루 종일 기다리는 비스너에게 따분한 곳이었다".[18]

그날 밤 날씨가 험악해졌다. 눈이 내려 모두 제6캠프에 갇힐 것처럼 보였다. 결국 그들은 포터 두 사람을 데리고 하산하기로 결정했다. 베히톨트와 메르클이 한 자일로 연결했고 비스너는 포터 둘과 다른 자일로 연결했다. 비스너는 평생에 걸쳐 안전 의식이 철저한 등반가였고, 아마도 베히톨트와 메르클보다 관대한 사람이었던 것 같다. 그 고소에서 적어도 나흘 이상을 보낸 병자는 걷기는커녕 기어가기도 힘들었다. 건강한 포터가 앞장서고, 비스너가 맨 마지막에, 그리고 병자는 그들 사이의 빙판 위에 웅크렸다. 어떤 때에는 그들이 그를 끌어 당겼고, 어떤 때에는 자일에 묶인 그를 눈 아래로 밀었다. 그들은 거대한 빙탑이 흩어져 있는 가파른 설원에 이르렀다. 건강한 포터가 먼저 얼음 덩어리 아래로 길을 잡아 내려갔다. 그의 아래에 있는 얼음 덩어리가 크레바스 속으로 떨어졌다. 만일 그가 미끄러지면 죽게 될 것이었다. 훈자 포터가 길을 내려가 안전한 자세로 서서, 눈 속으로 피켈을 넣어 비스너를 확보하기 위해 자일을 감았다. 비스너는 병자를 자신보다 먼저 아래로 내려 보내며 내려오기 시작했다.

확보하고 있는 포터에게 도달했을 때 일이 잘못되었다. 비스너가 건강한 포터의 어깨를 '가볍게 스쳤고' 그가 몸의 균형을 잃었다고 놀턴은 말하고 있다. 하지만 그 충격이 포터의 몸을 붕 날려 보내서 눈에 박아놓은 피켈이 뽑혔던 것을 보면, 사실은 비스너가 아주 강하게 부딪힌 것이 틀림없다. 그는 산 아래로 굴러 떨어졌고, 병자와 비스너를 끌고 내려갔다. 그들이 떨어질 때 비스너는 몸을 돌려 눈 속으로 피켈을 박아 넣어서 단단히 지탱했다. 비스너가 추락을 멈추게 했으나 세 사람 모두 그가 미끄러졌기 때문에 다 죽을 뻔했다는 사실을 알고 있었다.

제5캠프에서 그들은 프라이어 중위가 포터를 더 데리고 온 것을 발견했다. 포터들은 병자를 보게 되었다. 건강한 포터가 비스너가 추락했다는 사실과 제6캠프에서 병이 깊은 사람을 며칠 동안 방치했다고 말했음이 틀림없다. 모든 포터들이 자신들은 너무 아프기 때문에 더 이상 계속할 수 없다고 사히브에게 말했다. 그들 중 몇몇은 정말로 아팠다. 나머지는 목숨 걸기를 거부했다. 사히브들은 선택의 여지 없이 그들의 의견을 받아들여 모두 제4캠프로 내려갔다. 거기서 그들은 눈에 갇히게 되었다.

그들은 폭풍이 멈추기를 기다리며 하루를 지냈다(놀턴은 폭풍이 얼마나 지속되었는지는 이야기하고 있지 않다). 낭가파르바트 인근 기후는 항상 원정대에게는 도박과도 같다. 낭가파르바트가 벵골 만(灣)의 여름 우기의 근원지로부터 멀리 떨어져 있기 때문에 그렇다고 한다. 히말라야 산맥의 '비 그늘' 안에 위치해 있어서 그곳에는 일반적으로 여름에는 비나 눈이 거의 오지 않았다. 또 봄에는 포터들이 두텁게 쌓인 눈이 막고 있는 높은 고개들을 가로질러야 하기 때문에 산에 도달하기도 어렵다. 그래서 대부분 원정대는 여름에 희망을 안고 간다. 문제는 어떤 때는 이런 예측이 잘 맞지만 어떤 때는 눈이 올 때도 있다는 것이다. 1932년 여름에는 눈이 내렸다.

사히브들은 제4캠프에서 베이스캠프로 내려갔다가 다시 올라갈 수 있다고 생각했으나 제4캠프 위쪽으로 눈이 너무 깊이 쌓여버렸다. 그들은 서로 갑론을박했다. 신중한 지원과 잘 보급된 캠프를 근간으로 하는 그들이 계획한 극지법으로 여름에 이 산을 공략하기에는 시간이 별로 남아 있지 않았다. 시기가 그리 늦지 않았다 하더라도 등정을 강행할 힘이 거의 남아 있지 않았다. 그들은 알프스 등정의 경험에 의지하여, 성실한 포터 여덟 명과 함께 마지막 강행군으로 정상 등정하기로 결정했다.

마침내 날씨가 쾌청해졌고 사히브들은 포터 여덟 명에게 정상 도전을 준비하라고 지시를 내렸다. 이 여덟 명의 훈자 사람들은 먹을 것이 없다고 프라이어에게 이야기했다. 그들은 텐트 안에서 날씨가 좋아지기를 기다리는 동안에 지루하고, 춥고, 겁먹고, 배가 고파서 프라이어가 대충 계산했던 것보다 훨씬 많은 차파티를 먹어치웠다.

미국인 랜드 헤론이 제4캠프로 올라왔다. 그는 다른 등반가와 포터들을 데리고 정상을 등반하기를 원했다. 그는 정상 등반에 필요한 포터들이 먹을 차파티가 넉넉히 남아 있다고 이야기했다. 메르클과 비스너는 그들이 정상을 등정을 할 수 없다고 헤론에게 이야기했다. 포터를 두 명만 데려가면 사히브들도 짐을 운반하면서 동시에 길을 뚫어야 할 것이다. 능선 아래쪽 두터운 눈 속에서 사히브들은 그 일을 감당하지 못할 것이다.

포터들 대부분이 차파티를 더 가져오기 위해 베이스캠프로 내려갔다. 그들 중 몇 명이 곧바로 올라와서 베이스캠프에도 밀가루가 없다고 말했다. 그들은 사히브들이 하산하여 집으로 돌아가기를 바란다는 의사를 분명히 했다.

원정대가 베이스캠프로 내려왔으나, 비스너와 메르클은 포기하지 않았다. 그들은 포터들이 밀가루를 좀더 사오도록 계곡 아래로 내려 보냈으며, 8월 28일 마침내 충분한 만큼의 차파티를 확보했다. 메르클, 비스너, 헤론 그리고 훈자 포터 열두 명이 마지막 시도를 하기 위해 베이스캠프를 출발했다. 놀턴의 책은 어떻게 열두 명의 포터가 아홉 명 분의 의류로 견디었는지를 언급하고 있지 않다. 어쩌면 뒤에 남은 몇몇 사히브들로부터 빌렸을 것이고, 또 어쩌면 마냥 추위에 떨었을 것이다.

질척거리는 눈 속을 헤론과 비스너가 번갈아 길을 뚫고 나아갔으며 통상 네 시간 걸리는 거리를 열 시간 반이나 소모하여 제2캠프에 도달했다. 후에 그들은 놀턴에게 이렇게 이야기했다.

쿨리들은 점점 더 느려지고 더 많이 화를 냈으며, 사히브들은 등반에 전력을 기울였다. 도덕적으로나 육체적으로 그들은 자신들의 불굴의 의지와 목표 달성에 대한 정신력으로 포터들을 산 위로 끌어 올렸다. 등에는 쿨리들보다 적지 않은 무거운 짐을 지고, 두텁고 푸석푸석한 눈 위를 악전고투하며 위로 올라가는 길을 찾는 것은 정말로 어려운 일이었다. 하지만 그보다 더 어려운 일은 지루함과 고달픔을 견디는 것이었다. 육체적인 에너지는 정신적인 에너지에 비하면 아무것도 아니다. 메르클은 상냥한 목소리로 명령을 내렸다. 헤론은 스스로 정말 친절하게 행동했다. 비스너는 천재적인 허풍스러운 선의의 유머를 반복했다. 그들 모두는 열두 명의 처진 사람들을 계속해서 격려했다.[19]

1,850미터를 등반하는 데 3개월이 걸렸던 사람들이 지금 보여주는 불굴의 의지와, 또 가벼운 짐을 진 사람들이 무거운 짐을 진 사람들을 격려하는 모습에 유의해보자. 하지만 포터들은 저항할 수 있고, 결국 사히브들이 그들을 설득해야 한다는 사실을 유념하자.

아래 베이스캠프에서는 몇몇 포터들이 위에 있는 훈자 사람들을 위해 차파티를 더 운반할 준비를 하고 있었다. 사히브들은 더 많은 것을 받게 되었다고 놀턴이 이야기한다.

산을 오르는 사람들을 위한 일종의 크리스마스 선물 상자였다. 작고 흰 양을 '사히브들을 위해' 관심 많고 연민이 넘치는 늙은 요리사가 구워낸 것이 분명했다.

"그리고 사히브들을 위한 빵?"

"그래요, 빵. 많은 빵." 밀전병을 구웠다. 그리고 단 것이 조금 부족할지 모른다. 잼, 그리고 설탕을 조금 더……

요리사가 나에게 음식을 가져왔다…… 그와 함께 십장이 왔는데 관심을 가지고 질 좋은 판지로 만든 '보쿠스'(bokkus, 박스)를 찾도록 도와주었다. 그는 내가 선택한 상자가 너무 작다고 생각했다. 훈자 사람들이 이리저리 찾아 헤맸다…… 내가 상자를 만들자 십장은 상자 안에 음식들을 넣었으며, 한편 다른 쿨리들은 그의 어깨너머로 기대어 꾸러미를 보고 한마디씩 하며, 사히브에게 보낼 물건에 대해 서로서로 경쟁하듯이 말했다.

"차이(차)?"

"우파르보타 하이(위에 뭐가 더 있다)."

"치니(설탕)?"

"보트, 보트(많다, 많아)."

"담배?"……

모든 물품은 결국 모든 사람이 만족한 가운데 포장되고…… 모두 웃음을 머금었다. 하지만 종종 쿨리들이 나에게 와서 간청하듯이 셔츠부터 신발 끈까지 모든 물품을 요구하며, 알아들을 수 없는 우르두어로 그치지 않고 말을 이으면서, 부족한 것을 보여주기 위해 자신들의 옷을 열어 보이기도 했다. 하지만 대개 나는 그들이 원하는 것이 무엇인지를 이해하지 못했다.[20]

예기치 않은 선물 상자가 산으로 운반되었다. 사히브 셋과 훈자 사람 열두 명이 허리까지 차는, 그리고 어떤 때는 가슴까지 차오르는 눈 속을 등반하여 제4캠프에 도착했다. 다음날 아침 텐트 밖에 새로 내린 눈이 턱까지 차올랐다. 포터 아홉 명이 병이 났고, 나머지 셋은 계속 오르기를 거절했다.

사히브들은 더 이상 요구할 수 없었다. 열다섯 명 모두 하산했다. 그들은 훈자 사람들에게 급료를 지불하고 집으로 돌아갔다.

백인들의 모순

사히브들은 원정 실패를 포터의 탓으로 돌렸다. 훈자 사람들은 "변덕스럽고 화를 잘 내고, 육체적으로는 거의 유럽인만큼이나 어려운 일에 약했고, 짐을 나르는 데 사히브보다 더 나을 것이 없으며, 병에 너무 쉽게 노출되었다. 전체적으로 산악 포터로서 그들은 아주 불만족스러웠다".[21]

포터들은 훈자 마을의 일반 농민들이었다. 사히브들은 인구가 훈자의 천5백 배가 넘는 나라인 독일에서 가장 힘이 세고 강인한 사람들이었다. 포터들은 인도 농민으로서는 키가 컸지만 사히브들이 더욱 몸집이 좋았다. 헤론과 쿠니크는 둘 다 키가 180센티미터나 되는 거구였다. 사히브들은 원정 중에 고기를 먹었지만 포터들은 빵만 먹었다. 성장기에 훈자 사람들은 종종 빵조차 부족했으며, 독일인들은 원하는 만큼 고기를 먹을 수 있는 계층에 속해 있었다. 독일인들은 더 따뜻한 옷을 입고 있었다. 사히브들은 침낭이 있었으나 훈자 사람들은 담요밖에 없었다. 독일인들은 방수복을 입었으나 훈자 사람들은 그렇지 않았다.

그러나 놀턴은 이 일반 농민들이 일급 등반가만큼이나 어려움에 너무 민감하다는 데 실망했다. 다른 말로 표현하면, 그들은 사히브보다 더 강인하고 더 참을성이 있어야 했으나 그렇지 못했다는 것이다. 그리고 그녀는 그들이 "짐 운반에서조차 사히브보다 더 나을 것이 없었다"는 사실에 실망했다.

놀턴은 여기서 백인 등반가들이 머릿속으로 믿고 있던 것을 분명히 보여주고 있다. 모순은 그들 야심의 중심부에 자리 잡고 있었다. 그들은 일반적으로 백인들은 더 우월해야 하며 산의 정복은 그들 몫인 듯이 이야기한다. 하지만 마음 깊은 곳에는 바로 놀턴처럼 인도인 포터, 즉 등반 관련 책에는 이름조차 실리지 않는 사람들이 공로를 독차지하는 백인들보다 더 힘이 세고 강인하기를 기대했다. 백인들은 포터들이 강하지 않다면 자신들이 산을 오를 수 없다는 사실을 알고 있었으며, 자신들의 실패를 포터의 탓으로 돌렸다.

백인 등반가들이 마음속에 품고 있는 모순이 표면에는 드러나지 않았다. 의식적으로, 그들은 백인들이 강한 운동선수이고 천6백 미터를 4분 안에 달릴 수 있듯이, 장대한 산을 더욱 잘 오를 수 있으리라고 가정했다. 이 시기는 유럽과 미국의 백인들이 흑인인 권투선수 잭 존슨, 미식축구선수 폴 로베슨이나 육상선수 오웬스에 아직도 놀라고 있던 때였다. 사실 많은 사람들은 이들이 인종간 육체적 능력의 평등성을 드러냈다는 바로 그 이유 때문에, 이들의 성공에 분노하고 있었다. 그런 사람들을 뛰어난 운동선수로 여겼던 다른 많은 사람들도 있었지만, 작은 아시아인들은 어떤 종류의 운동선수로서의 전형에도 들어맞지 않았다.

하지만 대부분의 등반가들은 포터들이 좀더 힘써 일할 수 있으리라 가정했다. 그들은 이런 관점을 명확히 표현하지 않았는데, 이는 자신들의 우월성에 대한 도전이었기 때문이다. 이것은 단순한 인종차별이 아니었다. 이들은 아주 훌륭하고 위대한 등반가들이었다. 이들은 경쟁심이 있었고 무엇보다도 등반에 대해서는 치열하게 경쟁적이었다. 그래서 그들은 자신들의 마음속에 두 개의 상반되는 생각을 품고 있었다. 그것은 포터들은 짐을 운반해야 하므로 강해야 하지만, 정상에 올라갈 사람은 우리이므로 우리가 더 강해야 한다는 것이었다. 현실에 직면해 두 생각이 충돌하게 되는 순간, 불안, 분노 그리고 때때로 평등성의 이해에 이르게 될 수 있었다.

1932년에 낭가파르바트에서 사히브들은 자신들이 다르질링에서 익히 들어왔던 셰르파족이나 티베트인 포터를 고용했어야 했다. 2년 후 메르클과 베히톨트가 아돌프 히틀러 정권의 풍부한 지원을 받으며 다시 돌아왔다. 자신들의 첫 실패를 그들은 훈자 사람들 탓으로 돌렸다. 그들은 이제 셰르파족과 함께라면 성공할 수 있다는 것을 알고 있었다.

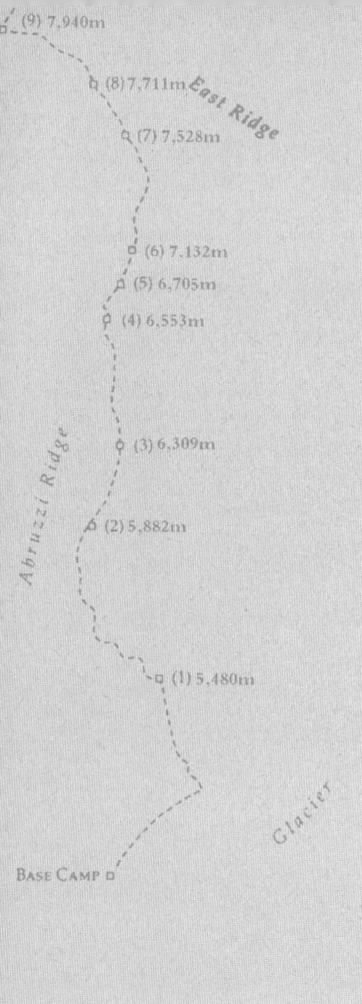

TIGERS OF THE SNOW

2부

등반

4. 추천장과 칼

원정의 배경

1934년 허리케인 급의 폭풍으로 낭가파르바트의 길고 긴 능선 위에 열여섯 명이 고립되었다. 그들은 하루하루를 식량도 물도 없이, 심한 동상을 입고, 혼란에 빠지고, 기진맥진한 채로 상상을 초월하는 고통의 밤을 보냈다. 그들이 천천히 능선 아래로 헤쳐 내려오는 동안 한 사람 한 사람씩 전부 아홉 명이 사망했다.

폭풍을 뚫고 지루한 후퇴를 하는 동안에 그들은 저마다 사랑, 공포, 믿음, 용기, 그리고 잔인한 이기심에 따라 각자 행동했다. 그곳에서 생겼던 일이 셰르파 등산가들이 스스로를 어떻게 생각하는지를 영원히 바꾸어놓았다. 셰르파 역사의 전환점인 이 낭가파르바트 원정이 이 책의 주요 부분이다. 1934년 이전에 사히브들은 가부장적 지도자였다. 그들은 호의적이든 비호의적이든 간에 포터들을 돌보았다. 1934년 이후에 셰르파들은 산에서 자신들이 당당하고 책임 있는 사람이라는 사실을 알았다. 사태가 그렇게 잘못되어간다면 셰르파의 사다는 통제를 해야만 한다. 그들은 더 이상 어린아이 취급을 받아들일 수 없었다.

낭가파르바트에서 원정대장인 빌리 메르클은 일이 잘못될 경우를 대비한 지원 캠프를 설치하지 않고 성급하게 산을 오르려고 시도했다. 메르클은 고소에 대한 이해 부족과 모국의 정치적 압력 때문에 이런 실수를 저질렀다.

고소의 문제점은 뒤에 다시 다룰 것이다. 정치적인 압력은 새로 탄생한 나치 정부로부터 왔다. 1932년에 낭가파르바트를 떠날 때 빌리 메르클은 자신이 또 다른 원정대를 조직하고 자금 지원을 받을 수 있을지를 알 수 없었다. 하지만 독일에서 히틀러의 나치가 1933년 1월 정권을 잡았다. 새로운 독일제국의 스포츠 지도자인 폰 참머 운트 오스텐이 열성적으로 메르클에게 필요한 모든 것을 제공했다. 이 후원은 반가운 것이었으나, 메르클의 양 어깨에 큰 기대를 짊어지웠다. 이 책은 셰르파족 포터에 관한 책이지 독일 정치에 관한 책은 아니다. 그러나 산에서 어떤 일이 잘못되었는지를 이해하려면 그 당시 독일에서는 무엇이 잘못되어 갔으며, 나치가 메르클을 후원한 이유와 그것이 메르클에게는 무슨 의미를 갖는지를 먼저 이해해야만 한다.

1934년에 독일은 심각하게 분열된 사회였다.[1] 이 분열은 제1차 세계대전이 종전된 방식에서 비롯되었다. 1918년 가을부터 독일 육군은 참호전에서 패배하기 시작했다. 해군은 최후의 일전을 위해 대양으로 나가도록 명령받았다. 수병들은 이를 거부하고 반란을 일으켜 배에서 내렸다. 수병들은 집으로 돌아가는 길에 육군 부대를 찾아가 하나 둘씩 반란을 선동했다.

몇 년 뒤에 아돌프 히틀러는 감옥에서 책을 저술하며 그 당시를 회고했다. 육군 상병이었던 그는 참호에서 영국군에게 독가스 공격을 받아 군 병원에 입원했는데, 몇몇 수병이 와서 군인 환자들에게 급속하게 무르익어가는 혁명에 동참할 것을 권했다. 히틀러는 육군과 전쟁, 전우애와 목적의식을 사랑했다. 그는 수병들을 반역자라고 생각했다. 하지만 독일 군인들 대부분은 전쟁을 혐오했으며 수병들은 히틀러의 동료 환자들을 끌어들였다.

독일 전역에서 군인들이 전쟁을 거부했다. 독일 정부는 아무 조건 없이 즉각적인 평화를 연합국 측에 애걸해야 했다. 도시마다 군인들과 노동자들이 혁명위원회를 조직하기 시작했다. 혁명으로 군주인 빌헬름 황제가 퇴위했으며 독일은 완전한 의회를 갖춘 공화국으로 탈바꿈했다. 사회민주당의 사회주의자들이 이끄는 정권이 권력을 장악했다.

그 뒤 5년 동안 대규모의 파업, 지역 노동자의 소요, 그리고 우익 민병대에 의한 상당한 수의 노동자 살육이 있었다. 종종 혁명이 계속 진행되는 듯싶었다. 1917년 러시아 혁명의 사례는 모든 사람들의 마음속에 새겨져 있었다. 그러나 아돌프 히틀러에게, 그리고 수백만의 우익 독일인에게 진정 혐오스러웠던 것은 전쟁이 끝난 것이었다. 그들의 관점에서 독일과 구질서는 바로 독일 국민에 의해 수치를 당한 것이었다. 독일은 전쟁에 진 것이 아니라 바로 등뒤에서 비수로 찔린 셈이었다.

1923년 이후 사태가 진정되고 혁명에 대한 기대는 수그러들었다. 히틀러와 그의 추종자는 1929년 월 가(街) 증시 폭락 전에는 대중의 관심을 끌지 못했다. 연이어 일어난 세계 공황으로 독일에는 대규모 실업이

빚어지고 많은 소규모 사업이 파산했다. 이는 극도의 재난은 아니었다. 예를 들면 미국의 실업률이 훨씬 높았다. 하지만 미국에서는 프랭클린 D. 루스벨트와 뉴딜 정책이 노동자들의 수호자로 비추어졌으며, 루스벨트 좌파에는 대규모 공산주의 운동은 없었다.

반대로 독일에는 혁명의 가능성이 실재했다. 1918년에도 혁명 운동이 일어난 적이 있다. 1929년 이후 공산당과 히틀러의 나치당은 빠르게 성장했다. 나치는 일종의 우익 운동이었다. 1920년 이전의 유럽 보수 정당은 상류계층과 의회와 군대에만 초점을 맞추는 상류사회의 사교모임이었다. 유럽 보수주의자들은 군사 쿠데타를 일으켜 군대를 국민과 적대시하게 하는 일을 할 수 있었으며, 실제로 그렇게 할 때도 있었다. 하지만 그들은 군중을 동원하지는 않았다. 그러나 히틀러는 이탈리아의 무솔리니의 예를 따라서 분노와 걱정에 찌든 중산층을 중심으로 대규모 거리 집회를 조직했다. 그의 '돌격대원', 곧 'SA'나 '갈색 셔츠'라고도 부르는 이들이 제복을 입고 시가행진을 했으며, 공산주의자나 사회주의자를 구타하기도 했다.

정치적, 경제적 상황이 점점 더 불안해졌다. 대실업가들와 군 장교들이 대규모 파업과 공산주의 주도의 혁명 위협에 대해 걱정했다. 그들 대부분은 히틀러를 믿지는 않았으나 군중과는 불편한 관계에 있었다. 하지만 이들은 좌익 혁명과 우익 혁명 사이에서 선택을 해야 한다고 느꼈다. 이런 상황에서 이들 다수가 나치를 지지하는 방향으로 기울었다.

1932년 봄에 히틀러의 나치 운동이 총 투표의 33퍼센트를 획득하여 최다 득표 정당이 되었다. 가을에 치러진 다음 선거에서는 나치에 대한 지지율이 30퍼센트로 떨어졌다. 사회주의와 공산주의에 대한 통합 지지율은 50퍼센트를 약간 넘어섰다. 여러 군소 자유주의 정당과 우익 정당이 나머지를 차지했다. 이 시점에서 제1차 세계대전 때 군을 지휘했고 그 뒤에 의전 대통령직을 수행하고 있는 장군이 히틀러에게 정부 구성을 요청했다. 1933년 봄, 나치들은 군과 경찰의 도움으로 이 정부를 철저한 독재 정권으로 바꾸었다.

군소 우익 정당의 많은 지지자들이 나치에 동조하여 집회를 열었다. 이제는 절반에 약간 못 미치는 국민들이 이 독재 정권을 지지하고 있었다. 50퍼센트를 조금 넘는 독일 국민들은 여전히 사회주의와 공산주의 야당을 지지했다. 이 지지는 계층간 경계에 따라 구분되었다. 많은 예외가 있기는 하지만 사업가, 전문직 종사자, 봉급생활자, 그리고 농민들은 대개 나치를 지지했다. 또 수백만의 개별적인 예외가 있기는 하지만 도시 노동자와 실업자들은 사회주의와 공산주의를 지지했다.

나치주의자들은 독일 국민들에게 자신의 능력을 보여주어야 했다. 그러기 위한 한 가지 방법으로 냉혹한 정책을 시행했다. 사회주의자, 공산주의자, 그리고 지역 노동조합 간부를 수용하는 강제수용소가 만들어졌다. 또한 이 시도의 하나로 나치들은 세계와 독일 국민에게 독일인이 다시 승리자가 될 수 있다는 것을 보여주기 위해 스포츠에 돈을 퍼부었다. 나치가 기꺼이 메르클의 원정을 후원하는 데에는 이런 정치적 복선이 깔려 있었다.

낭가파르바트 원정 또한 적게나마 전쟁에서 독일이 겪은 패배의 기억을 완화시키는 역할을 했다. 영국과 독일 사이의 히말라야 등반 경쟁은 언제나 군사적인 경쟁관계를 투영한 것이었다. 지금 그런 성격은 더욱 강해졌다. 나치 독일 산악연맹 수장인 파울 바우어는 1935년 제1차 세계대전의 '위대한 투쟁' 후에 이렇게 썼다.

우리가 무기를 내려놓아야 했던 그때 우리의 빈손은 피켈을 어루만지게 되었다. 삶의 마지막 보루를 영원히 탈취당한 것이 명백했기에, 우리는 자연, 곧 외롭고 손때 묻지 않은 야생의 그녀에게서 새로운 지주를 찾기 위해 나서게 되었다. 산과의 투쟁을 통해 우리는 영광이 가득한 자랑스러운 의식과, 우리 스스로를 지킬 수 있는 능력을 되찾게 되었다.[2]

무엇보다도 나치는 인종주의자들이었으며, 그들의 인종주의는 남성성의 특별한 이상과 연결되어 있다. 물론 남성성을 산악 등반과 연결시켰던 것은 독일인이나 나치만은 아니었다. 남성성의 개념이 산에서는 어디에서나 존재했으며, 워낙 지배적인 생각이었기에 종종 거의 언급조차 되지 않았다. 20세기 초에 미국인 페니 워크맨 벌록이 비교적 낮은 히말라야 산봉우리를 남편과 함께 등반한 일이 있으며, 알프스에서는 여성들이 남성들과 함께 산을 올랐다. 하지만 주요 히말라야 원정에서 그 문제는 거의 거론되지 않았다. 이는 단순히 생각조차 할 수 없는 일이었다.[3]

예외를 만든 유일한 사람이 빌리 메르클이었다. 그는 1932년의 낭가파르바트 원정에 엘리자베스 놀턴을 포함시켰다.[4] 하지만 나머지 등반가들은 모두 등반을 남자들만의 세계로 여겼다. 등반가들이 자주 쓰는 단어들—힘, 용기, 공격, 포위, 투쟁, 싸움—은 모두 남성적인 관념에 물들어 있었다. 나치 이데올로기는 이런 생각에 다른 해석을 덧붙였다. 독일('아리안') 남성이 유대인, 외국인, 동성애자, 그리고 독일 여성보다 인종적, 육체적으로 우월하다는 점을 강조했다. 독일을 다시 한번 위대하게 하는 것은 독일 남성의 순수성과 힘이었다.

물론 인종주의와 성차별주의는 유럽의 다른 여러 나라에서도 흔한 일이었다. 그러나 인종주의는 일반적으로 백인 남성의 육체가 아닌 지적 우월성을 강조했다. 예를 들면 영국의 인도인 지배를 정당화할 때, 일반적으로 영국인이 더 똑똑하고, 더 체계적이며, 자신들의 감정을 더 잘 제어할 수 있다고 주장했다. 나치는 달랐다. 육체가 더 중요했다. 그런 이유로 나치는 스포츠에 관심을 쏟았고 1936년 베를린 올림픽을 자랑스러워했다. 특히 히말라야 등반은 독일 남성의 우월함을 증명하는 극적인 방법이었다. 이곳에서 인간의 육체는 자연의 가장 강력한 힘과 경쟁하는 셈이었다. 그들은 인간 잠재력의 한계에 도전했다. 용기는 단순한 슬로건이 아니었으며 실제로 사람이 죽는 일도 일어났다. 나치 선전의 유명한 문구에서, 산은 '의지의 승리'를 보여주는 완벽한 배경이었다.

나치 후원이 메르클의 원정을 가능하게 했다. 하지만 성과를 요구했으며, 메르클은 그 성과를 이루어야 했다. 그는 또 다른 압박을 받고 있었다. 히말라야에 온 영국인 또는 미국인들이 대부분 그랬듯이 독일 등반가들 역시 거의가 안락한 가정 출신의 사업가이거나 전문인이었다. 메르클은 이 계층 출신이 아니었다. 바이에른 주 트라우스타인 읍의 작은 집에서 어머니가 혼자서 그를 양육했다. 그는 인문계 학교인 김나지움이 아닌 주립 공업고등학교인 레알슐레를 다녔다. 열여덟 살이 되었을 때 장교가 아닌 병사로 군에 입대했다. 운 좋게도 입대한 지 몇 주 뒤에 종전이 되었다. 그리고 메르클은 지방 공장인 바이에른 질소 공장에서 실습과정 전기공으로 들어갔다. 그곳에서 몇 년 보낸 뒤 종합대학이 아닌 지역 공업대학에서 2년 동안 공학 과목을 들었다. 그 과정을 마치고 철도 사무직 기술자라는 직업을 갖게 되었으며 쉬는 날인 일요일과 일년에 2주 휴가를 얻어 등반을 했다.

메르클은 그 당시 자신의 위치에 오기까지 긴 여정을 감내해야 했으며 낭가파르바트에서 이미 한 번의 실패를 맛보았다. 그때에는 그것이 그렇게 치명적인 것은 아니었다. 어쨌거나 아직까지 어느 누구도 히말라야의 거봉을 등정하지 못했다. 영국인들이 네 번이나 에베레스트 등정에 실패했으며 독일인들은 두 번의 캉첸중가 등정에 실패했다. 하지만 만일 메르클이 두번째의 시도도 실패한다면 이것이 그가 이끄는 마지막 원정이 될지도 몰랐다. 비록 성공하지 못하더라도 적어도 전력을 다해 노력해야만 했다.

낭가파르바트를 향해 떠나기 전에 빌리 메르클은 어머니와 열일곱 살 먹은 이복동생 카를 헤를리히코퍼를 만났다. 어머니가 그에게 낭가파르바트에서 무엇을 얻기 바라는가를 물었다. 그는 대답하지 못했으며 그냥 서글프게 창 너머를 내다보며 앉아 있었다. 어린 카를은 그가 죽을지도 모른다는 사실을 이해하고 있었다.[5]

마지막 남은 생존자

1934년 낭가파르바트에 갔던 사람들 가운데 앙 체링만이 아직 생존해 있다. 그는 1904년 쿰부의 타메에서 태어났다. 내가 2000년 5월과 12월에 다르질링에서 그와 이야기를 나눌 때, 그는 95세 또는 96세쯤이었다.[6]

앙 체링은 나이가 들어 생긴 질환들을 안타까워했다. 그는 귀도 잘 들리지 않고 눈도 잘 보이지 않는다고 말했다. 2년 전까지도 그는 집으로부터 편도 5백 미터쯤 되는 초우라슈트라까지 매일 아침 산책을 했

1934년에 낭가파르바트를 오른 사히브들

등반가

빌리 메르클 : 원정대장. 바이에른 주의 철도 기술자

빌로 벨첸바흐 : 부대장. 뮌헨 시의 토목공학자

프리츠 베히톨트 : 바이에른 출신인 메르클의 유년기 친구. 또한 등반 기록영화를 만듦. 1932년 낭가파르바트 원정대의 일원

페터 아셴브레너 : 오스트리아 출신 산악 가이드. 또한 1932년 원정대원

에르빈 슈나이더 : 오스트리아인. 지질학자이며 아셴브레너의 등반 파트너

알프레트 드렉셀 : 메르클의 바이에른 철도회사 동료

페터 뮐리터 : 전문 사진사

울리 빌란트 : 바우어와 캉첸중가를 오른 적이 있음

비등반가

빌리 베르나르트 : 의사이며 오스트리아인

한스 히에로니무스 : 베이스캠프를 책임짐

에밀 쿤 : 스위스인이며 베이스캠프 조수

베이스캠프에서 연구하고 있는 과학자

리하르드 핀세르발더 : 지도 제작자

발터 라에클 : 지리학자

페터 미슈 : 지질학자

2명의 영국 연락장교

생스터 대위

프라이어 대위

1934년 폭풍에 갇혔던 포터들

이들은 모두 셰르파족으로 네팔에서 태어나 다르질링에 살고 있었다.

1차 하산

파상 픽처 : 솔루의 차르마 디그마 출신. 영화 카메라맨의 조수

니마 도르제 : 이 원정대의 다른 누구보다도 더 높은 곳을 등반했던 사람

핀조 노르부 : 쿰중 출신

2차 하산

니마 타시 : 쿰중 출신

다 툰두 : 쿰중 출신. 핀조 노르부의 형

키타르 : 타메 출신. 1921년, 1922년, 1924년에 에베레스트, 그리고 1929년, 1930년, 1931년에 캉첸중가의 원정대에 참여. 다 툰두의 장인

파상 키쿠리 : 솔루에서 쿰부로 가는 길목에 있는 파락의 조르살레 근처 출신

고소 비박(산에서 하는 일체의 노숙/옮긴이)지에 남겨진 사람

니마 노르부

다크시 : 타메 출신

앙 체링 : 타메 출신으로 아직까지 생존

가이라이 : 솔루의 파프루 출신으로 깡마른 40세 가량의 남자

1934년의 나머지 다르질링 포터들

포터 34명과 사다 한 명이 있었으며 티베트 사람과 셰르파족의 수는 대략 비슷했다. 마지막 공격조에 선발되지 않은 포터 대부분은 티베트 사람들이었다. 다음이 앙 체링이 언급했거나 베히톨트의 책에 나온 이름들이다.

레이와아 : 사다

앙 니마 : 제5캠프까지 진출

앙 텐징 : 제5캠프까지 진출

아이와아

파상 II

롭상

누르부 : 제7캠프까지 진출

왕디 노르부

팔텐 : 제5캠프까지 진출

소남 토프가이

누르부 소남

니마 톤두프

툰두 : 제7캠프에 진출

라모나 : 요리사

니마 도르제 : 요리사

지그메이 이쉐링 : 통역

다. 상업지구와 경작자 회관 사이 능선에 있는 초우라슈트라는 영국 식민지 시절에 다르질링의 중심부였다. 그때나 지금이나 초우라슈트라에는 티베트 남자들과 여자들이 관광객들을 태울 조랑말을 데리고 대기하고 있다. 앙 체링도 수 년 동안 그들과 같은 부류의 사람이었다. 초우라슈트라의 공터 주변에는 벤치들이 있는데, 매일 나이 많은 티베트와 셰르파 남자들이 벤치에 앉아서 담소를 나눈다. 앙 체링은 그러한 우정을 그리워했다. 그는 또한 나이가 든다는 것에 대한 회한에 젖었다. 그는 언제나 크고 강했으며 자신의 몸을 자랑스러워했다.

다른 사람들은 그가 일 년 전보다 기억력이 나빠지고 부정확해졌다고 말한다. 그 나이를 생각했을 때 나로서는 그가 놀라울 뿐이다. 12월에 다르질링을 다시 방문했을 때 걸어서 앙 체링의 집에 갔다. 그는 퉁숨 부스티에 위치한 방 네 개짜리 밝은 푸른색 방갈로에 살고 있었다. 언덕이 가파르며 돌층계가 길에서부터 집 안으로 이어졌다. 나는 맨 위 층계 위에 서서 천2백 미터 밑에 있는 계곡과 반대편에 치솟은 능선 너머로 시선을 던졌다. 앙 체링은 가파른 비탈 너머로 튀어나온 돌로 된 작은 뜰에서 햇볕 아래 앉아 있었다. 15미터쯤 멀리서 그는 나를 알아보고 손을 흔들었다. 그의 나빠진 기억이나 시력이 그리 문제될 리 없었다.

나는 내려가서 그와 악수를 했다. 그는 앉아서 정원용 큰 쇠스랑의 손잡이를 깎고 있었다. 그는 자랑스럽게 "만들고 있어" 하고 말했다.

"아직도 일을 하시네요." 나는 그의 큰아들인 다와 템파에게 말을 건넸다.

"항상 일하시지요."

물론 그는 이제 일을 많이 할 수는 없지만 기억력은 아직도 놀라웠다. 그는 1924년 에베레스트 베이스캠프로 가는 길에 있었던 모든 야간 캠핑 장소를 차례대로 기억한다. 그는 아직도 많은 이름을 기억하고 있으며, 그 사람이 어디 출신이며 누구와 인척관계인지를 또렷이 기억한다. 앙 체링은 무엇인가가 잘 기억나지 않으면 추측하지 않고 기억나지 않는다고 이야기한다.

나는 그를 만나기 위해 그의 집을 여러 번 방문했다. 낭가파르바트에 대한 그의 기억은 자세하며 일관적이었다. 그는 곳곳의 캠프를 기억했고, 거기서 무엇을 생각하고 느꼈는지, 그리고 사람들이 어디에서 사망했는지를 기억해냈다. 앙 체링은 그 이야기를 수없이 반복했다. 어찌되었든 이것이 그가 영웅이었던 때, 역사 속에서의 순간이었다. 일본 등반가이자 작가인 네부카 마코토 역시 그를 4년 전에 인터뷰한 적이 있다. 앙 체링이 나에게 말해준 것과 그가 그때 이야기한 것이 들어맞는다.[7]

나는 앙 체링이 셰르파어를 하도록 설득할 수 없었다. 그는 다르질링에서 75년 동안 살았으며 자식들에게 현지어인 네팔어로 말을 한다. 그래서 장남인 다와 템파 셰르파가 우리 사이에서 통역했다.

다와 템파는 등반가였으며 그 당시에는 인도-티베트 국경 경찰로 거의 30년 동안 일하고 경사로 은퇴했다. 그는 통역하면서 아버지와 많은 논쟁을 한다. 다와 템파는 때때로 아버지가 내가 무엇을 묻는지 이해하지 못하고 엉뚱한 대답을 한다고 생각한다. 또 어떤 때에는 아버지가 분명히 틀렸다고 생각한다. 그러면 다와 템파는 노인이 잘 알아듣지 못한다는 듯이 큰 소리로 외치듯이 말한다. 앙 체링은 노기를 띠며 소파에 앉아 몸을 앞으로 내민다. 턱을 앞으로 내밀고 오른손 바닥으로 허공을 휘저으면서 큰 소리로 좀더 자세하게 대답한다. 얼마간 논쟁을 한 뒤에 다와 템파는 나에게 자기는 이렇게 생각하고 아버지는 달리 생각한다고 설명한다. 때로는 그가 아버지가 옳았다는 사실을 인정한다. 또 어떤 때에는 아버지가 분명히 틀렸지만 조금도 양보하지 않는다고 말한다.

두 사람 다 주장이 강한 사람이나 앙 체링이 아들보다 이런 논쟁을 즐기는 것처럼 보인다. 그는 정말 나이 들었다고 해서 굽히려 들지 않는다.

다와 템파는 자신이 아버지와 원정대에서 처음 산 위의 일을 했다고 말한다. "그때는 어땠나요?" 하고 물어본다. "아버지와 함께 일하는 건 쉬운 일이 아니에요."

그러나 그가 통역할 때 분위기는 사랑으로 가득하다. 다와 템파는 아버지를 긍지로 여기기에 진실을 정확히 파헤치려고 노력한다. 그는 내가 정확한 역사를 쓰기를 바란다. 그는 바우어가 쓴 낭가파르바트에 관한 오래된 책을 읽었고, 그 책 내용 중 일부는 진실이 아니라고 말한다. 나는 그가 어떤 구절을 이야기하는지 알고 있으며, 또 그 구절이 왜 앙 체링의 가슴을 아프게 하는지를 알고 있다.

5월에 다와 템파는 내가 다음에 올 때, 원정에 관한 프리츠 베히톨트의 책을 한 권 가져다달라고 부탁했다. 그는 12월에 그 책을 읽고 나서 사히브들이 셰르파들에 대해서 얼마나 이야기하지 않았는지 놀랍다고 말했다. 다와 템파는 내가 쓰려는 기록에 대해서 큰 관심을 가지고 있다.

다와 템파는 장남이다. 30년 전 그의 어머니가 돌아가실 때 그에게 아버지를 돌봐달라고 부탁했다. 그녀는 아버지가 여덟이나 되는 자식을 혼자만의 수입으로 모두 돌볼 수 없을 것이라고 이야기했다. 그래서 다와 템파는 어머니에게 자신이 그 일을 하겠노라고 약속하고, 결혼도 하지 않고 가족을 돌봤다. 지금은 아버지와 이혼한 여동생 셋, 이렇게 모두 50세가 넘은 다섯 식구가 함께 살고 있다. 남동생 한 명은 옆집에 살고 있다.

그렇다면 1934년의 사건에 관해서 지금 앙 체링이 하는 말을 믿을 수 있을까? 나는 그가 그 세대의 다른 사람들보다 훨씬 믿을 만하다고 생각한다. 우리는 또한 그가 네부카에게 이야기했던 것들을 보강 증거로 갖고 있다. 여기에 역사 자료에 대한 중요한 논쟁점이 존재한다.

일반적으로 '구술 역사'와 문자화된 자료 사이에는 각각 장단점이 있다. 기록된 역사는 고정된다. 결국 1934년에 사람들이 쓴 글을 현대의 선입견에 비추어 수정할 수는 없다. 기록을 감추고, 역사가들이 기록을 변형시키거나 거짓말을 할 수 있으나, 기억이 쉽게 바뀌듯이 기록이 변할 수는 없다. 또한 날짜, 이름, 장소에 대해서는 기록이 훨씬 더 믿을 만하다. 반면 기억은 우리가 느꼈던 것, 뜻했던 것을 훨씬 더 잘 간직하고 있다.

하지만 문자화된 기록이 기억보다 반드시 더 진실하지는 않다. 사람들은 대중적 소비를 위해 글을 쓰지만, 나이든 사람들은 회상을 하면서 종종 자신들의 젊은 시절을 감추려고 했던 사실을 기꺼이 인정한다. 낭가파르바트에 관한 주요 기록 자료인 프리츠 베히톨트의 책은 비극적 사건이 일어난 다음 곧바로 기록한 것이다. 베히톨트에겐 감추고 싶은 부끄러운 일들이 있었으며, 이를 이야기에서 생략하기도 하고 바꾸기도 했다. 앙 체링의 기억이 더 진실에 가까워 보이는데, 그는 부끄러울 것이 없기 때문이다.

구술 역사에 관한 일반적인 관점이 또 하나 있다. 문자화된 기록은 교육을 받은 사람과 힘 있는 사람의 관점을 제시하는 경향이 있다. 명령만을 따랐던 사람들에게 당시 사태가 어떠했는지를 알아볼 수 있는 유일한 방법은 아직 살아 있는 그들에게 직접 가서 물어보는 것뿐인 경우가 많다.[8] 물론 사람들이 오래전에 모두 사망했다면 기록을 가지고 할 수 있는 작업만 해야 한다. 구술 역사와 문자화된 역사 중 어느 하나만 다루어야 하는 것은 아니다. 이 둘을 모두 다루어야만 한다.

나는 1934년 원정에 대해 글을 쓰고자 생각하고 있었으나 생존자가 있으리라고는 기대하지도 않고 이 책을 쓰기 위한 연구 조사차 네팔과 인도로 건너갔다. 앙 체링이 아직 생존해 있으며 정신적으로도 온전하다는 사실은 정말 행운이었다. 그와 다른 포터들의 기억이 없었더라면 사히브가 전면에 나오고 그 뒤에 서 있는 셰르파들을 그냥 얼핏 들여다보고 마는 책이 되었을 것이다. 부유하고 힘 있는 자의 기록에서, 그 이면을 읽고, 행간의 의미를 헤아리고, 백인이 우리에게 그렇게 말했다면 기분이 어떨지를 생각해보면 그런 대로 멀리까지 갈 수 있을 것이다. 그러나 멀리 가는 데도 한계가 있다.

결국 이것은 정치적인 쟁점이다. 누가 역사를 이해하는가? 누가 역사를 분석하고 구성하는가? 교육을 받은 역사가인가? 또는 그 역사 안에 실제 살았던 노인인가?

나는 약간의 유보 조항을 붙여 노인들이라고 말할 수 있다. 의심스러울 때 나는 앙 체링의 이야기를 택했다. 그는 그곳에 있었으며, 거의 죽을 지경에 이르렀었다. 그리고 이것은 그의 이야기이다.

추천장

앙 체링은 그가 어떻게 1934년 원정에 참여하게 되었는지, 그리고 참여하지 않았을 수도 있었던 사정을 이야기해준다. 그는 운이 나빴었다.

그는 1924년 에베레스트 원정에 참여했고 1929년, 1930년, 그리고 1931년의 캉첸중가 원정에 참가했다. 1933년 그는 다르질링과 티베트 사이에 위치한 시킴의 영국 대표인 윌링턴 사히브의 부인 시중을 드는 하인 자리를 얻었다. 지금은 시킴이 인도의 한 주가 되었다. 1933년에 시킴은 원칙적으로 독립 왕국이었으나, 실제로는 윌링턴 사히브가 시킴의 군주인 초갈에게 명령을 내렸다. 앙 체링은 사실상 웨이터였고 윌링턴 부인의 개인 하인이었다.

대체로 셰르파족은 하인으로 고용되는 일이 없었는데 앙 체링은 행운이 따라 이 일자리를 얻었다.

하인 자리는 안전하고 따뜻했다. 윌링턴 가(家)에서 생활은 또한 활기에 넘쳤다. 1933년 겨울에 윌링턴이 외교 목적으로 라사를 방문할 때 부인을 동반했으며 앙 체링도 따라갔다.

윌링턴이 무상으로 치료와 약을 제공하는 병원을 라사에 세울 것을 제안했다고 앙 체링은 말한다. 그는 병원 설립을 허락한다면 티베트 정부에 무기와 탄약을 공급하겠다고 제안했다. 그는 티베트인들이 이 협상에 만족하는 듯싶었다고 이야기한다. 하지만 라사 근교에 있는 세 수도원은 이를 탐탁하게 여기지 않았다. 그들은 왜 영국 약이 필요하냐고 물었다. 그들은 자신들에겐 예전부터 사용해온 부족할 것 없이 좋은 고유의 약이 있으며, 더 중요한 것은 단기적으로는 영국인이 약과 치료를 주겠지만, 길게 봤을 때 그들이 진정으로 노리는 것은 자신들의 땅을 점령하는 것이라고 주장했다. 그래서 승려들은 그 제안의 수락을 막았다.

윌링턴이 달라이 라마를 한 시간 동안 알현하도록 허락받아 앙 체링은 외교 사절 수행 가운데 최고의 순간을 맞았다. 하지만 그들이 시킴으로 되돌아왔을 때 달라이 라마가 사망했다는 소식을 들었다.

시킴으로 되돌아와서 앙 체링은 분쟁을 겪었다. 윌링턴 부인이 그보다 더 신임하는 다른 하인들을 여럿 고용했다. 부인이 하인들에게 팁을 줄 때 새 하인들은 그 돈을 자기들끼리 차지했다. 앙 체링은 팁을 모두 모아 나눠야 한다고 말했다. 새 하인들이 자연스레 이를 무시하자 앙 체링은 화가 치밀어 올라 일을 그만두었다. 그는 한겨울에 일자리 없이 지내야 된다는 것을 깨닫고 되돌아가서 봄까지는 일할 수 있도록 윌링턴가의 허락을 구했다. 그들은 허락해주었다.

앙 체링은 히말라야 클럽 간사인 키트에게 자신이 봄에 독일인들과 낭가파르바트에 갈 수 있다고 통보했으나 그때 더 나은 일자리가 생겼다. 장치가 찰스 벨이 라사에 새 임무로 가게 되어 그를 하인으로 데리고 가겠다고 제의했다. 앙 체링은 기뻐했으나 키트가 벨에게 앙 체링이 이미 독일인들과 약속이 되어 있다고 말했다. 벨이 그 말을 받아들였기에 앙 체링은 라사 행 일자리를 얻지 못했다. 그는 낭가파르바트로 가야 했다.

앙 체링은 그런 일련의 사정이 불운했던 1934년 원정에 참여하게 된 과정이었다고 말한다.

다르질링의 파상 푸타르의 이야기는 이와 정반대이다. 그는 그해 낭가파르바트에 갈 기회를 얻고 먼저 점술가를 찾아갔다. 점술가가 가지 말라는 점괘를 주자 파상 푸타르는 가지 않았다. "갔더라면, 죽었겠지"라고 그는 말한다.

아마 그는 죽었을 것이다.

메르클이 철도회사 직원이었기에 국립 철도 스포츠 체육회는 독일의 모든 철도 노동자들이 1마르크의 10분의 1인 10페니히를 원정에 기부하도록 촉구했다. 메르클은 1932년의 경험자인 두 사람, 어릴 적 친구인 프리츠 베히톨트와 오스트리아인 산악 가이드 페터 아센브레너를 데리고 갔다. 새 등반대원인 울리 빌란트가 포터를 고용하기 위해 혼자서 먼저 다르질링으로 떠났다. 이는 학교 선생인 빌란트가 1929년에 캉첸중가를 등반했기 때문일 것이다. 그는 다르질링 히말라야 클럽의 몇몇 사히브들, 그리고 많은 포터들과 교분이 있었을 것이다.

빌란트는 사다와 34명의 포터를 고용할 수 있는 권한을 위임받았다. 그는 1929년부터 기억하고 있던 몇몇 사람을 마음에 두고 있었을 것이다. 바우어와 다른 독일 히말라야 경험자들도 다른 사람들을 추천했었을 것이고, 히말라야 클럽 지역 간사도 추천했을 것이다. 선발된 사다가 추천할 수도 있다. 단순히 빌란트에게 접근한 사람도 있을 수 있다.

등반 경험이 있는 사람들은 '치트(chit)'라는 추천장을 가져와 빌란트에게 보여주었다. '치트'는 힌디어로 편지라는 뜻이다. 영국인이 인도 하인을 고용할 때 앞으로 요리사나 정원사로 고용될 사람들은 '치트'라는 추천장을 가져와 내민다. 이 '치트'는 이전의 여러 고용주들이 영어로 써준 여러 장의 문서를 말하며, 보통 닳아 헤지고 접은 곳이 찢어지거나 했지만 신중히 보관하였다. 하인들은 영어를 거의 읽지 못했지만 읽을 수 있는 누군가로부터 이전의 고용주가 무슨 말을 했는지를 알아보았다. 다르질링의 포터들 역시 이 '치트'를 갖고 있었고, 허가증에 다름없는 '치트'에 걱정스러움이나 자신감을 가지고 의지했다.

빌란트는 가능성 있어 보이는 사람을 골라 건강 검진을 위해 다르질링에 있는 빅토리아 병원에 보냈다. 많은 포터들이 만성적인 병을 앓고 있기에 이는 단순한 형식 절차가 아니었다.

1930년 캉첸중가 국제 원정에 참여하기 위해 영국 등반가 프랭크 스마이더가 떠날 때 에베레스트를 등반했던 찰리 브루스가 빅토리아 역에서 배웅했다. "브루스 장군은 특히 한 가지를 강조했다. '포터들의 기생충을 없애는 일을 잊지 마라.' 그는 나의 귀에 대고 속삭였다." 다르질링에서 스마이더는 포터들에게는 기생충이 거의 없다는 사실을 알게 되었다. "더욱 창궐하는 것은 일종의 괴혈병이었고, 대부분 영양 결핍으로부터 오는 듯하다. 괴혈병은 피부의 상처나 부스럼의 형태로 나타났다. 많은 포터들이 이 병에 너무 심하게 시달리고 있어서 그들을 데리고 갈 수 없었다."[9]

이것은 낭가파르바트 원정에 선발된 많은 사람들이 산에 가기 전에도 이미 너무 말라 있었고 영양 상태도 좋지 않았음을 의미한다. 건강검진이 끝난 뒤에 빌란트는 셰르파족 15명과 티베트 사람 20명을 합쳐 모두 35명을 고용했다.[10] 포터 고용을 거의 끝마쳤을 때 빌리 메르클과 프리츠 베히톨트가 다르질링에 도착했다. 메르클은 '부라 사히브(burra sahib)', 또는 대장으로서 형식적인 결정을 내리게 될 것이다.

베히톨트는 원정에 대한 책을 쓸 때 포터를 고용하는 과정을 호메로스 식으로 기술했다.

> '호랑이'들이 검사를 받기 위해 길게 줄을 섰다…… 니마 톤두프, 그는 스마이더의 잡부로 1921년 이래 모든 히말라야 원정에 참여했다. 특히 옹디 노르부와 파상, 그들은 1929년 바우어의 부하 중 최고였다…… 첫째 사다 직무는 레이와아에게 돌아갔다. 그는 탁월한 의지의 힘으로 모든 원정에서 자신의 능력을 드러냈다…… 〔낭가파르바트에 온〕 에베레스트 원정에 참여했던 포터 중에는 탁월한 자들이 있었으며 그들은 모두 제4캠프(6,949미터)까지, 그중 열다섯 명은 제5캠프(7,772미터)까지, 그리고 니마 도르제Ⅱ는 제6캠프(8,351미터)까지 올라갔었다.

엘리트 그룹들이 자신들의 추천장을 보일 때 자긍심을 드러낸다는 점은 참으로 흥미로우며 특기할 만하다. 히말라야 역사에서 유명한 이름이 모두 추천장 서명자에 나타났다. 브루스, 루트리지, 노턴, 바우어, 스마이더, 버니, 그리고 디렌푸르트.

그들은 상기되어 '바라 사히브'(Bara Sahib, 사히브 중 대장 사히브를 부르는 호칭/옮긴이)'가 도착하기를 기다렸다. 메르클이 소집된 35명 모두를 고용하자 커다란 환희와 기쁨을 표출했다. 모자를 공중으로 던졌으며 얼마 동안은 모든 규율이 사라졌다. 레이와아가 감동적인 말로 연설하자 히말라야 '호랑이'들은 낭가파르바트 정복을 위한 투쟁에서 새로운 '바라 사히브'에게 충성을 맹세했다.[11]

이들은 가난한 사람들로 이제 고정적이고 보수가 좋은 일을 얻었기에 기뻐했다. 앙 체링에 따르면 인력거꾼은 한 달에 평균 15루피를 벌며, 그나마 한철에만 일할 수 있었다. 1934년 원정에서는 하루에 1.25루피, 또는 매달 37.5루피를 받았으며 이것 말고도 포터들은 나중에 자신들의 옷과 등산화를 팔아 추가로 돈을 벌 수 있었다.

이번에는 '고참병'을 피하려는 사히브들의 문제가 없었다. 그들은 유경험자를 원했으며, 지난 몇 년 동안 이들 중 많은 사람들이 직업적인 고소 포터가 되어 있었다. 그들이 보여준 '치트'가 이것을 증명했다. 치트는 또한 징계의 한 형식이었다. 포터는 나쁘게 씌어진 추천장을 숨길지 모르지만, 사히브들은 그들에게 불리한 말들을 퍼뜨릴 것이었다. 1932년 원정 당시 훈자 포터들은 날마다 자신들의 상황에 대응했다. 1934년의 다르질링 포터는 언제나 먼저 생각해야만 했다. 누군가 산에서 결코 다시 일하지 않겠다고 마음먹는다면 그는 '치트'는 잊어버리고 자신이 좋아하는 일을 하면 된다. 하지만 그렇지 않다면 그는 자신의 경력을 생각해야 했다. 그래서 사람들은 더 열심히, 더 용감히, 분노를 누르고 미소 지으며, 등반대원 중에서 친구를 사귀도록 노력해야 했다.

사히브의 관점에서 보면 다르질링에서의 포터 공동 관리제에는 두 가지 장점이 있었다. 이들은 유경험자였고, 규율이 있었다.

2000년 다르질링에서 한 할머니와 작은 소년이 이런 '치트'의 중요성을 나에게 가르쳐주었다. 나는 1930년대의 위대한 등반가, 영국인들이 '팬지'라고 불렀던 앙 체링 펜징의 미망인인 파상 부티를 만나러 갔다. 나는 정중함을 표시하려고 과자를 선물했고 그녀는 차를 내왔다. 파상 부티의 며느리가 가지고 있는 몇 개의 메달과 자료를 꺼내왔다. 그들은 앙 체링 펜징의 '호랑이 배지'를 나에게 보여주었다. 그 배지는 1940년에 살아 있는 열 명의 위대한 포터들에게 경의를 표하기 위해 히말라야 클럽이 수여한 것이다. 그들은 그 배지가 영국에서 만들어졌다고 나에게 설명했다. 한 면은 돋을새김으로 호랑이 머리가 새겨져 있었고 뒷면에는 "앙 체링 팬지, H. C. no. 51, 1940"이라고 새겨져 있었다. 히말라야 클럽(H. C.)은 비슷한 이름이 너무 많아 그 포터들 명부에 숫자를 매겼다.

그리고 1936년 영국 에베레스트 원정 때 받은 그의 추천장을 보게 되었다. 그 종이는 노랗게 바래 거의 갈색으로 변해 있었고 헤지고 구멍이 났다. 가족들은 최근에 추천장을 보존하기 위해 그것을 얇은 판으로 씌웠다.

대부분의 추천장 형식은 타이프로 친 것이다. 원정대의 이름이 위쪽에 있고 포터 이름이 그 아래에 있다. 그 밑은 임금을 기록하는 곳으로 비어 있다. 앙 체링 펜징은 단지 식당 급사였기 때문에 하루에 0.75루피만을 받았다. 식사비로 하루에 6아나(16아나=1루피/옮긴이)씩 공제됐다. 그 아래는 부인 이름과 주소를 적는 난이 있는데 이는 아마도 사망한 경우 보상을 위해서일 것이다. 그리고는 한 달에 10루피의 수당이 명시되어 있다. 이것은 아마도 부인에게 지불해야 할 항목인 듯싶다. 이 항목 밑에 원정대장 휴 루트리지가 쓴 육필 추천장이 있다. 앙 체링은 식당 급사였지만, 언제나 높이 등반하려 했기에 다른 어떤 원정에도 추천할 수 있다고 적혀 있다. 맨 아래에는 루트리지의 서명이 있다.

왼쪽 하단 구석에 앙 체링 펜징의 작은 사진이 한 장 붙어 있다. 아마 다른 사람이 이 추천장을 쓸 수 없도록 하기 위해서일 것이다. 이제 그의 미망인은 남편의 젊은 시절 모습을 추천장에서 본다.

우리가 이야기를 나눌 때 손자가 방에서 껑충껑충 뛰어다녔다. 이 아이는 다섯 살이며 상급 유치원 학생이지만 지금은 방학이다. 쿰부의 그 나이 또래 소년들은 이런 공식 가족행사에서 조용히 앉아 있고, 정중한 아이들은 때때로 손님에게 차를 대접하기도 한다. 다르질링에 사는 셰르파 소년들은 내가 어렸을 때의 인도 소년들처럼 시끄럽고 제멋대로이다. 반은 화가 나고, 반은 뿌듯해하면서 아이 엄마는 '부드마아슈(budmaash)'라는 말로 아이를 나에게 설명했다. 원숭이, 골목대장, 말썽꾸러기를 가리키는 그 말을 나는 어렸을 때 들었었다.

아이는 호랑이 메달과 박판을 씌운 추천장에 정신이 팔렸다. 그 아이는 그것이 엄마, 할머니, 그리고 나에게 얼마나 소중한지를 알고 있다. 아이가 메달과 추천장에 손 대려 해서, 우리는 그것을 도로 제자리에 두었다. 우리가 이야기에 빠져들자 아이가 기회를 잡았다. 그 아이는 호랑이 메달을 가지고 춤을 추며 문 밖으로 나가 발코니에 갔다. 아이 엄마와 할머니의 얼굴에 작은 경악이 스쳐갔다. 문에 가장 가깝던 내가 벌떡 일어나 메달을 잡아서 아이 엄마에게 건네주었다. 그녀는 고마워하며 메달과 추천장을 안전한 곳에 치웠다.

사다 레이와아

1934년에 포터를 이끌기 위해 선택된 사다는 사십대 중반의 레이와아였다. 그는 다르질링의 언덕 위 능선에 있는 군대 주둔지의 병영 근처에 살았다. 그는 등반을 하지 않을 때는 병영에서 웨이터나 청소부로 일했다. 이런 사정으로 레이와아는 비교적 안정된 생활을 할 수 있었으며, 다른 티베트 사람이나 셰르파들이 구사하는 것보다 좀더 나은 영어를 구사할 수 있었다. 경험 많은 등반가로서 그는 1930년 디렌푸르트가 조직한 캉첸중가 국제 원정대에서 처음 사다로 임명되었다.

1931년에 레이와아는 영국 카메트 원정대의 사다였다. 영국 등반가 프랭크 스마이더가 그 등정을 다룬 책을 썼다. 레이와아가 어떤 사람인지, 어떻게 사다의 역할을 수행했는지, 그리고 1934년 비극이 모든 상황을 바꾸기 전에 주인과 하인 사이에서 온정주의가 어떻게 작용했는지 보여주는 그 책의 내용은 좀 길더라도 인용할 만한 가치가 있다.

스마이더는 레이와아의 '정열과 에너지'[12]에 이끌렸다고 하면서 그를 지역 힌두 통치자가 보낸 연락장교 아람 싱과 비교했다.

> 힌두교도인 아람 싱과 셰르파 불교도인 레이와아를 비교하는 것은 흥미롭다. 레이와아는 강인한 얼굴을 한 전사이며 무뚝뚝하고, 말에 거침이 없

고, 자신이 밀고 나갈 준비가 되어 있지 않은 명령은 내리지 않으며, 건장한 신체에 강인하고, 경계심 많고 강단이 있으며, 철두철미한 충성심이 있다. 그는 사히브에게 봉사하는 역할을 동료나 자신에게조차 면제하려 하지 않는 사람이다. 아람 싱은 기꺼이 하려는 마음이 부족하고, 똑똑하지만 주도적이지 못하고, 가능하다면 어디에라도 책임을 미루고, 원정대 체제가 알아서 돌아가기 바라고, 조그마한 어려움이나 위험에 직면하면 무기력해지고, 폭풍이 치는 바다의 선장이기보다는 승객이 되려 하고, 모든 일을 운이나 신에게 맡기고, 그러나 한편으로는 호감이 가며 우리를 돕기 위해 최선을 다해 충실하게 자신의 본분을 행했으며, 활기 넘치는 미소가 즐거운 기억으로 남아 있는 사람이다.[13]

스마이더는 인도인들은 나약하고 스스로를 잘 다스릴 수 없다는, 식민지적 고정관념의 전형을 가지고 있었다. 운 좋게도 그들 대신 그 일을 담당하기 위해 바다를 건너 다른 종류의 사람들이 온 것이다. 하지만 스마이더는 인도인 대부분이 독립을 원하고 있다는 사실에 불안해했다. 그래서 카메트 등반대가 산에 오를 때, "우리는 간디의 활동 범위 안에 있지 않았고, 저지대 구릉지나 평원의 '의회 의원'들의 거만한 눈빛을 보다가, 길에서 만나는 사람들이 우리에게 경의를 표하며 친근하게 '안녕하십니까, 사히브' 또는 '안녕하십니까, 주인님' 하고 인사를 건네는 것은 즐거운 일이었다".[14]

스마이더가 레이와아 같은 사람을 좋아했던 이유는 그가 강하고 위엄 있지만 여전히 충성스러웠기 때문이었다. 그는 이끌어나갈 능력이 있으나 복종하기를 선택했다. 간디의 인도 국민회의의 의원 같은 사람은 다르질링 셰르파족 가운데에 없었다. 그들이 꼭 영국인을 좋아하지는 않는다 하더라도 관광산업에 종사해 생계를 이어갔으며, 하인이나 포터 같은 좋은 일자리는 영국인의 고용에 의지했다. 게다가 영국 당국은 그들이 아끼는 다르질링에서 의회를 재빨리 해체시켰다.

레이와아가 호감을 끄는 다른 이유는 그의 탁월한 신체 능력 때문이었다. 스마이더의 말에서 강인한 사람이 또 다른 강인한 사람을 찬양하고 있다는 사실을 읽을 수 있다. 레이와아의 사진은 그가 눈에 띌 정도로 잘생긴 사람이라는 사실을 알려주며, 스마이더도 다른 사람과 마찬가지로 그렇게 생각했다.

카메트 원정에서 레이와아는 가장 무거운 짐을 운반했고 강인한 십장 역할을 수행했다. 원정에는 단지 포터 아홉 명만이 참가했다. 그들은 추가로 카메트 주변의 가르왈 산악 지역에서 티베트어 방언을 사용하는 보티아 사람을 고용했다. "처음에 우리는 그들이 너무 침울하고 석연찮은 행동을 해 당황했다"라고 스마이더는 이야기한다. 문제는 레이와아라는 것이 곧 밝혀졌다. "그는 자신의 우월성을 보여주고 싶어했을뿐더러 가르왈에 사는 보티아 사람들을 다르질링에 사는 셰르파족이나 보티아 사람들보다 인종적으로 열등하다고 여겼다. 그래서 그는 위협적이고, 가혹하고, 과시하는 듯한 태도를 취했다…… 당연히 가르왈의 보티아 사람들은 레이와아의 태도에 불만을 갖고, 불만을 표시하기 위해 자신들이 해야 할 일을 회피하게 되었다. 처음에는 레이와아가 강하게 '이 사람들은 좋지 않다'고 소리쳤다."[15]

스마이더와 다른 사히브들이 레이와아에게 가르왈의 보티아 사람들의 사소한 일은 눈감아주라고 조언하고 나자 상황이 호전되었다.

니마 도르제는 이와 반대로 소탈하고 유쾌한 사람이다. 그는 원래 쿰부의 쿰중 출신이며 나이가 젊었고, 역시 다르질링에서 왔다. "니마 도르제는 점심을 먹고 우리가 길을 걸어갈 때 계속해서 지껄였다. 영어 실력이 내가 생각한 것보다 훨씬 좋았고, [자신이 올랐던] 에베레스트와 캉첸중가에 대해 즐겁게 이야기했다. 레이와아와 마찬가지로 그는 에베레스트 정복에 근본적으로 낙관하고 있었다."[16]

제4캠프를 향해 그들이 카메트 봉을 힘들게 올라갈 때, 레이와아와 니마 도르제가 가장 강한 등반가임이 확실해졌다. 사히브들은 제일 높은 캠프인 제5캠프에 도착하자 눈 위에 털썩 주저앉았다.

> 이윽고 고군분투하여 지친 [포터들이] 나타났다…… [그들이] 무관심하게 눈 위에 웅크리고 앉아서, 등뒤의 무거운 짐과 땀이 배어 있는 이마의 머리띠를 풀었다. 그들은 오늘 하루 칭찬받을 만한 일을 끝냈지만 너무 지쳐서 그 순간에는 그 사실을 알지 못했다. 우리는 우리가 구사할 수 있는 제한된 언어로 그들의 작업에 대한 칭찬을 아끼지 않았다. 몇 분이 지나자 그들이 생기를 되찾았다. 침울한 분위기가 다른 여느 때처럼 니마 도르제의 웃음 때문에 사라졌다. 그들은 자신들과 우리를 위해 바쁘게 텐트를 세우고 차를 끓였다. 차 맛이 얼마나 좋았는지![17]

동상

니마 도르제와 레이와아는 제5캠프에 사히브들과 머문 유일한 포터들이었다. 다음날 아침 사히브 셋은 정상에 도전할 충분한 준비를 마쳤다. 그들은 등반을 촬영하고 있었는데 레이와아와 니마 도르제에게 무거운 카메라와 장비를 들게 했다.

6월 21일에 니마 도르제, 홀드워스, 십턴, 그리고 스마이더가 카메트의 정상에 섰다. 이 봉우리는 7,756미터로 인간이 그 당시에 등정한 가장 높은 봉우리였다. 하지만 하산하면서 문제가 생겼다.

> 레이와아는 굉장히 천천히 움직였고 분명히 지쳐 있었다. 얼굴은 초록색이었고, 눈은 피로에 지쳐 굳은 채 응시하고 있었다. 그는 아주 고통스럽게 신음했고 자기 배를 가리켰다. 계속 힘을 내라고 용기를 북돋아주는 것과 짐을 덜어주는 것 말고는 우리가 그에게 해줄 수 있는 것이 아무것도 없었다. 내가 10킬로그램이 넘는 촬영 장비가 든 배낭을 들었을 때, 나는 니마 도르제와 레이와아가 그 장비를 정상까지 가져가기 위해 얼마나 많은 에너지를 쏟았을까를 생각하게 되었다.[18]

제5캠프로 내려온 그들은 다음날 등정하기 위해 준비를 마친 두번째 정상 공격조를 만났다. 니마 도르제는 정상에서 공포에 질렸다. 이제 그는 다른 포터들에게 위험한 신이 정상에 있다고 말했다. 다음날 아침에 사히브 전부 제5캠프에서 하루를 더 기다리기로 했는데 이는 "레이와아의 발에 걸린 동상이 너무 심해서 베이스캠프로 되도록 빨리 내려가는 것이 바람직하기 때문이었다. 의사인 그린은 그렇게 하지 않으면 결과를 책임질 수 없을 것이라고 말했다. 낮은 곳의 밀도 높은 공기와 피 속의 산소량 증가만이 그의 발을 살릴 수 있는 유일한 가능성이기 때문이었다".[19]

그들이 레이와아가 발가락만이 아니라 발을 몽땅 잃을 수 있다는 것을 걱정했다는 것을 눈여겨보자. 그래서 그들은 산 아래로 레이와아를 내려 보냈다. 그러나 사히브나 그를 데리고 갈 그 어느 누구도 동행시키지 않았다. 그들은 모두 다음날 있을 제2차 정상 정복 도전으로 흥분해 있었다.

레이와아는 등산화가 구멍 났거나 발에 맞지 않아 동상에 걸렸었는지도 모른다. 예를 들어 텐트 밖에서 장갑을 잃어버리면 산에 오르는 사람은 쉽사리 위험에 노출된다. 하지만 레이와아가 단순히 자신의 육체적 한계를 넘어섰다는 것이 더 옳을 것이다. 고소에서의 동상은 몸 전체가 한계에 이르렀다는 신호이기도 하다.

인간의 육체는 극한 상황에서 혈액 순환이 감소한다. 그래도 내장기관과 뇌는 여전히 혈액을 공급받는다. 하지만 팔과 다리로 가는 혈류가 줄어 발과 손은 극소량만 흐르고 손가락과 발가락은 혈액이 흐르지 않게 된다. 이것은 생리적인 반응이다. 고소에서는 신체에 순환시킬 산소가 덜 공급된다. 그리고 체온을 유지시키기 위한 에너지도 덜 순환된다. 손가락과 발가락은 피부 표면적이 자체 크기에 비례하여 제일 큰 신체 부위이다. 손을 앞으로 내밀어보면, 손보다도 손가락이 피부 면적이 크다는 것을 알게 될 것이다. 같은 이유로 벙어리장갑이 손가락이 분리되어 있는 장갑보다 더 따뜻하다.

신체가 말단 부위와 몸 전체 중에 하나를 선택해야 할 때는 말단을 포기한다. 소동맥과 모세혈관을 닫아버리는 단순한 메커니즘이다.

심한 동상에 걸리면 손과 발이 무감각해지고 하얗게 변한다. 사지에 다시 체온이 올라가면 굉장히 고통스럽다. 체온이 올라가지 않으면 혈액 공급이 중단된 몸은 곧 죽게 된다. 몇 시간, 또는 며칠 안에 손가락과 발가락이 검게 변하고, 그런 다음 손과 발도 마찬가지로 변한다. 검게 변한 신체 부위는 다시 살아날 수 없다. 그 검은 부위는 절단해야 하며 그렇게 하지 않으면 괴사가 몸 전체에 퍼져서 검게 변하고, 결국은 패혈

증으로 사망에 이르게 된다.

손과 손가락이 무감각해진 등반가는 자일이나 피켈을 잘 다루지 못하고 짐도 제대로 꾸리지 못한다. 단순히 등산화를 매는 것조차 동상이 걸리면 불가능하다. 발에 동상이 걸린 등반가는 걷기가 힘들다. 발이 무감각해지고 다리가 구부러진다. 옆에서 걷는 동료와 함께 미끄러지거나 넘어진다. 양손과 발을 꼭 써야 하는, 자일 타고 내려가기가 가장 어렵다.

레이와아가 고통스럽게 절뚝거리며 카메트를 내려왔을 때, 제5캠프에서는 두번째 정상 정복조가 문제에 봉착했다. 그들은 "촬영 장비를 가지고 갈 부담이 없어졌기에 나머지 잡동사니, 의류와 음식 등을 운반하는 포터 한 사람만 데려가기로 했다. 하지만 포터 한 사람을 물색하는 것이 쉽지 않았다. 다르질링 사람들조차 가려 하지 않았다. 니마 도르제가 그들에게 심한 불안감을 안겨주었다. 레이와아의 발 상태도 그들의 사기를 꺾어놓았다".[20]

현지에서 고용한 포터인 케사르 싱이 가겠다고 자원했으며 제2차 정상 공격도 성공했다. 이제 사히브들은 더 이상 등반을 계속하지 못하고 되돌아 내려가 제2캠프에서 여전히 움직이지 못하는 레이와아를 보게 되었다.[21] "레이와아의 발은 "보기에 무서울 정도였다. 그리고 만일 회복하려면 지체 없이 낮은 곳으로 내려가야 한다는 사실은 너무도 분명했다. 강렬하고 성마른 그로서는 불구가 되어 힘없이 누워서, 명령도 참견도 하지 못하고 동료들의 무능력함을 바라보는 것 자체가 고통과 괴로움이었다".[22]

그들은 그를 운반해 내려가야 했다. 보먼과 십턴이 감독하고 현지 보티아 포터 네 명이 운반해갔다. 제1캠프에서 보티아 포터들은 레이와아를 더 이상 운반하려 하지 않았다. 대신 그들은 아마도 의류와 집에 가져가고자 하는 등산 장비가 들어 있는 자신들의 짐 나머지를 가져오기 위해 제2캠프로 다시 올라갔다. 그들은 레이와아가 원정 초기에 그들을 대했던 태도 때문에 진저리가 나 있었다. "전략이 아니라 추진력이 레이와아의 강한 무기"라고 스마이더는 말한다.

사히브들은 네 명의 보티아 포터를 쫓아가지 않았다. 아마도 십턴과 보먼이 그들의 체면을 보호하고 싶었거나, 어쩌면 단지 너무 지쳐 있었을 것이다. 대신 그들은 항상 긍정적인 니마 도르제를 보내 네 명의 포터를 "'타일러' 다시 데리고 오도록 했다. 현지 사람과 다르질링 사람 사이에 어떤 특별한 애정과 동정심이 있었던 것은 아니었기에, 오가는 말이 험해졌다. 결국 니마는 눈가에 누군가의 주먹세례를 받았다. 하지만 레이와아를 운반할 만한 충분한 인원을 모을 수는 있었다".[23]

베이스캠프에서부터 레이와아는 '구부리고 웅크린 채'로 조랑말을 타고 갔다. 스마이더가 이 광경을 지켜보았다.

> 눈물이 그의 뺨에 흘러내렸고 몹시 흐느꼈다. 나는 그것이 고통 때문이 아니라 위엄을 잃은 느낌과 자신의 위치와 미래에 대한 생각 때문이었을 것이라고 믿는다. 그는 단지 과거 자신의 그림자에 지나지 않았고, 우리는 그의 정신적 붕괴와 고민에서 유럽인과 토착민 사이의 근본적인 차이를 인식한다. 만일 우리 중 누군가가 심한 동상에 걸렸다면 그는 적어도 냉철한 평정과 강인함으로 자신의 불행을 감당하려 노력했을 것이다. 그러나 토착민들은 자신들의 감정을 통제하지 못했다. 그는 어린아이이다.[24]

레이와아가 울 만한 이유가 있었다. 프랑스 등반가 모리스 에르조그가 1950년 안나푸르나를 등반했을 때 손과 발이 동상에 걸렸다. 원정대 소속 의사가 주사를 놓아 치료하여 감각이 팔과 다리에 다시 돌아오자 그는 소리를 지르고, 몸을 흔들며, 개처럼 울부짖었다. 포터들이 에르조그를 산 아래로 운반해 내려오면서 길이 험해 급작스럽게 움직일 때마다 참을 수 없는 고통이 밀려왔다. 그후 그는 열이 나는 채로 강가에 누워 있었다. "할 일은 다 마쳤고, 내 양심은 깨끗하다. 내 힘의 마지막 조각을 한 곳에 모아, 마지막으로 긴 기도를 올리면서 죽어 고통으로부터 해방되게 해달라고 간청했다…… 나는 포기했다. 그때까지 항상 자만심이 넘쳤던 사람에게는 마지막 치욕이었다…… 나는 죽음을 목전에 두었으며 그 죽음을 간절히 바랐다."[25]

모리스 에르조그는 정말로 강한 사람이었다. 동상은 고통스럽다. 그리고 그것은 지속적이다. 혹 운이 좋아도 병원에서 고통을 견디며 12개월을 지내야 할 것이란 사실을 레이와아는 알았다. 발가락을 잃으면 그의 등반 인생은 아마 끝장날 것이고, 발을 잃으면 일을 하는 삶 자체가 끝장날 것이다. 히말라야 클럽에서 약간의 보상을 기대할 수 있겠지만 연금은 없다. 그가 울었던 것은 고통 때문이 아니라 미래에 대한 두려움 때문이었다는 스마이더의 말은 어쩌면 맞을 것이다.

또 소외감도 있었다. 레이와아에게 도움이 필요할 때 사히브들은 혼자서 하산하라고 그를 방기했고, 그를 위해 일하던 사람들마저 운반을 거절했다. 오로지 니마 도로제만이 그의 곁에 있었다.

레이와아가 고통과 공포에 떠는 것을 스마이더가 보고도 눈을 감아버린 중요한 이유가 있다. 스마이더는 동상 입은 레이와아를 제5캠프에서 하루 더 머물게 한 당사자 중 한 사람이었다. 그는 레이와아를 제2캠프로 혼자 내려 보냈다. 그는 자신의 충실한 사다에게 연금을 주려 하지 않았다. 이 모든 것은 스마이더가 레이와아의 눈물에 담긴 인간적인 호소 때문에 비탄에 잠길 수 없다는 것을 의미했다. 대신에 스마이더는 온정주의에서 피난처를 구했다. 상황이 좋을 때 온정주의는, 백인은 아버지이고 하인은 아들이어서 아버지가 아들을 돌본다는 것을 뜻한다. 상황이 나쁘면 온정주의는, 유럽인은 성인이고 토착민은 아이지만, 백인이 칭얼대는 아이를 꼭 돌보는 것은 아니라는 것을 뜻한다.

이 말 가운데 그 어떤 것도 스마이더가 냉혹하고 연민이 없는 사람이라는 사실을 뜻하지는 않는다. 그는 자신과 같은 세대의 등반가 중에서 셰르파족을 좋아한 것으로 유명하다. 그의 책들은 셰르파족 역사의 주요 출처이다. 그는 셰르파 개개인에게 관심을 가졌으며, 말을 건넸고, 그들에 관해 기술했다. 그는 직접 레이와아를 지켜보고 있었기에 우는 모습을 볼 수 있었다. 그는 레이와아가 느꼈던 것을 거의 같이 느꼈으므로 그로서는 레이와아를 어린아이로 취급할 수밖에 없었다.

낭가파르바트로

레이와아는 발가락을 잃었으나 발은 무사했다. 그는 그후 3년 동안 등반 일을 얻지 못했다. 어려울 때 함께해준 친구인 니마 도르제는 1933년 영국 에베레스트 원정대에서 일자리를 얻었다. 그는 그해 낭가파르바트 정상보다 높은 제6캠프까지 짐을 운반한 여덟 명의 포터 가운데 한 사람이었다('폴리세이'가 개로서는 최고 기록인 6,705미터의 노스 콜까지 올라갔지만 사히브들은 또다시 정상 등정에 실패했다).

일 년 뒤에 니마 도르제와 레이와아가 1934년 낭가파르바트 원정대에 고용되었다. 독일인들은 레이와아가 엄한 십장이라는 사실을 알았다. 그들은 베히톨트가 말했듯이, "등반가로서 그리고 지도자로서 그의 탁월한 의지력"[26] 때문에 그를 고용했다. 그의 절단된 발가락이 산의 높은 곳에서는 문제가 될지도 모른다. 하지만 당시 사다는 산 위로 올라가는 포터들과 보급품의 흐름을 관장하면서 주로 베이스캠프에서 일하는 직책이었다. 그런 이유 때문에 레이와아의 발은 아무 문제가 되지 않았다. 그리고 그는 여전히 카메트를 등정했던 사람이었다. 니마 도르제도 정상에 그와 함께 올랐다. 뿐만 아니라 니마 도르제는 에베레스트에서 낭가파르바트 원정대의 그 누구보다도 더 높이, 어떤 독일인이 올라갔던 것보다 더 높이 올라갔던 사람이었다.

1934년 고용된 다르질링 포터들은 남쪽으로 가는 캘커타 행 기차를 타고 가서 그곳에서 그들 모두 사진을 찍었다. 그런 다음 기차를 여러 차례 바꾸어 타고 카슈미르로 갔다. 앙 체링이 기차 안에서 돈궤를 책임졌다. 그는 두려웠다. 그는 10라트, 곧 백만 루피를 간수하고 있었다.

원정대는 카슈미르에서 베이스캠프까지의 1차 구간을 가는 데 6백 명의 포터를 고용했다. 다르질링 사람들이 현지 포터 감독 책임을 맡았다. 사다인 레이와아는 자기 의무를 진지하게 수행했다. "만일 카슈미르 사람 6백 명이 계약에 대한 동양적 관점과 난폭자의 야만성으로 산더미처럼 쌓인 짐을 보고 소리를 지르며 달려든다면 굉장한 소란이 날 만도 하다. '호랑이'들은 고양이 같은 카슈미르 사람들을 순식간에 제압해 성공적으로 짐을 운반하기 시작했고, 한편 레이와아는…… 사납게 몰아치는 파도에 맞선 바위처럼 서 있었다."[27]

알프레트 드렉셀은 메르클과 같이 철도회사에서 일했다. 그들이 트라그발 고개를 오를 때 드렉셀은 일기장에 다음과 같이 적어놓았다.

포터들은 30명을 한 조로 원정대원 한 사람, 포터 십장, 그리고 다르질링 포터의 감독 하에 올라간다. 다르질링에서 충원한 익히 알려진 셰르파와 부티아 포터들은 출발할 때 우리의 경찰 역할을 한다. 그들과 신용이 가지 않는 카슈미르 사람들과는 주인과 아랫사람 관계이다……

마지막 포터 일행이 숙영지에 몇 시간 늦게 밤에 도착한다. 그들은 나뭇가지로 만든 횃불을 들고 있다. 불빛이 긴 뱀처럼 어두운 고산의 숲 사이를 올라오고, 등에 짐을 지지 않는 우리에게 마치 동화 같은 그림을 선사한다.[28]

열한 명의 원정대원은 정부에서 세운 대피소에 들어섰다. 상태는 "익숙하지 않을 만큼 비좁았다"고 드렉셀이 기록한다. "그럼에도 누군가 대피소에서 불을 피우고, 요리사 라모나가 따뜻한 차를 대접한다. 포터들의 야간 캠프를 생각하면 이 안락함이 두 배로 고맙다. 비가 오든 눈이 내리든 간에, 별이 빛나는 밤이거나 폭풍 구름이 그들 위에 드리워져 있거나 간에, 그들은 좀더 가까이 모닥불 곁에 웅크리고 있다."

베이스캠프로 가는 도중에 카슈미르 포터들에게 급료를 주어 보내고, 새로운 현지 포터들을 고용했다. 베히톨트에 따르면, "구라이스를 지나서 최근에 고용된 사람들은 고향 마을로 그들의 식량을 가지러 가서 부인과 작별 인사를 나누었다. 사히브가 자신의 짐을 잃어버릴까 걱정되어 말을 타고 이별하는 곳으로 달려가, 가차 없이 욕하는 모습을 여기저기서 볼 수 있었다. 부유한 바이에른 사람들의 고함이 여자들의 울부짖음과 눈물과 뒤섞였다."[29]

부르질 고개 전에 페터 아셴브레너가 자신의 생일을 기억해냈다. 원정대원들이 파티를 열었다. 드렉셀은 일기에 이렇게 썼다. "우리는 눈이 내리는 영하의 날씨에 밖에 있는 포터를 생각하고 조용히 축하했다." 그들은 새벽 2시에 캠프를 출발했는데 밤새 추위로 고개 위의 눈이 단단할 것이라고 기대하고 있었다. 드렉셀은 다음과 같이 기록했다.

많은 포터들이 설맹(雪盲)이 되어서, 심한 고통을 완화시키기 위해 의사의 치료를 받는다…… 고개의 반대편은 내려가는 길이 아주 가파르다. 우리에게는 스키를 탈 즐거운 기회이나 포터에게는 정말로 고역이다……

포터들이 고개를 지나는 것은 일상적인 일이 아니다. 그 전날 그들은 거의 잠을 자지 못했으며, 등에 25킬로그램의 짐을 지고 4,224미터까지 등반했다. 발에는 헝겊이나 밀짚 신발을 신고, 어떤 이는 맨발로 눈을 헤치며 16시간이나 걸었다.

베히톨트는 그 이튿날을 이렇게 기록했다.

314명의 포터들이 날마다 거친 소리를 내며 짐과 씨름할 때, 어떤 이들은 시간이 흐르면서 동양의 고요함으로 인내하는 법을 배운다. 하지만 눈과 어둠 속에서 상황은 아주 좋지 않았다. 레이와아는 단호하게 서서 들고 있는 단단한 몽둥이로 냉정하게 등과 머리를 내리쳤고, 몽둥이 소리가 울려 퍼졌다. 자기 짐을 줄이려 하고 이인자처럼 행세하던 한 포터를 레이와아가 두 손으로 잡아 베란다 너머 눈 속으로 거꾸로 내던졌다…… [우리가] 행렬 맨 앞에서 별이 빛나는 밤에 출발했을 때 얼마 동안이나 여전히 포터들이 싸우는 고함 소리와 레이와아의 몽둥이 소리를 들을 수 있었다.[30]

원정대는 곧 옛 친구를 만났다. 프라이어가 1932년과 마찬가지로 연락장교였다. 그는 얼마 전에 대위로 승진했고, 이번에는 같은 길기트 정찰부대의 A. N. K. 생스터 대위가 동행했다.

저번처럼 프라이어와 메르클은 현지 포터 문제로 아스토르 지방의 타셀다르와 협상했다. 이번에는 전보다 훨씬 많은 장비를 가져왔기에 산을 돌아 북서면 기슭의 요정의 초원까지 운반할 570명의 아스토르 사람들을 고용했다.

발티족 사람들이 고소 포터로 일하기 위해 그들과 다시 합류했다. 지난번과 같은 우두머리가 인솔했고, 그들 가운데 몇몇은 1932년도 유경험자임이 틀림없었다. 그러나 이번에도 발티족은 셰르파족을 도와서 단지 처음 몇 개 캠프에만 짐을 운반하게 되었다. 하지만 그들을 고용하기도 전에 많은 발티족이 제4캠프까지 30개씩의 짐을 날랐다.

산의 위협

이제 원정대는 산을 오르는 루트를 선택해야만 했다. 어떤 히말라야 원정이라도 속도, 위험도, 그리고 등반 용이도 간의 균형이 관건이다. 요정의 초원에서 낭가파르바트를 올려다볼 때, 가장 똑바른 루트는 동쪽 봉우리 쪽으로 곧바로 올라가서 정상에 이르는 길이다. 하지만 눈사태 때문에 이 루트는 제외되었다. 원정대는 거대한 설벽이 이미 깨어져 맨눈에도 금간 것을 볼 수 있었고, 작은 눈사태가 지속적으로 일어났다.

대신에 그들은 북쪽 능선을 따라 길을 뚫기로 결정했는데, 정상으로부터 멀리 떨어진 왼쪽으로 꾸준히 우회하기로 했다. 이 루트는 비교적 안전했고, 어느 정도까지는 그리 가파르지도 않았다. 그러나 제1캠프에서 제3캠프까지 그들은 빙폭 위를 서서히 등반해야 했다.

빙폭은 복잡한 현상이다. 기본적으로 이것은 산 경사면 위에 있는 빙하이다. 이 빙하는 오랜 세월에 걸쳐 단단하게 쌓인 눈으로 만들어졌다. 빙폭은 경사면 위에 있기에 서서히 산 아래쪽으로 움직인다. 동시에 새로운 눈이 빙하 위에 쌓여 무게를 증가시킨다. 거대한 얼음 덩어리인 빙하가 엄청난 압력을 받아 산 아래로 몇 센티미터씩 내려간다. 어떤 한순간에는 아마도 움직이지 않을지 모르지만 압력이 계속 가해지면 빙하는 앞으로 그리고 아래쪽으로 약간 기울어진다. 이것이 빙폭이다. 빙하의 거대한 무게가 산 아래로 서서히 쏠린다.

빙벽 안에서 엄청난 압력이 빙하를 뒤틀거나 구부러지게 한다. 빙하는 위와 아래가 서로 다른 속도로 움직인다. 그래서 빙하에는 거대한 틈새—크레바스—가 생긴다. 어떤 것들은 폭이 1미터쯤 되고 깊이가 1.5미터쯤이다. 폭이 3미터쯤이고 깊이가 3미터쯤 되는 것도 있고, 빙하 속에서 협곡을 이루는 것도 있다.

어떤 곳에서 등반가는 크레바스에 걸쳐 있는 눈다리를 마주친다. 그들은 자일로 연결해 서로를 확보하고 조심스럽게 그 다리를 건너간다. 또 어떤 곳에서는 크레바스 위에 눈이 쌓여서 그 아래의 구멍이 보이지 않아 크레바스 속으로 갑자기 추락할 수도 있다. 등반가들은 두 사람, 또는 그 이상의 사람을 자일로 연결하여 빙원을 조심스럽게 건너가는데, 그렇게 하면 만일 한 사람이 예기치 않게 크레바스에 떨어진다 해도 나머지 사람들이 그를 붙잡을 수 있다.

등반가들은 거대한 크레바스 위에서 눈다리를 찾지 못할 때는 사다리를 놓고 건너간다. 이런 사다리를 산 위로 운반해야 한다. 낭가파르바트에서 그들은 아래의 숲에서 통나무를 가지고 올라가 사다리 역할을 하도록 크레바스에 걸쳐놓았다.

크레바스에 더해서 세락(serac), 곧 빙탑들이 있다. 세락은 빙하에서 떨어져 나와 빙폭의 표면에 놓인 커다란 얼음 덩어리이다. 빙하가 아래로 움직일 때 이 세락이 떨어져 나가 산허리에 와르르 굴러 떨어진다. 그것들은 30미터, 60미터, 또는 90미터의 높이가 되는 것도 있으며, 낭가파르바트에서는 그 정도이거나 더 높았다. 종종 빙탑은 위로 솟아 있어 가는 길을 막는다. 어떤 것은 비탈 쪽으로 쓰러질 듯 놓여 있다.

빙하는 항상 움직인다. 그래서 첫번째 등반조는 자일을 고정하고, 스텝을 깎으며, 크레바스 위로 난 눈다리를 찾고 빙폭을 건너가는 길을 찾는다. 그렇지만 시간이 지나면서 빙하는 그들이 만든 길 아래로 움직인다. 새로운 압력이 옛 크레바스를 메우고, 길을 따라 새로운 크레바스가 생긴다. 한때 안전했던 눈다리가 위험해지기도 하고, 예전 크레바스에 걸쳐놓은 사다리와 나무 본체가 미끄러져 사라지기도 한다. 길에는 새로운 빙탑이 굴러 떨어져 있다. 그래서 한번 만들어놓은 길이 언제나 그대로 있는 것이 아니다. 높은 캠프에 물품을 보급하는 포터들은 날마다 예기치 못한 새로운 위험에 맞닥뜨린다. 등반가들은 계속해서 먼저 만든 루트를 다시 만들고 새로운 우회로를 찾는다. 그들은 크레바스 아래 위에서 꼬불꼬불 움직인다. 1953년, 19년이 흐른 뒤에 헤르만 불은 낭가파르바트의 빙폭 등반을 이렇게 묘사했다. "얼음 덩어리, 빙탑, 동굴로 되어 있어 너무 복잡해 어찌할 바를 모르는 미로를 통과해야 한다. 이것은 집의 담장이 머리 위에서 만나는 이상한 도시의 미궁 같은 거리와 같았다."[31]

1934년 셰르파들과 독일인은 빙폭을 통과하는 길을 뚫었다. 그들은 거대한 크레바스의 밑에서 자신들의 동료를 올려다볼 수 있었는데, 검고 작은 형상 셋이 30미터 위에서 크레바스의 입구를 따라 조심스럽게

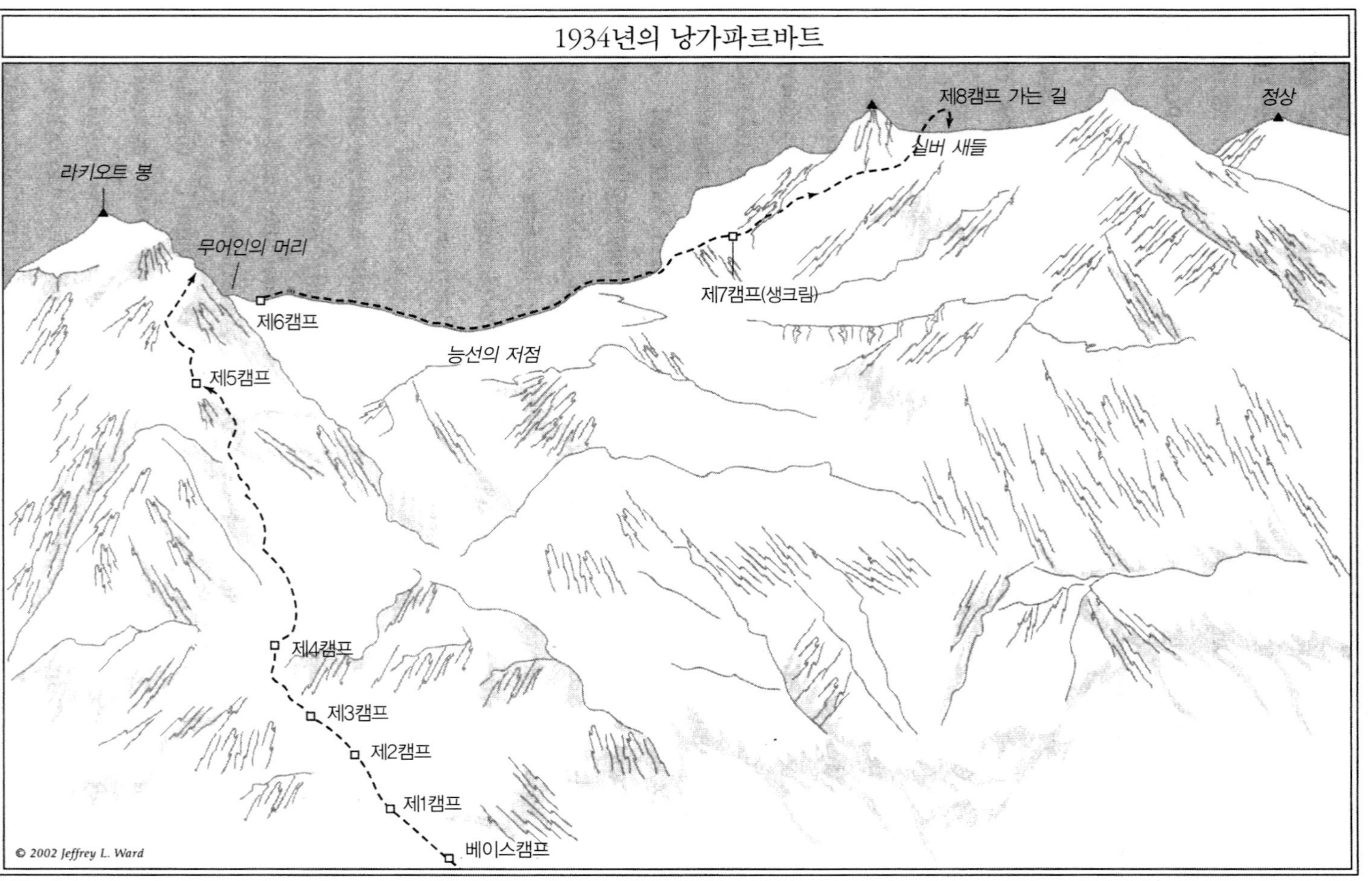
1934년의 낭가파르바트
라키오트 봉
무어인의 머리
제6캠프
제5캠프
능선의 저점
제7캠프(생크림)
실버 새들
제8캠프 가는 길
정상
제4캠프
제3캠프
제2캠프
제1캠프
베이스캠프
© 2002 Jeffrey L. Ward

길을 뚫고 나아가는 모습이었다. 뒤쪽에서 태양이 빛을 발하며 쌓인 눈 위에 불타고 있었다. 고드름 벌판이 태양 빛에 반짝였다. 가장자리에는 그림자가 어른거렸고, 석회굴같이 협곡 벽면은 그늘지고, 춥고, 거칠었고, 우둘투둘했으며, 반쯤 안쪽으로 휘었다. 그러나 표면 밑으로는 순수하고 푸른, 어떤 곳에서는 거의 초록색에 가까운 빙하의 갇혀버린 거대한 줄기를 볼 수 있다. 잠시도 조용하지 않았다. 항상 빙하는 신음소리를 내거나 먼 곳에서 무엇인가가 부러지는 듯한 소리를 냈다.

칼 수색

메르클이 인솔한 사람들은 요정의 초원에서 하루 운반 거리에 베이스캠프를 설치했다. 제1캠프는 하루 운반 거리에 있는 빙폭 기슭 눈 위에 있었다. 제2캠프는 빙폭 정상에 있었다. 그러나 만일 그곳에서부터 직접 등반한다면 그들은 다시 눈사태 다발 지역을 지나가게 된다. 그래서 그들은 우회하여 왼쪽으로 가로질러 빙폭을 또 하나 건너 위로 올라간 다음, 다시 오른쪽으로 방향을 바꾸어 제3캠프에 이르렀다. 그들은 제3캠프에서 계속 나아가 빙폭 지역을 벗어났다. 그리고 다시 오른쪽으로 방향을 바꾸어 제4캠프로 올라갔고, 마침내 낭가파르바트의 길고 긴 북쪽 능선에 도달했다.

빙폭의 꼭대기에 있는 제3캠프를 기반으로 그들은 능선 위에 실제로 제4캠프를 세우기 시작했다. 선발대 아래쪽으로 다른 등반가들이 이끄는 23킬로그램의 짐을 진 여러 무리의 포터들이 캠프와 캠프를 거쳐 빙폭을 통과하여 올라오고 있었다. 다르질링 사람들의 감독을 받는 발티족 포터들이 제2캠프까지 짐을 운반했다. 그때부터는 다르질링 사람들만이 제2캠프 위로 짐을 날랐다. 베히톨트는 마치 셰르파족이 평생 동안 그 일을 해온 듯이 자일을 타고 다른 포터들보다 월등히 잘 이동하는 것에 감명을 받았다.

발티족 포터들이 곧 파업을 일으켰다. 그들은 다르질링 사람들이 하루에 5루피를 받고 있는데 자신들도 같은 수준을 원한다고 요구했다. 사실 셰르파족은 하루에 1.25루피를 지급받았다. 하지만 1932년에 훈자의 고소 포터가 하루에 5루피를 받았었다. 발티족은 이 사실을 기억하고 있었으며, 셰르파족도 같은 금액을 받으리라 믿었다. 연락장교인 생스터 대위가 파업 중인 발티족과 협상을 했으나 결론이 나지 않았다. 사다인 레이와아는 더 엄격했다.

베히톨트는 다음과 같이 기록했다.

> 적절한 순간에 레이와아가 끼어들었다. 그들의 기질을 알고 있는 그는 그들의 장비를 재빨리 제거하고 얇은 옷 외에는 아무것도 걸치지 못한 채 눈 위에 서 있게 했다. 그리고서 그들이 떠나려면 그전에 거의 불가능하리만큼 넓은 눈밭을 치워야 한다고 네 기둥으로 표시해놓았다. 그것은 속임수였다. 열두 명은 '바라 사히브'를 위해 기꺼이 운반하겠다고 선언했으며 나머지는 그날 저녁으로 해고됐다.[32]

레이와아는 발티족과 훈자 사람들이 적어도 얼마간의 충성심을 가져야 할 1932년의 프라이어보다 더 강력한 위치에 있었다. 레이와아는 34명의 다르질링 사람들이 있기에 나머지 현지인을 완전히 버릴 수도 있었다.

원정의 어느 시점, 아마도 베이스캠프에서, 다르질링 포터들이 서로 칼을 소지하고 있는지 수색하고 있었다.

그들은 1931년 이래 원정마다 이런 과정을 거쳤다. 그해 틴 노르부,[33] 파상, 그리고 헤르만 샬러 세 사람이 캉첸중가 능선을 등반하고 있었다. 파상과 샬러가 미끄러져서 추락했다. 틴 노르부는 그들을 확보하여 붙들고 있었다. 절벽 아래 자일에 매달린 그 사람들은 다시 올라올 수 없었다. 틴 노르부는 그들을 끌어 올릴 만큼 힘이 세지 못했지만 계속해서 버텼다. 그런데 점차 지치고 힘이 빠지면서 그는 그들의 무게 때문에 자신도 역시 산 아래로 곧 떨어지리라는 사실을 직감했다. 틴 노르부는 칼을 꺼내 자일을 잘랐다. 파상과 샬러는 떨어져 죽었다. 틴 노르부는 살았다.

다른 등반가들도 산에서 이와 같은 상황에 처하게 된다.[34] 대부분의 경험 많은 등반가들은 그런 상황에서 그들이 어떻게 행동해야 할지 스스로 자문하지만 쉽게 답하지 못한다. 왜 한 사람 대신 두 사람이 죽어야 할까? 그러나 등반가들은 서로서로 의지하고 있다. 산에서는 언제 위험에 처해 추락할지 모르고, 그러면 자일이 팽팽해지고 다른 사람이 그 사람의 생명을 구해낸다. 어려운 구간에서 한 사람이 등반을 주도하여 루트를 찾으면 다른 사람은 아래에 서서 자일을 풀어주면서 만약에 대비해 자일을 꽉 잡고 버틸 준비를 한다. 자일 하나에 두세 명의 등반가가 의지하고 있다. 서로의 운명이 문자 그대로 서로에게 연결되어 있다. 가파른 바위에서 그들이 다른 동료를 볼 수 없을 때도 그들은 로프에 매달린 그를 느낄 수 있다. 서로 약속한 메시지인 잡아당기기, 늘어뜨리기, 흔들기, 팽팽하게 하기, 갑작스런 당기기, 이 모든 것으로 그들의 상황을 이야기한다.

등반가들은 자일 마디에 많은 신경을 쓴다.

다른 무엇보다도 자일은 신뢰를 나타낸다. 나이든 셰르파들은 이름을 이야기하지 않으면서 어떤 사람과는 자일로 연결되지 않으려 한다고 조용히 말한다. 자일에 같이 연결되기를 원하는 사람은 의지할 수 있는 사람이다. 등반은 팀 스포츠가 아니다. 규모가 큰 원정대에서도 개인간의 경쟁이 치열하다. 그러나 단독 등반이란 새로운 스포츠는 대부분에게 잘못된 것이라고 인식되고 있다. 자일은 안전, 생명 그 자체일 뿐 아니라 우정의 상징이다.

자일을 자르는 것이 어쩌면 필요할지 모른다. 그러나 자르는 것은 신뢰를 잘라내고 사랑을 톱질하여 끊어내는 것이다.

캉첸중가의 티베트인 포터와 셰르파족 포터들은 틴 노르부가 한 행동이 무엇을 뜻하는지 이해했다. 그들은 자신들도 아마 똑같이 행동했을 것이라는 사실을 알고 있었다. 그래서 그들 스스로 자신들은 어느 누구도 칼을 갖고 가지 않겠다고 다짐했다.

물론 이것은 그렇게 간단한 일이 아니었다. 그들은 사람들을 속이려는 유혹에 넘어갈 수 있다는 것을 알고 있었다. 그래서 이번 낭가파르바트 원정을 포함하여 그후 몇 년 동안 원정 때마다, 다르질링 포터들은 서로 칼을 갖고 있는지 수색했다. 그들은 사히브에게는 이런 사실을 말하지 않았다.[35]

5. 강철 같은 결단력

고산병

빌리 메르클이 너무 많은 사람들을 너무 성급히 이끌고 올라갔기 때문에 1934년 낭가파르바트에서 열 명이 희생되었다. 우리는 그 잘못의 원인 중 하나가 정치라고 보았다. 지금 지적하는 또 다른 원인은 등반가들이 고소를 이해하지 못했다는 것이다. 우리는 고소가 한 등반가, 알프레트 드렉셀에게 끼친 영향이 무엇이었으며 동료들은 어떻게 반응했는지를 먼저 다룰 것이다.

드렉셀은 빌리 메르클과 함께 철도회사의 같은 부서에서 일했으며 종종 그들은 함께 등반했다. 6월 6일에 드렉셀은 다른 등반가 세 사람과 여러 다르질링 포터들과 함께 제3캠프에 있었다. 두 명의 오스트리아인, 즉 안내인인 페터 아센브레너와 지질학자인 에르빈 슈나이더가 눈사태로부터 안전한 새로운 캠프 장소를 찾기 위해 제3캠프 위를 둘러보고 있었다. 그들은 산 위로 길을 찾아갈 때 등뒤에 매달았던 스키를 이용했다. 그들 밑에서 뮌헨에서 온 도시공학자인 빌로 벨첸바흐와 철도관리자인 알프레트 드렉셀이 제2캠프에서 짐을 운반하는 포터를 인솔해오고 있었다.

아센브레너가 2년 전 낭가파르바트에서 목격했던 그 어떤 폭풍보다도 거친 폭풍이 시작되었다. 그는 슈나이더와 함께 눈 속을 뚫고 제3캠프로 내려왔다. 캠프 아래에서 벨첸바흐는 포터 몇 명과 한 자일에, 그리고 드렉셀은 다른 자일에 연결되어 있었다. 드렉셀과의 접촉이 끊어지자 그는 되돌아가서 길을 잃은 드렉셀과 포터들을 찾아냈다. 벨첸바흐는 그들을 원래 루트로 되돌아오게 하여 서서히 나아가게 했다. 마지막으로 제3캠프에 도착한 드렉셀은 완전히 녹초가 되었다. 그는 '심한 두통'이 있다고 말했다. "피곤했지만, 그는 밤새 한숨도 자지 못했다."[1]

드렉셀은 고산병에 걸렸다.[2] 높이 올라가면 갈수록 기압은 점점 더 내려간다. 저기압은 평방미터 당 공기가 적다는 사실을 뜻하며, 그러기에 매번 숨을 쉴 때마다 흡입하는 산소량이 줄어든다. 산소가 더 필요할 때 우리는 자연적으로 숨 쉬는 횟수를 증가시킨다. 사람들이 달리고 난 뒤 숨을 헐떡거리거나 산을 올라갈 때 숨을 빠르게 쉬는 것은 바로 이 이유 때문이다. 그래서 고소에서는 몸 전체가 속도를 내어 더 많은 산소를 순환시키라고 폐에게 신호를 보낸다. 그러나 문제가 하나 있다. 고소에서 폐가 빨리 숨을 쉬면, 흡인된 산소량은 평지와 같은 양이 된다. 하지만 동시에 더 많은 이산화탄소를 배출하게 되는데, 그것은 한 번 숨을 내쉴 때 평지에서 배출할 때와 같은 양의 이산화탄소를 내보내기 때문이다. 그래서 고소에서 숨을 빨리 쉬면 점점 더 많은 이산화탄소를 배출하게 된다. 이산화탄소의 과다 배출은 혈류의 산성과 알칼리 성분의 균형을 의미하는 수소이온농도(pH)를 낮추게 한다. 이것이 문제가 된다.

인간 육체는 수소이온농도의 좁은 영역 안에서만 기능한다. 만일 육체가 너무 알칼리성이거나 너무 산성이 되면 몸의 기능 체계는 정상적인 수소이온농도로 돌아가기 위한 모든 조치를 다 한다. 왜 그런지에 대해서는 의견이 일치하지 않는다. 한 이론은 위의 소화 효소가 특정 수소이온농도에서만 작동할 수 있기 때문에 그렇다고 한다. 이유야 어떻든간에 고소에서 그 결과는 심각하다. 육체는 수소이온농도의 균형을 맞추기 위해 어떤 조치도 불사하며, 몸 자체를 사망에 이르게까지 한다. 몸의 각 부분에서 산소 부족을 호소하고 좀더 빠르게 숨을 쉬게 되면 수소이온농도를 보호하는 체계가 천천히 숨을 쉬라는 신호를 보내 이산화탄소를 몸 안에 잡아두려 한다.

정신이 깨어 있을 때 사람은 빨리 숨을 쉬려고 노력하여 얼마간 성공한다. 하지만 갑자기 숨을 쉴 수 없게 되어 헐떡거리게 된다. 등반가나 트레킹 여행자는 고소에서 잠을 자는 동안 잠시 숨을 가쁘게 쉬고 나서 숨쉬기를 완전히 멈춘다. 이 시점에서 잠을 깨어 의식적인 통제를 하면, 곧 숨을 정상적으로 쉬기 시작한다. 이런 일이 생기면 왜 깨게 되었는지는 모르지만 굉장한 두려움을 느낀다. 그러고 나서 우리는 다시 잠이 들고 이 과정이 반복된다. 곧 다시 잠에서 깨어나게 되며 숨을 헐떡이고, 분별력을 잃고 불안해한다. 밤새 우리는 자다 깨기를 반복한다.

깨어나는 대부분의 경우에 우리는 꿈을 꾸다가 깨어난다. 사람들은 보통 잠에서 천천히 깬다. 그러나 숨 쉬기가 멈추어 잠에서 즉시 깨게 되면, 깨어났다 하더라도 꿈속의 마지막 영상이 눈앞에 전개된다. 꿈이 생생하게 보이는 것이다. 긴긴 밤에 수없이 깨어나고 꿈은 점점 더 마음에 걸린다. 아침에 사람들은 대부분 잠을 어지럽게 한 것은 꿈이었다고 믿는다.

이것이 고소에서는 보통이다. 오늘날 해발 3,350미터에 있는 쿰부 남체 바자에서, 상당히 많은 트레킹 여행자들이 두통, 불면의 밤, 그리고 생생한 꿈을 꾸었다고 호소한다. 걸어서 남체에서 에베레스트 베이스캠프로 가는 도중 어느 시점에서 약 반 정도의 트레킹 여행자들이 통상적으로 고산병을 호소한다. 가장 일반적인 증상은 두통, 식욕 부진, 불면증 그리고 일반적인 무기력증이다. 또한 사람들은 종종 불안해지고 약간 혼란스러워한다. 해발 3,350미터에서 하루 이틀 지내도 증세가 호전되지 않으면 몸이 좋았던 마지막 높이까지 산을 내려가야 한다.

일반적인 고산병을 갖고 있는 사람은 3,350미터에서 지내면 대부분 상태가 다시 좋아지는데 이유는 신장이 고소에 적응하기 때문이다. 몸은 폐와 소변을 통한 두 가지 방법으로 이산화탄소를 배출한다. 특정 고소에서 며칠 지난 뒤에 신장은 일반적으로 이산화탄소를 방광에 덜 배출하기 시작한다. 그러면 폐는 더 많은 이산화탄소를 배출할 수 있게 되며 따라서 숨쉬기는 더욱 빨라진다.

3,350미터에서도 이 방법이 언제나 가능한 것은 아니다. 알프레트 드렉셀은 5,200미터에 올라와서 일상적인 고산병이 급성 고산병으로 바뀌어갔다. 이 증세가 폐에 영향을 미치면 이를 고소 폐부종이라고 부르고 머리에 영향을 미치는 경우에는 고소 뇌부종이라 부른다.

고소 폐부종은 폐의 조직이 부어오르는 것이다. 보통 두 가지 증세가 나타난다. 첫번째는 폐의 표면 조직의 일부분이 거의 산소를 흡입하지 못하게 되어 그 부분이 폐쇄된다. 그래서 더 적은 폐의 표면 조직으로

엷은 공기를 여과시키려고 노력하게 되며 숨쉬기는 점점 더 어려워질 수밖에 없다. 그리고 질식되기 시작한다.

또 다른 증세는 폐의 혈액과 공기 사이의 압력 균형이 깨지는 것이다. 공기 중 압력은 하강하지만, 몸속의 압력은 그대로다. 그래서 폐 속의 낮은 압력 때문에 폐 내벽을 통해 공동(空洞)으로 액체가 스며들기 시작한다. 이 액체가 폐 속에 증가하게 되면 기침을 해서 토해낸다. 그러나 액체가 심각한 수준에 이르면 익사하게 된다. 폐에 액체가 250cc만 차도 익사할 수 있다.

고소 뇌부종은 머리가 부어오르는 것이다. 이 과정은 폐부종과는 약간 다르며, 아직도 확실하게 어떤 병인지 잘 알지 못하고 있다. 그러나 기본적으로 혈액-뇌 장벽에 무엇인가 이상이 생긴 것이다. 뇌는 뇌 수액, 즉 일종의 액체 쿠션에 자리 잡는다. 혈액-뇌 장벽은 이 액체를 혈액으로부터 보호하려는 모든 막과 과정을 가리키는 것이다. 그것들은 혈액 속에 운반되는 전염성 물질과 이물질을 막고, 혈압 상승으로 인한 뇌 주위의 액체 압력 증가를 막는다. 고소 뇌부종에 걸리면 그 경계막이 작동 중지되고, 뇌 수액 안의 압력이 높아진다.

고소에서 많은 사람들이 경험하는 두통은 이 현상이 소규모로 발생하는 것이다. 이것은 피임약을 먹는 많은 여성들이 겪는 두통과 유사한데, 이 약 또한 뇌 수액의 압력을 증가시킨다. 두 경우 모두에서 사람들은 마치 두 손으로 뇌를 누르는 듯한 느낌을 받는데 대략적으로는 실제로 그런 일이 일어나는 것이다.

고소 뇌부종이 뇌를 짓누르면 사지의 기능장애가 일어나고, 그것은 뇌와 사지가 더 이상 조화를 이루지 못한다는 것을 의미한다. 병자는 비틀거리고, 팔과 다리를 털썩 떨어뜨리고, 머지않아 걸을 수조차 없게 된다. 두 사람이 병자의 팔을 부축하여 산 아래로 질질 끌고 가야 하며, 어떤 때는 아예 들고 내려가야 한다.

폐부종이나 뇌부종의 경우에는 심장 또한 위험한 과로를 겪는다. 혈액에 충분한 산소가 없기 때문에 심장은 피를 점점 더 빠르게 순환시키려 한다. 일반적인 고산병의 경우 드러누워 있다 할지라도 숨을 빨리 쉬려고 애를 쓰며 맥박이 빨라진다. 중증이면 심장의 압력은 더욱 악화되고 폐가 질식하고 뇌가 정지되기 전에 심장이 멈춘다. 또는 머리로 가는 동맥이 증가하는 압력에 파열해 뇌졸중이 오게 된다.

폐부종이 뇌부종보다는 산에서 훨씬 더 흔하다. 알프레트 드렉셀은 두 가지 증상을 다 겪은 듯하다. 오늘날 경험 많은 등반가들은 동료가 이 두 증상을 겪고 있다면 빨리 산 아래로 데려가야 한다는 사실을 잘 알고 있다. 만일 걸을 수만 있다면 그래도 다행이다. 그렇지 않다면 팔을 부축하고 내려갈 수 있도록 도와야 한다. 가능하다면 자일로 묶어 아래로 내려가야 한다. 상황에 따라선 등에 업고 운반해야 한다. 그리고 아침까지 기다려서는 안 된다. 필요하다면 어두워졌다 해도 바로 데리고 내려가야 한다. 백 미터나 2백 미터 정도만 내려와도 환자가 건강을 회복할 수 있다.

드렉셀의 죽음

눈보라가 몰아치던 밤에 알프레트 드렉셀은 그야말로 정신착란 상태였다. 다음날 아침 폭풍은 멈췄다. 다른 등반가들은 드렉셀이 산을 내려가야 한다고 했다. 그는 이를 거부했고 다른 사람들도 더 이상 권하지 않았다. 드렉셀은 죽어가고 있었지만, 그들은 이를 알지 못하고 평상시처럼 행동했다. 가장 군센 등반가인 슈나이더와 아셴브레너가 제4캠프로 루트를 확대하기 위해 능선을 따라 다시 위로 올라갔다. 그들이 오후에 내려왔을 때, 드렉셀은 이제 자신이 너무 아프다는 사실을 깨달았고 자신의 하인인 앙 텐징과 산을 내려가기로 했다. 사히브들은 아무도 그와 동행하지 않았다. 그들은 목표에만 관심을 기울이고 있었다. 드렉셀은 "두 스키폴에 고통스럽게 의지한 채"[3] 산 아래로 길을 찾아 내려갔다.

앙 텐징은 그들이 제2캠프까지 거의 내려올 때까지 드렉셀을 도왔으며 먼저 달려가 도움을 청했다. 그곳에 있던 베히톨트는 앙 텐징이 "불안한 기색을 하고" 도착하여 드렉셀이 심하게 아프다고 말을 전했다고 썼다.[4] 파상 픽처와 뮐리터가 곧바로 올라가서 10분 후에 드렉셀을 데리고 내려왔다. 베히톨트는 드렉셀이 "얼굴에 약간 푸른색이 돌고 숨을 거칠게 몰아쉬는 것"을 봤지만, 걱정할 일이라고는 생각하지 않았다. 베히톨트는 앙 텐징이 하는 말을 귀담아듣지 않았다.

제2캠프에는 사히브용 텐트와 침낭이 하나뿐이었다. 사히브들은 체온을 유지하기 위해 종종 침낭을 같이 썼다. 뮐리터는 자신이 제1캠프로 내려가겠다고 자원했다. 그렇게 해야 드렉셀이 잠잘 곳이 있으며, 뮐리터가 의사에게 다음날 아침 올라오라고 말할 수도 있었다.

드렉셀은 아팠고 숨을 제대로 쉬지도 못했지만, 여전히 의사를 그에게 데려올 계획이었다.

베히톨트와 드렉셀은 추측컨대 그날 밤 침낭을 같이 썼을 것이다. 드렉셀이 "밤의 절반 이상에 그치지 않고 심하게 기침"을 했다. 한밤중이 되어 그는 잠이 들었지만 "혼란스런 열병에 의한 꿈" 때문에 계속해서 잠에서 깼다. 베히톨트가 그의 옆에 누워 있었고, 정말 "길고도 걱정스러운 밤"이었다. 8시에 드렉셀이 잠에서 깼으며 아주 좋아진 듯 보였으나, 급성 고산병에서는 종종 이런 증세가 있었다. 베히톨트는 드렉셀에게 산을 내려가자고 말했다.

갑자기 드렉셀의 상태가 아주 나빠졌다. 베히톨트는 "우리가 출발해야 한다는 것은 더 이상 의문의 여지가 없을 것"이라고 느꼈다. 베히톨트는 낮은 곳에서의 질병 전형을 다루었기 때문에 환자를 데리고 내려가는 것보다 쉬는 것이 더 중요하다고 생각했다. 하지만 그는 걱정이 되었다.

베히톨트는 파상 픽처를 시켜 제3캠프에 쪽지를 보내서 빌로 벨첸바흐에게 텐트 하나와 침낭을 갖고 내려오도록 요청했다. 그렇게 해야 그들은 의사를 맞을 준비를 할 수 있었다. 동시에 드렉셀 때문에 걱정하는 앙 텐징과 앙 니마를 제1캠프로 보냈다. 그들은 드렉셀이 몹시 아프다는 사실과 날이 어두워진 다음이라도 의사인 베르나르트가 제1캠프에 도착하자마자 제2캠프로 곧장 올라와야 한다는 전갈이 담긴 또 다른 메시지를 가지고 갔다. 그 짧은 편지는 다음과 같이 끝을 맺었다. "조금도 지체해선 안 됨."[5]

파상 픽처가 제3캠프에 도착하여 여분의 텐트와 침낭을 찾았으나 제3캠프에는 아무도 없었다. 사히브와 포터들은 제4캠프를 설치하기 위해 위로 올라가버렸다. 파상 픽처는 단지 침낭 하나를 달랑 가지고 내려가야 할지 말지 자신이 없었다. 매우 걱정이 돼서 제2캠프로 달려 내려왔다. 왕복 여정이 세 시간 걸렸다. 그는 내려와서 드렉셀이 현재 의식을 잃은 상태라는 것을 알게 되었다.

아래쪽 제1캠프에서 메르클은 하루 내내 아무도 위로 올려 보내지 않았다. "심한 우박 폭풍"[6]이 불었으며, 아마 올려 보낼 사람의 안전에 대해 걱정을 했을 것이다. 위쪽 제2캠프에서 베히톨트는 이제 드렉셀이 죽어가고 있다는 사실을 실감하고 있었다. "매 시간 그는 눈에 띄게 쇠약해져갔다."[7] 놀란 베히톨트는 아연실색하여 파상 픽처를 제1캠프에 보내서 의사를 데리고 오도록 했다. 5시 30분에 파상이 뮐리터와 의사 베르나르트와 함께 되돌아왔다. 드렉셀의 전속 하인 앙 텐징도 함께 왔다. 의사는 차를 거절하고 곧장 환자에게로 갔다.

베르나르트는 폐렴이라고 진단했다. 등반가들과 마찬가지로 의사도 어떤 상태인지를 몰랐다. 그러나 그는 몹시 걱정하며 드렉셀에게 산소 공급이 시급히 필요하다고 말했다.

오늘날 같으면 등반가들은 환자를 산소가 있는 곳으로 옮겨갔을 것이다. 베르나르트와 베히톨트는 제1캠프에 메시지를 보내 메르클에게 산소를 보내달라고 했다. 파상 픽처와 팔텐이 폭풍을 뚫고 최대한 빨리 내려갔다. 파상 픽처가 오후 7시경에 지친 채로 제1캠프에 도착하자 날이 어두워지기 시작했다. 지금까지 그는 낮에 제3캠프에 갔다 다시 제2캠프로 되돌아와서 제1캠프까지 내려갔다 오고 나서, 지금은 다시 제1캠프에 내려왔다. 그가 가져온 베히톨트가 메르클에게 보낸 짧은 편지에는 단지 다음과 같이 적혀 있었다. "오늘 내로 산소를 더 보내주기 바람. 발보의 생명이 달린 문제임." 발보는 드렉셀의 별명이었다.[8]

메르클의 제1캠프에는 산소가 없었다. 원정대는 등반하는 데 산소를 사용하지 않았으며 응급용으로 단지 몇 세트를 가지고 있었다. 메르클은 파상 키쿠리와 지그메이를 베이스캠프로 보내 산소 세트를 가져오게 했다.

다른 사람들은 제1캠프에서 기다렸다. 빌란트가 산소가 도착하면 가지고 올라가기를 자원했다. 파상 픽처와 팔텐이 그와 동행하기로 했다. 그러나 지금은 지쳐서 쉬고 있었다.

위쪽 제2캠프에 뮐리터와 의사 베르나르트는 드렉셀을 위해 할 수 있는 모든 조치를 다했다. 그 전날 밤 잠을 자지 못해 지친 베히톨트는 도울 수가 없었다. 폭풍이 다시 찾아왔다. 눈이 텐트에 강하게 불어 닥치고 칠흑 같은 어둠 속에 천둥 번개가 쳤다.

아래쪽에서 포터 가이라이와 다크시가 드렉셀이 쓸 산소를 가지고 막 오후 8시가 지난 시각에 베이스캠프를 출발했다. 한 사람이 석유 등불을 들고 그들은 어둠을 뚫고 빙폭을 통과해 빠르게 위로 올라갔다. 이들은 10시 25분에 메르클의 제1캠프에 도착했다. 메르클은 각자에게 차와 담배 한 대를 주었고, 그들은 이를 감사해했다. 메르클은 텐트에 가서 파상 픽처, 팔텐, 그리고 빌란트를 깨웠다. 세 사람은 한밤중에 산소를 가지고 제2캠프를 향해 어둠 속을 헤쳐갔다.

드렉셀은 이미 죽었다. 오후 9시 20분, 의식을 잃은 지 11시간이 조금 지나 그는 얼굴에 미소를 머금고 잠든 채로 사망했다. 의사 베르나르트와 다른 등반가들은 아직도 무엇 때문에 그가 죽게 되었는지 이해하지 못했다. 셰르파족이 산을 달려 오르내렸던 필사적인 행동은 드렉셀의 생명이 위험하다는 사실을 아마도 그들이 인식하고 있었다는 증거이다.

베르나르트는 드렉셀이 죽었다는 사실을 실감하자 시신을 감싸 안으며 울었다. 그리고는 베르나르트, 뮐리터 그리고 베히톨트가 밖에서 눈 위에 무릎을 꿇고 울면서 주기도문을 외웠다. 드렉셀의 전속 하인인 앙텐징과 다른 포터들은 사히브 주변에 서서 "하염없이 울음을 터뜨렸다".[9]

살아남은 사히브 세 명이 텐트 안에 죽은 드렉셀을 놓아둔 채 거처를 다른 텐트로 옮겼다. 거기서 그들은 울었고, 독일에 있는 드렉셀의 부모에 대한 이야기를 나누었다. 시간이 흐른 뒤에 그들은 드렉셀의 부모가 마치 텐트 안에 있는 듯이 이야기를 시작했다. 시간이 어느 정도 흘렀으나 밖에서 포터들이 비통해하는 소리를 들을 수 있었다. 등반가들은 여전히 왜 드렉셀이 죽었는지 이해하지 못했다.

남성성과 시간

고소의 희박한 공기는 죽음을 가져오기도 하지만 그곳에 있는 모든 사람의 전반적인 능력을 약화시킨다. 줄어든 산소량은 등반가들을 서투르고 둔하고 어리석게 만든다. 그들의 말과 생각은 왜곡되며, 그들의 발도 마찬가지이다. 심하게 병이 들지 않은 사람들도 해발 7천 미터에는 자신들이 물에 빠지는 꿈을 계속해서 꾸며 밤새도록 깨어난다. 등반가들은 또한 지속적으로 지치고 힘이 빠진다.

1934년 독일 등반가들은 이런 현상을 이해하지 못했다. 그들이 뒤에 선택했던 등반 루트는 여러 날 동안이나 고소에 위치한 긴 능선 위에 머물러야 했다. 메르클과 그의 동료들은 알프스에서는 괜찮을지 몰라도 히말라야에서는 사람을 죽게 하는 결정을 내렸다.

우리는 무지를 첫번째 원인으로 꼽을 수 있다. 몇몇 사람들은 오래전부터 고산병에 관해 알고 있었다. 문자화된 기록에 나타난 첫번째 보고서는 고대 중국에서 나온 것으로, 남서 국경에 있는 대두통산(大頭痛山)과 소두통산(小頭痛山)의 고개 위에서 사람들이 사망할 수 있다는 보고를 정부 사절과 불교 순례자들이 하고 있다. 1934년에 이르러 안데스 산맥의 의사들은 고산병에 대해 많이 알게 되었으며 책도 펴냈다. 그러나 그 책들은 스페인어로 씌어 있어서 유럽과 북미의 의사들은 1930년대 말에 이르러서야 읽기 시작했다. 셰르파족 역시 그들이 '높은 고개병'이라고 불렀던 증상을 알고 있었으나, 그 어느 누구도 그들에게 조언을 구하지 않았다.

유럽 의사들과 등반가들은 고소가 등반을 어렵게 한다는 것을 인식했으나, 부종을 이해하지 못했다. 그들은 '두통'이 있거나 '폐렴'이 있는 사람은 산 아래로 데려가는 것이 최선이라는 사실을 알았으나, 그 위험성을 이해하지 못했다. 그리고 사람들이 고소에 적응하는 데 시간이 걸린다는 사실을 알았지만, 계속해서 그 위험성을 과소평가했다. 경험 많은 히말라야 등반가들은 연이어 자서전이나 원정 기록에서 풍토 순화의 중요성을 강조했다. 사람들이 매번 그 사실을 다시금 언급한 것은 등반가들이 다른 사람들의 책에서 그런 사실을 읽고 히말라야에 왔겠지만 완전히 숙지하지 못했다는 증거이다.

그 당시 등반가들이 고소의 실상을 받아들이기가 왜 어려웠는지를 이해할 수 있는 한 가지 방법은 요즈음 트레킹 여행자들이 고산병 때문에 사망하는 이유를 살펴보는 것이다.

지금 우리는 약 3천 미터 이상의 고도가 되면 보통 사람은 하루에 단 3백 미터 정도만 등반해야 한다는 사실을 알고 있다. 물론 그보다 더 높이도 등반할 수 있지만 전날보다 3백 미터 이상 높지 않은 곳에서 자야 한다. 물론 대부분의 산에서 캠프는 높이가 3백 미터 이상 떨어져 있다. 그래서 만일 우리가 6백 미터 위에 있는 캠프에 올라가면 풍토 순화를 위해 그곳에서 하루 더 쉬어야 한다. 또는 우리가 하룻밤을 높은 곳의 캠프에서 잠을 자면 다음날 밤은 낮은 곳 캠프에 내려와 자고 나서 다시 올라가야 한다.

하지만 요즈음에도 많은 등반가와 트레킹 여행자들이 이런 제한을 받아들이기를 어려워한다. 1990년대에 쿰부에서 매해 봄과 가을에 최소한 한 명의 트레킹 여행자가 사망했다. 트레킹 여행자의 수가 증가함에 따라 더 많은 사람들이 지금도 사망한다. 이유는 남성성과 시간이다.

1995년 3개월 동안 남체에서 살던 때, 나는 텡보체 수도원이 있는 산을 오르다가 오스트리아 등반가 두 사람과 즐겁게 어울린 적이 있었다. 그들은 빙하와 암석이 아름답고 매력적인 산인 아마다브람으로 향하는 길이었다. 우리는 담소하기 위해 길을 멈췄다. 그들은 턱수염과 짧은 바지를 입고 우람한 다리 근육에는 금색 다리털이 나 있었다. 그들이 숨을 헐떡이고 있었기에 나는 지난 며칠 동안 얼마나 빨리 산을 오르고 있는냐고 물어보았다. 그들이 대답했다. 나는 그들이 너무 빨리 오르고 있으므로 이제는 멈추어서 2, 3일은 쉬어야 한다고 말해주었다. 그들은 나이가 거의 서른 살 위이고 과체중이 분명한 남자인 나를 바라보았다. 이 상황을 더 악화시켰던 것은 내가 제법 무거운 짐을 지고 그들을 앞질러 가고 있었다는 사실이었다. 그래서 그들은 내가 하는 말에 주의를 기울이지 않았다.

이 두 사람은 건장한 사람이었고, 다른 많은 등반가와 같이 그 건장함을 자랑스럽게 여겼다. 바로 그것이 경쟁적인 등반의 주요 요소 중 하나이다. 풍토 순화가 건장함이나 건강과는 아무 상관이 없으며, 다만 신장이 소변으로 배출하는 이산화탄소의 양을 조절하는 것이라는 사실을 이해하기란 어려운 일이다. 스티븐 킹의 소설을 읽으면서 산장에서 뒹굴며 사흘을 보내는 것은 사흘 동안 무거운 짐을 지고 걷는 것과 사실상 같다. 더구나 사람마다 서로 다르게 고소에 적응한다. 이 차이는 건강한 사람과 허약한 사람의 차이와는 아무런 관계가 없다. 대개 뚱뚱하고 나이 많은 트레킹 여행자가 고소에서 덜 고생한다. 그들은 좀더 천천히 올라가고, 더 많은 휴식을 취하는 경향이 있다.

그러나 등반가나 많은 트레킹 여행자들은 탁월한 운동선수들이다. 그들은 건강 훈련 습관을 개발해왔으며 그것을 고소에도 적용한다. 건강관리의 경우라면 어떤 한계까지 더 밀어붙이면 더 얻는 것이 많아진다. 모든 진지한 등반가는 인생의 장애를 만나면 더 노력하려고 하지만 고소에서 더 노력하는 것은 잘못된 것이다. 그렇게 하면 사망에 이를 수도 있다.

비결은 멈춰 서서 뒤돌아보고, 목표로부터 한발 물러서서 며칠 동안 뒹굴며 쉬는 것이다. 나약해 보이는 것이 강해지는 비결이라는 사실을 등반가들이 이해하기란 쉽지 않다.

쿰부에서 알프스의 등반가나 길에서 만난 오스트리아 사람들 같은 트레킹 여행자들은 또 다른 어려움에 직면한다. 그들은 이미 별문제가 되지 않았던 고산병을 경험했다. 알프스는 히말라야보다 훨씬 낮다. 몽블랑은 정상이 4,807미터이며, 에베레스트의 베이스캠프보다도 낮다. 그래서 알프스의 등반가들은 경미한 고산병에 걸리고 빠르게 회복한다. "내가 몽블랑을 등반했을 때 두통이 있었지만 내려오자 증세가 사라졌다"고 그들은 말한다. 그리고 이런 경험에 의지해서 "나는 괜찮을 것이다"고 결론을 내린다.

1934년 낭가파르바트에서 독일인과 오스트리아인들은 알프스 등반가였다. 그리고 그들은 힘들다는 것 말고도 다른 어려움에 직면했는데, 그것은 트레킹 여행자와 등반가를 위험에 노출시키는 시간의 압박이다.

고소 풍토 순화는 더딘 과정이다. 등반가와 트레킹 여행자는 빨리 등반해야 할 경제적인 압박에 시달린다. 사람들은 되돌아가서 해야 할 일이 있다. 1930년대 히말라야를 오른 많은 등반가들은 이와 관계없이 부유했다. 그러나 매 원정대에는 의사, 교사, 엔지니어 등의 직업을 가진 사람들이 있었다. 큰 원정대에서 더욱 중요한 것은 포터들에게 지불해야 할 비용과 식품의 순수 경비였다.

경제적 압박은 오늘날 상업 등반이나 트레킹 원정에서 더욱 심하다. 네팔에서 에베레스트 베이스캠프로 가는 일단의 트레킹 여행자를 예로 들어보자. 그 그룹의 구성원은 트레킹 전문 여행사에 돈을 지불하고, 여행사는 사다, 텐트, 요리사 그리고 포터를 제공한다. 여행사는 빨리 베이스캠프에 갔다올수록 더 큰 이익을 챙긴다. 대부분의 트레킹 여행은 풍토를 순화하는 평균 능력에 맞는 속도로 올라간다. 일이라는 게 다 그렇듯 열두 명으로 구성된 평균 트레킹 그룹 안에 평균 이하 능력자가 한두 명 포함된다. 그러나 트레킹 그룹을 둘로 나누는 데 필요한 직원이 없다. 그래서 천천히 풍토 순화가 되는 트레킹 여행자는 나머지 다른 사람들과 보조를 맞추라는 압력 아래 놓이게 된다.

그리고 특히 그들이 아직 늙지 않았다는 것을 증명하기 위해 트레킹을 하는 중년 남자에게 어떤 종류의 남성성이 갑자기 나타난다. 그들은 그룹과 보조를 맞추어야 한다는 압박을 느낀다. 그들은 이 일생의 휴가에 많은 돈을 투자했다. 그들은 집으로 돌아가서 에베레스트 베이스캠프까지 올라가지 못했다고 말하게 되는 것을 원치 않는다. 그들에겐 여행 일정이 있고 일정이 끝나면 비행기를 타고 돌아가야 할 집과 직장이 있다. 그래서 그들은 힘들어도 꾹 참는다.

혼자 걷거나 친구와 걷는 사람들은 몸이 위험 신호를 보내면 멈추어 쉰다. 네팔에서 혼자 걷는 외국인은 거의 사망하지 않는다. 희생자는 일반적으로 그룹에서 가장 느린 사람인데, 그는 언덕 위로 마지막 몇백 미터를 몸을 질질 끌며 올라가서는 화가 난 목소리로 "나는 괜찮아" 하고 말한다. 가장 느린 사람은 남자이거나 여자일 수도 있다. 그러나 여자들은 자신이 몸이 아프다는 사실을 좀더 쉽게 받아들이는 듯하다. 어떤 남자들은 남녀 혼성 그룹, 특히 그들이 인상을 심어주려는 여성들 앞에서 자신들의 나약함을 보이는 것을 더욱 어려워한다. 사고를 당하는 사람은 일반적으로 자신의 병을 숨기려 하는 사람이다. 트레킹 여행을 인도하는 셰르파나 다른 네팔인들은 계속해서 그런 사람을 주시한다. 그들은 무슨 일이 일어날지 알고 있으며, 사고가 생기는 것을 보고 싶어 하지 않는다. 현지 산장 소유자들도 역시 이들을 주의 깊게 관찰한다. 하지만 유럽 트레킹 여행자들은 대부분 네팔인들의 말을 들으려 하지 않는다.

낭가파르바트의 독일인이 받고 있던 압박은 오늘날 트레킹 여행자가 짊어지는 모든 압박보다 더욱 강했다. 그들은 알프스의 고산 경험이 있는 탁월한 운동선수들이다. 독일인들은 자신들의 힘을 자랑스러워했고, 장애 극복에 익숙했다. 그들은 서둘렀고, 성공이 필요했다. 그들은 셰르파족의 말에 귀기울이지 않았다. 그들은 고소를 이해하지 못했고, 고소의 지식을 습득하기란 쉽지 않았다.

낭가파르바트에서 무슨 일이 일어났는지 이해하기 위해 고소에 대해 한 가지 더 알아둘 일이 있다. 능선 위에 갇히게 되면, 셰르파 포터들도 유럽 등반가와 마찬가지로 약해진다.

다르질링 포터들도 원정에서 대부분 고소 적응 문제를 겪었다. 1924년 에베레스트 원정에서 55명 중 단지 6명만 가장 높은 캠프에 도착한 것이 한 예이다. 이것은 별다른 일이 아니었다. 포터들이 열악하게 영양 공급을 받았기 때문이기도 했으나, 고소에서 몸이 아팠기 때문이기도 했다.

셰르파족과 티베트인들도 아주 높은 고소에서의 삶에 적응한 적은 없었다. 네팔에 사는 대부분의 셰르파족은 에베레스트 남쪽의 2천 미터에서 3천 미터 사이의 마을에서 살고 있다. 쿰부의 티베트인과 셰르파족은 대부분 3천 미터에서 3천8백 미터 사이에 살고 있다. 티베트와 셰르파 유목민들은 자신들의 가축을 약 5천 미터 높이에 있는 여름 초원까지 몰고 간다. 그러나 그런 때일지라도 사람에게 가장 영향을 많이 미치는 고도인 4천8백 미터 이상 되는 곳에서는 어느 누구도 자지 않는다. 셰르파족도 카트만두나 뉴욕 같은 고도가 낮은 지대로 이동할 때는 다른 사람들이 집에 되돌아올 때와 마찬가지로 풍토 순화를 거쳐야 한다. 다르질링 사람들은 2천2백 미터에서 살고 있다.

약 5천 미터에 위치한 에베레스트 베이스캠프의 고소는 인간 적응의 분기점이 된다. 6천 미터에서 7천 미터 사이 어딘가에 더 중요한 지점이 있다. 그 지점부터 인간의 육체는 지속적으로 약해진다. 이것은 티베트인, 셰르파족, 그리고 유럽인에게도 적용된다. 대부분의 사람은 충분한 시간만 주어지면 5천 미터에서도 적응해 살 수 있다. 그러나 중요한 것은 대부분의 셰르파족이나 유럽인들 모두 아주 높은 고소에서는 장애를 겪는다는 것이다. 가장 높은 초원까지는 셰르파족이나 유럽인들도 대부분 적응할 수 있다. 그 한계를 넘는 특출난 사람이 있을 수 있을지라도, 우리 모두는 인간인 것이다.

강철 같은 결단력

그들은 알프레트 드렉셀의 시신을 베이스캠프로 운반해왔다. 모든 등반가와 포터들이 장례를 치르기 위해 산에서 내려왔다. 포터들이 꽃을 꺾어왔고, 아센브레너는 "소박한 나무 십자가를 조각했다". 무덤을 파고 모든 준비가 끝났다. 여섯 명의 사히브가 만(卍)자 십자장 깃발이 덮인 드렉셀의 시신을 들것으로 운구하여 무덤까지 왔다.[10] 시신을 운구하는 사람들은 뮐리터가 사진을 찍도록 잠시 멈췄다. 베히톨트는 이렇게 기록했다.

> 오후 늦게…… 사람들의 긴 행렬이 작은 언덕을 향해 올라갔다. 빌리 메르클과 카프가 앞장서고 그들 뒤에는 우리의 사랑하는 알프레트가 친구들에 의해 운구되며 시신에는 고국의 깃발이 덮여 있다. 그 뒤에 영국 수송장교〔프라이어와 생스터〕와 다르질링 사람들 30명과 발티족 30명으로 구성된 용감한 포터들의 긴 행렬이 왔다.
>
> 빌리 메르클은 무덤가에서 연설했다. 짧은 몇 마디로 그는 알프레트 드렉셀이 목숨 바친 고상한 목적을 요약하고, 우리 원정대에 생긴 손실이 얼마나 큰가를 이야기했다. 그는 우리 생각을 슬픔에 잠긴 고향의 부모에게로 이끌고, 다시 낭가파르바트로 되돌아와서, 그곳에서 우리의 가까운 친구의 강철 같은 결단력과 함께 기꺼이 투쟁을 계속하도록 유도했다. 이와 같이 그는 우리의 마음을 더 높은 곳에 가져갔고, 이 마지막 여행에 엄격한 군인정신을 부여했다.

메르클은 철도회사의 같은 부문에서 일했기에 그의 부모를 틀림없이 알고 있었을 것이다. 철도회사의 동료 직원들이 이 원정에 모두 조금씩 돈을 기부했고 독일을 떠나기 전에 모든 등반가들에게 환송식을 열어주었다.

카프는 봄베이 소재 독일 영사로 메르클에 이어서 연설했다. 인도가 영국 식민지이므로 대사는 없었으며 카프가 독일 외교관 가운데 최고 직위였다. 그는 한편으로는 이 나라를 알고, 일처리를 도와줄 수 있는 통역자로서 원정대에 참여했다. 물론 카프는 원정 기금을 대는 정부의 목소리이자 눈 역할도 했다. 베히톨트는 그가 무덤가에서 "친구로서 그리고 독일을 대표하여 연설했다"고 말한다. "그의 연설은 주기도문으로 끝났다. 국가 상징[만자 십자장 깃발]과 삼색기가 펄럭이며 무덤 안으로 내려지고, 여기에 흙과 꽃, 그리고 상록수인 노간주나무를 덮었다. 쉰 목소리로 등반인의 노래를 합창하고 나서, 침묵에 젖은 행렬이 눈에 반사된 밝은 저녁 빛 속을 걸어 텐트가 쳐진 야영지로 내려왔다."[11]

만자 십자장 깃발, '강철 같은 결단력', '투쟁', '엄격한 정신', '군인의 매장', 1934년 독일에서 이 모든 말들은 중립적 상징과 단어가 아니다. 그것들은 군국주의, 우익, 그리고 나치를 대변하고 있었다.

산악 안내인인 페터 아센브레너를 제외하고, 낭가파르바트에 갔던 등반가는 모두 전문직 또는 사무직 종사자였다. 그들은 독일에서 나치를 지지하는 성향의 사회계층 출신이었다. 빌로 벨첸바흐는 히틀러가 권력을 잡기 이전의 준군사 거리 조직이자 행진부대인 'SA'의 장교였다. 하지만 그는 히틀러가 정권을 잡고 나서 참여했다. 나중에 벨첸바흐의 가족은 그가 다만 직업인 토목기사 자리와 뮌헨 시 당국의 토목측량사 자리를 유지하기 위해 'SA'에 참가했다고 말했다. 사실 나치가 권력을 잡기까지 벨첸바흐는 나치와 경쟁관계에 있던 우익 조직인 바이에른 국민당에서 적극적으로 활동했다.[12] 어떤 경우든 간에 벨첸바흐는 자신의 정치색 때문이 아니라 독일에서 가장 뛰어난 등반가 중 한 명이었기에 원정에 참여하게 되었다. 산에서 오르는 것이 점점 더 힘들어질 시점에서 그는 그보다 덜 정치적인 동료 등반가들보다 더 관대하고 예의 있게 행동했다.

중요한 것은 등반가의 개인적인 정치관이 아니라, 정치적 압박 또는 개인적인 야망이 등반을 하게 하는 원동력이라는 것이다. 영국의 사례가 이를 명확히 보여준다. 1922년 에베레스트에서 첫번째 등정 시도가 실패한 뒤 등반가 사이에 심각한 논쟁이 벌어졌다. 맬러리와 소머블은 다시 한번 더 정상 도전하기를 원했다. 브루스 장군은 날씨가 나빠져 희생이 있을지 모르겠기에 그 계획에 반대했다. 맬러리와 소머블은 자신들이 하고 싶은 대로 했으며 그 두번째 도전에서 일곱 명의 포터가 죽었다.

맬러리와 소머블은 나 같은 정치적 성향을 가진 사람들에게 더 매력적인 인물들이다. 브루스는 보수적인 제국주의자였다. 그는 인도 국경에서 파산족 반군 억압에 많은 세월을 보냈으며, 그는 반군을 암살하기 위해 야간 임무를 이끄는 데 선봉이었다. 반면 하워드 소머블은 대부분의 삶을 인도에서 의료 선교를 하면서 보낸 평화주의자였다. 조지 맬러리는 여성 권리와 영국에 반대하는 아일랜드 봉기를 지지하는 목소리를 낸 사회주의자였다. 그러나 우익인 브루스는 그가 이끌었던 포터들의 생명을 책임지는 구르카 장교였다. 소머블과 맬러리는 다른 무엇보다도 산을 오르기를 원했다.

낭가파르바트에서도 그것은 역시 중요한 문제였다. 그들은 얼마나 절실하게 정상에 오르려 했었을까?

독일 언론 매체는 그들의 진척 과정을 상세히 추적했다. 뮌헨을 떠난 순간부터 프리츠 베히톨트는 날마다 베이스캠프와 산에서 산을 오르는 등반가들을 필름에 담고 있었다. 등반가들은 베히톨트의 렌즈를 통해 독일의 눈길이 자신에게 쏠려 있음을 느낄 수 있었다. 등반가들은 그 영화가 독일에서 많은 관객들 앞에서 상영되리라는 사실을 알았으며, 만약 그들이 정상을 밟으면 어마어마한 사람들이 볼 것이라는 것을 알고 있었다. 그때까지 그들은 다른 동료 산악인들에게는 이름이 나 있었지만 대부분 평범한 사람이었다. 이제 그들은 한때는 치욕을 당했지만 이제는 다시 자랑스러워진 나라의 대표로서 영웅이 될 수 있었다.

메르클은 곧 다른 걱정을 하게 되었다. 이튿날 빌로 벨첸바흐가 베이스캠프에서 자기 집에 서신을 보냈다. 벨첸바흐의 전기 작가인 에릭 로버츠는 이렇게 썼다.

> '비밀'이라고 표시된 덧붙이는 글에서, 벨첸바흐는 메르클과 슈나이더 간의 유감스러운 충돌을 보고했다. 슈나이더는 드렉셀의 시신을 산 아래로 운구하고 실제 매장하는 광경을 선전용 사진으로 찍으라고 명령을 내리는 '불경한 행위'를 했다고 메르클을 비난했다. 벨첸바흐의 관점에 따르면, "그는 단지 우리 모두가 생각하고 있는 것을 말했다". 이 공개적인 반대가 메르클을 아주 분노하게 만들어 그는 "슈나이더를 원정대에서 추방"시키려고까지 했는데, 그 이유는 "모든 비난을 자신의 권위를 깎아 내리는 것으로 생각했기 때문이다…… 메르클은 점점 더 어떤 말도 받아들이지 않는 독재자같이 행동한다. 그는 엄격하고 비타협적인 태도가 마치 자신의 권위를 세우고, 벼락 출세자로서 자신이 느끼고 있는 콤플렉스를 누를 수 있다고 정말로 믿는 듯 보인다…… 발보의 일로 우리는 장엄함과 피해망상증에

대한 빌리의 환상에 대항하는 데 있어 가장 효과적인 대들보를 잃었다".[13]

벨첸바흐는 메르클의 친구였으며 알프스에서 그와 함께 등반을 했었다. 그러나 벨첸바흐가 훨씬 더 뛰어난 등반가였다. 그는 또한 박사학위를 가진 토목공학자였고, 메르클은 단지 기술전문학교 학위를 가진 육체노동자 출신이었다. 하지만 벨첸바흐가 메르클을 '벼락 출세자'라고 생각한 또 다른 이유가 있다. 낭가파르바트 원정은 메르클의 생각이자 꿈이기 이전에 벨첸바흐의 생각이자 꿈이었다. 메르클이 이미 한 번 원정대를 이끌었고 또 다른 원정대를 모을 수 있었기에 벨첸바흐가 이번에는 남의 밑에 있게 되었다. 하지만 지금 그는 메르클의 무능력한 지도력에 분노하고 있다.

압박과 무지

드렉셀의 장례식이 끝난 이튿날 사다인 레이와아, 영사인 카프, 그리고 영국 연락장교인 프라이어가 발티족 포터 20명을 데리고 산을 올라 제4캠프까지 짐을 나르기 시작했다. 나머지는 아래 남아서 무덤을 정비했다. 그들은 거대한 바위로 분묘를 만들고 그 위에 흙을 덮고, 맨 위에 꽃을 심었다. 그리고는 그들은 레이와아와 발티족이 어떻게 일하는지를 지켜보며 기다렸다.

왜 그들이 기다렸는지도 불분명하다. 2년 전에 그랬던 것처럼 긴급 사항이 있었던 것 같지는 않다. 며칠 뒤 레이와아가 발티족 포터들과 산에서 내려왔다. 그는 암석 노출면의 눈사태 쪽에서 불어오는 바람이 제

1캠프의 텐트를 덮쳐 쓰러뜨렸다고 말했다. 이것이 발티족 포터들을 놀라게 한 것 같다. 어찌되었든 간에 포터 열 명 가운데 일곱 명을 선발하여 제4캠프까지 짐을 나르라고 하자, 그들은 너무 아프고 현기증이 나서 갈 수 없다고 했다. 나머지 셋은 제3캠프 이상은 운반할 수가 없었다.

의사 베르나르트는 발티족 포터들을 검진해보고 자기 소견으로는 건강하다고 했다. 그래서 레이와아는 그들 가운데 여덟 명을 해고하며, 그들에게는 귀중한 고소 등반 장비를 반납하게 하고 집으로 돌려보냈다.

제2캠프의 프라이어에게서 다르질링 사람인 파상Ⅱ가 '기관지 카타르와 류머티즘'으로 매우 아프다는 전갈이 왔다[14](낭가파르바트에는 세 명의 파상이란 이름을 가진 사람이 있었는데 파상 키쿠리, 파상 픽처, 그리고 파상Ⅱ라고 불러 정확하게 구분했다).

의사 베르나르트는 아픈 사람을 데리고 내려오는 대신 또 제2캠프로 달려갔다. 베르나르트는 파상의 상태를 보자 곧 하산시켰다. 파상Ⅱ는 그래서 목숨을 건졌다.

베이스캠프에 있던 메르클은 참파(tsampa)가 소진되었다는 사실을 알게 되었다. 참파는 볶은 보리 가루로 전통적인 티베트의 주식이자 이 원정에서 다르질링 포터들의 산악 식품이었다. 참파는 탁월한 고산 식품이다. 쌀이나 밀가루처럼 참파는 무게에 비해 많은 열량을 낸다. 또 쌀과 밀가루와 달리 고산에서도 요리하기가 쉽다. 단지 뜨거운 물에 타면 배를 채워주는 걸쭉하고 맛있는 죽을 먹을 수 있다. 참파는 아직도 쿰부에서 아주 추운 겨울에 즐겨먹는 아침 식사로 남아 있다.

그러나 베이스캠프에 참파가 남아 있지 않았다. 빌로 벨첸바흐는 이 사실에도 역시 화를 냈다. 하지만 그는 참파가 없더라도 정상 정복을 곧

할 수 있는 충분한 식량이 있다고 생각했다.

메르클은 그렇게 생각하지 않았다. 사히브들은 베이스캠프에서 카슈미르로부터 참파가 오기를 기다리며 며칠을 보냈다. 마침내 참파가 도착했다. 6월 22일 드렉셀의 장례를 치른 뒤 11일이 지나 그들은 출발 준비를 마쳤다. 산을 오르기 바로 직전에 벨첸바흐는 고향의 가족에게 글을 썼다.

공격은 두 그룹으로 진행될 것이다. 제1진은 메르클, 벨첸바흐, 슈나이더, 아셴브레너, 뮐리터이고 제2진은 빌란트, 베르나르트, 쿤, 생스터이다. 제1진은 원래 오늘 출발하기로 계획되었다. 하지만 메르클과 베히톨트가 베이스캠프에서 나올 수 없어서 내일이 되어야 우리와 합류하게 된다. 이런 식으로 우리 전진이 또다시 지연될 것이다. 메르클은 아직도 무엇이 문제이고, 전체 원정의 성공은 적극적인 조치를 취하는 데 달려 있다는 점을 이해하지 못했다고 나는 믿는다. 그렇게 하지 않으면 우리는 정상에 오르지 못하고 집으로 돌아갈 것이며 메르클은 17만 5천 마르크, 어쩌면 20만 마르크나 되는 돈으로 무엇을 성취했는지 해명하도록 소환될 것이 뻔하다(원정 수행에 그 정도로 많은 돈이 들었을 것이다). 그에게는 베이스캠프에서 현재 편지를 쓰는 일이 정상을 향해 전진하는 것보다 더 중요한 것 같다. 그는 등정하든지 아니면 높이 올라가 죽든지 해야 할 시점에 언젠가 포기해야만 할 관리의 역할을 하는 것을 즐기는 것 같다……

너희들은 내가 왜 이런 말을 하는지에 의아해할 것이다. 나는 이것을 내 일기장에 기록하기를 원치 않는다. 일기가 누구 손에 들어갈지 아무도 모르기 때문이다. 메르클은 발보의 일기장을 곧바로 가져갔다.[15]

편지 쓰기를 마치고 벨첸바흐, 슈나이더, 아센브레너, 뮐리터와 11명의 포터가 베이스캠프를 출발했다. 한스 히에로니무스는 캠프대장으로 경비 지출 담당이었다. 등반가들이 출발할 때 히에로니무스는 축음기로 그들을 위해 행진곡을 틀어주었다. 음악 소리가 청명한 대기를 타고 산 위까지 멀리 들렸고 그들의 유쾌한 요들 가락이 아래쪽으로 흘러갔다. 슈나이더는 이렇게 썼다. "우리가 돌아올 때는 패배자 아니면 승리자가 될 것이다. 우리는 승리자가 되기를 희망했다."[16]

앞으로 일어날 모든 비극의 요소가 이제 갖추어졌다. 메르클은 개인적인 압박에 시달렸고 갈라진 원정대를 이끌고 있었다. 그는 강철 같은 결단력이란 정책을 선택했다. 그리고 정상에 이르는 루트는 고소의 긴 능선에서 여러 날을 있어야 했는데, 그 영향을 메르클과 그의 동료들은 이해하지 못했다.

나흘 동안의 등반 뒤에 사히브와 포터 1진은 제4캠프에 머물렀다. 그곳에서 그들은 라키오트 봉우리를 마주했다. 능선까지 비교적 안전한 루트를 택했기에 그들은 이 봉우리의 반대편에 있게 되었다. 이 봉우리는 그들과 낭가파르바트 사이의 능선 중간에 솟아 있었다. 그들은 그 봉우리를 돌아서 아래로 트래버스(traverse, 암벽이나 빙벽 또는 눈에 덮인 비탈을 Z자 모양으로 오르는 것/옮긴이)하는 길을 찾아야 했다. 6월 26일에 사히브 네 명과 포터 다섯 명이 루트를 찾으러 출발했다. 그날 그들은 실패했다. 다음날 사히브들이 제3캠프에 짐을 더 가지러 내려간 포터들을 기다리는 동안 메르클과 베히톨트가 합류했다.

6월 28일 포터들이 다시 돌아왔다. 그들과 함께 빌란트, 영국군 대위 생스터, 그리고 여러 명의 포터들로 구성된 정상 도전 2진이 도착했다.

그들은 며칠 전에 출발했는데 쿤은 몸이 조금 좋지 않아 제3캠프에 남겨두었다. 다음날 아침 포터가 와서 쿤이 굉장히 아픈 것 같다고 이야기했다. 베르나르트 의사는 제4캠프에서 재빨리 스키를 타고 내려가서 쿤을 베이스캠프로 데리고 내려가도록 발티족 포터 둘을 준비시켰다. 그리고 베르나르트는 제4캠프로 다시 올라갔다. 그는 드렉셀이 자신이 보는 앞에서 죽어가는 것을 보았고, 파상II와 쿤도 거의 죽을 지경에 이르렀다. 베르나르트는 제4캠프에 올라가 희박한 공기가 육체에 미치는 영향을 두 눈으로 보았다. 그가 인도에 도착했을 때에는 고소를 이해하지도 이해할 수도 없었다. 이제 그는 고소의 영향을 알게 되었으며 근심이 되었다.

제4캠프에 도착한 지 닷새가 되는 아침에 모든 사히브와 포터들은 라키오트 봉우리 아래를 트래버스할 준비를 마쳤다. 의사 베르나르트는 모든 등반가들에게 공식적으로 연설을 했다. 그는 온 힘을 다해 그들에게 고소의 위험성을 각인시키려 했다. 그리고 그는 말했다. "나는 여러분 모두가 나에게 한 가지만 약속해주기 바랍니다. 조금만 더 가면 도움이 없이는 되돌아올 수 없을 것이라고 생각이 들 때 여러분들은 멈춰야 합니다. 그것을 나에게 약속하십시오." 한 사람 한 사람씩 사히브들은 의사에게 공적으로 약속했다. 그런 다음에 포터 한 사람이 앞으로 나와서 메르클의 목에 의례용 비단 스카프를 걸어주었다. 두번째 포터는 눈 속에 무릎을 꿇고 메르클의 발에 키스하여 경의를 표했다. 그들은 출발했다. 그날 오후 6,690미터에 있는 라키오트 봉우리 바로 아래 지점에 제5캠프를 설치했다. 그들은 K2와 무스타그가 속한 북쪽 먼 곳에 펼쳐진 카라코람 산맥을 바라볼 수 있었다.

그후 이틀 동안 독일 등반가들은 라키오트 봉우리 아래 빙벽의 가파른 부분을 위로 트래버스하는 루트를 서로 교대해가며 뚫었다. 짐이 없는 그들은 하켄, 아이젠, 피켈을 갖추고 노출면을 트래버스해서 아주 쉽게 등반할 수 있었다. 하지만 그들은 20킬로그램의 짐을 진 포터들이 안전하게 따라오도록 해야 했다. 포터들은 얼음 위에서 버틸 수 있게 해주는 하켄이 없었다. 루트의 많은 구간은 한번 미끄러지면 수백 미터 아래로 떨어져서 죽을 수밖에 없는 곳이었다. 그래서 사히브들은 포터들이 밟고 서 있을 수 있게 얼음 위에 스텝을 깎아주었다. 그들은 제5캠프의 바로 위에 있는 가장 가파른 지점에 고정 자일을 설치했다. 포터들은 안전하게 이 자일에 매달릴 수 있고 필요하면 스스로 위로 올라갈 수도 있었다.

그들은 60미터 길이의 고정 자일 세 개, 총 길이 180미터의 자일을 설치했다. 지금 들으면 별것 아니라는 생각이 든다. 오늘날의 상업적인 원정대는 에베레스트 등반 때 쿰부의 빙폭을 지나 사우스 콜의 로체 벽 위까지 이르는 길에 몇백 미터의 자일을 잇달아 설치한다. 포터와 등산가들은 도구로 이 자일을 이용해 손쉽고 안전하게 위로 올라간다. 하지만 1934년에 이렇게 많은 자일을 설치하는 일은 프리츠 베히톨트에게 영웅적이기도 하고 극단적인 듯이 보였다.

7월 4일 사히브와 포터들이 제5캠프에서 출발해 고정 자일 위로 올라갔다. 베히톨트는 포터들이 어떻게 그것을 받아들일지 약간 긴장했다. 그가 생각하기로 이는 다르질링 사람들에게 심각한 시험대였다. 그러나 "내가 숨을 고르기 위해 쉬는 동안에 뒤를 돌아볼 때마다 바로 아래서 미소를 짓고 있는 열의에 찬 얼굴을 보게 되었다".[17]

그들은 급사면의 반대편에 제6캠프를 만들었다. 그들이 텐트를 세우고 났을 때 정상의 구름이 걷혔다. 포터와 사히브들은 모두 텐트 치는 작업을 중지하고 함께 서서 조용히 낭가파르바트를 바라보았다.

남쪽으로 능선이 그들 앞에 펼쳐졌다. 처음에는 하얀 눈이 덮인 넓은 고래등 모양인데 저점을 향해 아래쪽으로 경사져 있으며 거의 비슷한 거리만큼 약간 더 가파르게 솟아올랐다. 그들이 '실버 새들(Silver Saddle, 은 안장이라는 뜻/옮긴이)'이라고 부른 눈 덮인 평평한 남안부의 양편 꼭대기에는 마치 뾰족한 귀처럼 보이는 검은 바위 봉우리 두 개가 솟아 있었다. 안장 고개를 넘어 그들은 어느 정도 내려가야 하고 그리고 나서 마지막 정상 능선 쪽으로 왼쪽으로 급하게 돌아야 했다. 그들은 그것을 지금 서 있는 곳에서 조금도 볼 수 없었다. 그 루트는 '실버 새들'에 의해 감추어져 있었다. 하지만 그들은 남안부 왼쪽으로 능선 위에 솟은 첫 번째 꼭대기와 그 너머로 최종 목표인 정상을 볼 수 있었다.

그들을 모두 매혹시켰던 것은 거대한 바위와 빙벽으로 이루어져서 풀과 나무가 있는 곳에서부터 정상까지 3천 미터 넘게 거의 수직으로 솟은 절벽이었다. 하지만 그들은 그 절벽 같은 곳은 등반하지 않아도 되었다. 그들의 갈 길은 문제없어 보였다. 어려운 등반은 끝이 났다.

앙 체링은 에베레스트는 매우 오르기 어려운 산이었지만, 캉첸중가가 더 어려웠다고 술회한다. 낭가파르바트는 라키오트 봉까지 가서 그 봉우리를 돌아가야 하기 때문에 가장 등반하기가 어려웠다.

그날 밤 베히톨트는 메르클, 벨첸바흐, 그리고 빌란트 등 비흡연자 셋과 텐트를 같이 썼다. 비흡연자들이 그가 담배를 피운다고 불평을 해대 슈나이더와 아셴브레너가 있는 텐트로 가서 같이 지냈다. 이 세 사람은 행복하게 함께 담배를 피웠다.

메르클의 오판

빌리 메르클은 그 이튿날 가능한 사람들은 누구나 정상을 향해 나아가기로 결정했다. 그는 그 결정을 베이스캠프에서 내렸으며 그것을 고집했다.

앙 체링의 생각으로는 그의 고집이 이어 발생한 비극의 중요한 원인이었다. 앙 체링은 1934년에 이미 다섯 번이나 주요 원정에 참여했던 베테랑 히말라야 산악인이었다. 그의 의견은 무게도 있고 사실과도 들어맞았다.

그때나 오늘날이나 히말라야 거봉을 등반하는 보편적인 방법은 캠프를 한 줄로 세우고 짐을 위쪽 캠프로 옮기는 것이다. 선발대가 길을 뚫으며 지칠 때쯤 캠프를 세우고, 2진이 올라올 동안 하산한다. 2진이 휴식이 필요하면 3진이 올라가게 될 것이다. 등반가와 포터들은 앞서거니 뒤서거니 하며 산을 올라가게 될 것이다.

이 방법의 가장 큰 장점은 안전이었다. 어떤 문제가 발생하면, 앞서가던 등반가는 밑에 있는 캠프로 후퇴하여, 동료를 만나 음식과 물을 얻을 수도 있다. 또 병이 나거나 부상당해 아래 캠프에 가면 그곳에는 베이스캠프로 내려가서 휴식을 더 취할 수 있게 도와줄 사람이 있다. 만일 그들이 한 캠프도 내려갈 수 없다면 도움의 손길이 올 때까지 기다릴 수 있다.

"대장은 뒤에서 이끌어야 해. 그는 베이스캠프 주위에 머물면서 물건들이 위로 잘 올라가는지, 짐 나르기(ferrying)가 잘 되고 있는지 확인해야 해."(앙 체링은 네팔어로 이것을 설명하기 위해 ferry라는 영어 단어를 사용한다.)

제4캠프부터 메르클은 이 체계를 포기했다. 그는 모든 사람들이 함께 나아가도록 밀어붙였다. 그는 짐을 관리하기 위해 뒤에 남지 않고 다른 대원들과 계속해서 올라갔다. 그들은 라키오트 봉우리 바로 밑에 있는 제6캠프에서 능선을 걸어 내려가서 '실버 새들' 안부 쪽으로 다시 올라간 뒤, 조금 내려가서 첫번째 꼭대기에 이르고, 다음에 최종 목표인 정상에 다다른다는 계획이었다. 이 계획대로라면 정상까지 오르는데 제6캠프에서 족히 사흘은 걸릴 것이다. 만일 후퇴를 해야 한다면 되돌아올 수 있는 텐트는 있을 것이다. 하지만 그 텐트에는 음식과 물도 없고, 연료도 없으며, 친구도 침낭도 담요도 없을 것이다. 전체 정상 정복조는 이런 보급품까지 운반해가야 했다. 무엇인가 잘못되면 길고 높은 능선 위에서 고립되게 될 것이다.

신중한 앙 체링은 메르클이 왜 이런 결정을 내렸는지 확실히 알 수 없다며, 추측하려 하지 않았다. 그러나 우리는 추측할 수 있다.

한 가지 이유는 시간이었다. 드렉셀의 죽음, 발티족의 발병, 그리고 참파의 부족으로 3주를 낭비해야 했다. 낭가파르바트에서 우기는 예측이 불가능하고 오지 않을 수도 있다. 그러나 한편으로는 우기가 올 수도 있는 것이다. 메르클은 또한 정치적, 개인적 압박에 시달렸다. 산에다 그가 갖고 있는 모든 것을 거는 것이 정상에 오르는 가장 가능성 있는 길이었다. 그리고 빌리 메르클은 자신이 직접 정상을 밟고 싶었을 것이다. 그는 오랫동안 낭가파르바트를 꿈꾸어왔다. 그는 분명히 지금 힘이 약한 등반가 축에 포함되어 있었다. 아센브레너와 슈나이더가 라키오트 봉 주변에서 대부분의 루트 탐색과 고정 자일 설치 작업을 수행해왔다. 빌로 벨첸바흐 역시 점점 더 굳세지고 있었다. 베히톨트는 벨첸바흐를 이렇게 평했다. "지칠 줄 모르는 그는 아무도 하려 하지 않는 일을 달게 할 준비가 되어 있었다."[18] 만일 소규모 정복조를 정한다면 이들 세 사람 중 두 명으로 구성되었을 것이다.

이와 비교해서 메르클은 잘해 나가지 못하고 있었다. 고정 자일을 설치하던 두번째 날에 베히톨트는 "첫번째 자일 쐐기못에서 메르클을 따라잡았다. 그는 숨을 심하게 헐떡거렸으며, 심한 기침으로 곤란을 겪고 있었다. 하지만 그는 정말 고갈되지 않는 힘의 원천이었다…… 이때 나는 그가 추위에 무감각한 것에 놀랐다. 나는 털장갑을 끼고 있었음에도 오른손가락 몇 개가 칼날 같은 북풍으로 동상에 걸려 있는 반면에, 그는 손에 아무런 보호 장구도 없이 작업을 계속해 나갔다".[19]

이는 순전히 의지력에 의지하는 강하고 훈련된 사람에 대한 묘사이다. 하지만 그는 다른 사람들과 비교하면 여전히 약했다. 만일 등정을 멈추고 지원 캠프를 지킬 사람을 정한다면 바로 메르클이 되었을 것이다. 만일 자신이 계속 오르는 것으로 결정한 다음, 등반에 적합한 사람을 지원 역할로 남겼다면 분명 심각한 분란이 일어났을 것이다. 그래서 메르클이 정상에 오르려 한다면 모든 사람과 함께 가야만 했다.

마지막으로 내 생각으로는 고소에서 부딪히는 문제의 정도를 메르클이 전혀 이해하지 못했다. 그의 관점에서 어려운 등반은 이제 끝이 나 있었다. 그가 보기에 앞으로 할 일은 알프스 기준으로 하루와 반나절, 기껏해야 이틀이면 끝낼 수 있는 일이었다.

악몽의 시작

7월의 다섯번째 날 아침이 밝아올 때 등반가들은 정상까지 사흘 걸릴 것이라는 계산을 했다. 남아 있는 16명의 포터 가운데 세 사람이 병이 났다. 앙 텐징, 팔텐, 그리고 니마(이 사람은 다른 니마이다. 항상 명랑하며 에베레스트의 높은 곳까지 등반한 니마 도르제는 여전히 잘하고 있었다) 세 사람이었다. 세 포터는 하산을 요청해 허락을 받았다. 사히브 여섯과 나머지 열세 명의 포터가 출발했다. 그들은 능선을 걸어 조금 내려갔으며, 그리고는 완만하게 솟은 넓은 고래등 위로 올라갔다. 바닥에는 눈이 깊게 쌓여 있었다. 반대편 쪽 고래등 밑에서 턱과 돌출면 때문에 사람 얼굴을 닮아 보이는 15미터 정도의 바위를 발견했다. 그들은 그 바위에다 검은 피부의 북아프리카인을 가리키는 옛말을 따서 '무어인의 머리'라는 이름을 붙였다. 눈 덮인 광활한 흰 공간에 있는 거대한 검은 얼굴은 구름이 몰려왔을 때 돌아가는 길을 알려주는 안내자가 될 것이다.

'무어인의 머리' 아래로 얼음 위에 얇게 눈이 깔린 가파른 내리막이 밑으로 120미터 정도 넓게 펼쳐져 있었다. 앞선 등반가가 눈과 얼음 속의 스텝을 깎아주면 포터들이 조심스럽게 길을 따라 내려갔다. 그들은 길고 단단한 눈이 쌓인 완만한 능선을 따라 언덕 아래로 내려갔다. 그들 아래의 경사면은 구름에 가려 있었다. 그곳에는 눈이 내리고 있었으나, 능선 위는 쾌청했다. 능선의 낮은 곳에 다다라 그들은 '실버 새들' 쪽을 올려다보았다.

그들이 본 것을 묘사하는 것은 쉬운 일이 아니다. 그들이 찍었던 사진이 남아 있다(사진 22 참조). 히말라야에 들어맞는 말을 찾기란 항상 어렵다. 사진에서 눈부신 눈과 너무 뚜렷하게 대조를 이루어 바위들은 검게 보인다. 계곡의 절벽을 쳐다보고 나서, 눈길을 다른 곳으로 돌려도 눈에는 여전히 검은 바위의 잔상이 남는다. 하지만 계곡을 주의 깊게 바라보며 무슨 색으로 그림을 그릴까 구상해보거나 계곡에 가까이 다가가면 절벽은 온통 갈색과 회색의 색조를 띠고 있음을 보게 된다. 가장 가파른 장소들이 가장 어두운데 그곳에는 눈이 쌓일 수 없기 때문이다. 그러나 여기에도 암벽을 가로지르는 흰 눈의 가는 선이 희미하게 있고, 또 작은 붕대 같은 하얀 눈밭 한 조각이 있다.

약간 경사가 덜한 곳에는 거대한 슬래브처럼 눈 위에 눈이 또 내려서 깊이 쌓인다. 여기에 계속해서 수천 수만 톤의 눈이 떨어져 눈사태가 일어나는 단층이 있고, 그 아래로는 깨끗하고 날카로우며 변형된 얼음 절벽이 있다.

시야는 사람들을 속인다. 밑에서 보면 모든 절벽과 산은 오르기 쉬워 보인다. 공기가 희박하고 깨끗해서 모든 것이 가까워 보인다. 그러나 그 거리는 눈에 보이는 대로 믿을 수가 없다. 그리고 올라갈 때는 방금 떠나온 아래가 아주 멀리 떨어져 보인다. 그래서 사람들은 항상 많은 거리를 올라왔으니 이제 정상에 거의 다 왔다고 생각한다.

등반가들이 위를 쳐다보았을 때, 그들이 따라가고 있던 능선 왼쪽으로 분노한 듯한 바위가 깎아지르는 2천 미터 높이의 루팔 벽이 있었다. 그 벽면은 왼쪽 더 멀리로 솟아 뻗었다가 사라져갔으며, 바위덩이는 우람했고 바위 사이로 빙하가 흘러내렸다. 이 절벽 꼭대기에는 두껍게 쌓인 눈이 코니스(처마 모양으로 얼어붙은 눈더미/옮긴이)를 이루어 벼랑에 밀려 나왔다. 그보다 위쪽과 왼쪽으로 더 멀리 최종 목표인 정상이 있었다.

그들 바로 앞에 첫번째로 펼쳐진 것은 눈이 안전할 만큼 넓게 쌓인 구불거리는 능선이었다. 그리고 능선은 가팔라졌다가, 눈이 두텁고 뒤범벅된 경사면으로 이어졌다. 그 경사면 위에 '실버 새들'이 푸른 하늘과 맴도는 구름을 배경으로 빛났다. 안장은 두터운 눈으로 덮여 평평하고 길게 뻗은 곳으로, 편히 쉴 수 있으리라 생각할 만한 장소였다. 그곳에 도착하면 사람들은 정상을 향해가는 왼쪽 길을 볼 수 있을 것이다. 눈 쌓인 안장 양편, 안장 머리 부분과 안장 뒷부분에 해당하는 곳에 검은 두 봉우리가 있었다. 안장 뒷부분에 위치한 왼쪽 봉우리는 단단하고 둥글었다. 오른쪽 안장 머리 부분 봉우리는 울퉁불퉁한 거친 엄지손가락처럼 생겼으며 하늘로 솟아 있었다.

그들은 등반을 시작했다. 아래 경사면에서 구름이 밀려 올라왔고 그들을 덮었다. 그들은 숨을 쉬기 위해 여러 번 멈췄다. 결국 그들은 7,184미터 높이에서 '실버 새들'의 정상 부분과 저점 사이 중간 지점에 있는 테라스 형태의 넓고 평평한 곳에 제7캠프를 세웠다. 그들 주위의 눈이 물결치는 모래 언덕처럼 쌓여 있어서 그들은 그곳에 '생크림'이라는 이름을 붙여주었다.

날이 어두워지자 구름과 안개가 걷혔고, 그들은 다시 정상을 볼 수 있었다. 베히톨트는 "우리의 초인적인 노력이 있다면 내일 또는 모래쯤이면 거대한 봉우리가 우리에게 정복될 것이다"[20]라고 생각했다. 그들은 어두워지기 전에 잠자리에 들었다.

6천7백 미터가 넘는 고소에서 보내는 세번째 밤이었다. '실버 새들'은 겨우 270미터 위에 있었으며, 정상은 보통의 경우라면 두 시간이면 오를 수 있는 940미터 위에 있었다.

다음날 아침에 출발 준비를 마쳤을 때 툰두와 누르부가 고산병으로 아프다고 말했다. 사히브들은 그들을 보자 정말 아프다는 것을 알 수 있었다. 아셴브레너, 슈나이더, 빌란트, 그리고 벨첸바흐는 모두 힘이 넘쳐났고 정상에 오를 수 있을 것 같았다. 메르클은 대장이었다. 여섯번째 사히브인 베히톨트가 툰두와 누르부를 안전지대로 데려가도록 뽑혔다.

그는 내려가는 것이 마음에 내키지 않았지만 정상 정복 팀을 지원하기 위한 더 많은 보급품을 가지고 곧바로 다시 올라올 수 있으리라 생각했다. 베히톨트는 다른 사히브와 악수를 나눈 뒤에 하산하기 시작했다. 그는 뒤를 돌아보기 위해 계속 멈췄다. 그는 아셴브레너, 슈나이더, 그리고 벨첸바흐가 '실버 새들' 정상 근처에서 맨 앞에 있는 것을 보았다. "찬란한 아침의 구름 한 점 없는 푸른 하늘에 세 개의 작은 검은 점."

베히톨트와 함께 내려가는 두 사람은 곧 상태가 심각해졌다. "병이 난 포터들은 일 분이 멀다 하고 눈 위에 주저앉았으며, 나는 계속해서 다시 일으켜 세우는 데 굉장히 애를 먹었다."[21] '무어인의 머리'로부터 120미터를 내려오자 길이 쉬워지는 듯했다. 이제 베히톨트도 고산병이 있는 사람이 산에 있는 것이 얼마나 힘든 일인지를 이해할 수 있었다. '무어인의 머리'까지 올라가는 데 두 시간이 걸렸다. 그리고 라키오트 봉우리 아래로 가파른 빙벽을 트래버스했다. 고정시켜놓은 자일을 잡고 베히톨트가 선두에 서고, 누르부가 가운데, 그리고 툰두가 마지막으로 내려왔다. 툰두가 기운을 잃고 미끄러져 떨어졌다. 누르부가 그를 잡았다. "그러나 그들이 하산을 계속할 수 있는 기력을 되찾는 데 오랜 시간이 필요했다"고 베히톨트가 말했다. "나의 온 힘을 다해 다그치고 끊임없이 부축해 자일 아래로 가련한 두 사람을 데리고 내려왔다."[22]

세 사람이 제5캠프에 도착했으나 텐트 주위에는 두터운 눈이 깊게 쌓여 있었다. 그들이 능선 위에서 맑은 날씨에 잘 지내고 있었을 동안 이곳에는 엄청난 눈이 며칠 동안 내렸음이 틀림없었다. 베히톨트는 제4캠프까지 무거운 발걸음으로 내려갔다.

우리는 갑자기 짙게 퍼붓는 눈에 휩싸였다. 만들어놓은 길은 죄다 눈에 덮였다. 우리는 시야가 어두운 곳에서 길을 계속 잃어버렸다. 종종 나는 눈 속에 주저앉아서 잠을 자려는 포터들에게 모질게 굴어야 했다. 퍼붓던 눈이 눈보라로 바뀌고 다가오는 밤은 점점 더 위험해졌다…… 이제는 우리 목숨이 위험했으므로 나 자신의 피로는 사라지고 전투하는 심정이 되었다. 병든 사람들은 그들 능력의 한계에 와 있었다.

베히톨트는 퉌두와 누르부가 그날 밤을 넘기지 못할 것으로 보았다. 그들을 살릴 수 있는 길은 혼자서 빨리 내려가 도움을 청하는 것이라고 생각했다. 그는 제4캠프가 가까운 어딘가에 있다는 것을 알고 있었다. 그는 혼자 나아가 도와달라고 소리를 질렀다. 마침내 대답하는 소리를 들었다. 바람이 구름을 잠시 걷었고, 베히톨트는 다가오는 베르나르트와 뮐리터를 보았다.

그는 그들을 포터들이 있는 곳으로 데리고 갔고 퉌두와 누르부는 어두어졌을 때 제4캠프의 텐트에 놓일 수 있었다. 누르부는 베르나르트가 와서 주사를 놓았지만 깨어나거나 반응하지도 않고 이틀 동안 잠만 잤다.

뮐리터와 베르나르트는 그들 위에서 무슨 일이 벌어지고 있는가를 베히톨트에게 물었다. "내일 정상을 정복한다"고 베히톨트가 이야기했다. 위쪽 날씨가 쾌청했던 나흘 동안 제4캠프에는 눈이 굉장히 많이 내렸다. 그들은 위쪽 날씨가 어떤지 알 수 없었다. 베르나르트와 뮐리터는 정상 정복조를 지원하기 위해 보급품을 나르려고 했다. 하지만 제4캠프에 몇 명 남은 포터들은 모두 병이 났거나 극도로 지쳐 있었다. 이틀 전에 몸이 아파 내려왔던 앙 텐징만이 다시 위로 올라가겠다고 했다. 레이와아가 그와 함께 짐을 운반하겠다고 자원했다. 이것이 사다의 책무는 아니었지만 누군가가 그 일을 해야만 했다. 3년 전 동상 후유증으로 발가락을 절단한 레이와아는 자신을 위험 속에 빠뜨리고 있었다. 하지만 그는 강하고 책임감 있는 사람이었다. 지금 사히브들은 위에 있는 사람들을 걱정하지 않았지만, 레이와아는 걱정하고 있었다.

그날 밤 눈이 다시 엄청나게 내렸다. 앙 텐징, 레이와아, 베르나르트 그리고 뮐리터가 제5캠프를 향해 일찍 출발했다. 그들은 막 내린 높이 쌓인 눈 위에 넘어지고 뒹굴며, 더 이상 나아갈 수 없어 두 시간 후에 제4캠프로 되돌아왔다. 적어도 하산하는 사람을 도울 누군가가 있어야 하기 때문에 내일은 짐 없이 제5캠프까지 가봐야 할 것 같다고 서로 이야기를 나누었다. 밤새 바람이 몹시 불었고, 눈이 내렸다. 아침이 되었으나 위로 올라갈 수 있는 가능성이 전혀 보이지 않았다. 위에 있는 사람들은 아무런 도움도 받을 수 없이 고립되었다.

6. 폭풍

전환점

베히톨트가 툰두와 누르부를 도와 하산시키려고 떠난 시점에 사히브 다섯과 포터 열한 명은 제7캠프 장소인 '생크림'에 머물고 있었다. 원정대는 처음에 셰르파족 15명, 티베트인 19명으로 이루어진 34명의 포터들과 함께 출발했다. 방금 아파서 내려간 두 사람은 이름으로는 구별하기 힘들지만 티베트인이거나 셰르파족이었을 것이다. 하지만 마지막 도전 때 남은 11명의 포터는 모두 셰르파족이었다. 그들 가운데 앙 체링, 키타르, 다크시, 니마 노르부, 이 네 사람은 원래 티베트로 가는 길의 낭파라 고개에 있는 타메 마을 출신이었다. 다 툰두, 핀조 노르부 그리고 니마 타시, 세 사람은 쿰중 마을 출신이었다. 그리고 가이라이는 셰르파 지역에서 비교적 낮은 곳인 솔루 출신이었다.

빌리 메르클은 티베트인 대신 그들을 선택했다. 앙 체링은 티베트인들이 나이가 좀더 많았으며 셰르파족 가운데 많은 사람들이 1924년 에베레스트 원정 경험자였기 때문이라고 말한다. 그가 생각하기에 메르클이 셰르파족을 선택한 이유 중 하나는 그들의 등반 경험 때문이었다.

메르클은 영국 등반가 사이에 퍼진 일반적인 경향을 따르고 있었다. 브루스 장군은 중간 산악지대 출신의 네팔인인 구르카 포터와 함께 등반을 시작했으나, 그들은 단지 높이 오를 뿐임을 알게 되었다. 1921년경에 브루스는 대부분 티베트인을 고용했다. 1930년대와 1940년대에 영국인들은 티베트인보다 셰르파족을 선호하기 시작했고, 1950년에 이르러서는 원정대에 티베트인이 거의 고용되지 않았다.

인도의 영국인은 다른 상류계층 사람들과 마찬가지로 세상을 계급에 따라 보는 경향이 있었다. 그들은 어떤 계층은 천성이 어떤 일에 적합했지만 다른 계층은 그러지 않았다고 여겼다. 영국인들은 특히 그들 군대의 병사들에 관심이 많았다. 그들은 그들 나름대로 계급 이론을 개발하여 어떤 타입의 인도인은 타고난 군인이거나 '호전적 종족'[1]이라고 말했다. 영국 장교들은 키가 크고 피부가 덜 검은 사람들이 호전적인 종족이라고 생각했다. 그래서 그들은 북부 출신, 특히 파탄족과 펀자브 지방 사람들과 네팔인을 징집했다. 이와 같은 추론에 따라 영국인은 다리트(불가촉천민)와 브라만의 징집을 피했는데, 영국인은 그들을 각각 무기력함과 도도함의 상징으로 보았다.

티베트인들도 호전적인 종족이지만 징집에서 제외되었다. 문제는 그들이 너무 호전적이라는 점이었다. 그들은 자존심이 매우 강했으며 명령에 복종하지 않았다. 오늘날 서양에서 티베트인의 일반적인 인상은 조용하고 비폭력적인 사람들이라는 것이다. 이것은 현재 달라이 라마의 성품과 가치관이 투영된 것이다. 어떤 티베트인들은 물론 그와 비슷하다. 하지만 대부분은 그렇지 않았다. 전통적으로 티베트는 느슨하게 통치되고 인구가 희박한 나라였다. 국민의 대부분은 유목민이었으며, 세계 어디서든 목동들은 서로의 가축을 훔치게 마련이다. 티베트에서도 도둑질은 흔했다. 거대한 수도원이 서로간에 전쟁을 불사했으며, 수도원들은 승병으로 구성된 자체 군대를 보유했다.

오늘날 쿰부에서 그 괴리를 확인할 수 있다. 티베트로 가는 낭파라 고개는 일반 티베트인이나 네팔인에게는 개방하지만, 관광객이나 피난처를 구하는 사람들에게는 개방하지 않는다. 티베트 마을 주민들은 고개를 넘어 남체에서 교역을 한다. 그들은 매력 있고, 재치 넘치며, 멋지다. 그러나 사람들은 그들에 대해 "조심하시오"라고 말한다.

쿰부의 셰르파 사람들은 티베트 남자들이 칼을 두 자루씩 갖고 다닌다고 말한다. 하나는 양말 속에 넣어두었다가 재빨리 뽑아서 상대의 배를 찌르기 위해 사용하고, 또 하나는 허리에 차고 있다가 상대를 껴안을 때 칼을 꺼내 위로 쳐든 다음 등뒤를 찌른다고 한다.

셰르파족은 이 말을 할 때 웃어댔다. 티베트 남자가 사람들을 지금도 칼로 찌르는지는 의문이다. 하지만 그들이 칼을 두 자루 갖고 다니는 것은 의심할 여지가 없다.

유명한 인도 등반가인 도르제 라투는 어머니가 셰르파족이고 티베트에서 태어났다. 도르제가 다르질링에서 살던 소년 시절 텐징 노르가이가 자기 집을 자주 방문하곤 했다. 텐징은 멋진 옷을 입었으며, 용모가 준수하고, 칼을 두 자루 품고 다녔다. 텐징이 앉아 이야기를 하면서 넓적다리에 올려놓은 숫돌에 칼을 날카롭게 가는 동안, 소년들은 경탄에 찬 눈으로 바라보았다. "그는 우리들이 되고자 하는 모습의 전형이었다" 하고 도르제 라투는 이야기하며 미소 지었다.

다르질링에 거주하는 티베트인 포터들은 종종 영국인들과 불화를 겪었다. 그들은 자신들이 불공정하거나 인색한 대접을 받는 것을 참으려 하지 않았다. 에베레스트 원정 같은 중요한 일은 많은 유럽인들이 관련되어 있기에 군대식으로 운영되었다. 그런 곳에서는 티베트인 어느 누구도 감히 말썽을 부리지 못할 것이다. 하지만 좀더 쉬운 등반이나 트레킹에서는 이야기가 달랐다. 1960년대 도르제 라투가 처음 등반을 시작했던 시절에 나이 많은 연장자들은 티베트인들이 작은 규모의 원정에서 영국인들과 어떻게 맞섰는지를 모닥불 주위에서 이야기해주었다.

티베트인들은 더 나은 급료를 받기 위해 영국인과 다투거나 위협을 하기도 했다. 모닥불 주변의 이야기 가운데 일을 시키기 위해 매일 아침 포터들을 대나무 막대기로 때렸던 영국 트레킹 여행가의 이야기가 있었다. 포터들은 여러 날 동안 그런 짓을 참아왔다. 그런데 어느 날 아침에 한 티베트 포터가 들볶는 사람의 손에 든 막대기를 빼앗아 부숴서 얼굴에다 던져버렸다.

이것이 티베트인이 사히브를 구타한 유일한 사례는 아니었다. 그런 사건을 일으킨 티베트인은 도주했다. 그들은 식민지 사회의 기본 규칙을 이해하지 못했다. 절대 백인을 때려서는 안 되었다. 사히브들은 아무 말도 하지 않고 때를 기다릴 것이다. 다르질링에 돌아가면 영국인은 경찰에 사람을 보내 그 티베트인을 잡아가게 할 것이다. 많은 티베트인들이 그렇게 감옥에 갇혔다.

그런 사건들 때문에 영국인들이 점차 셰르파족을 고용하게 되었다. 셰르파족은 티베트인처럼 높이 올라갈 수 있었는데다, 겁이 많고 순종적이었으므로 영국인들이 좋아했다고 도르제 라투가 말했다.

이것이 그들간의 차이를 말해주는 한 가지 예이다. 다른 예도 있다. 나는 남체에 사는 아누 셰르파에게 왜 쿰부에는 80년 동안이나 살인 사건이 없었고 국경 너머 티베트에는 많았냐고 물어보았다. 쿰부는 언제나 축복받은 땅이었다고 아누는 대답했다. "고승 림포체가 살던 오래전에도 성자들이 수련을 위해 평화가 깃든 이 계곡에 왔었다."

라크파 디키 셰르파는 이를 조금 다르게 설명한다. 그녀는 1930년대 타메 인근 파레 지역으로부터 다르질링에 오게 되었고, 트레킹 여행의 포터 자리를 얻게 되었다. 그녀는 그 일을 좋아했으며 여러 해 동안 일했다. 영국인들은 셰르파족을 믿기에 셰르파족 포터를 좋아했다고 그녀는 말한다. 만약 다른 포터들이 날이 저물 때까지 캠프에 오지 않으면, 영국인들은 그들이 짐을 훔쳐가지 않을까 걱정했다. 셰르파족이 늦을 때 사히브들은 설사 그날 밤에 돌아오지 않는다 해도 걱정하지 않았다. 그들은 포터가 늦게 되면 짐을 가지고 길에서 잠잘 수도 있다고 이해했고, 다음날 아침이면 어떤 짐도 없어지지 않은 채 다시 나타나리라고 믿었다.

도르제 라투, 아누, 그리고 라크파 티키는 모두 같은 것을 이야기하고 있다. 어떤 관점에서 보면 셰르파족은 굴종적이며 티베트인은 독립적이었다. 또 다른 관점에서 보면 셰르파족은 정직하고 친절하며, 티베트인은 거친 사람들이었다. 그러나 모두 셰르파족이 영국인들에게 더 받아들여지기 쉬웠다는 데 의견을 같이한다.

영국인들이 티베트인 대신에 셰르파족을 선택하기 시작했을 무렵 그들은 그 결정의 이유를 계급과 인종적 용어로 합리화했다. 그들은 셰르파족이 고소에서의 작업에 유달리 적합하다고 했는데 그 까닭은 그들

고향이 에베레스트 산 기슭에 있기 때문이라는 것이었다. 이는 과학적으로는 터무니없는 생각이었다. 쿰부는 티베트 고원보다 더 높지 않다. 최초의 셰르파족은 5백 년 전에 고개를 넘어 티베트에서 왔다. 이 기간은 육체적인 차이를 나타낼 만한 진화를 일으키는 데 결코 충분한 시간이 되지 못한다. 그리고 그 누구보다 유명한 셰르파 텐징 노르가이는 티베트에서 태어났다.

하지만 셰르파족 포터들은 영국 사람들의 이 이론을 반박하지 않았다. 사람들은 선물로 받은 물건을 흠잡지 않고, 일자리를 제의받았을 때 자신을 잘못 알고 있다고 말하지 않는 법이다. 오늘날 셰르파족은 지난 60여 년 동안 산악 전문가가 되었으며, 많은 젊은 셰르파들은 이제 자신들이 유전적으로 그런 일에 적격이라고 믿는다.

많은 영국인들처럼 메르클은 셰르파족을 좋아하고 칭찬했다. 낭가파르바트를 오르는 데 모든 셰르파족 포터들을 데려가기로 한 그의 결정은 전환점이었다. 그 순간에 그들은 '셰르파족이자 보티아족' 포터가 아니라 '셰르파'가 되었다.

하산-파상 픽처의 이야기

슈나이더와 아센브레너가 선두에 서서 '실버 새들' 위로 올라갔다. 마지막 2백 미터의 등반은 가파른 길이었으며, 오스트리아인 두 사람은 포터들이 따라올 수 있도록 스텝을 깎기 위해 멈췄다. '실버 새들'의 정상에 도달했을 무렵 차고 강한 바람이 불어왔다. '실버 새들'의 양쪽 편에는 당나귀의 귀처럼 생긴 두 검은 봉우리가 솟아 있었다. 두 등반가는 동쪽 봉우리의 피난처 안에 웅크리고 앉아 담배를 피웠다. '실버 새들' 너머 루트는 용이해 보였다. "여기서부터 낮은 꼭대기까지, 눈 덮인 고원이 누구의 발길도 닿지 않은 채 평탄하게 전개된다. 이 광경을 보자 새로운 힘과 승리에 대한 환희가 쏟아져 나왔다"[2]라고 아센브레너가 일기에 적었다.

그들이 담배를 다 피우고 평평한 고원지대를 따라 앞으로 걸어갔다. 오래 전 내린 눈이 깊이 쌓여 있었고, 바람이 불어 여러 군데에 눈 언덕을 만들어놓았다. 사막 같아 보이기도 했고 달의 구멍투성이 표면 같기도 했으나, 반사된 빛은 눈부시고 투명했다. 히말라야에서 항상 그렇듯이 아래에서 바라보는 것은 착시를 일으켰다. 맑은 공기 때문에 낮은 꼭대기가 가까워 보였다. 그들을 따라오는 벨첸바흐가 '실버 새들'의 정상에 도착했다. 슈나이더와 아센브레너는 알프스 출신답게 요들로 신호를 보냈고 벨첸바흐도 요들로 화답했다.

슈나이더와 아센브레너가 이제 고원을 가로질러 낭가파르바트의 두 개의 정상 중 하나를 향해 올라갔다. 그들은 가장 높은 정상보다 4백 미터 정도 아래인 약 7천7백 미터에 올라와 있다고 생각했다. 오후 3시경에 그들은 뒤를 돌아 내려다보고서 2백 미터 아래의 평평한 고원에 포터들이 캠프를 만드는 것을 보았다. 슈나이더는 메르클과 포터에게 2백 미터를 더 올라가자고 설득하러 내려갔다. 그러면 다음날 아침에 그들은 정상에 좀더 가까운 곳에서 마지막 도전을 시작할 수 있었다. 아센브레너는 슈나이더가 그들을 데리고 올라오기를 기다렸다.

고원에는 바람이 오후 내내 점점 강하게 불기 시작했다. 한 시간 반 이상 차가운 바람이 불어오자 아센브레너는 다른 사람들이 낮은 곳에다 캠프를 설치하기로 결정했다고 생각하고 그들과 합류하기 위해 아래로 내려갔다.

제8캠프는 고도 7,452미터였다. 그들이 6천7백 미터 이상 고산에서 보내는 네번째 밤이었다. 밤이 다가왔으며 바람이 강풍으로 변했으나 하늘은 아직 청명했다. 그들은 수프를 만들어 텐트로 돌아갔다.

아셴브레너의 일기에 따르면, 그날 밤에 "강풍이 시간이 지남에 따라 점점 강해져서 포효하는 태풍이 되었다". 돌풍이 불어 텐트 하나가 무너졌으며 다른 텐트에는 눈가루가 틈새를 통해 들어왔다(이 텐트는 텐트 앞을 끈으로 묶는 것이지 지퍼로 잠그는 것이 아니었다). 텐트의 이음새가 끊어졌으며 바람이 우레 같은 소리를 냈다.

낭가파르바트에 우기가 왔다. 태풍 같은 바람이 밤새 계속되었다. 슈나이더와 아셴브레너는 이튿날 아침 정상 정복을 위해 국기, 카메라와 약간의 식량 등이 든 작은 배낭을 꾸려놓았다. 하지만 "눈보라가 그렇게 맹렬하게 몰아치는" 아침에 그들은 캠프를 출발할 수 없었다.

다음에 일어난 사건을 이야기하는 두 가지 방법이 있다. 첫째는 베히톨트의 책에 근거해 사히브가 설명하는 대로 따라가는 것이다. 그러나 이 방법은 셰르파들의 경험과는 동떨어져 있다. 대안은 셰르파 중 한 사람인 파상 픽처의 관점에서 무슨 일이 벌어졌는지를 베히톨트의 기술을 토대로 재구성하는 것이다. 여기에는 추측과 감정이입이 개입할 것이다. 하지만 해볼 만한 가치가 있다.

파상 픽처는 솔루의 차르마 디그마 출신이다. 그는 에베레스트 원정에 한 번 참여했으며 캉첸중가에는 두 번 갔다. 다른 포터들이 캉첸중가에서 사진사의 조수였던 그에게 영어식으로 픽처라는 이름을 붙여주었으며, 낭가파르바트에서는 베히톨트의 조수가 되었다. 파상은 그 이름을 좋아했으며 자신의 일에 자부심을 가졌다.

그들은 헐벗은 고원 위 텐트 안에 하루 종일 누워 있었다. 밖에는 바람이 시속 160킬로미터나 되는 속도로 어떤 때는 수평으로 어떤 때는 회오리바람으로 눈을 흩날렸다. 눈발이 너무 짙어서 태양을 가렸고, 정오였음에도 여전히 어두웠다. 파상 픽처의 텐트가 바람에 심하게 흔들렸고 때때로 총소리 같은 소리를 냈다.

요리하는 것은 셰르파의 의무였다. 그러나 텐트가 심하게 요동을 치며 흔들려서 그들은 물을 끓일 수가 없었다. 파상 픽처는 난로에 불을 지피려 했지만 바람이 입구를 통해 밀고 들어와 불을 꺼버렸다. 하루 종일 애써서 그들은 약간의 물은 끓였으나 음식을 데우지는 못했다. 파상 픽처가 쭈그리고 앉아 가스난로를 다루면서 그 일을 대부분 하고 있었다. 그의 텐트 동료인 니마 도르제와 핀조 노르부는 따뜻한 침낭에서 빠져나오려 하지 않았다. 바람에 맞서 몸을 구부리고 강풍에 발을 단단히 딛고, 물을 조금이라도 흘리지 않으려고 애쓰면서 파상은 물을 사히브의 텐트로 운반해갔다.

시간이 흐르면서 바람은 갈수록 거세어져갔다. 날이 어두워지자 파상 픽처는 침낭에 누워 자신의 생명과 모든 이들의 생명을 구해달라고 부처에게 기도를 했지만 정작 그의 입술은 움직이지 않았고 다만 머릿속에서만 맴돌았다. 아침이 되면 사히브들이 이성을 되찾아 산을 내려가자고 하기를 고대했다. 숨을 거칠게 몰아쉬며 그는 잠들었다가 깨어나고, 다시 잠들었다 깨어나기를 반복했다.

갑자기 아센브레너가 소리를 질러 그를 흔들어 깨웠다. 몸집이 큰 아센브레너가 소리를 지르고 있었고 그의 손가락은 파상의 어깨를 파고들었다. 파상은 안으로 파고들며 두 손으로 침낭을 움켜잡았다. 아센브레너는 그의 얼굴 위로 상체를 굽히며 "하산, 하산"이라고 소리쳤다 .

'하산하는구나' 하고 생각하며 파상은 침낭에서 어렵게 빠져나왔다. 아침이었다. 텐트는 아직도 바람에 흔들리고 있었다. 바깥 날씨는 아주 매섭게 추워질 듯했다. 하지만 살려고 한다면 지금 하산해야만 했다. 파상은 아센브레너를 도와 니마 도르제와 핀조 노르부를 깨웠다. 그들은 지치고 굼떠서 잘 움직이지도 못했다. 파상은 니마 도르제를 침낭에서 빼내고 등산화를 꺼내서 신겼다. 니마 도르제가 파상에게 고마워했다.

니마 도르제는 일어나 침낭을 둘둘 말아서 묶어놓았다. 파상 픽처와 핀조 노르부는 서로 눈길을 주고, 침낭을 꾸리지 않았다. 파상은 짐 무게가 줄어들면 하루 안에 하산할 수 있을 가능성이 높다고 생각했다. 그리고 아마 오늘 밤 안에 하산하지 못하면 죽을 것 같았다. 침낭은 그만큼 가치 있는 것이 아니었다. 하지만 니마 도르제에게 침낭을 두고 가자는 말은 하지 않았다. 각자 스스로 결정을 내렸다. 그리고 그런 말을 했다면 그 때문에 더 지체해야 했을 것이다.

텐트 밖에 나오자 슈나이더가 그들을 자일로 묶었다. 그는 폭풍 속에서 화를 내며 그들에게 매듭을 단단히 잡아당기라고 소리쳤다. '우리는 이 추위에 아이들처럼 한 줄로 서 있군. 바보들처럼 말야' 하고 파상 픽처는 생각했다. 그는 부끄러웠으며 다른 두 사람이 염려스러웠고, 그들과 한 자일에 매달린 자신도 걱정이 되었다. 슈나이더는 무척 화가 나 있었는데 아마 정상을 향하지 못해서일 것이라고 파상은 생각했다. '그는 자기 나라에서 영광을 얻을 기회를 잃어버린 거야. 그래서 신과 바람과 우리에게 화풀이를 하고 있어.' 파상은 '뒈져라' 하는 네팔어를 속으로 내뱉었다. 하지만 동시에 아마도 슈나이더의 분노가 모두를 안전하게 하산시킬 수 있으리라고 생각했다.

아센브레너는 다른 사히브들과 의논하고 있었다. 그가 되돌아와서 자일을 묶고 출발했다. 다 튠두가 동생인 핀조 노르부에게 와서 재빨리 무슨 말인가를 했다. 핀조는 고개를 끄덕였다. 파상은 다 튠두가 무슨 말을 했는지 알아들을 수 없었다. 아마도 잘하라든지, 어머니에게 전할 무슨 말을 했는지도 모른다. 파상은 자기라면 형제와 같은 자일에 묶이는 게 훨씬 나을 것이라고 생각했다. 하지만 누가 어느 자일에 묶일 것인가를 결정하는 사람은 그들 자신이 아니었다.

일행은 출발했으며 슈나이더가 선두에, 핀조 노르부, 파상 픽처가 가운데에, 니마 도르제가 다음에, 그리고 아센브레너가 마지막에 섰다. 파상은 그들이 떠날 때 어깨너머로 돌아보았다. 다른 사람들은 모두 텐트 밖에서 자일로 연결한 채로 짐을 꾸리고 있었다. 그들은 곧 뒤따라올 것이다.

파상 픽처는 '실버 새들' 위로 힘써 올라갔다. 그들이 왼편 검은 바위를 가까이 지나갈 때 바람이 불었다. 새로 내린 눈이 오래된 빙하 위에 미끄러지면서 그의 등산화도 미끄러졌다. 곳곳에서 바람이 빙하 위 눈을 깨끗이 쓸어갔다. 그의 앞에서는 핀조 노르부가 비틀거리고, 균형을 잃고, 일어서고, 앞으로 기어가기를 반복했다. 파상은 뒤돌아보지는 않았지만 자일이 팽팽해지는 느낌으로 니마 도르제 역시 고생하고 있음을 느낄 수 있었다. 두 사람 다 고산병이나 탈수, 혹은 추위 등 원인이 무엇이든 분명히 몸이 아픈 상태였다.

파상은 손에 피켈을 들고 한 걸음 한 걸음 얼음을 찍으며, 앞서가는 사람이 넘어져서 그가 피켈을 깊이 박고 자일을 감아 확보하는 순간이 올까 내내 긴장했다.

대기 중엔 눈발이 가득 했으나 10미터 앞에 있는 핀조를 볼 수 있었고, 내려오는 내내 선두의 슈나이더도 볼 수 있었다. 그 회색 어둠 너머 그들이 올라갈 때 만들어놓았던 길은 바람과 눈 때문에 사라져버렸다. 선두의 슈나이더는 루트를 확신하지 못하고 갈팡질팡했다.

파상은 움직임 하나하나에 집중하고 어떤 긴급사태에도 대처할 수 있도록 굳어 있는 몸을 준비했다. 그러나 고소에서의 무기력으로 인해 두뇌회전도 둔해졌다.

그들은 지금 메르클이 보급품 비축 체계를 포기하고 모든 사람이 한 조가 되어 정상을 정복하기로 한 결정이 가져온 결과에 직면하고 있었다. '생크림' 캠프 장소에는 텐트 하나가 남아 있었으며, '무어인의 머리' 아래에 또 하나가 있었다. 제4캠프에서 제8캠프까지 올라오는 데 6일이 걸렸다. 지금 그들은 이 길을 하루 만에 하산해야만 했다. 일반적으로 하산은 쉬운 일이다. 사람들은 짐을 덜 지고 있으며 아래로 내려가면서 두려움은 등뒤로 남겨둔다. 평소라면 등반가나 포터들은 넷이나 여섯 캠프의 거리를 하루에 내려갈 수 있었다. 하지만 지금 그들은 길고 긴 능선 위에 있었다. 그들은 능선 아래의 좁은 곳으로 내려가야 하고, 거기서 다시 '무어인의 머리'로 올라가야 했다. 지친 그들이 하산하기 위해선 먼저 위로 올라가야 한다. 그리고 '무어인의 머리'를 지난 뒤에는 라키오트 봉우리 아래를 트래버스해야 한다. 그곳은 여러 부분이 거의 수직에 가까웠다. 날씨가 좋은 날에도 천천히, 조심해서 루트를 잘 찾아가야 한다. 비틀거리는 핀조 노르부와 니마 도르제를 데리고, 앞이 전혀 보이지 않는 상황에서 어떻게 할 수 있을지를 머릿속으로 그리기 어려웠다. 하지만 그 구간만 통과하면 그때는 고정 자일이 있는 곳에 도달하게 된다.

파상 픽처는 경험이 풍부한 등반가였다. 그는 메르클의 실수 때문에 그들이 죽을 수 있다는 사실을 알았다.

파상은 선두에 있는 슈나이더가 자신 있게 똑바로 움직이기 시작하는 것을 보았으며, 그들은 자신들이 아래에 음침한 계곡이 펼쳐져 있는 루팔 벽 벼랑에 서 있다는 것을 알았다. 슈나이더는 그 경사면에서 벗어나 그들을 이끌어가기 시작했다. 파상은 슈나이더가 어림짐작으로 나아가고 있다는 것을 알았다.

바람이 거의 울부짖듯이 불었다. 바람을 막을 거라곤 아무것도 없는 탁 트인 능선 위에 도달했다. 고글이 파상의 눈을 보호해주었지만, 바람은 마치 바늘 같은 눈 조각을 얼굴에 퍼부었다. 갑자기 자일이 허리를 홱 잡아당겼으며 바람 속에 비명 소리가 울려 퍼졌다. 파상은 발을 고정시키고 상체를 돌렸다.

잠시 동안 그는 자신이 본 광경을 믿을 수 없었다. 바람이 니마 도르제를 잡아채서 공중으로 내던졌다. 니마 도르제는 바람에 날리는 연처럼 눈 위로 1.5 미터 정도 붕 떠 있었다. 바람이 니마 도르제를 루팔 벽의 가장자리 쪽으로 몰아댔다. 바람이 로프를 팽팽하게 잡아당기고 있었다. 니마 도르제의 두 발은 달리기하듯이 허공을 박차며 아무런 소용없는 것이라도 단단히 붙잡으려 애썼다. 만일 바람이 그를 가장자리 너머로 끌고 간다면 자일에 매달린 그의 무게 때문에 모든 사람들이 죽음을 맞이할 것이다.

파상은 우선 본능적으로 자일을 당겨서 니마 도르제를 땅에 내리려 했다. 그러나 니마 도르제의 몸에 불어대는 바람의 힘이 파상을 앞으로 잡아당겼다. 파상은 큰 개에 질질 끌려가는 사람처럼 눈 위에서 옆으로 미끄러졌다.

니마 도르제는 자일에 묶여 파상의 뒤, 아센브레너의 앞에 있었다. 지금은 아센브레너가 니마 도르제의 약간 위쪽에 있었지만 그 역시 눈 위에서 끌려가고 있었다.

파상은 공중으로 뛰어 니마 도르제의 발을 잡으려 했다. 바로 위에서 아센브레너도 같은 시도를 했다. 파상의 두 손이 니마 도르제의 발목 주변을 붙잡았다. 아센브레너는 다른 발을 팔로 꽉 꿰었다.

파상과 아센브레너는 니마 도르제를 땅에 끌어내리기 위해 사투를 벌였다. 파상은 벙어리장갑을 끼고 있어서 발목을 잡는 일이 쉽지 않았다. 꽉 붙잡기 위해 온 힘을 다 쏟았다. 니마 도르제는 그들 위에서 몸부림쳤다. 파상은 자신의 몸무게가 도움이 될까 해서 무릎을 굽히려 했다. 하지만 만일 무릎을 너무 굽히면 힘을 잃게 되어서 자신마저 날아가 함께 사라질 수도 있었다. 아센브레너는 키가 더 컸으며 몸무게도 더 나갔다. 그는 파상보다 경사면의 약간 위에 있었기에 좀더 나은 지레추가 될 수 있었다. 만일 파상이 다리에 매달려 있을 수만 있다면 아마도 아센브레너가 니마 도르제를 끌어내릴 수 있을 것이다.

하지만 그는 그러지 못했다. 각자 한 다리를 잡고 서 있는데 바람이 니마 도르제의 침낭을 잡아 찢었다. 침낭이 거대한 깃발같이 바람에 펼쳐져서 루팔 벽 너머로 날아갔다. 이제 셰르파들은 모두 침낭이 없다. 만일 그들이 오늘 밤에 하산하지 못하면 죽을지도 몰랐다. 파상은 폐 속으로 힘차게 숨을 내쉬면서 있는 힘을 다해 잡아당겼고, 둘은 힘겨운 몸싸움 끝에 니마 도르제를 땅에 끌어내릴 수 있었다.

그들은 니마 도르제를 끌어내리고 나서 그의 몸 위에 쓰러졌다. 파상과 아센브레너는 모두 너무 힘을 써서 헐떡거리고 있었으며, 공포 때문에 숨소리가 거칠었다. 몇 분이 흐른 뒤 여전히 숨을 몰아쉬고 있기는 했지만 세 사람은 일어나 앉았다. 그들은 밑을 내려다보았다. 아래쪽 자일에 묶인 슈나이더와 핀조 노르부가 그들의 피켈을 눈 속에 박고서, 각각 피켈 머리에 자일을 매듭 지어 묶은 채 앉아 있었다. 그들은 바람에 날려갈 때 자신들의 몸무게로 그들을 지탱할 수 있기를 바랐다.

파상 픽처는 니마 도르제를 걱정스럽게 바라보았다.

"괜찮아요?"

니마 도르제는 고개를 끄덕이며 "괜찮아"라고 말했다.

그들은 일어서서 계속 앞으로 나아갔다. 어느 누구도 침낭에 관해서는 아무 말도 하지 않았으나 모두 그것이 무엇을 의미하는지는 잘 알고 있었다. 그들은 이제 두려움에 사로잡혀 아주 천천히 발자국마다 조심하면서 금쪽같은 시간을 흘려보내고 있었다.

그들은 아주 경사가 심한 곳을 내려와 '생크림'에 가까운 어느 곳인가에 도달했다. 그러나 파상은 텐트를 찾을 수 없었다. 선두의 슈나이더는 여전히 길을 헤맸다. 이제 이곳은 평평해졌으며 눈이 두텁게 쌓여 있었다. 슈나이더는 무릎까지 눈에 빠졌다. 파상은 기계적으로 앞선 두 사람이 만들어놓은 구멍에 발을 집어넣었다.

슈나이더는 평평한 곳에 멈춰서 다른 사람들이 따라올 수 있도록 기다렸다. 그들이 따라왔을 때, 그는 아센브레너에게 독일어로 말을 건넸다.

"괜찮아?" 핀조 노르부가 니마 도르제에게 물었다.

"괜찮아." 그가 대답했다.

파상은 니마 도르제를 주의 깊게 관찰했다. 고글에다 코트에 달린 후드를 깊숙이 눌러 쓰고 있어 잘 가늠이 가지는 않았지만 도르제는 아직도 공포에 질려 있는 것 같았다. '어쩌면 내가 지나치게 생각하는 걸지 몰라. 내가 너무 겁먹고 있는 걸 거야' 하고 파상은 생각했다.

1. 다르질링, 2000년. 깎고 있던 쇠스랑을 들고 정원에 앉아 있는 앙 체링 셰르파.

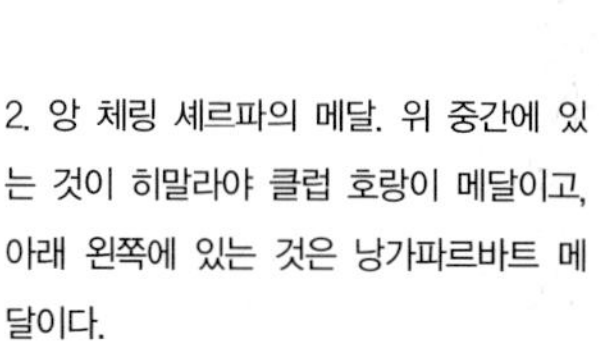

2. 앙 체링 셰르파의 메달. 위 중간에 있는 것이 히말라야 클럽 호랑이 메달이고, 아래 왼쪽에 있는 것은 낭가파르바트 메달이다.

3. 다르질링, 2000년. 다 툰두의 히말라야 클럽 일지의 첫 페이지. 그의 가족이 기념품으로 보관하고 있다.

4. 라무 이티 셰르파는 다 툰두의 미망인으로, 낭가파르바트에서 다 툰두가 보여준 영웅적 활약에 대해서 독일 산악회가 수여한 메달을 들고 있다.

5. 남체, 2000년. 1950년대 젊었을 때의 칸사 셰르파. 칸사는 1953년의 에베레스트 원정대와 사우스 콜까지 올랐다.

6. 왼쪽 : 자기 집에서 칸사와 그의 부인 라크파 셰르파.

7. 오른쪽 : 다르질링, 2000년. 1930년대 셰르파족 등반가 파상 푸타르.

8. 남체, 2000년. 쿰부 롯지에서 남두 셰르파.

9. 자기 집 부엌에서 등반가이자 사다르인 아누 셰르파.

10. 2000년, 남체 바로 위에서 에베레스트 베이스캠프로 가는 길의 포터.

11. 다르질링, 20세기 초. 티베트인 인력거꾼들이 카드놀이를 하고 있다.

12. 티베트인 인력거꾼들과 관광용 인력거.

13. 니마 도르제의 미망인인 파상 디키 셰르파의 오래된 사진. 그녀는 나중에 앙 체링과 결혼하여 8명의 자녀를 두었다.

14. 낭가파르바트, 1934년. 니마 도르제가 독일 스포츠 신문을 읽고 있다.

15. 레이와아, 1934년도의 사다르.

16. 1934년 원정대의 짐.

17. 낭가파르바트의 낮은 지역 캠프에서 나와 해돋이에 출발하는 포터들.

18. 낭가파르바트, 1934년. 빙원의 크레바스를 건너는 등반가들.

남쪽 총그라 봉에서 본 낭가파르바트

19. 낭가파르바트, 1934년 원정 루트.

남동쪽 봉우리
(7,530m)
북동쪽 봉우리(7,597m)
실버 새들(7,451m)
북쪽 봉우리(7,784m)
정상(8,125m)

20. 낭가파르바트, 1934년. 동료들이 알프레드 드렉셀의 시신을 장례지로 운반하고 있다.

21. 아센브레너와 슈나이더가 제2캠프로 루트를 만들고 있다. 스키가 보인다.

22. 낭가파르바트, 1934년. 제6캠프에서 보면 '무어인의 머리'가 아래쪽에 있고, 능선을 따라 두 검은 봉우리 사이의 '실버 새들'이 보인다. 빌란트가 '무어인의 머리' 아래까지 길을 뚫고 있다.

23. 낭가파르바트, 1934년. 왼쪽의 앙 체링이 후퇴하여 베이스캠프에 도착했다.

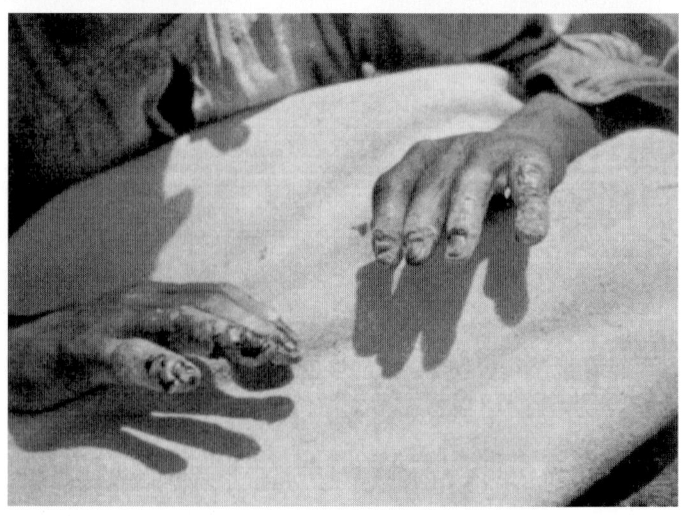

24. 동상 걸린 파상의 손.

25. 낭가파르바트, 1934년. 파상 키쿠리가 후퇴하여 도움을 받으며 제4캠프에 도착하고 있다.

26. 낭가파르바트, 1934년. 모든 것이 끝난 뒤 베이스캠프에서.

위 : 슈나이더, 아센브레너, 베히톨트, 뮐리터. 아래 : 다 툰두, 파상 키쿠리, 키타르, 파상.

슈나이더와 아센브레너는 자신들을 자일에서 끌렀다. 파상은 그들이 정신 나갔다고 생각했다. '미쳤군! 지금 우리들은 서로 묶지 않고선 내려갈 수 없어. 그들은 아마 한 명이 떨어져도 그를 포기하면 나머진 안전하다고 생각하는 것 같아. 못할 짓이야. 하지만 그게 맞을지도 몰라.'

슈나이더는 자기 짐을 벗었다. 그리고 짐에서 스키를 풀었다. 파상은 상황을 이해했다. 두 오스트리아인은 셰르파들을 죽게 내버려두고 스키를 타고 떠나가려 했다.

슈나이더와 아센브레너는 셰르파 셋보다 키가 머리 하나는 더 크고 몸집이 건장한 사람들이었다. 이 오스트리아인들은 또한 원정대에서 가장 능력 있는 등반가들이었다. 파상은 이틀 전에 '실버 새들' 위로 튀어 올라가는 그들을 본 적이 있다. 그는 첫번째 하산 로프에 몸을 묶었을 때 그들과 함께 가는 것이 더 안전하다고 남몰래 기뻐했었다.

슈나이더는 스키를 신었다.

파상은 이들의 스키를 알고 있었다. 휴식을 취하던 어느 날 슈나이더는 제1캠프 바로 위 얼음 위에서 스키 타는 법을 가르치려고 했었다. 넘어지기도 하고 공중에서 두 다리가 엉키기도 하면서 셰르파들은 서로를 쳐다보며 웃음을 터뜨렸다. 슈나이더는 그 모습을 보고 웃었다.[3] 슈나이더와 아센브레너, 의사와 죽은 드렉셀이 한쪽에서 반대쪽으로 크게 호를 그리며 산을 향해 등을 구부렸다 펴면서 앞으로 나아가는 모습은 장관이었다.

아센브레너도 스키를 신었다. 슈나이더가 이제 파상에게 말을 건넸다. 파상은 그를 쳐다보거나 대답하려 하지 않았다. 그는 온몸이 분노에 휩싸였다. 슈나이더의 얼굴을 보게 되면 무슨 짓을 할지 알 수 없었다.

아센브레너는 스키를 신고 쿵쿵 걸었다. 그리고 수신호를 했다. 그는 자기 가슴을 가리키고 나서, 산 아래를 가리키고, 다시 파상을 가리키며 말했다.

"따라와."

그가 자신을 아이 취급하고 있다고 파상은 생각했다. '그들은 내가 아이처럼 아무것도 못한다고 여기고 있어.'

두 건장한 남자는 스키의 방향을 바꾸었다. 슈나이더는 눈 위에 폴 자국을 남기며 천천히 미끄러졌고, 속도를 점점 높여가며 견딜 수 없을 만큼 우아하게, 포효하는 바람 속을 뚫고 조용히 나아갔다. 그리고 아셴브레너가 뒤를 돌아보지도 않고 뒤따라갔다. 조금 전까지 그곳에 있었던 그가 흐릿한 회색점이 되었다가 사라졌다.

파상은 '사진으로 찍으면 멋지겠는걸' 하고 생각했다.

그는 자기 옆의 핀조 노르부를 바라보고 다른 쪽의 니마 도르제를 쳐다보았다. 그들은 사히브들이 어디로 사라졌는지를 바라보며 그곳에 그대로 서 있었다. 그 두 사람은 일행을 이끌 수 없었다. 모두 무릎까지 눈 속에 파묻혀 있었다. 아래쪽은 눈이 훨씬 더 두텁게 쌓여 있을 것이다. 누군가 계속 길을 뚫어가며 나아가야 할 것이다.

파상은 생각했다. '이제 내가 리더이고 부라 사히브야.' 그 생각은 만족스럽기는커녕 분노와 공포 자체였다(바로 이 순간이 역사상 산에서 셰르파족이 주도한 최초의 순간이며, 단순 노동자 '쿨리'가 '셰르파'가 되는 순간이었다).

파상은 두 사람 사이의 중간에서 자일로 묶여 있었다. 그는 자일을 풀고 자신이 앞장서서 이끌 수 있도록 다시 묶어야 했다. 그는 허리의 매듭을 잡아당겼다. 매듭이 얼어 풀리지 않았다. 그는 벙어리장갑을 벗으면서 장갑을 다시 껴야 한다고 스스로에게 다짐했다. 산에서 피곤하면 당연한 일조차 바보처럼 잊어버리는 경우가 많았다.

맨손으로 매듭을 풀었다. 그러자 니마 도르제가 소리를 질렀다. 파상이 매듭을 풀다 말고 그를 쳐다보았다. 파상은 니마 도르제가 자신이 자일을 풀고 떠날 것이라고 생각하고 있다는 것을 알았다.

"아니야." 파상이 소리쳤다. "내가 선두에 서려는 거야. 내가 리더가 되어야 해."

니마 도르제는 고개를 끄덕이고 설원을 보았다.

파상은 슈나이더의 자리였던 선두에 자신을 묶었다. 아무도 무슨 말을 해야 할지 몰랐다.

'내가 무슨 일이든 해야 해'라고 생각하면서 파상은 "체 초!" 하고 소리쳤다. 이 말은 '장수'라는 뜻으로 사람들은 고개 정상을 오를 때 이렇게 소리친다.

"장수!" 바람 때문에 기진맥진한 다른 두 사람도 맞받아 소리쳤다.

파상은 잊어버리지 않고 벙어리장갑을 다시 손에 꼈다. 그들은 출발했다. 얼마 동안 파상은 스키가 지나간 길을 따라갔으나 이리저리 헤맸다. 두뇌회전이 느렸다. 당연히 스키는 한 방향으로 진행하다가 다시 다른 방향으로 나아가면서 타는 것이었다. 그는 스키 자국을 따라 가느라 너무 많은 시간을 썼다. 그래서 그는 스키가 낸 자국 사이로 자신이 가고자 하는 길을 선택했다. 그는 곧 스키 자국을 모두 잃어버렸다.

아주 천천히 움직였다. 그들은 능선 위의 어딘가에 있었다. 만일 그가 계속 간다면 돌아올 수 없는 경사면을 따라 가거나 절벽 아래로 일행을 이끌지도 모른다. 앞이 보이지 않는 눈 속에서 그들은 길을 전혀 찾을 수 없었다. 그들의 유일한 희망은 내일은 날씨가 맑아지는 것이었다. 그들은 멈춰서 눈 속에다 작은 고랑을 파고 장갑과 등산화로 눈을 밀어냈다. 고랑은 적절하리만큼 깊어서 거센 바람이 그들 위를 지나쳐 갔다. 그들은 함께 누워서 아무 말도 하지 않고 서로 손을 잡고 밤이 오기를 기다렸다.

후퇴, 도망, 방기……

그들 훨씬 앞에서 슈나이더와 아센브레너는 최대한 빠르게 움직였다. 정오가 되기 전에 '무어인의 머리'에 다다랐다. 시야가 너무 나빠 라키오트 봉우리 아래로 트래버스하는 루트를 발견 못할 수도 있다고 생각했다. 그래서 그들은 그 봉우리를 올랐으며, 이는 그들 뒤에 남겨진 포터들은 할 수 없는 일이었다. 150미터를 더 올라야 하고, 어려운 암벽을 타야 하지만 이 루트가 더 안전해 보였다.

슈나이더와 아센브레너는 제5캠프에서 음식과 침낭을 발견했다. 늦은 오후에 그들은 제4캠프, 친구가 있는 안전한 곳으로 내려왔다.

1922년 에베레스트에서 일곱 명의 포터가 사망한 사건 이후 영국 등반가들은 어려운 상황에서 포터들과 사히브가 언제나 자일에 함께 연결되었는지를 확인하려고 했다. 이것은 사히브들이 기술이 더 좋은 등반가일뿐더러, 또한 유럽인은 한 사람도 죽지 않았는데 포터가 죽어서는 안 되기 때문이다. 영국인들은 히말라야를 오르는 다른 유럽 등반가들에게도 이 확립된 관행을 전파해왔다. 슈나이더와 아센브레너는 이 규칙을 깨버렸다. 그래서 원정이 끝난 뒤에 독일 등반가들은 슈나이더와 아센브레너가 저지른 일 때문에 난처하게 되었다. 하지만 그들은 포터들만 남겨놓은 것이 아니었다. 그들은 산의 높은 곳에 있는 약하고 지친 독일 등반가들도 방기했다. 그들이 낭가파르바트에서 가장 강한 사람들이었음에도 말이다.

후에 아센브레너는 핀조 노르부와 니마 도르제가 병이 나서 자신들을 따라올 수 없었다고 변명했다. 더구나 니마 도르제가 바람에 침낭을 잃어버려서 그들 다섯에게 아센브레너의 침낭 하나밖에 남지 않았다. 슈나이더와 아센브레너가 따로 가지 않았다면 그날 밤에 내려올 수 없었을 테고, 그들은 죽었을 것이다. 그래서 그들은 떠났다.[4]

가장 부끄러운 이야기는 포터들로부터 스키를 타고 도망갔다는 것이다. 아센브레너나 베히톨트도 그들의 출판된 책에는 이를 쓰지 않고 있으며, 다른 어떤 독일의 기록에도 남아 있지 않다. 나는 그 얘기를 앙 체링에게 들었으며 다르질링의 나이 많은 셰르파족 사이에는 널리 퍼진 이야기이다. 슈나이더와 아센브레너는 분명히 스키가 있었으며, 눈이 많이 쌓여 있을 때 스키를 탄다는 것은 충분히 있을 법한 행위이다. 스키가 없었다면 그들은 넘어지고 자빠지면서 고군분투하여 길을 뚫고 내려와야 했다. 스키를 타고서는 눈 표면 위를 달릴 수 있었다. 그것이 바로 스키의 용도이다. 스키 없이 어떻게 제8캠프에서 늦은 오후에 제4캠프에 도착할 수 있었는지를 이해하는 것 또한 어려운 일이다.

그날 아침 일찍 파상 픽처, 아센브레너, 슈나이더, 니마 도르제 그리고 핀조 노르부가 첫번째로 자일로 연결하고 출발했다. 다른 사람들—메르클, 빌란트, 벨첸바흐, 앙 체링, 다크시, 가이라이, 키타르, 다 툰두, 니마 타시, 파상 키쿠리 그리고 니마 노르부—은 한 무리가 되어서 뒤를 따랐다. 그들은 침낭이 몇 개 있었으나 식량이나 텐트는 없었다. 사히브들은 기껏해야 하루 이틀 안에 내려가서 도움을 청할 수 있으리라고 생각했다. 그들이 짐을 덜 가지고 갈수록 더 빨리 움직일 수 있고, 살아서 하산할 가능성이 더 클 것 같았다. 이제 그들은 6천7백 미터 혹은 그 이상 고소에서 엿새를 보냈다. 사람들은 기진맥진했고, 어떤 이들은 병이 났으며, 모두가 두려움에 떨고 있었다. 추위와 공포가 사람들의 기운을 소진시키고, 오랫동안 고소에서 머물렀기에 맑은 정신으로 사고하기가 어려웠다. 짐 싸는 일도 기운을 빼앗아갔으므로 그들은 목숨을 부지하기 위해 마냥 도망치고 싶었을 것이다.

곧 그들은 한 발자국마다 역풍을 맞으며 싸워나가야만 했다. 몰아치는 눈 때문에 시계가 몇 미터도 되지 않았고 루트를 찾는 데 어려움을 겪었다. 그들이 올라올 때 만들어놓은 길은 눈이 덮여 보이지 않았다. 그들은 처음 산을 오를 때는 배불리 먹고 휴식을 취했었다. 이제 그들은 지쳐버렸다. 이틀 전에 약간의 수프를 먹었을 뿐이었다.

그들은 '실버 새들'과 그 아래로 내려가는 장소에 도달했다. 제7캠프와 '생크림' 위쪽의 어딘가에서 사히브들은 자신들이 더 이상 갈 수 없다고 말했으며, 따라서 모든 사람들이 멈춰 서야 했다. 그들은 비박을 하기로 했다. 눈 위에서 잠을 자야 했다.

열한 명의 사람이 세 개의 침낭을 나누어 써야 했다. 두 사람이 한 침낭을 나누어 쓸 수 있다. 그렇게 하면 비좁을지는 모르나 더 따뜻하다. 침낭 하나는 사히브들에게 돌아갔다. 벨첸바흐는 침낭을 빌란트와 메르클에게 양보하고 그날 밤 옷을 입은 채 눈 위에서 잤다.

이 시점에서 보면 분명히 벨첸바흐가 메르클이나 빌란트보다는 강인했다. 그는 아마도 다른 두 사람은 몸이 약하기 때문에 따뜻하게 자야 된다고 스스로에게 되뇌었을 것이다. 3년 전 그와 메르클이 함께 알프스의 한 경사면에서 60시간 동안 비박을 하고도 살아남았다. 아마도 벨첸바흐는 너무 자신만만했거나, 아니면 단순히 예의를 지켰던 것 같다.

여덟 명의 포터가 침낭 두 개를 차지했다. 넷은 그것을 이용했을 것이고, 나머지 넷은 옷을 입은 채 눈 위에서 잤을 것이다. 그들은 스웨터와 외투는 입었지만 오리털 재킷은 없었다.

타메 출신 니마 노르부는 그날 밤 눈 위에서 사망했다.

아침에 일어나보니 메르클은 오른손에, 빌란트는 양손에 동상이 걸렸다. 그 전날 동상이 생겼을지도 모르지만, 침낭에서 잠을 자는 동안 동상에 걸린 듯싶다. 경험 많은 등반가들조차 이랬다. 그들은 알프스에서 동상에 걸린 경우를 많이 보았을 것이다. 그들은 동상이 자신들의 몸이 죽어가기 시작한다는 신호라는 것을 알고 있었다. 빌란트의 양손이 동상에 걸린 것은 그가 메르클보다도 약하다는 신호였다.

포터와 등반가들은 야간 비박을 뒤로 하고 떠날 준비를 마쳤다. 다크시, 가이라이 그리고 앙 체링은 자신들은 너무 아파서 계속 갈 수 없다고 말했다. 그들은 하루 밤낮을 비박하며 보내고 나서 가능하다면 그때 뒤따라가겠다고 했다. 나머지 사람들은 병이 난 사람들을 비박 장소에 남겨두고 아래로 내려갔다. 그들은 분명 자신들이 세 사람 모두 죽도록 방기했다고 생각했을 것이다. 한 발짝도 움직일 수 없는 상태가 아니라면 멀쩡한 정신을 가진 그 어느 누구도 이 높이와 이 날씨에 머무르지 않았을 것이다. 만일 지금 몸을 움직일 수 없다면, 식량이나 물도 없이 하루를, 그것도 눈 속에서 하룻밤을 더 보낸 뒤에 몸이 나아질 리도 없었다.

하지만 그들은 떠났다. 그들이 할 수 있는 다른 방도가 있었을까?

그와 거의 같은 시간에 제4캠프에서 베히톨트와 다른 사히브들은 사다인 레이와아를 자신들의 텐트로 호출했다. 그가 들어왔을 때 바람이 불어 그의 뒤를 따라 눈이 텐트 안으로 들어왔다. 사히브들은 레이와아에게 구조대에 참여할 포터를 구해달라고 부탁했다. 레이와아는 그들이 이미 알고 있는 것을 조용히 말했다. "포터들은 지금 모두 너무 아파서 올라갈 수 없습니다."

결국 그들은 소규모 구조대를 꾸렸다. 이 구조대가 전적으로 사히브들로만 구성되었는지, 아니면 레이와아와 한두 명의 포터가 포함되었는지는 확실하지 않다. 제4캠프를 출발해 일주일 동안 계속 내리는 눈의 잔유물인 '깊이를 알 수 없는 가루 눈'[5]에 갇혀 있는 제5캠프로 애를 써서 올라갔다. 그리고 아직도 눈이 내리고 있었다. 그들이 위로 올라가기 위해 길을 뚫는 동안 새로운 눈이 그들이 지나온 길을 지워버렸다.

11시경에 구름이 몇 분간 걷혔다. 그들은 많은 사람들이 아주 위쪽 능선에서 '실버 새들'으로부터 하산하는 것을 보았다. 그들은 놀라고 당황했다. 메르클과 다른 사람들이 지금쯤 '실버 새들' 훨씬 아래쪽에 도착해 있어야만 했다.

등반대 본진 위로 '헤매며 내려오는' 낙오한 사람을 보았다. 그런데 그 사람이 눈에 털썩 주저앉았다. '왜?' 베히톨트는 그 광경을 바라보며 스스로에게 왜, 하고 물었다. 구름이 다시 드리웠으며 그들을 더 이상 볼 수 없었다.

눈은 계속해서 내렸으며 결국 구조를 포기하고 제4캠프로 되돌아갔다. "우리 사이에서 입 밖에 내지 않고 있던 것은 지금 지독하리만큼 분명했다"고 베히톨트는 말했다. "저 위에서 우리 동료와 다르질링 포터들이 목숨을 걸고 싸우고 있었다."

다 툰두의 이야기

제4캠프에 있던 사람들은 다 툰두, 파상 키쿠리, 니마 티시, 키타르, 벨첸바흐, 빌란트, 그리고 메르클이 '실버 새들'에서 내려오는 것을 보았다. 이들이 병이 든 앙 체링, 다크시, 그리고 가이라이를 그날 아침 고산 비박지에 남겨놓고 떠났던 일곱 명이었다.

구조대가 보았던 다른 사람들 뒤에 처져 고군분투하던 사람은 빌란트였으며, 그때는 사히브들 가운데서 가장 약한 상태였다. 눈 위에서 하루를 보냈지만 벨첸바흐는 아직도 사히브들 가운데에서 가장 강건했다. 그는 자신의 피켈을 눈에 박아 자일을 고정시켜 제7캠프로 내려가는 마지막 급격한 하강을 준비했다. 그리고 그와 메르클이 빌란트를 기다렸다.

키타르, 다 툰두, 니마 티시, 파상 키쿠리는 '생크림'으로 명명된 제7캠프를 향해 사히브들보다 앞서서 서둘러 가고 있었다. 휘몰아치는 눈 속에서 눈 언덕은 환영같이 어렴풋이 나타났고 기이하고 매끈한 굴곡이 벽에 나 있었다. 그곳에서 그들은 서 있는 텐트 하나를 발견했으나 눈이 꽉 들어차 있었다. 포터들은 사히브들을 네 시간 넘게 기다렸다. 결국 빌란트는 없이 메르클과 벨첸바흐만 나타났다. 키타르는 빌란트가 아마도 뒤에 오고 있을 것이라고 생각했다. 어느 누구도 빌란트가 '생크림'의 눈 언덕 사이에서 길을 잃고 비틀거리고 있다는 것을 알지 못했다.

이제 여섯 명이 제7캠프에 와 있었다. 이인용, 아마 세 사람까지는 들어갈 수 있는 텐트가 하나 있을 뿐이었다. 메르클이 네 명의 포터들에게 사히브들은 그 텐트가 필요하다고 말했다. 포터들은 제6캠프까지 내려가야 했다. 그리고 그들은 떠났다.

능선을 내려오면서 키타르, 다 툰두, 니마 티시 그리고 파상 키쿠리는 때로는 새로 내린 눈의 얼어붙은 얇은 층을 깨면서 나아가기도 했고, 때로는 그들 목까지 눈에 파묻히기도 했다. 한 사람이 눈에 빠지면 다른 사람들은 멈춰서 눈을 파헤쳐 그가 나오도록 도와주어야 했다. 그들은 능선의 낮은 곳까지 도달했으며 거기서 '무어인의 머리'와 라키오트 봉우리 쪽으로 올라가기 시작했다. 그들은 그날 밤에 제6캠프까지 가지 못했다. 그래서 눈 속에서 잠을 잤다.[6] 이것은 6천7백 미터 이상의 고소에서 보낸 여덟번째 밤이자 폭풍이 불어온 지 나흘째 되던 밤이었다. 그들은 식량 없이 사흘을, 그리고 물도 없이 이틀을 견뎌왔다.

아침에도 눈은 여전히 내리고 있었다. 다시 말하지만 사정이 어땠는지를 우리는 자세히 알 수 없다. 그러나 문자로 남은 몇 안 되는 기록으로부터 다 툰두가 그날 무슨 일을 했으며 어떤 감정을 느꼈는지를 미루어 짐작할 수 있다.

사람들은 모두 다 툰두가 좋은 사람이었다고 말한다. 잔치에서나 많은 사람 사이에 있을 때 그는 조용히 고개만 끄덕거리는 거의 말이 없는 사람이었다. 그는 자신을 앞에 내세우려 하지 않았으나, 그를 필요로 할 때면 언제나 곁에 있었다. 그리고 그는 언제나 자신의 가족을 돌보았다.

그날 낭가파르바트에는 그의 가족이 둘 있었다. 하루 전에 아우인 핀조 노르부가 오스트리아인과 첫번째 자일로 연결되어 하산을 시작했다. 다 툰두는 장인인 키타르와 두번째 자일로 연결되어 있었다. 키타르는 그들 가운데 가장 경험이 많았다. 그는 1921년, 1922년, 1924년, 그리고 1933년에 에베레스트에 올랐으며, 1929년, 1930년, 그리고 1931년에 캉첸중가에 올랐다. 하지만 이제 나이 많은 키타르는 다 툰두가 연결된 자일에서 가장 약한 사람이었다.

햇빛이 비치자 다 툰두는 그들이 누워 있었던 눈 두둑 주위를 둘러보았다. 파상 키쿠리, 니마 타시, 그리고 키타르 모두 살아 있었다. 그들은 한 군데로 모였다. 그리고 다 툰두가 길을 뚫으며 '무어인의 머리'를 향해 출발했다. 그는 이제 자신이 네 사람 가운데에서 가장 힘이 많이 남은 사람임을 깨달았다. 그날 밤 내내 45센티미터나 눈이 더 내렸다.

그들은 '무어인의 머리'에 도착했으며 거기서 라키오트 봉우리 아래로 가파르게 트래버스할 수 있도록 완만한 고지대로 올라갔다. 다 툰두는 넘어지고 미끄러질지도 모르는 병든 세 사람과 함께 할 트래버스를 두려워하고 있었다. 그는 그들이 그날 아침에 하산할 수 있을지도 모른다고 생각했으나, 다른 사람들이 그때까지 살아 있을 것이라고 확신할 수 없었다.

갑자기 그는 눈 속에서 사람들이 앞서 지나간 자국을 발견했다. 그는 길을 뚫지 않아도 된다고 생각했다.

마음이 놓여 자일이 뒤에서 당겨 팽팽해지면 몇 번이고 멈추면서 계속 걸어갔다. 그리고 '자국에 거의 눈이 없군' 하고 생각했다. 누군가가 오늘 아침에 발자국을 만들어놓았다. '누굴까?' 그는 이 자국이 핀조 노르부의 것이 아니기를 기도했다. 아우가 벌써 산을 내려갔기를 기도했다.

바로 앞에, 흩날리는 눈 속에서 회색빛의 사람 형상을 발견했다. 외투로 보아 셰르파였다. 다 툰두는 곧장 자기 아우라는 것을 알았고, 스스로에게 아우가 아니기를 바랐지만, 저절로 "핀조야!" 하고 큰 소리로 외쳤다.

앞의 사람이 멈췄다. 다 툰두는 자기가 할 수 있는 최대한 자일을 잡아당겨, 뒤에 오는 사람을 끌어당기다시피 하며, 달려가는 것은 아니었지만 걸어가는 것도 아닌 빠른 속도로 움직였다. 지난 이틀 동안의 속도보다 훨씬 빨랐다. 그는 바로 핀조였다. 형제는 서로 껴안았다. 핀조는 그에게 안겨 떨고 있었다. 다 튠두는 자기 아우가 여기 있다는 사실에 갑자기 분노가 솟아올랐다. 그는 아무 말도 하지 않았다. 핀조가 형을 만나 반가워하는 것만은 분명했다.

이제 다른 사람들이 그들 주위에 모였다. 두 사람이 핀조와 자일로 연결되어 있었다. 파상 픽처와 니마 도르제였다. "같이 간 사히브들은 어디 있어?" 다 튠두가 물었다.

핀조는 아무 말도 하지 않았다.

"그들은 스키를 타고 산을 내려갔어. 자일을 풀고 이틀 전에 떠났어." 파상 픽처가 대신 대답했다. 그는 숨을 고르기 위해 짧은 단어로 이야기했다. "그들이 우리를 떠난 밤에, 우리는 길을 잃고 눈에서 잤어. 나는 계속 앞으로만 가면 추락할까봐 두려웠어. 어제는 길을 잘 찾을 수 있었지만 정말 오래 걸렸어. 어제 밤에 우리는 또 얼음 위에서 잤어."

그 순간 다 튠두는 자기 아우를 두고 떠난 두 사히브를 증오했다. 그는 그들을 자기 목숨이 붙어 있을 때까지 증오할 것이다. 그는 스스로에게 말했다. "괜찮아. 우리 모두 아직 살아 있잖아."

"저 위는?" 파상 픽처가 물었다.

"잘 모르겠는데." 다 튠두가 대답했다. 하지만 마음속으로는 전날 아침 눈 속에 있던 니마 노르부의 시신을 본 것을 떠올리고 있었다. 다크시, 앙 체링 그리고 가이라이 역시 죽었으리라는 것을 확신하고 있었다. 하지만 그 모든 것을 얘기할 필요가 있을까?

그리고 다 튠두는 자일에 연결된 다른 사람들이 너무 지쳐서 말을 못하기에 파상 픽처가 모든 말을 하고 있다는 사실을 깨달았다. 파상은 혼자 하산할 수 있었을 텐데도 자신과 자일로 연결된 두 사람과 함께 남아 있었다. '그가 내 아우와 함께 남아주었구나.'

바람이 불어 회오리를 만들며 눈을 쓸어갔고, 다 툰두는 가파른 트래버스가 시작되는 지점에 서 있었다. 그들은 루트를 발견했다. 그곳을 힘들게 트래버스해야 할 것이다. 올라오는 것이 무서웠다면, 지금 그들이 처한 상태에서 내려가는 것은 더욱 어려울 것이다. 트래버스 너머에는 거의 곧장 아래로 뻗은 고정 자일이 있을 것이다. 고작 180미터의 고정 자일 셋이 있고, 그 밑에는 제5캠프가 있었다. 음식, 분명 마실 것과 담요도. 그들은 성공할 수 있을 것이다. 그들 모두 다 "하느님 도와주소서" 하고 기도했다.

그는 주위에 있는 여섯 명을 둘러보았다. 자신의 자일에 연결된 세 사람은 거의 걸을 수 없는 상태였다. 그는 아우가 내려가는 것을 돕고 싶었다. 그러나 만일 그들이 함께 떨어지면 어머니는 아들을 모두 잃을 것이다.

그는 장인인 나이 많은 키타르를 쳐다보고 "어떻게 하지요?" 하고 물었다.

키타르는 그의 문제를 이해했다. "내가 너와 묶은 이 자일을 풀어 다른 자일에 연결하고, 너는 니마 도르제와 함께 간다" 하고 키타르가 대답했다. 키타르는 허리에 맨 매듭을 풀기 시작했다. 다 툰두는 자신이 가장 힘이 빠져버린 니마 타시와 니마 도르제와 자일로 묶인다는 사실을 알았다. 하지만 세 사람과 연결되는 것은 아니었다. 그는 '나는 가장 강한 사람이다. 나는 해내야만 한다' 하고 생각했다.

키타르는 손을 사용하지 못하는 것 같았다. 매듭에 아무 변화도 일어나지 않았다. 다 툰두는 깊이 쌓인 눈 사이를 몇 미터 가로질러가 자일을 잡아당겨 풀었다. 키타르는 비틀거리며 다른 자일로 향해 걸어가다 넘어져서 한쪽 무릎을 꿇었다. 다 툰두는 장인의 발이 이제 제 기능을 못한다고 생각했다. 동상일 것이다.

다 튠두는 알지 못하고 있었지만, 그를 제외한 모두는 손과 발에 심한 동상이 걸려 있었다. 누구도 아무 말을 하지 않았다. 첫번째 자일—파상 픽처, 키타르, 핀조 노르부, 파상 키쿠리—에 연결된 사람들이 가파른 트래버스를 따라 움직이기 시작했다. 두번째 자일—다 튠두, 니마 타시, 니마 도르제—에 연결된 사람들이 뒤따랐다. 다 튠두가 이 자일 일행을 이끌었다. 그는 내내 걱정하고 있었다. 그의 뒤에서 누가 한 번만 미끄러져도 붙잡아줄 힘이 없었다.

그들은 트래버스를 건넜다.

고정 자일에 도착했다. 파상 픽처와 자일로 연결된 다른 세 사람이 내려가기 시작했다. 다 튠두는 그들이 15미터 정도 앞서 나갈 때까지 기다렸다. 그리고 같이 가는 두 사람에게 말했다. "둘이서 먼저 가. 나는 맨 마지막에 갈게. 너희들이 떨어져도 내가 자일을 잡고 있을 거야."

그들은 아주 천천히 움직였다. 고정 자일은 거의 수직이었다. 그들에겐 자일에 연결할 고리가 없었고, 등산화에는 아이젠이 없었다. 그들은 온 힘을 다해 무감각한 손으로 자일을 잡으려고 애써야 했으며 디딜 곳을 찾아 무감각한 발로 얼음을 찼다. 자일을 붙드는 데는 두 손이 모두 쓰이지만 내려가기 위해서는 한 손의 힘을 빼야만 한다. 그들이 잡은 자일을 놓치면 곧바로 150미터 아래로 떨어진다. 이것은 그들이 이전에 했던 어떤 일보다도 훨씬 더 많은 힘이 들었고, 그들 중에서 가장 아픈 사람은 힘이라고는 전혀 남아 있지 않았다.

다 튠두 앞에서 니마 도르제가 계속해서 고정 자일을 팔로 휘감고 있었다. 그는 내내 휴식하기 위해 멈춰서 길게 심호흡했다. 다 튠두는 그의 바로 뒤에서, 발을 이쪽저쪽으로 놓으라고 코치하면서, 잘할 수 있으며, 이제 텐트가 아주 가까이 있다고 격려했다. "음식을 생각해. 너는 해낼 수 있어."

그들이 첫번째 고정 자일을 내려와서 두번째로 옮겨갔다. 삼십 분이 지났다. 공기가 맑아졌으며, 이제 다 튠두는 고정 자일의 맨 밑에서 비틀거리며 텐트로 다가가는 첫번째 자일 일행 네 명을 볼 수 있었다. 그리고는 바로 눈 밖으로 튀어나온 텐트 폴을 볼 수 있었다. 핀조가 내려갔고, 키타르도 내려갔다. 그들은 살아남을 수 있을 것이다.

니마 도르제가 멈춰서 휴식을 취하기 위해 자일을 휘감은 채로 멈춰 있었다. "자, 자, 우린 이제 안전해" 하고 다 튠두가 말했다.

니마 도르제는 대답하지 않았다. 다 튠두가 그를 잡아당기고 떨어지지 않도록 가볍게 흔들었다. 아무 반응이 없었다. 다 튠두는 니마 도르제의 얼굴을 들여다보았다. 그는 장갑을 벗어 손을 니마 도르제의 입에 대보았으나, 아무것도 느낄 수 없었다. 그는 손가락을 입술 안으로 넣었다. 니마 도르제의 턱은 단단히 다물어져 있었다. 그는 숨을 쉬지 않았다. 다 튠두는 도르제의 외투를 잡고 안쪽으로 밀어 넣어서 목의 정맥을 만져보았다. 지난해 낭가파르바트 정상보다 더 높이 등반했던 니마 도르제는 죽었다. 항상 웃던 니마 도르제가.

다 튠두는 장갑을 다시 끼지 않고 죽은 사람을 자기 자일에서 풀려 했다. 그는 자기 허리의 매듭을 손가락으로 헤적여 찾았다. 손가락이 제대로 움직이지 않는 듯했다. 다 튠두는 멈췄다. 그는 정신이 멍했고, 자신이 울고 있는 것을 알았으며, 죽은 사람을 쳐다볼 수 없었다. 그는 거기서 휴식을 취하고, 시신에 어깨를 대고, 천천히 숨을 내쉬며, 진정하려고 애썼다. 그리고 매듭을 풀었다.

그는 이제 개의치 않고 니마 도르제를 넘어서 다만 아래로만 내려가려 했다. 바로 아래 니마 타시가 있었는데, 다 툰두는 그에게 다가가기도 전에 그 역시 사망했다는 것을 알았다. "니마" 하고 소리쳤다. 또다시 "니마" 하고 불렀지만 대답이 없었다. 다 툰두는 차가워진 그의 얼굴을 만져보았다. 그리고는 신의 도움으로 장갑을 다시 껴야 한다는 사실을 기억해냈다.

지금 그는 생각에 잠겨 니마 타시를 지나갔다. '내가 둘 다 데리고 내려왔는데, 얼마 안 남았는데. 거의 다 와서.'

그리고 다시 텐트를 내려다보았다. 텐트 옆 눈 위에 한 사람이 누워 있고, 세 사람이 가까이 서 있었다. 다 툰두는 눈 위에 누워 있는 사람이 누군지 알 수 없다고 스스로에게 되뇌었다. 그는 헉헉대며 미친 듯이 빠르게 내려갔다. 그는 아래로 내려가 텐트로 향해 있는 다른 사람들의 흔적을 따라갔다.

눈 위에 누워 있는 사람은 동생이었다. 다 툰두는 그 옆에 쓰러져서, 동생의 얼굴을 어루만졌다.

"그는 죽었네." 키타르가 그를 내려다보며 말했다.

다 툰두는 아우를 껴안았다. 키타르는 그의 어깨에 손을 얹고 두드리며 그를 흔들었다. "그는 죽었어." 키타르가 다시 말했다. "우리는 계속 가야 해."

다 툰두는 노인을 올려다보았다. 그는 외투에 달린 머리에 모자를 쓰고, 검은 고글로 눈을 가려 이상하게 보였다. 다 툰두는 뭔가 도움을 청하고 싶었다.

"자네는 아직 살아 있어" 하고 키타르가 말했다. "자네는 부인도 있고, 아이들도 있어." 키타르는 그들 이름을 불러주었다. "자네는 살아야 해."

다 툰두는 몸을 흐느꼈다. "우리는 자네가 필요해, 이 사람아" 하고 키타르가 말했다. "우리끼리는 내려갈 수가 없어, 나는 늙었어."

그러자 다 튠두는 일어섰다. 그는 주위를 둘러보았다. 핀조 노르부는 텐트에서 2미터도 안 되는 곳에서 죽었다. 다른 사람들은 이제 모두 자일을 풀었다. 다 튠두는 그들을 이끌고 안전한 제4캠프를 향해 내려가기 시작했다.

캠프에서

제4캠프에서 사람들이 고정 자일을 타고 내려오는 것을 보았다. 구조대가 올라갔다.

네 명의 생존자들이 자일을 푼 채 곧장 계속 내려왔다. 파상 키쿠리는 빙탑에서 떨어져 허리를 심하게 다쳤다. 그는 몸을 추스르고 계속 나아갔다.

제4캠프 위 어딘가에서 구조대가 내려오는 네 사람과 마주쳤다. 그들은 새로 쌓인 두터운 눈 아래 부분을 지나갈 수 있도록 사람 키만큼 높이로 참호를 파나갔다. 선두에 선 사람이 참호의 앞부분을 길로 만들었고 다른 사람들은 뒤에서 기다렸다. 베히톨트는 다음과 같이 적었다.

> 가엾은 사람들은 완전히 녹초가 되어 마지막 숨을 헐떡거렸다. 모든 사람들이 손과 발에 심한 동상을 입었다. 파상은 고글을 잃어버려 설맹이 되었다. 베르나르트가 조심스럽게 수프를 주고, 우리는 각자 포터들의 팔을 붙들고 캠프로 조심조심 내려갔다. 포터들의 큰 텐트에 모인 모든 사히브와 포터들은 동상에 걸린 사람들을 마사지하기 시작했다. 베르나르트가 각

자 역할을 분배했다. 손과 발에 한 사람씩 매달려 눈을 쉬지 않고 쓸어냈다. 그들의 손이 촉촉해지자, 안도의 한숨을 쉬었다. 발가락과 손가락을 살리기 위해 필사적으로 노력했다. 한 명이 계속해서 텐트 안으로 눈을 삽으로 퍼 날랐다.[7]

그들은 대낮부터 밤을 새워 새벽까지 병든 사람을 돌보았다. 아센브레너와 슈나이더도 거기 있었으며, 다른 사람들과 함께 돕고 있었다. 아센브레너와 슈나이더가 뒤에 남겨두고 떠난 세 사람 가운데 유일하게 살아남은 파상 픽처가 거기 있었다. 다 툰두 또한 거기에 있었는데, 그는 아우 때문에 분노에 차 있었다.

제4캠프의 텐트에는 고통, 서글픔, 분노, 그리고 죄책감과 처음부터 그랬어야 했지만 이제서라도 사람들이 서로 돕고 있다는 위안 같은 것이 있었다. 사히브와 포터들은 피부 색깔이나 돈에 상관 없이 피부 대 피부로, 그저 인간으로서 모두에게 친절하게 그들이 할 수 있는 모든 것을 하려고 애쓰며 함께 일했다. 포터들 역시 친구들, 친척, 그리고 산에 대해 생각에 잠겼다. 네 사람은 너무 지쳤기에 오랫동안 말을 할 수 없었다. 그들이 휴식을 취한 지 거의 12시간이 지난 밤이 되어서야 키타르는 기운을 회복해 마침내 입을 열었다. 그가 영어를 가장 잘했지만, 그의 영어도 이해하기 쉽지 않았다. 말한다는 자체가 많이 힘들어 보였다. "우리는 한마디씩 애써 그에게서 말을 끌어냈다"고 베히톨트가 적었다.[8] 그가 그들에게 말해준 내용을 미루어 사히브들은 산에 남아 있는 사람들이 살아 있다는 것은 '있을 수 없다'고 생각했다.[9]

그들은 잘못 생각하고 있었다. 제7캠프에 두 사람, 그리고 제7캠프 위의 눈에 비박을 했던 세 사람이 아직 생존해 있었다.

7. 가이라이

성스러운 산, 쿰비라

이틀 전에, 본대는 병에 걸린 앙 체링, 다크시, 그리고 가이라이를 '실버 새들' 바로 아래의 고지대 비박지에 남겨두고 떠났다.

앙 체링은 그 전날 눈에 반사된 태양 빛 때문에 앞을 보지 못하게 되었다. 아마 고글을 잃어버렸을 것이다. 그는 자신에게 무슨 일이 일어났는지를 알고 있었다. 이것은 산에서 늘 일어나는 증상이었다. 이 증상은 등반가에게, 그리고 야크를 몰고 산길을 가는 셰르파족에게도 발생했다. 1934년 원정 때도 많은 현지 포터들이 베이스캠프로 가는 산길에서 이미 앞을 볼 수 없게 되었다. 설맹의 고통은 무섭지만 앙 체링은 이것이 일시적인 증상이라는 사실을 알았다. 당분간 그는 아무것도 볼 수 없고 안전하게 하산할 수도 없었다. 그러나 만일 그가 기다린다면, 아마 하루 또는 이틀에서 사흘 사이에 훨씬 좋아질 것이다.

다크시는 앙 체링과 같은 타메 마을 출신이었다. 그는 다만 기력이 떨어져 계속 갈 수 없었다. 그들과 남은 세번째 사람은 가이라이인데, 솔루의 파프루 근처 마을 출신이었다. 셰르파 사회는 씨족으로 나뉘어 있고, 파프루 근처 많은 사람들처럼 가이라이는 가장 상위 씨족인 라마에 속했다. 그러나 그는 셰르파일 따름이고, 45세 가량 된 노동자였다. 그는 레이와아와 가까운 친구였으며 그 이유로 이 일을 하게 되었다. 그들은 다르질링 외곽의 군대 주둔지 근처에서 함께 살았고, 레이와아와 마찬가지로 가이라이는 군대 주둔지에서 청소부와 식당 사환으로 일했다. 이번이 그에게는 첫번째 히말라야 원정이었다.

나는 가이라이가 잘생겼는지를 앙 체링에게 물었다. 앙 체링은 "그 중간쯤 되지" 하고 대답했다. "그는 평범한 사람이었고, 평범한 성격이었지. 하지만 몸이 날렵했어. 그의 얼굴은 꽤나 마른편이어서 누구나 그가 약하다고 생각했지."

그때 가이라이는 약했지만 아프지는 않았다. 그는 앙 체링과 다크시와 함께 남았는데 그들에게 문제가 있었고 도움이 필요했기 때문이었다.

세 사람이 종일 눈 위에 누워 있었고, 두번째 밤도 눈 위에서 잤다. 아침에도 앙 체링의 눈은 여전히 보이지 않았으며 다크시는 아팠다. 그들은 하루 더 그 자리에 머물렀다. 앙 체링은 시력만 되돌아오면 하산하기에는 힘이 충분하다고 믿었다. 다크시는 자신이 틀림없이 죽어가고 있음을 알고 있었다. 가이라이는 그들 두 사람과 남아 있었다. 그들은 세번째 밤도 눈 위에서 보냈다.

앙 체링이 아침에 깨어났을 때 눈이 보였다. 비록 시야는 흐릿했으나 아래로 가는 길을 찾을 수 있을 것 같았다. 그러나 다크시는 너무 힘이 없어 걸을 수가 없었다. 분명히 그는 이 비박지에서 죽게 될 성싶었다. 만일 가이라이와 앙 체링이 남는다면 그들 역시 죽을 것이다. 그래서 그들은 그를 두고 떠났다.[1] 앙 체링은 자신이 한 일을 스스로 받아들이기 어려웠다. 며칠 지난 뒤 그는 자신이 도움을 청하러 간 것이며, 다크시가 여전히 그 위에서 살아 있을 것이라고 스스로를 위안했다.

하산하기 전 앙 체링은 봉우리를 향해 서서 낭가파르바트의 신과 맞섰다. 그는 신에게 외쳤다. "당신은 나를 죽일 수 있다고 생각하겠지만 당신은 틀렸다. 나의 신이 당신보다 더 강하며, 그가 내 목숨을 구해줄 것이다!"

앙 체링의 신은 쿰비라로, 쿰부에서 가장 성스러운 산이다.

쿰부의 네 산에 신이 산다. 초모룽마(에베레스트), 초오유, 쿰비라, 그리고 체링마(타메 근처 가우리산카르)이다.

셰르파족은 부처를 가장 높은 신으로 모신다. 그 다음으로 불교 현자, 고대 산스크리트 신, 그리고 현지 티베트 신 등 여러 종류의 신들을 모시고 있다. 어떤 신은 남성이고 어떤 신은 여성이지만 여신을 가리키는 독립된 단어는 없다. 신의 성별은 가장 중요한 것이 아니다. 어떤 신은 하늘이나 세상 모든 곳에 있다. 산에 사는 신같이 어떤 신처럼 한 장소에 산다.

서쪽 끝에 있는 카일라스는 티베트에서 가장 성스러운 산이다. 이 산은 드넓은 푸른 호수 너머에 홀로 높게 솟아 있다. 산은 상자 형태의 거대한 검은 바위 위에 빙하로 뒤덮인 하얀 피라미드가 놓인 모습을 하고 있다. 많은 순례자들이 경배와 고행의 목적으로 카일라스 산 주위를 사흘 동안 걷는다. 내가 이야기를 나누었던 사람들은 아름다움과 신성함이 산 주위 어디에나 있다고 말한다.

앙 체링이 자신을 위해 낭가파르바트와 싸워달라고 요청했던 신인 쿰비라는 카일라스와는 다르다. 왜 쿰비라가 신의 거처인지를 이해하기 위해서는 쿰부에서 꽤 긴 기간을 살아야 한다. 처음에 나 같은 외국인의 눈에는 그저 수수해 보였다. 나는 홈이 파인 빙하가 하늘로 솟아오른 탐세르쿠를 경이로운 눈으로 바라보았다. 검은 바위와 백색 얼음이 덮인 5킬로미터의 능선이 길게 늘어선 광데에서, 그리고 모든 트레킹 여행자들이 가장 선호하는 산, 곧 '어머니의 보석함'이라 불리는 아마다브람에서도 그 경이로움을 느꼈다. 쿰비라는 봉우리가 희지도 않고 사실은 히말라야에 속해 있지도 않다. 정상에 눈이 약간 있지만 겨울에는 오히려 경사면에 눈이 더 많고, 흘러내리는 거대한 빙하는 없다. 바위는 갈색이거나 거무스름한 붉은 색조로 특이하게 아름답지도 않으며, 나는 산 전체를 완전하게 바라볼 수 있는 장소도 찾지 못했다.

그러나 몇 달이 지나자 쿰비라가 경외가 아닌 사랑을 느끼게 하는 산이라는 사실을 알게 되었다. 쿰비라는 남체에서 걸어서 한 시간 거리에 있는 쌍둥이 마을인 쿤데와 쿰중 뒤에 솟아 있다. 다른 산들과는 달리 이 산은 사람들에게서 멀리 우뚝 솟아 있다기보다는 그들을 살펴보고 있는 것 같다. 그리고 이 산은 쿰부의 중앙에 위치해 있다. 타메가 서쪽에, 포르체와 팡보체는 동쪽에, 쿰중, 쿤데 그리고 남체는 남쪽에 있다. 쿰부를 대표하는 산으로서 적절한 장소에 자리 잡고 있다.

쿰비라라는 이름은 '쿰부의 신'을 뜻한다. 승려가 가정을 방문해서 독경할 때, 모든 서적은 티베트어로 씌어 있고, 기도도 거의 그러하다. 유일한 예외가 쿰비라에 대한 기도이다.

셰르파족의 노래 또한 낭파라 건너에서 가져온 옛날 티베트 노래이다. 유일한 예외는 쿰비라에 대한 노래이다. 셰르파족은 잔치에서 술에 취하고 행복에 겨워 이 노래를 부르며, 남자들은 서로 팔을 끼고 한 줄로 서서 춤을 추고, 여자들은 다른 줄에서 춤춘다. 쿰비라의 노래를 부를 때, 노래 부르는 사람들은 자신들이 신을 경배하기 위해 쿰부 전 지역에서 온 마을 사람들이라고 생각한다. 그들은 노래 부른다.

쿰부는
아름다운 변경
큰 놋쇠 물그릇 위에
잘 다듬어 장식한 금 테두리 같다.

우리의 신은
쿰부에 살고 있다.

우리는 모두 함께 와
우리 신을 만난다.
비단 스카프를 가져와
신을 경배하고
신은 우리가 오는 것을 보고
즐거워한다.

우리는 함께 모여
우리의 삶을 가져온다.
삶의 슬픔 사이에
순간의 희열을 위해 모인
이 순간
우리가 살아온 모든 삶이
바로 이 순간에 있다.

부디
이 순간을 망칠
일을 하지 마시오.[2]

사히브들과 포터들은 산에 대해 서로 다른 태도를 지니고 있었다. 한쪽은 투쟁과 승리가 있는 곳으로, 다른 한쪽은 사랑이 넘치는 곳으로 여겼다. 하지만 독일 산악인의 정신과 비슷한 어떤 것이 앙 체링이 낭가파르바트에게 내뱉은 말 속에 있었다. 그는 산과 겨룸으로써 자신의 운명을 시험하기로 선택했다.

나와 대화를 나누었던 다른 티베트인과 셰르파 등반가들은 산에서 열심히 기도드렸다. 그러나 그들은 산이나 다른 신에게가 아니라 부처에게 조곤조곤히 빠르게, 그리고 직접적인 기도를 했다. "부처님, 구해주세요. 부처님, 저를 도와주세요."

다르질링에서 오륙십대의 티베트인 등반가 곤덴과 앙 체링의 아들인 다와 템파와 얘기를 나누었다. 두 사람 모두 높은 산 위에서는 입술이 너무 차고 굳어져서 큰 소리로 기도를 드릴 수 없다고 말했다. 곤덴은 또한 일반적으로 염주를 가지고 기도 숫자를 세는데 너무 높은 곳에서는 벙어리장갑을 벗을 수가 없다고 말했다. 군대에서 30년을 보낸 다와 템파는 많은 것이 전쟁터와 비슷하다고 말한다. "산에서 갑작스러운 위험이 닥친 순간에 사람들은 미친 듯이 기도하고 애걸하며 오로지 살아나갈 수만 있다면 이것저것을 하겠다고 신에게 약속하기 시작하지요. 이것은 전쟁터에서도 마찬가지입니다. 발포가 시작되고, 군인들이 총을 들고 엎드려(다와 템파는 자신의 몸을 쭉 뻗더니 튀어 오르는 총 위에 있는 것처럼 몸을 홱 웅크렸다) 총을 발사할 때 모든 것을 약속하면서 신에게 애걸합니다."

그러나 앙 체링은 부처에게 애걸하지 않았다. 그는 낭가파르바트에 도전했다.[3]

인정에 끌리다

가이라이와 앙 체링이 다크시를 높은 비박지에서 죽어가도록 남겨두고 하산하기 시작했다. 그들은 연결된 자일을 풀었다. 앙 체링은 시력이 돌아왔고 도전적이었으며 가이라이보다 더 강했다. 그는 계속 앞서 나갔으며 뒤를 따르는 가이라이가 곧 아주 멀어졌다.

앙 체링은 왜 혼자 갔는지 나에게 끝내 말하지 않았다. 가이라이가 하산에 성공하지 못할 것이며 자신이라도 살아야겠다고 생각했다고 추측한다. 그러나 아마 다크시의 경우에도 그랬듯이 앙 체링 자신도 무엇을 하고 있는지 정확히 생각할 수 없었을 것이다.

'생크림' 언덕에 있는 제7캠프 바로 앞에서, 앙 체링은 울리 빌란트의 시신과 마주쳤다. 이틀 전 빌란트는 메르클과 벨첸바흐의 뒤를 따라서 제7캠프로 내려왔으나, 그들을 결코 따라잡지 못했다. 그는 작은 눈 언덕 반대편의 텐트에 있는 두 사람으로부터 27미터 떨어진 곳에서 죽었다. 아마도 그는 심한 눈보라로 길을 잃었거나 또는 그저 힘이 다해 쓰러졌을 것이다.

몇 분 뒤에 앙 체링은 메르클과 벨첸바흐가 텐트 안에 생존해 있음을 알게 되었다. 그들은 그곳에서 이틀 밤을 보냈다. 이날이 그들에게는 세 번째 날이었다. 키타르와 세 명의 포터가 이틀 전에 메르클을 떠난 뒤 텐트 안은 눈으로 꽉 들어찼다. 그 이후 벨첸바흐나 메르클 중 어느 누구도 눈을 퍼낼 정도의 몸 상태가 되지 못했다.

빌로 벨첸바흐는 어떤 포터라도 와서 가져가기를 바라며, 하루 전에 짧은 메모를 해놓았다.

제7캠프, 7월 10일

제6캠프와 제7캠프 사이 사히브, 특히 의사 사히브에게.

우리는 어제부터 이곳에 누워 있으며 어제 울리 빌란트는 도중에 길을 잃었다. 우리 둘은 병이 났다. 제6캠프로 내려가려고 시도했으나 피로로 실패했다. 나, 빌로는 아마도 폐렴, 후두염, 그리고 독감에 걸린 듯하다. 대장은 피로 누적에 손과 발에 동상이 걸렸다. 우리는 엿새 동안 뜨거운 음식을 먹지 못했고, 거의 아무것도 마시지 못했다. 제7캠프의 우리를 빨리 도와주기 바란다.

빌로와 빌리[4]

물론 제6캠프와 제7캠프 사이에 사히브는 한 사람도 없었다. 그들은

27미터 떨어진 곳에서 빌란트가 죽어 있다는 것조차 알지 못했다.

앙 체링은 벨첸바흐의 발이 저절로 흔들리고 있는 것을 볼 수 있었다. 그 상태로 보아서 머지않아 죽을 것이라는 사실을 알았다.

앙 체링은 메르클에게 말했다. "우리는 지금 내려가야 합니다. 사람들이 제4캠프를 폐쇄할 겁니다. 여기는 식량이 없습니다."

메르클과 앙 체링은 모두 영어 실력이 짧았다. 앙 체링은 그들이 벨첸바흐와 가이라이를 뒤에 남겨두고 따로 내려가야 한다고 넌지시 암시했다.

메르클은 "안 돼" 하고 대답했다.

앙 체링은 산 위쪽을 뒤돌아보았고 멀리서 가이라이가 살아서 내려오는 모습을 보았다.

지금 그때를 설명하면서 앙 체링은 왜 '생크림'까지 가이라이보다 먼저 내려갔는지 아무 말도 하지 않는다. 그러나 그는 가이라이가 멀리서 내려오는 것을 보자 제7캠프에 머물러야 한다는 것을 알았다고 말한다. 그 직전까지 그는 어떻게든 살아야 한다고 결심하고 메르클이 가든지 말든지 간에 혼자 하산하는 것이 자신이 살아날 수 있는 유일한 길임을 확신했다고 나는 생각한다. 그 순간 그는 가이라이가 아직 살아서 혼자 움직이는 것을 보고 인정에 끌리게 되었다. 그는 가이라이를 버릴 수 없었고, 그와 함께 남게 되었다.

독일인과 포터들 사이에는 항상 의사 전달에 문제가 있었다. 대부분의 포터는 영어를 거의 하지 못한다. 사다가 그렇게 중요한 이유는 그가 사히브와 의사소통할 수 있기 때문이다. 앙 체링은 독일 등반가들이 네팔어나 힌디어를 전혀 하지 못했다고 말한다. 그들의 영어 역시 기초 수준에 머물렀다. 메르클은 아주 조금만 할 줄 안다. 두 해 전에는 유일하게 영어를 전혀 못하는 등반가였다.

이런 이유로 복잡한 명령은 이해하기가 어려웠다고 앙 체링은 말한다. 어떤 일이든 단순하게 말해야 했다. 예를 들면 그가 음식이 필요하면 입을 있는 대로 크게 벌리고 머리를 뒤로 젖히고서 손가락으로 벌어진 목구멍을 가리키며, "먹을 것, 먹을 것"이라고 영어로 큰 소리로 반복했다. 그러면 그들이 곧 이해했다.

'생크림'에서 앙 체링과 메르클은 단순한 몇 마디로 의사소통을 했으나 서로 상대가 무슨 말을 하는지 이해했다. 앙 체링은 그들이 곧 하산해야 하며 벨첸바흐를 남겨두고 떠나야 한다고 뜻을 전했다. 앙 체링은 아래 있는 사히브들이 자신들이 모두 죽었다고 여길까봐 걱정했다. 그러면 그들은 모든 것을 걷어내고 제4캠프를 폐쇄할 것이다. 그렇게 한다면 그와 메르클이 제4캠프에 도착한다 하더라도 그곳에는 음식도 도와줄 사람도 없을 것이다. 더구나 아직 아침이었다. 만약 지금 출발하면 그들은 캠프에 도착할 수 있다.

앙 체링은 또한 메르클이 누군가는 벨첸바흐가 숨을 다할 때까지 남아 있어야 한다고 말하고 있다는 것을 이해했다.

그들이 곧 제4캠프를 폐쇄할 것이라는 앙 체링의 두려움은 이유가 있었다. 이와 유사한 사고가 생기면 아래쪽 캠프에 있는 사람들은 생존자에 대한 희망을 포기하기 전까지 통상 하루나 이삼 일 정도는 기다린다. 그들이 완전히 포기하면 캠프를 해체한다. 이는 이해할 수 있는 일이다. 캠프를 보급품으로 꽉 채워놓고 떠난다는 것은 누군가가 아직 산 위에 생존해 있을지 모른다고 스스로 생각하는 것이다. 이런 경우에는 하산을 정당화하기가 어렵다. 하지만 사고가 일어난 직후에는 지원 캠프의 사람들 역시 위험에 처해 있기는 마찬가지이다. 만일 그들이 더 오래 머문다면, 산 위에서 벌어졌던 일이 곧 그들에게도 일어날 수 있다.

메르클은 그들이 제4캠프를 폐쇄할 것이라고 생각하려 하지 않았다. 그는 아직도 지금쯤 아래에 있는 사람들이 올라와 구조해주기를 기대하고 있었다. 그는 몸이 쇠약했고 혼자서는 하산하기 어려운 상태였다. 그리고 메르클이 대장이었다. 그가 모두 함께 정상 정복에 나서기로 결정했었다. 그는 아마 그 결정 때문에 지금 자신들이 구조의 손길에서 벗어나 있다는 것을 인정할 수 없었을 것이다. 메르클은 벨첸바흐가 죽어가고 있다는 것을 틀림없이 알고 있었지만 원정대장으로서 동료를 포기할 수 없었다.

메르클은 포터가 아닌 등반가들의 대장으로서 사고하고 있었다. 후퇴 첫날 사히브들이 몸이 너무 아파 계속 내려갈 수 없었을 당시에 메르클은 후퇴를 멈추고 노천에서 비박을 하자고 주장했다. 그가 포터들을 생각하고 있었더라면, 그는 대부분, 또는 모두를 계속 내려가도록 했을 것이다. 이제는 벨첸바흐를 남겨두고 앙 체링과 함께 가야 했다. 아니면 최소한 포터 한 명의 생명을 구하기 위해 앙 체링 혼자라도 보내야 했다.

그는 그렇게 하지 않았는데 추측컨대 벨첸바흐가 죽으면 여전히 앙 체링이 필요했기 때문일 것이다. 그러나 메르클은 아직도 위엄을 지키려 애를 썼으며 자신이 아닌 남을 보살피려 했다.

메르클이 "안 돼"라고 말했을 때 앙 체링이 다시 산을 올려다보았으며 멀리서 살아서 내려오는 가이라이를 보았다. 앙 체링은 머물렀다.

가이라이가 그들과 합류했다. 그는 다른 셰르파들보다 영어를 잘하는데, 이는 영국군 주둔지에서 일할 때 배웠기 때문이다. 메르클은 두 셰르파에게 말했다. "지금 우리는 떠날 수 없다. 우리는 머무를 것이다. 벨첸바흐가 죽으면 그때 떠날 것이다."

메르클은 그런 다음 앙 체링에게 텐트 안에 쌓인 눈을 치우라고 지시했다. 아직도 한 사람은 주인이었고, 다른 한 사람은 피고용인이었다. 또 앙 체링은 제7캠프에서 가장 힘이 많이 남아 있는 사람이었다. 그는 명령을 받아 하라는 대로 일을 수행했다.

그들은 제7캠프에서 그날 낮과 밤을 보냈다. 메르클과 벨첸바흐는 텐트 안에 있었다. 앙 체링과 가이라이는 바깥의 눈 위에서 침낭이나 텐트 깔개인 방수포도 없이 눈 위에서 잤다.[5]

다음날 앙 체링은 여전히 하산하고자 했다. 날씨가 좋아졌으며 바람도 약간 잦아들었다. 날씨가 맑아져서 '생크림' 위에 있는 세 사람은 저 아래 제4캠프를 내려다볼 수 있었다. 바로 그때 그들은 제4캠프에서 올라오는 사람들을 보았다.

롭상, 앙 텐징, 누르부, 뮐리터, 슈나이더, 그리고 아센브레너가 제5캠프로 올라오려 애쓰고 있었다. 짐을 지지 않은 채 서로 번갈아가며 길을 찾고, 여섯 시간 동안 힘들게 올라와 제5캠프에 도착했다. 텐트, 음식, 그리고 침낭으로부터 3미터밖에 떨어지지 않은 곳에서 "머리가 눈 속에 파묻히고, 자일로 연결된 채, 그가 쓰러졌던 그대로" 핀조 노르부의 시신을 발견했다고 뮐리터가 말했다. 그는 핀조 노르부를 묻어주려 했다. 롭상, 앙 텐징 그리고 누르부는 서서 바라보았다. 그들은 뭘 하려는지 알지 못했다.

니마 도르제와 니마 타시의 시신이 아직도 제5캠프 위 고정 자일에 매달려 있었다. 슈나이더와 아센브레너는 시신을 내려놓기 위해 자일을 잡으려 애썼다. 바람과 눈이 너무 거셌다. 여섯 명 모두는 되돌아 내려가서, 그날 저녁 늦게 제4캠프에 당도했다.

앙 체링의 결심

위쪽 '생크림'에서는, 메르클이 도움의 손길을 기다리며, 앙 체링에게 하루 더 머물 것이라고 말했다.

다음날 아침 뷜리터와 몇 명의 포터가 고정 자일에서 내려온 동상 입은 네 명의 생존자—다 툰두, 파상 픽처, 파상 키쿠리, 키타르—를 데리고 베이스캠프로 조심스럽게 내려갔다. 베르나르트 의사는 그들과 함께 하지 않기로 결정했다. 그는 제4캠프에 남아 누구라도 살아 내려오는 경우에 대비하기로 했다. 베이스캠프에서 뷜리터가 베히톨트에게 말했다. "산 위에 아직 살아 있는 사람이 있을 것이라고 믿는 사람은 아무도 없다. 절대 불가능하다. 제4캠프를 내일이나 모레에 폐쇄할 것이다."[6]

앙 체링의 걱정이 옳았다는 것이 증명되고 있었다. 아래 있는 사람들은 제4캠프를 폐쇄하는 문제를 논의하고 있었다. 그러나 메르클의 희망은 당연한 것처럼 되살아났다.

그날 오후 5시경 메르클이 나와서 말했다. "유감이네, 앙 체링. 사히브가 죽었네."

이 '유감(sorry)'이란 말은 많은 의미를 담고 있었다. 이 말은 다음과 같은 의미를 지닐 수 있을 것이다. '내가 너에게 말하기가 미안하다. 또는 나는 아주 슬프다. 또는 좀더 일찍 떠나지 않은 것을 사과한다.' 메르클은 아마 이 모든 뜻을 느끼고 있었을 것이다.

바로 내려가기에는 너무 늦은 시간이었다. 그날 메르클은 벨첸바흐의 시신과 텐트에서 하룻밤을 지냈다. 앙 체링과 가이라이는 스웨터와 외투만을 입은 채 담요나 방수포도 없이 눈 위에 드러누웠다.

메르클은 두 셰르파에게 천막 안으로 들어오라고도 하지 않았다. 사히브와 포터는 텐트를 같이 사용하지 않았다. 이런 극한 상황에서조차 계급과 계층의 법칙을 여전히 양쪽이 다 받아들였다. 그들은 벨첸바흐의 시신을 밖으로 끌어내서 눈 위에 내다놓아야 했을 것이다. 아마도 메르클 자신이 그렇게 할 수 없었을 것이다.

다음날 아침에 앙 체링, 가이라이 그리고 메르클이 함께 나아갔다. 물 없이 지낸 지 6일째 되는 날이었고, 음식을 먹지 못한 지 벌써 8일째 되는 날이었으며, 해발 6천7백 미터 이상 고산에서 보낸 13일째 날이었다. 앙 체링은 여전히 얼음을 먹었다. 그와 가이라이는 계속해서 닷새나 되는 밤을 눈 위에서 보냈다. 메르클은 아주 느리게 움직였으며 다른 두 사람의 도움이 필요했다. 그의 양손과 양발에 동상이 걸렸다. 그는 오직 피켈 둘에 의지해서만 걸을 수 있었다.

구름이 걷혔다. 저 아래 제4캠프에 있는 사람들이 '실버 새들'과 능선의 가장 낮은 곳 사이 대부분을 볼 수 있었다. 그들은 제7캠프에서 느리게 내려오는 세 사람의 모습을 보았다. 그들이 누구인지는 알 수 없었지만 메르클과 벨첸바흐가 그곳에서 마지막까지 살아 있던 사람들이라는 사실은 알고 있었다. 세 사람의 모습이 능선의 저점에 다다랐을 때 "한 사람이 앞으로 나와서 신호를 보냈다. 가끔 강풍이 도와달라는 아련한 외침도 실어왔다"고 베히톨트는 기록했다. 그 사람은 추측컨대 앙 체링이었을 것이다. 제4캠프 사람들은 동요했다. 그들은 그 위의 모든 사람들이 벌써 죽었으리라고 확신하고 있었던 것이다.

앙 체링은 그들이 자신을 발견했는지를 알지 못했다. 그는 계속 나아갔다.

슈나이더와 아셴브레너가 제4캠프에 남아 있던 유일한 등반가였다. 그들은 지쳐 있었다. 그들도 후퇴하여 살아남았고, 그 전날에는 제5캠프까지 다시 등반을 했었다. 그들은 자신들이 본 사람들을 구조하거나 적어도 제5캠프까지는 가려고도 시도하지 않았다. 베르나르트도 포터들도 마찬가지였다. 그 다음날도 아무도 올라가지 않았다.

앙 체링 일행은 능선의 낮은 곳으로부터 '무어인의 머리', 제6캠프 그리고 라키오트 봉우리 쪽으로 올라갔다. 두 셰르파는 아주 천천히 움직이며 메르클에게 보조를 맞추었다. 하산은 이제 아주 어려웠다. 그들은 아주 오랫동안 고소에 있었고, 음식과 물도 없이 계속되는 추위에 시달렸다. 그런 상태에서 다시 위로 올라가고 있었다. 메르클은 손과 발에 심한 동상이 있었다. 앙 체링도 심한 동상에 걸렸다. 결국 나중에 발가락을 전부 잃게 될지도 몰랐다. 가이라이 역시 그럴 가능성이 컸다.

동상에 걸리면 걷기가 매우 힘들다. 무감각한 사지 때문에 넘어지거나 비틀거리게 된다. 앙 체링은 어두워지기 전에 제6캠프에 거의 도착했다고 말한다. 그러나 목적지까지 가지는 못했다. 이번에는 세 사람 모두 다 눈에 누워 잠을 잤다.[7]

후퇴하기 시작한 지 엿새째 되는 날 밤이었고, 앙 체링과 가이라이는 엿새째 비박을 했다. 메르클 역시 물 없이 엿새째, 음식을 먹지 못한 지 이레째나 되었다. 앙 체링은 그들이 며칠 동안 얼음만 계속 먹었다고 말한다. 많은 수의 등반가들은 얼음이나 눈이 몸을 아프게 할 것이라고 믿었으며, 확실히 얼음을 입 안에서 녹이는 데는 칼로리를 소모한다. 하지만 그것이 생명을 유지시켜주었다. 이 세 사람이 살아 있다는 것 자체가 이미 놀랄 만한 인내와 용기의 결과였다. 그 어느 누구도 이전에 히말라야의 이러한 환경 속에서 이렇게 오랫동안 생존한 적이 없었다.

앙 체링은 그날 밤 뜬 눈으로 밤을 지새우면서 생각했다.

'대장의 상태로 보아 내일 우리 세 사람이 함께 하산한다면, 우리는 제4캠프에 도달하지 못할 거야. 우리가 내일 도착하지 못하면 캠프를 폐쇄할지도 몰라. 그러면 우리 세 사람은 모두 죽을 거야. 가이라이를 먼저 보내 도움을 청하는 게 그나마 가망이 있어. 나는 대장과 함께 천천히 따라가면 돼.'

나는 앙 체링에게 "그날 밤 두려웠나요?" 하고 물어보았다. 그는 아니라고 대답했다. 그는 사흘 전에 산에게 소리를 질렀다. 그후에 그는 낭가파르바트와 쿰비라가 자신의 머리 위에서 그의 생명을 놓고 싸움을 하고 있다는 것을 알고 있었다. 그의 생사는 어떤 신이 더 강한지에 따라 결정될 것이다. 그가 그 결과에 대해 할 수 있는 일이라고는 아무것도 없었고 두려움은 의미 없는 일이었다.

그의 아들 다와 템파가 자신이 지니고 있는 쿰비라 신의 그림을 나에게 보여주었다. 이 그림은 1950년대 초 유명한 셰르파 화가인 쿰중의 카파가 그렸다. 쿰비라 신은 말을 타고 있으며 좋은 중국옷을 입은 부자처럼 생겼다. 그의 얼굴은 길고 아름다우며 온화한 미소를 띠고 있다. 그는 전사가 창을 들고 있는 것처럼 지팡이를 높이 쳐들고 있으나, 뾰족한 창끝이 있어야 할 자리에는 기원의 깃발이 나부낀다. 그의 앞에는 그 신과 관련된 야크, 산양, 애기사슴 같은 동물들이 있다.

오늘날에도 쿰비라 주위에서는 이 동물들을 볼 수 있다. 야크는 없는 곳이 없다. 그들은 몸집이 크며 위험하다. 해마다 쿰부에서는 누군가가 야크 뿔에 찔려 죽는다. 그러나 야크는 넓은 얼굴에 통방울 같은 소의 눈을 하고, 또한 조용하고 친근한 면이 있다. 그림 속 야크는 그렇게 표현되어 있고 신이나 말보다는 훨씬 작다.

산양인 타르는 큰 뿔이 나 있고, 길고 두터운 털이 땅을 쓸고 가며, 빛에 따라 푸르게도 검게도 보인다. 언덕의 경사지에서 풀을 뜯는 모습이나, 하늘을 배경으로 아래를 내려다보며 바위 위에 서 있는 산양 한 마리를 흔히 볼 수 있다.

이른 아침에 텡보체로 가는 길에서 쿰중으로부터 쿰비라 옆을 걸어가면서 소리를 내지 않고 조용히 있으면 작은 애기사슴을 볼 수 있을 것이다. 애기사슴은 보통 혼자이고 크기는 대략 래브라도개만하다. 애기사슴이 사람을 보게 되면 경계를 하며 얼어붙은 듯 멈추지만, 조심할 뿐 정말 두려워하지는 않으며 약간 떨면서 두 뿔을 위로 쭉 쳐든다. 카파의 그림에 있는 애기사슴도 그렇게 머리를 들고 있다.

신의 뒤쪽 한편에는 서구 신화의 '설인'인 예티가 있다. 이 설인은 어떤 면은 사람 같기도 하고 어떤 면은 원숭이 같기도 하다. 이 역시 위험스러운 존재일 수 있으나, 카파가 그린 예티는 장난꾸러기에, 행복해 보이고, 신을 섬긴다.

선한 사람

아침에 메르클, 가이라이 그리고 앙 체링은 아직 모두 살아 있었다. 앙 체링은 가이라이에게 내려가서 도움을 청하라고 말을 건넸다.

가이라이는 "아니" 하고 대답했다. 그가 메르클과 남아 있겠다고 했다.

가이라이와 메르클은 영어로 이야기를 나누었다.

그리고 메르클이 앙 체링에게 말했다. "가이라이는 남는다. 앙 체링, 너 해낼 수 있지?"

앙 체링은 대답했다. "물론입니다."

그는 혼자서 산을 내려왔다.

앙 체링은 가이라이 역시 메르클을 남겨놓고 함께 내려올 수 있었다고 말한다. 이것은 그가 다 툰두와 텐징 노르가이에게도 1934년에 그대로 말한 것이다.[8] 나는 왜 가이라이가 메르클과 남았는지를 앙 체링에게 두 번이나 물었다. 그는 두 번 다 가이라이에게 같이 내려가자고 했으나, 가이라이는 내려가지 않겠다고 했고, 메르클과 이야기를 나눈 뒤 메르클이 앙 체링더러 내려가라고 했다고 답했다. 앙 체링에게 중요한 것은 그것이 가이라이의 결정이지 자신이 내린 결정이 아니었다는 것이다.

나는 나이 많은 셰르파에게 왜 가이라이가 뒤에 남았는지 물어보았다. 그들이 말한 내용을 종합하고 그 밖의 다른 요소를 감안하면 왜 가이라이가 메르클과 함께 남았는지에 대한 최선의 추측은 다음과 같다.

'틀림없이 앙 체링이 가이라이보다 힘이 더 남아 있었다. 만일 한 사람이 내려가야 한다면 앙 체링이 성공할 가능성이 가장 높았다. 만일 그가 성공한다면 제4캠프의 사람들이 올라와서 가이라이와 메르클을 구조할 수 있었다. 그렇게 된다면, 그래서 모두 살 수 있다면, 가이라이는 자기 급료와 장비 값을 합친 것보다 훨씬 많은 팁을 기대할 수 있었다. 그리고 그는 후원자를 확보하게 될 것이고 아마 평생 연금을 받을 수도

있었을 것이다.'

그 뒤로 독일인들은 복종적이고 충직한 가이라이가 마땅한 처신을 했다고 말했다. 이 설명은 훌륭한 아버지에 대한 훌륭한 아들로 셰르파를 보는 유럽인의 가부장적 온정주의 견해에 들어맞는다. 이 설명의 결점은 셰르파가 충성심을 말하는 경우가 없다는 것이다. 그들은 동료간의 덕목인 정직에 관해 말한다. 충성과 복종은 동등하지 않은 관계에서 나타난다. 하지만 아마도 동등하지 않은 관계를 받아들이는 것을 충성심이라고 보는 것은 가능하다. 가이라이는 군대의 하인으로 일한 경험이 있었다. 지난 며칠 동안 사히브들이 텐트 안에서 자고 그들에게 눈 위에서 자라고 명령했을 때 그는 그 명령에 따랐다. 그는 오랫동안 명령에 따라왔고, 이제 그는 총대장인 부라 사히브와 남았다.

그러나 그는 정말 마음이 넓은 사람이었다. 셰르파족이 믿는 불교는 모든 생명체에 대한 사랑을 품으라고 가르친다. 이 어구는 통상적으로 영어로는 '모든 생명체에 대한 연민'이라고 번역하고 있다. 그러나 셰르파가 쓰는 단어는 니잉제(nyingje)이다. 이 말은 '심장 같은'이란 뜻을 지니며 아이에 대한 어머니의 사랑, 또는 수십 년 동안 함께 살아온 부인에 대한 남편의 사랑에 해당한다. 그들의 불교는 사람에 대해서 느끼는 감정을 야크나 개에 대해서도 똑같이 느껴야 한다고 가르친다. 그들의 사랑에 대한 개념은 아마도 영어 단어 love보다 소유는 더 적고 연민을 더 많이 그 안에 내포하고 있지만 기본적으로는 동일한 감정이다.

물론 모든 셰르파족이 항상 사랑으로 행동하는 것은 아니다. 다른 사람들과 마찬가지로 비열하고, 적대적이고, 성마르고, 질투하고, 잔인할 수 있다. 하지만 그곳에서 사랑은 가치로서 존재한다. 사랑은 꼭 그렇게 행동해야 하는 방식이다.

가이라이가 사랑으로 우러난 행동을 했다는 것을 보여주는 중요한 증거가 있다. 메르클과 남기로 결정하기 닷새 전에 그는 고산 비박에서 같은 선택에 직면했다. 앙 체링과 다크시가 너무 아팠기에 계속 갈 수 없었다. 가이라이는 그들과 함께 남았다. 그 역시 아파서 그랬을 거라는 추측도 가능하지만 그런 것 같지는 않다. 나는 그런 고소에서 쉬고 나서 좋아지는 증상은 설맹 이외에 아무것도 없다고 생각한다. 그는 그후에도 닷새 동안 생존했으며 눈 위에서 여섯 번이나 비박을 했다. 그러고 나서도 다시 길을 갈 수 있을 만큼 건강했다.

나는 가이라이가 따뜻한 마음으로 다크시와 앙 체링과 고산 비박지에 머물렀다고 생각한다. 그곳에서는 팁을 기대할 수도 없고 충성심을 보여줄 대장도 없었다.

가이라이가 원정대의 유일한 불교도도 아니었고, 그 사람만이 도덕적인 것은 아니었다. 하지만 그는 병들고 죽어가는 사람을 돕기 위해 두 번씩이나 머물렀던 유일한 사람이었다. 그는 45세였고 평범한 인상에 원정대 일을 생전 처음 해보는 사람이었다. 가이라이는 그가 셰르파족이어서가 아니라 그저 선한 사람이었기 때문에 그들 곁에 머물렀다.

귀환

가이라이와 메르클을 남겨두고 떠난 뒤 앙 체링은 '무어인의 머리'를 지나 라키오트 봉 아래를 트래버스하여 능선을 따라 걸었다. 그는 눈 위에 남은 희미한 발자국을 따라갔다. 자국들은 거의 메워져 있어서 새로 길을 찾는 데는 별 도움이 되지 않았으나, 방향만은 가르쳐주었다. 그는 아주 천천히 움직이며 간혹 도와달라고 소리 질렀다. 그러나 아무도 그의 소리를 듣지 못했다.

그의 두 발에 심한 동상이 걸렸으며 그는 나중에 병원에서 고통스럽게 일 년을 보내야 했다. 그는 그렇게 말하지 않았지만 얼음 덮인 트래버스에서 미끄러지지 않은 것은 운이 좋았기 때문이었다.

앙 체링은 고정 자일 맨 꼭대기에 도달했다. 그는 이제 누군가가 그의 구원의 소리를 들을 수 있으리라고 생각했다. 하지만 그것은 틀린 생각이었다.

그는 180미터 길이의 고정 자일을 내려가기 시작했다. 그의 발에는 문제가 있었지만 손은 정상이었다. 그래도 여전히 어려웠다. 그는 자일에 한 사람이 죽은 채로 매달려 있는 모습을 볼 수 있었다. 또 다른 사람이 자일 바로 아래 누워 있었다. 그는 첫번째 시신에 막혀 지나갈 수가 없었다. 그 사람은 완전히 얼어서 자일에 엉켜 있었다. 그의 머리는 부자연스럽게 젖혀져 있었으며, 그의 오른쪽 다리는 쭉 뻗어나와 시신이 앙 체링의 길을 가로막았다.

그는 죽은 사람의 얼굴을 들여다보았다. 그는 자신이 보고 있는 사람이 누구인지 알 수 없었다. 셰르파족인 것은 확실했지만 고글이 눈을 가리고 있었다. 얼음의 초록색 광택이 얼굴 위에 서려 있었다. 피부 밑에 있는 습기가 얼어붙어 얼굴 모양을 일그러지게 했다. 조금 지나서야 앙 체링은 그가 에베레스트에서 낭가파르바트 정상보다 더 높은 곳까지 올랐던 니마 도르제라는 것을 알았다.

앙 체링은 밑으로 니마 도르제를 돌아서 가야 할지 타넘고 가야 할지 결정하는 데 오랜 시간을 보냈다. 나는 그가 시체를 껴안는 것을 꺼려했다고 생각한다. 그는 기진맥진했으며 발은 동상에 걸렸다. 정신이 또

련하지 못했으므로 아주 단순한 움직임도 서투르고 어려웠을 것이다. 그는 자일이나 다른 아무런 확보 수단 없이, 추락하면 죽을지도 모르는 높은 곳에 매달려 있었다. 미끄러졌다면 죽었을 것이다.

마침내 앙 체링은 해결책을 찾았다. 두 고정 자일이 평행으로 늘어져 있음을 보았다. 그는 시신이 엉켜 있지 않은 자일을 타고 내려가 시신을 우회했다. 해결책은 분명했으나 정신이 두려움 때문에 잘 작동되지 않아 잠시 동안 해결책을 찾지 못한 것이다.

이제 그는 제5캠프로 내려왔다. 그는 핀조 노르부의 시신이 여전히 텐트 옆에 뒹굴고 있는 것을 보았다. 뮐리터 혼자서는 시신을 매장할 수 없었던 모양이다. 앙 체링은 텐트 안을 들여다보았으나 음식이 없었다. 아마도 다른 사람들이 가져갔거나 어쩌면 그의 정신이 혼미해서 못 봤을 것이다. 그는 사진기를 발견했다. 그는 마음속으로 사진기를 갖고 내려가야 한다고 다짐한 것을 기억한다. '카메라에 사진이 찍혀 있을지 몰라. 사히브들은 사진을 원할 거야.'

앙 체링은 제5캠프에서부터 520미터를 하산하기 시작했다. 그는 매우 느린 속도로 이른 아침부터 내려오고 있었다. 날이 어두워지자 길을 계속해서 잃어버렸다. 손에 든 큰 카메라 때문에 적절하게 균형 잡기가 어려웠다. 별안간 그는 넘어졌고, 눈 아래로 거침없이 미끄러졌다. 그는 크레바스 끝에서 멈추었다. 앙 체링은 눈 위에 누워서 생각했다. '내가 지금 무슨 짓을 하는 거지? 카메라 때문에 죽는다고?' 그는 카메라를 던져버렸다.

그는 걸어가면서 중간 중간 소리를 질렀고, 제4캠프에 있는 사람들이 그 소리를 듣고 도우러 올라왔다. 의사와 포터들 몇 명이 그곳에 함께 있었다. 그들은 차를 마시게 했다.

앙 체링이 가장 생생하게 기억하는 것은 그가 단숨에 차를 모두 마시려 했지만, 의사가 차 숟갈로 한 숟갈만 마시게 한 일이다.

의사 베르나르트는 잠깐, 한 일 분 정도 기다리게 했다. 그리고 차 숟갈로 두 번 떠 마시게 하고 다시 기다리게 했다. 그리고 차 숟갈로 세 번 마시게 하고 또 기다리게 했다. 그들은 모두 거기 서 있었으며 이번에는 차 숟갈로 네 번 떠 먹이고 기다리게 했다. 그리고 다섯, 여섯, 일곱, 여덟, 아홉, 열 숟가락째를 마시게 하고 나서 텐트로 데리고 내려갔다.

베르나르트는 만일 앙 체링이 너무 빨리 마시면 다시 토해낼지도 모른다고 걱정했다.

캠프에서 앙 체링은 산에서 일어났던 일에 대해 조리 있게 이야기를 아주 잘 전달했다. 그는 지쳤고, 그의 영어가 완벽하지 않았으나, 다른 사람들을 이해시킬 수 있었다. 앙 체링은 메르클과 가이라이가 긴 능선 위에 아직도 살아 있으며, 구조해야 한다고 그들에게 말했다. 그는 또한 다크시가 아직 살아 있을지 모른다고 그들에게 말했다. 그것은 불가능한 일이었다. 나는 앙 체링이 다크시를 남겨두고 떠난 사실에 죄책감을 느꼈으며 그의 죽음을 받아들일 수 없었다고 추측해본다. 메르클과 가이라이는 앙 체링의 뒤를 따라 눈 속의 비박지로부터 '무어인의 머리'까지 길을 마저 올라갔다. 그곳에서 그들은 눈 위에 누워 그날 밤을 보냈다.

아침에 제4캠프 사람들은 능선으로 불어 내려오는 바람결에 실린 울부짖음을 들었다. 그들은 위를 올려다보았으나 아무도 발견할 수 없었다. 하지만 그들은 적어도 한 사람은 아직 살아 있을 것이라는 사실을 알게 되었다. 베히톨트는 "모든 이성적인 사고에 어긋나지만, 슈나이더와 아센브레너가 그날 7월 15일과 16일에 혼신의 힘을 다해, 그러나 성공할 전망도 없이 제5캠프까지 달려갔다. 깊이를 알 수 없이 쌓인 눈 더미 때문에 계속 후퇴를 해야만 했기에 이 모든 노력은 결국 아무 소용도 없었다"[9]고 기록하고 있다.

앙 체링은 사히브 한 사람과 포터 둘이 메르클과 가이라이를 구조하기 위해 떠났다고 이야기한다. 그리고 그들이 두 시간 뒤에 되돌아왔다고 했다. 그는 그 사람들에게는 정말로 구조하려는 생각이 없었다고 여겼다. 그는 그때 몸이 아파 텐트 안에서 누워 있어서 무슨 일이 일어나는지 알 수 없었기에 확신하지는 못한다고 말한다. 하지만 그들은 제5캠프까지도 올라가지 않았다. 그 사실이 그에게는 모든 것을 말하고 있다.

최후의 두 사람

아래쪽 텐트로부터의 도움을 애타게 기다리며, 능선 위 높은 곳에 있는 이들 두 사람을 상상해보자.

아마도 소리를 지른 사람은 메르클이었을 것이다. 피켈에 의지하고 서서 온 힘을 다해 소리를 질렀을 것이다. 그는 앙 체링이 캠프에 도달했을 것이고, 그가 그들이 아직 생존해 있다고 설명했으리라고 생각했다. 그렇다면 지금은 소리를 질러야 동료들이 그가 그날 밤을 견디고 생존해 있음을 알 수 있을 것이다. 그리고 자신과 가이라이를 구조하러 올라올 것이다.

그들이 서로의 팔을 감싸고 그날 밤을 보냈던 비박지에서 가이라이는 메르클 옆에서 눈 위에 앉아 있었다. 날씨는 이제 청명했고, 하늘은 푸르고, 눈밭 위에 햇빛이 넘실댔다.

메르클은 소리를 지른 뒤에 “그들은 이제 우리가 살아 있다는 것을 알 것이다” 하고 가이라이에게 설명했을 것이다.

그들은 응답이 오기를 기다렸다.

하지만 아무도 오지 않았다.

메르클은 다시 소리를 질렀다. 거의 비명에 가까웠다.

그들이 새였다면 도움은 가까웠다. 얼음과 눈이 제4캠프 쪽으로 가파른 곡선을 그리며 떨어져 내렸다. 그들은 흘러가는 구름 사이로 제4캠프를 볼 수 있었다. 메르클과 가이라이는 그의 목소리가 전달되리라 확신했다. 하지만 그들은 직선 루트로는 내려갈 수 없었다. 그들은 ‘무어인의 머리’ 쪽으로 트래버스하여 고정 자일 아래로 다시 내려가야 할 것이다.

“그들이 올 것이다”라고 메르클이 말했다.

가이라이는 메르클이 자신의 말을 스스로도 믿지 않는다고 짐작했다. 만일 구조대가 오고 있다면, 지금쯤은 도착했어야 했다. 가이라이는 일어서서 메르클에게 두번째 피켈을 건넸다. 메르클은 걷기 위해 피켈 두 개가 필요할 것이다.

메르클은 주저하며 약해진 몸으로 그를 쳐다보았다. “우리는 기다린다”라고 메르클이 말했다. 그는 영어가 가이라이만큼 능숙하지 않았다.

“우리는 내려가야 합니다, 대장.” 가이라이가 말했다. “그들이 올라오고, 우리는 내려갑니다. 우리는 그들을 만날 것입니다.”

가이라이는 메르클의 얼굴을 보며 그의 생각을 가늠해보았다. 그들이 좀더 멀리 간다면, 만약 메르클이 죽었을 때도 가이라이가 도움의 손길에 더 가까이 갈 수 있고, 살아남을 가능성도 더 있을 것이다. 메르클이 고개를 끄덕였다. 아마 그는 이해했을 것이다. 또 자신이 살 수 있으리라고도 생각했을 것이다.

두 사람은 출발했다. '무어인의 머리'가 이제 아주 가까워 보였고, 검은 바위 위의 얇은 얼음 조각들이 햇빛을 반사하고 있었다. 가이라이는 산에서 거리를 가늠하는 것이 얼마나 어려운지를 알고 있었다. 하지만 지금은 아주 가까이 있다고 생각했다. 문제는 너무 느리다는 것이다.

메르클이 두 피켈에 의지해 절뚝거렸다. 가이라이가 앞장서서 길을 뚫었다. 그리고는 멈췄다. 두 걸음을 다시 내려가서 메르클에게 팔을 잡게 했다. 메르클은 필사적으로 숨을 몰아쉬며 말없이 자신의 몸을 끌어당겼다.

한 시간 한 시간, 참기 어려울 정도로 느린 속도로 움직였다. 그들은 바로 '무어인의 머리' 못 미친 곳에 멈춰서 햇빛 아래 주저앉았다. 잠시 동안 서로의 옆에 앉아 숨을 돌렸다.

가이라이는 눈을 감았고, 20년 전 차우리 카르카에서 만난 소녀의 웃음소리를 생각했다. 그리고 그는 생각했다. '내가 여기서 죽으면, 장례식도 치르지 못할 거야. 아무도 나를 어둠 속에서 구해내서 내세로 인도하지 못할 거야. 나는 좀더 선하게 살았어야 했어.'

그는 불교 승려와 힌두교 현자가 마주보고 서로 주고받으며 경전을 낭송하고 있던 다르질링 능선 꼭대기의 사원을 기억했다. 그들 옆에는 동전 사발이 놓여 있었다. 가이라이는 안전하게 지켜달라고 두 사람에게 조금씩 시주했다. 그는 사원으로 올라가는 가파른 계단 위에 거지들이 길게 늘어서 있던 것을 기억했다. 계단 하나에 한 사람씩, 늙고, 야위고, 흐리멍텅한 눈, 일그러진 얼굴, 사지는 잘려나가고 몸뚱이만 남은 사람들. 그들을 지날 때마다 그는 언젠가 자신도 그 줄에 있게 될 수도 있다는 것을 알았다. 그러나 그는 그들에게 한푼도 주지 않았고, 신에게 바치기 위해서 돈을 움켜쥐었다. 이제 그는 생각했다. '아마도 그게 잘

못이었던 거야. 아마 내가 죽으면 죗값을 치를 거야. 하지만 나는 돈이 너무 없었어.'

몇 분 뒤 메르클이 앉은 상태로 죽었다. 가이라이는 그의 마지막 숨소리를 들었고 죽음을 알아차렸다. '나는 이제 계속 갈 수 있어. 나 혼자라면 하산할 수 있어. 그가 죽어서 다행이야. 아냐, 이런 생각은 잘못된 거야. 그렇게 느껴서는 안 돼.'

'잠깐 눈을 붙이고 나서 계속 가야지.'

프리츠 베히톨트가 4년 뒤인 1938년에 낭가파르바트에 다시 왔을 때, '무어인의 머리'가 약간 못 미치는 곳에서 메르클과 가이라이가 눈 위에서 나란히 얼어 죽어 있는 것을 발견했다.

8. 다르질링

비극이 끝난 후

이튿날 슈나이더와 아센브레너는 다시 한번 구조를 시도하고자 했다. 포터들이 모두 그들과 함께 가기를 거부했다. 자신들은 핀조 노르부의 시신을 또다시 지나가기를 원하지 않는다고 했다.

레이와아와 포터들이 앙 체링을 도와 베이스캠프로 내려갔다. 레이와아는 가이라이와 친구였지만 이제 더 이상의 구조는 불가능하다고 생각했다. 단지 누르부 소남, 그리고 요리사인 라모나가 슈나이더, 아센브레너, 그리고 베르나르트 의사와 제4캠프에 남았다. 두 등반가가 제5캠프까지 가려고 시도했지만 실패했다.

베히톨트의 책에는 베이스캠프에 도착하는 앙 체링의 사진이 실려 있다. 이 사진은 분명 포즈를 취하고 찍은 듯하지만, 감정은 생생하게 넘쳐난다. 앙 체링은 체력이 완전히 소진되어 비틀거리고 있다. 그의 얼굴은 고통이 넘치고 정신이 나간 듯이 보인다. 몸집이 훨씬 크고 황금색 턱수염의 페터 뮐리터는 반대편에서 그를 쳐다본다. 뮐리터의 얼굴에는 공포와 수많은 물음이 배어 있다. 두 사람 사이의 뒤쪽에는 타메 출신 포터 아이와아가 충격을 받고 연민에 찬 표정으로 앙 체링을 바라보고 있다.[1]

레이와아는 베이스캠프에 있는 사히브들에게 메르클과 가이라이가 하루 전까지도 살아 있었다고 말했다. 그들은 곧 구조를 위해 짐을 꾸리기 시작했고, "얼마간 병든 열한 명의 포터들"과 그날 밤 출발했다. 레이와아는 그들에게 구조는 소용없는 짓이라고 말했다. 베히톨트는 "우리는 그런 생각을 머리에서 지웠다"[2]고 기록했다.

원정대 소속의 과학자 세 명 가운데 두 명이 올라갔다. 발터 라에클은 지리학자였고, 페터 미슈는 지질학자였다. 그들은 등반가는 아니었으나 휴식을 취해서 기운이 남아 있었다. 그들은 앙 체링과 레이와아가 베이스캠프로 내려온 날 밤에 제4캠프에 도착했다. 소식을 듣고 과학자들은 그 이튿날 제5캠프에 가보기로 했다. 아센브레너와 슈나이더가 희망 없는 일이라고 말했다. 두 과학자는 그래도 시도했지만 눈이 1미터 이상 쌓여 있어 되돌아와야만 했다.

아침에 등반가 둘, 과학자 둘, 의사, 요리사 그리고 마지막까지 남았던 포터인 누르부 소남이 제4캠프를 폐쇄하고 내려갔다. 아센브레너는 구조를 시도하다가 동상을 입고 특수한 펠트 신발을 신었다. 베르나르트의 머리칼은 회색으로 변했다. 제2캠프 바로 위에서 그들은 사히브와 함께 올라오는 포터들을 만났다. 사히브들은 배낭 위에 앉아 이야기를 나누었고, 더 이상 희망이 없다는 데 의견을 같이했다. 그들은 모두 베이스캠프로 내려갔다.

낮은 곳의 캠프를 해체해야 했다. 다르질링 사람들은 모두 산 위 어디라도 가기를 거부했다. 사히브들도 이런 마음을 이해했다. 발티족 포터들이 올라가 낮은 곳 캠프의 해체 작업을 했다. 베히톨트는 다음과 같이 적었다.

> 우리 텐트 앞에 꽃이 만발해 있으며 누구라도 침낭에서 손을 뻗어 꽃을 꺾을 수 있다……저녁이 오면 불꽃 피는 모닥불의 희미한 빛 주위에 둘러앉는다. 대화가 오가고…… 이제 그들이 다시 우리와 함께한다. 빌리, 울리, 알프레트, 빌로, 순수한 마음과 고상함을 지닌, 의지가 확고하고, 투쟁하기 좋아하는, 목표를 향해 나가는 사람들…… 우리 대화 중에 끊임없이 되풀이되는 질문이 제기된다. 어째서 이런 일이 벌어졌을까?
>
> 저쪽 다르질링 포터의 모닥불 가에서 우리는 답을 얻을 수 있다. 그들 원시적인 아시아인의 영혼에 깊숙이 뿌리 박혀 있는 운명이란 개념, 빛과 종말에 대한 욕망, 천명(kismet)의 불변성에 대한 확고한 믿음은 인과관계에 대한 공격적인 질문에 흔들리지 않는다. 실용적인 생각과 사고를 기계화하는 능력을 갖고 있는, 도시에서 자란 우리 유럽인들은 그들의 세계 안에서 이방인이다.[3]

키스메(kismet)는 아랍어에서 온 말로 천명(天命), 좀더 일반적으로 해석하자면 신의 의지를 뜻한다. 이슬람교도와 기독교도는 이 개념을 종종 사용하지만 물론 그들은 또한 모든 사건에 대해 납득할 수 있는 설명을 붙인다. 힌두교도와 불교도는 이 개념을 사용하지 않는다. 앙 체링은 메르클이 짐을 운반해가는 체계를 포기하고 마지막 정상 공격을 한 것이 사람들을 죽게 한 원인이라고 생각한다. 그는 자신이 생환할 수 있었던 이유를 쿰비라가 구해주었기 때문이라고 보고 있다. 그러나 이것은 정해진 운명이 아니다. 이런 결과는 앙 체링이 낭가파르바트에 대항하고자 쿰비라에게 도움을 청했기에 일어난 것이다.

비극이 끝난 후에 베이스캠프에서 슈나이더, 아센브레너, 베히톨트, 그리고 뮐리터가 함께 찍은 사진이 있다. 그들은 팔을 서로 어깨에 걸고 땅에 앉아 있다. 아센브레너와 슈나이더는 마르고 거의 기력이 쇠진한 채 카메라를 똑바로 쳐다본다. 슈나이더는 갑자기 늙은 것 같고 슬픔에 차 있는 듯 보인다. 차양 모자를 쓴 아센브레너는 어리둥절해하며 얼굴이 의문으로 가득 차 있다. 베히톨트는 땅을 내려다보고 있다. 뮐리터 혼자만이 건강해 보이며 그의 텁수룩한 턱수염은 잘 다듬어져 있다.

이들 중 세 사람은 후에 다시 낭가파르바트에 오르며 그 가운데 한 사람은 생을 거기서 마치게 된다.

또 다른 사진에는 고정 자일을 타고 함께 내려와 생환한 셰르파족 넷이 찍혀 있다. 그들은 긴 털내복을 입고, 서로를 만지거나 쳐다보지도 않고 텐트 앞에 앉아 있다. 다 툰두는 왼쪽 손에 붕대를 둘둘 감고 있다. 파상 키쿠리, 키타르 그리고 파상 픽처도 양손과 양발에 붕대를 감고 있다. 그들은 아무도 카메라를 쳐다보지 않는다. 아마도 자신들의 누더기 옷이나 고통을 부끄러워하는 듯하다. 어쩌면 뮐리터의 사진기를 혐오하는지도 모른다. 네 사람 모두 분명히 고통스러워하는 모습이다. 다 툰두의 머리는 아래로 처졌고, 눈은 거의 감겼다. 파상 키쿠리는 한 방향을 응시한다. 그는 아무것도 느끼지 못하는 것 같아 보인다. 키타르는 고통 때문에 등을 앞으로 구부리고 있다. 그는 아무것도 보지 못하는 것 같다. 그는 그때까지도 설맹으로 고통받고 있는지도 모른다. 파상 픽처는 먼 곳으로 눈길을 보내고 있다.

5년이 지나지 않아 이들 네 사람 가운데 셋이 산에서 죽게 될 것이다.

남겨진 사람들

다르질링에서 부인들이 기다리고 있었다.

이 소식이 낭가파르바트로부터 전해졌을 당시 텐징 노르가이는 다르질링에 있었다. 그는 나중에 다음과 같은 기록을 남겼다. "퉁 숨 부스티의 많은 가정이 애도와 슬픔에 젖어 있었으나, 동시에 우리 남자들이 짊어지고 달성한 것에 어떤 심원한 긍지를 느꼈다."[4]

나는 2000년에, 슬픔에 젖었던 다르질링 여인들이 느꼈던 감정을 알고 싶었다. 나는 1934년에 사망한 사람의 미망인을 한 사람도 찾을 수 없었다. 그러나 다른 두 여인이 남편을 잃어버리는 것이 어떤 심정인지 말해주었다. 한 여인은 라크파 디키인데, 그녀의 남편 롭상은 1947년 산에서 사망했다. 그녀는 1912년 타메 마을 강 건너에 있는 파레에서 태어났다. 그 당시 쿰부에서 사는 것은 힘들었다. 그녀는 23살 때 부모에게 말도 하지 않고 세 친구와 함께 다르질링으로 도망쳤다. 다르질링에서의 삶은 괜찮았다. 굶는 사람은 없었다. 그녀는 30킬로그램의 짐을 운반하면서 한 계절만 일하는 트레킹 포터가 되어 그럭저럭 생활을 꾸려나갈 수 있었다. 쿰부에서는 일 년 내내 일을 해야만 했었다.

그녀는 롭상과 사랑에 빠졌으며 그 역시 트레킹 일을 하고 있었다(이 사람은 1924년 에베레스트와 1934년 낭가파르바트를 올랐던 롭상이 아니다. 동명이인으로 히말라야 클럽에서는 롭상Ⅱ로 불렸다). 짐 운반 일이 없을 때 롭상은 인력거 일을 했다. 그는 또한 등산대 일도 했다. 나는 라크파 디키에게 그들이 그 문제로 다투었는지 물어보았다. "아니오, 그때는 둘 다 돈이 필요했거든요" 하고 그녀는 대답했다. 그러면서 그녀는 활짝 웃었고, 통역을 해주던 그녀의 아들 앙 푸르바도 따라 웃었다.

롭상은 에베레스트에서 일을 잘 했으며 1940년에는 열한번째 호랑이 메달을 받았다. 1945년에서 1947년까지의 2년 동안이 이 부부에게는 최고의 시간이었다. 그들은 마침내 돈을 모아 말 두 마리를 사게 되었다. 라크파 디키와 롭상은 함께 사히브들의 다르질링 일주여행 일을 시작했다. 이 일은 쉬웠으며 둘이 같이 하기도 좋았다.

1947년 롭상은 캉첸중가 북면에 위치한 녹색 호수(Green Lake)로 가는 원정대의 일을 얻었다. 이 원정은 한편으로는 재미삼아 하는 여행이었으나 캉첸중가 원정 계획의 답사 성격도 띠고 있었다. 사히브 둘과 롭상, 그리고 다른 한 사람의 포터가 참여했다. 그 포터가 중도에 병이 나서 그를 약간의 음식과 함께 동굴 안에 남겨두고 계속 나아갔다. 롭상과 사히브 둘은 다시 오지 않았다. 병이 났던 포터만 회복되어 돌아왔다.

라크파 디키는 기다렸다. 오랫동안 결정적인 말은 없었다. 그리고 항공구조 수색을 했으나 아무것도 발견하지 못했다는 말을 들었다. 그녀는 그 사실을 인정해야만 했다.

그녀에게는 나이 어린 두 아이가 있었다. 앙 푸르바는 세 살이었고, 그의 동생은 태어난 지 9개월 정도 되었다. 머리에 끈을 다시 매는 수밖에 없었다. 라크파 디키는 이 말을 하면서 울기 시작했다. 나는 셰르파 남자나 여자가 우는 것을 본 적이 없었으며 공연한 질문을 한 것이 미안했다.

아기를 바구니에 담아 조랑말을 두는 마구간 옆 모퉁이에 남겨두고 날마다 초우라슈트라로 일하러 나갔다는 이야기를 할 때도 소리를 내지는 않았지만 계속해서 눈물을 흘렸다. 그녀는 세 살 먹은 앙 푸르바에게 아기에게서 너무 멀리 떨어지지 말고 놀라고 당부했다. 그러고 나서 그녀는 짐을 운반하거나 농장주들이 마을에 가져온 물건을 나르는 등의 일을 하루 종일 했다.

녹색 호수 원정을 주선했던 티베트인 대리인이 그녀에게 와서 사히브 두 사람 또한 원정에서 사망했기에 남편에게는 보험금이 없다고 말했다. 대리인은 아무 서류도 없이 3천 루피를 건네주었다. 그녀는 이 돈이 보상인지 보험금인지, 아니면 남편이 원정에서 번 돈인지 알지 못했다. 하지만 그녀는 그 돈을 받았다. 달리 할 수 있는 방도를 알지 못했다.

라크파 디키는 자신의 행복했던 추억이나 롭상의 죽음을 이야기할 때는 울지 않았다. 그 뒤의 일과 외로움을 이야기하기 시작했을 때 비로소 울었다.

그녀는 머리에 띠를 매고 11년을 더 일했다. 앙 푸르바는 어머니가 자신을 학교에 보내기로 결정한 것을 늘 고마워했다. 그는 아이였을 때 일을 꼭 하지 않아도 되었다. 그는 아버지를 잃은 또래의 사촌이 되팔기 위해 고물을 찾아 쓰레기를 뒤지거나, 길에서 로프를 운반하거나 절단하는 것을 보았다. 라크파 디키는 아들에게 그런 일을 하지 않아도 된다고 확신을 줄 수 있었다. 앙 푸르바는 열네 살이 되어 다르질링에 있는 히말라야 등반학교에서 훈련 과정을 밟았다. 훈련이 끝나자 그는 어머니에게 일을 그만두라고 했다. 이제는 그가 일할 차례였다. 그는 등반과 트레킹 관련 일을 잠시 하다가 군인이 되었다. 앙 푸르바는 영국 구르카 연대의 소령으로 은퇴했다.

내가 이야기를 나눈 또 다른 미망인은 라무 이티였다. 그녀는 1952년에 낭가파르바트의 생존자였던 다 툰두와 결혼했다. 그들이 결혼하기 몇 년 전에 키타르의 딸인 다 툰두의 첫번째 부인이 죽었으며, 라무 이티는 두번째 부인이 되었다. 라무 이티의 부모가 결혼을 주선했다. 그 당시 이런 중매는 일반적인 경우가 아니었다. 대부분의 여성은 사랑 때문에 결혼했다. 그러나 1952년 쿰부로 돌아왔을 때 다 툰두는 스위스 에베레스트 원정대의 포터였으며 분명히 성공한 사람이었다. 그녀의 부모는 그를 대단한 사람으로 여겼다. 그녀는 이전에 그를 본 적이 없었다. 그녀는 다 툰두와 핀조 노르부의 고향 마을인 쿰중 출신이었지만 그들은 그녀가 태어나기도 전에 다르질링으로 떠났었다.

스위스 원정이 끝나자마자 다 툰두는 그녀를 다르질링으로 데려갔다. 처음에 그녀는 가족을 몹시 그리워하고, 밤마다 가족들을 꿈에서 보았다. 이제 그녀가 다르질링에서 산 지 48년째이며 대부분 네팔어로 말하지만 꿈만은 셰르파어로 꾼다. 어린 시절 친구들이 점점 더 그녀의 꿈속에 나타난다.

다르질링에는 전기불이 들어왔고, 쌀값이 싸며, 생활이 편했다. 쿰중에서의 어린 시절은 불을 땔 나무를 하고, 가축에게 줄 꼴을 베어 나르고, 감자를 캐고, 젖을 얻는 양과 염소를 돌보는, 일하고 또 일하는 날의 연속이었다. 그녀는 쿰중에서는 늘상 감자만 먹었다고 말한다.

시간이 흐르면서 그녀는 다 툰두를 사랑하고 존경하게 되었다. 그는 선했으며 가족을 잘 보살폈다. 그는 여건이 허락하는 대로 원정에 참여했다. 원정 일이 없을 때는 다르질링 건설 현장에서 노동자로 일했다. 그리고 그는 조용한 사람이었고 고집이 없었다. 그런 성품 또한 그의 선함을 보여준다.

그녀는 나에게 그의 호랑이 메달과 히말라야 클럽 일지를 보여주었다. 1938년부터 클럽은 두꺼운 가죽 주머니에 든 일지를 포터에게 각각 주었다. 매 원정마다 원정대장이 그 일지에 추천장을 써주었다. 다 툰두는 1933년에 에베레스트에 올랐고, 28살이었던 1934년에는 낭가파르바트를 등반했다. 그 뒤에도 1936년 K36, 1936년 에베레스트, 1937년 캉첸중가, 그리고 1950년에 에르조그와 안나푸르나를 올랐다. 그가 46세였던 때 스위스 에베레스트 원정의 추천장에 듀몽은 이렇게 썼다. "그의 용기를 꺾을 만큼 어려운 도전은 없었으며, 그는 자신의 인내를 극한까지 밀고나가 제4캠프(7,879미터)를 공격했다."

다 툰두는 1953년에 텐징과 힐러리와 함께 에베레스트 원정에 참여했고, 1955년에 국제 원정대에 참여해 에베레스트와 로체를 다시 올랐다. 그 원정 후에 노만 디렌푸르트는 자신의 책에 다음과 같이 적었다. "그는 나이를 먹지 않은 듯했다. 젊은 셰르파 중에서도 가장 빠르고 힘이 넘치는 사람과 아직도 보조를 맞출 수 있었다." 그의 마지막 원정은 1966년이었다. 나는 그 일지의 원정대장의 육필기록에서 산 이름은 읽을 수 없었지만, 그 높이는 6,303미터였다. 다 툰두는 정상 등정에 성공했다. 그때 그의 나이 60세였다.

그후로는 병이 들어 다시 등반을 하지 못했다. 그는 66세에 사망했다. 그는 18개월에 걸쳐 고통에 시달리다가 임종을 맞았다. 그는 위궤양으로 사망했는데 그 또래의 많은 다른 등반가가 그러했듯이 너무 폭음을 한 것이 원인이었다. 라무 이티는 세 명의 딸과 함께 미망인이 되어 남겨졌다. 지난 28년은 힘들고 외로운 세월이었다.

나는 그녀에게 그가 원정에 참가할 때 두렵지는 않았는지 물어보았다. 그녀는 "물론 두려웠지요" 하고 대답했다. 하지만 만일 그가 참가하지 않는다면 가족들은 먹고살 돈이 없었다. 그때 그들 모두 어쩔 수 없는 위험을 받아들였다. 그가 멀리 떠나면 그녀는 매일 밤낮으로 기도하며 소원을 빌었다. "하느님, 제 남편이 살아서 집에 돌아오게 해주소서." 그녀는 남편 역시 산에서 기도를 드리고 있다는 것을 알고 있었다.

산에 있는 남자들이 가장 두려워했던 것은 대개 그가 죽으면 가족에게 무슨 일이 일어날까 하는 것이었다고 그녀는 말한다.

지금은 인도와 네팔에서 원정대의 고소 포터들은 법적으로 보험을 들어야만 하고, 사람이 죽으면 후한 보상을 받는다. 하지만 1960년대까지는 지불액이 작았다. 1939년 이전에는 보험도 없었다. 다만 사히브들이 기혼자에게는 2천 루피, 미혼자에게는 1천 루피씩을 지불하기로 되어 있었다. 그것조차 구속력은 없었다.

낭가파르바트의 포터들은 자신들의 죽음을 두려워해야 했고, 가족의 생계에 대해 걱정을 해야만 했다.

그리고 그후

그들은 낭가파르바트 캠프에서 스리나가르의 병원으로 앙 체링을 이송했으며, 그곳에서 발가락을 모두 절단했다. 몇 주 후에 히말라야 클럽 지역 간사가 와서 기차를 타고 다르질링의 집까지 갈 충분한 돈을 주었다. 그곳에서 그는 곧바로 빅토리아 병원으로 갔으며, 그곳 병원의 의사들이 절단하고 생긴 구멍에서 크고 흰 구더기들을 끄집어냈다. 그는 카슈미르의 파리는 다르질링 파리와는 확연히 달랐다고 말한다. 구더기를 끄집어내는 것이 아프지는 않았지만 그는 기가 질렸다.

그는 다르질링 병원에서 6개월 동안 입원했다. 고통은 끊이지 않았고 참을 수 없으리만큼 심했다. 치료는 무료였고, 독일인들이 한 달에 16루피의 연금을 지급했다. 이는 그가 인력거를 끌면 벌 수 있는 정도의 액수였다. 차 재배농이자 지역 히말라야 클럽의 간사인 핸더슨 부인이 앙 체링을 종종 방문했다. 그녀는 앙 체링이 병원에서 퇴원해 일을 다시 하게 되면 독일인들이 더 이상 연금을 지급하지 않을 것이라고 알려주었다.

독일인들은 낭가파르바트에서 사망한 사람들의 가족에게 보상금을 지불했다. 1934년 표준 보상금은 위에 밝힌 것과 같았다. 부상을 당한 사람들에 대한 보상 표준은 없었다. 많은 원정대들이 죽지 않은 사람에게는 조금도 보상하지 않았다.

동상에 대한 보상금은 언제나 문제가 되었다. 예를 들어 파상 푸타르는 1938년 카라코람 마셔브럼 영국 원정 때 동상에 걸렸다. 그 역시 스리나가르 병원에서 왼손가락 다섯 개와 오른손가락 두 개를 절단했다. 손가락 부위가 될 수 있는 한 많이 남도록 마디를 잘랐다. 하지만 병원에 모기가 극성을 부려 파상 푸타르가 그에 대해 불평을 하자 의사가 괘씸죄로 손가락의 한 마디를 더 잘라버렸다. 파상 푸타르는 그 의사가 바뀌어 새로 온 의사가 이 사실을 알려줄 때까지 이것이 보복이었다는 것을 알지 못했다.

몇 주 뒤에 파상은 다르질링에 대한 향수에 젖었다. 그는 히말라야 클럽의 지역 간사에게 가서 기차를 타고 집으로 돌아갈 돈을 달라고 했다. 간사는 푸타르가 병원에서 진단 내용이 담긴 편지를 가져와야 한다고 했다. 그 간사는 푸타르가 아프다는 것을 알고 있었으며 손가락 일곱 개가 잘렸다는 것이 눈에 빤히 보였다. 푸타르는 마음이 상했으나 편지를 가져다주었다.

집으로 가는 기차를 여러 번 갈아타며 여드레나 걸려 다르질링에 도착했다. 그가 빅토리아 병원에 도착하자 파상 푸타르 역시 구더기가 생겼다. 그는 그 이유가 기차에서 붕대를 바꿀 수 없었기 때문이라고 했다. 그는 몇 개월 동안 병원에 더 입원해야 했으며 스리나가르와 다르질링에서 있던 기간을 합치면 거의 일 년을 입원해 있어야 했다.

많이 아팠었느냐고 파상 푸타르에게 물었다.

그는 "으아아아아아악!" 하고 손을 공중에 휘저으며 소리치더니 크게 웃었다. 그것은 치료 기간 내내 아팠다는 뜻이다. 영국 원정대는 그에게 어떤 보상도 하려 하지 않았다. 그 당시 그는 미혼이었으며 다르질링에 사는 친척들은 쿰부로 되돌아가라고 충고했다. 손가락이 없는 상태로 다르질링에서 일자리를 얻지는 못할 것이다. 하지만 그는 정말로 남아 있고 싶었다. 결국 가족들이 변호사를 구하여 영국 등반가들을 법정에 세웠다. 판사는 파상 푸타르에게 70루피를 보상하라는 판결을 내렸다. "손가락 하나에 10루피"라고 말하며 파상 푸타르는 내 얼굴에 대고 손가락이 잘려나간 손을 휘두르며, 부당함을 말할 때 항상 그러듯이 웃어댔다.

파상 푸타르는 그 돈을 가지고 값이 싼 말을 한 마리 사서 초우라슈트라에서 여행자에게 짧은 거리를 태워주는 조랑말 마부 일을 시작했다. 매일 밤 마구간에서 잠을 잤는데, 이는 아무도 그 말을 훔쳐가지 못하도록 하기 위해서였다.

그런 것처럼 앙 체링이 1935년 봄에 병원에서 퇴원했을 때도 공식적인 보상 기회가 많지 않았다. 그는 곧 트레킹 여행자들의 포터가 되어 시킴의 북쪽으로 갔다. 그때 그가 받은 추천장에는 앙 체링이 아주 열심히 일했으나 동상에 걸렸던 발이 회복되지 않아 일찍 되돌아와야 했다고 적혀 있다.

질 핸더슨이 이 일에 끼어들었다. 그녀는 많은 셰르파들에게 친절했다. 앙 체링의 아들인 다와 템파는 일요일마다 퉁 숨 부스티에 그녀가 왔던 것을 기억한다. 그녀는 누가 병이 났는지 묻고서 약을 가져다주곤 했다. 9월에 그녀와 남편이 티베트의 드종그리로 가는 트레킹 여행에서 일할 포터로 앙 체링을 고용했다. 나중에 핸더슨 부인이 발이 회복된 듯하고, 힘차게 행군했으며, 다른 사람들과 보조를 맞추었다는 추천장을 앙 체링에게 써주었다. 트레킹은 눈 위를 걷지 않으므로 눈 위에서 일하지는 않았으나 그는 추위가 영하 24도나 되는 날씨에도 걸어야 했으며 일을 해야 했다.[5] 나는 그녀가 앙 체링에게 그 추천장을 써주기 위해 그를 트레킹에 일부러 고용했다고 생각한다.

그녀는 자기 돈으로 그에게 말을 한 필 사주었다. 그 뒤 몇 년 동안 앙 체링은 초우라슈트라의 마구간에서 파상 푸타르와 함께 일했으며 그 일을 좋아했다. 이것은 다르질링에 사는 티베트인이 전통적으로 하는 일이었고, 짐을 나를 필요가 없었다. 시간이 지나면서 앙 체링은 말을 여러 필 가지고 조랑말 타기나 트레킹 그룹을 위한 사업을 하게 되었다. 때맞추어 다르질링 아래 경마장에서 벌어진 경주에서 그의 말 두 필이 크게 활약했다.

앙 체링은 히말라야 클럽의 추천장 일지를 넣는 주머니에다 질 핸더슨의 사진을 간직하고 있다. 그녀는 1956년에 다르질링을 떠나 칠레에서 차 농장을 시작했다.

병원에서 퇴원하자마자 그는 니마 도르제의 미망인인 파상 디키와 결혼했다. 그녀는 원래 쿰부의 탕보체 근처에서 여승으로 있었는데 돈을 벌고 다른 세상을 구경하기 위해 다르질링으로 도망쳤다. 그녀와 앙 체링은 남자아이 넷, 여자아이 넷 이렇게 모두 여덟 명의 자녀를 두었다. 그 당시 대부분의 셰르파족이 그러했듯이 그녀는 사랑을 찾아 결혼했다. 지금 많은 다르질링 셰르파족은 부모가 선택해준 사람과 결혼한다. 나는 옛날 방식이 더 좋았느냐고 앙 체링에게 물었다.

그는 그렇다고 대답했다. 우리는 앉아서 서로 잠시 동안 웃었다. 그 웃음에는 많은 것이 담겨 있었다. 서로 나누었던 정열 속에서 기억되는 사랑과 기쁨. 그들은 37년간 함께 살아왔다.

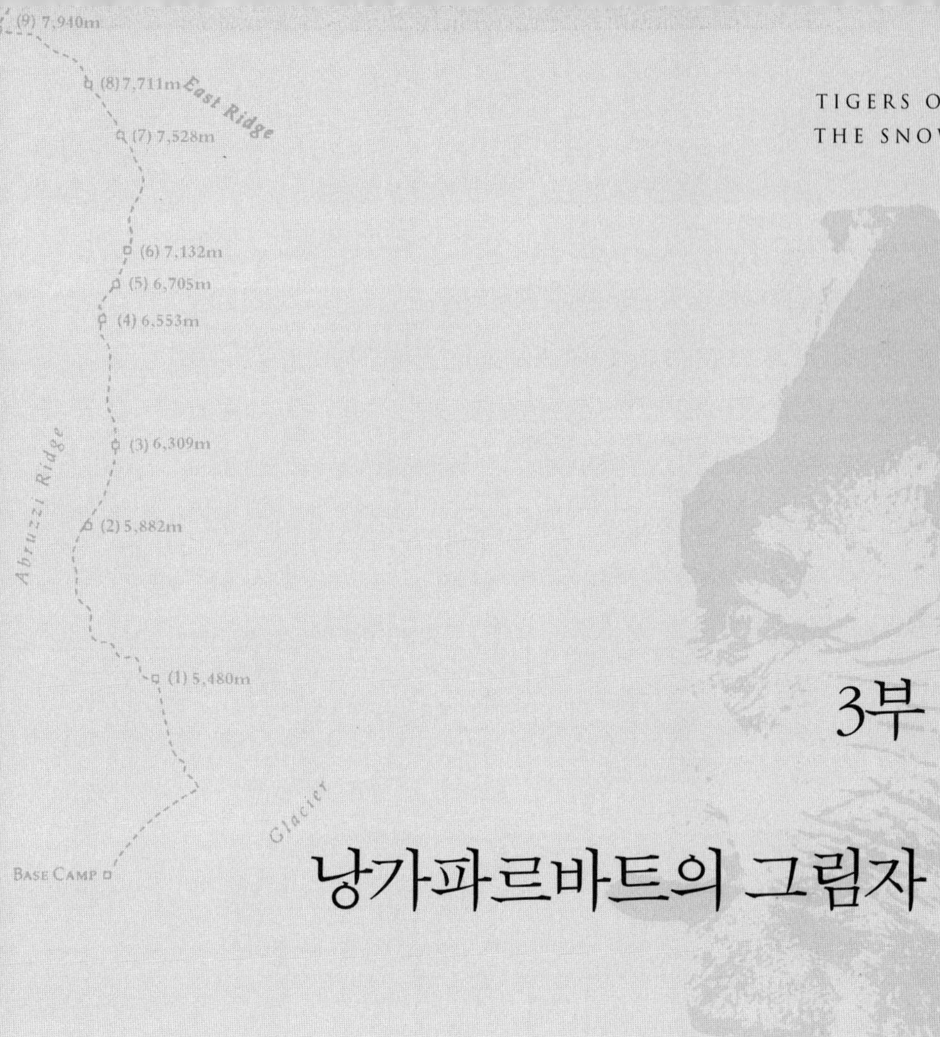

TIGERS OF THE SNOW

3부

낭가파르바트의 그림자

9. 독일의 공격

복수에 불타는 독일

낭가파르바트에서 돌아온 에르빈 슈나이더는 그 산으로 다시 갈 원정대를 조직하기로 결심했다. 그러나 캉첸중가에서 2차에 걸친 원정대를 이끌었던 뮌헨의 변호사 파울 바우어는 다른 계획을 갖고 있었다. 바우어는 낭가파르바트의 비극이 독일 등반계에 끼친 영향을 걱정했다.

이 대담한 모험에서 생긴 엄청난 희생으로 인해 많은 사람들은 위험이 대가와 동등하지 않으며, 지상에서 제일 높은 봉우리를 공격하는 것이 유용한 결과를 약속하지 않는다고 느꼈다. 그러므로 낭가파르바트의 참사는 영원히 지속되는 것은 아니었지만, 적어도 아주 오랜 기간 동안 독일의 히말라야 원정을 위협했는데, 이는 맬러리와 어빈의 죽음으로 영국의 에베레스트 원정이 9년이나 지체되었던 것과 같았다.[1]

바우어는 또한 에르빈 슈나이더가 독일 등반의 대표 주자가 될지 모른다고 걱정했다. 1934년 12월 그는 제국 체육 지도자인 폰 참머 운트 오스텐에게 글을 썼다.

오늘날 동료애를 존중하는 등반가들은 어떻게 슈나이더와 아셴브레너가 포터들을 눈보라 속에 버려두고 떠나 그들을 죽음으로 몰아넣을 수 있었는지 이해하지 못합니다. 제가 들은 모든 해명은 전적으로 변명에 불과합니다…… 기상이 나쁘면 팀이 함께 뭉치고 선두에 선 사람들이 뒤에 오는 사람들을 기다리는 것은 건전하고 꼭 지켜야 할 규칙입니다. 슈나이더와 아셴브레너처럼 낙오자에 대한 배려 없이 도망가는 사람은 결코 산에서 훌륭한 동료라고 할 수 없습니다. 그러한 의심스러운 행위를 하는 사람이 영웅으로 행세하는 것은 매우 위험합니다…… 낭가파르바트에서 그들이 보여준 잘못된 사례는 새로운 등반가 세대를 망칠 수도 있습니다.[2]

바우어는 또한 죽은 사람조차 폄훼했다.

벨첸바흐는 기록을 쫓는 사람이었습니다. 그는 자신이 등반 천재라고 느꼈으며, 계속 그렇게 되려고 노력했습니다. 반대로 저는 전적으로 다른 견해를 대변했습니다. 저의 견해는 저희 두 사람이 회원이었던 AAUM(뮌헨 대학교 알파인 클럽)에서 벨첸바흐의 견해를 이겼습니다. 저는 항상 노병같이 느꼈고, AAUM에서 지속적으로 국가사회주의적 방향을 추구했습니다. 우리에게는 이미 1923년에 아돌프 히틀러가 감히 범접할 수 없는 사람이었습니다. 반대로 벨첸바흐는 바이에른 국민당에 소속되었고, 같은 부류의 몇몇 사람과 반대 입장에 섰습니다. 그들은 자신들만의 이유로 그 사실을 절대 공개하지 않았고, 그 결과 AAUM 안에서 후원을 받지 못했습니다. 클럽의 목표는 확고했고, 우리의 주장이 완강했기 때문이었습니다.

바우어는 메르클 역시 쓰레기 취급을 했다.

벨첸바흐와 메르클은 주로 돈으로 그들 주변에 사람을 끌어 모았습니다. 저는 통일성 있는 팀을 구성했으며, 그들 개개인은 제가 수년 동안 교분을 쌓은 사람들이었습니다. 벨첸바흐와 메르클…… 슈나이더, 그리고 그들 주위의 사람들은 원정이 국가적 사업임을 이해하지 못했습니다. 그들은 1930년, 1931년, 1932년에 돈 많은 외국 등반가의 참여를 기본으로 자신들의 계획을 세웠습니다. 슈나이더는 유대인 배경을 가진 디렌푸르트와 1930년에 히말라야를 등반했으며, 그들은 독일 국기를 게양할 용기조차 갖고 있지 못해, 대신에 '슈바벤(Schwaben)'과 '티롤(Tirol)' 기를 게양했습니다.[3]

이런 논쟁은 효과가 있었다. 체육 지도자는 바우어에게 히말라야 등반 국가 기금을 관리하게 했으며, 슈나이더는 낭가파르바트 원정을 다시 추진할 정부 자금을 확보할 수 없었다. 바우어는 1936년 또다시 캉첸중가 원정대를 이끌었다. 그리고 그는 1937년에 카를 빈이 이끄는 낭가파르바트 원정대를 보냈다. 바우어는 또한 1934년의 비극을 성전으로 변모시켰다. "히말라야로 갈 다음 독일 원정대는 낭가파르바트로 가야만 한다. 고인이 된 많은 동료들의 노력과 희생을 헛되게 할 수는 없다"[4]고 바우어는 주장했다. 그는 후일 빈에게 "낭가파르바트에게 동료들의 원수를 갚지 못하는 한 히말라야의 다른 산을 공격한다는 것은 참을 수 없는 일이었다"라고 말했다.[5]

희생, 공격, 복수, 이런 단어들은 전쟁 용어이며, 개인적으로 살인을 일삼는 반목의 언어이기도 하다. 여기에는 제1차 세계대전의 독일 패배에 대한 의식적인 반향이자, 복수하고자 하는 외침이 내재해 있다.

모든 것이 묻히다

바우어가 기금을 모금하고 있을 즈음에 파상 픽처는 1936년 에베레스트 원정대에서 일을 구하려고 노력했다. 포터를 고용하는 일을 맡고 있는 영국 연락장교 중 하나인 존 모리스를 파상 픽처가 아우인 밍마와 함께 만났다. 모리스는 가슴이 찢어졌다.

> 처음에는 파상을 선발할 수 있을지 심각한 의문이 들었다. 그의 손은 1934년 낭가파르바트에서 심한 동상에 걸렸고, 그를 또다시 높은 곳까지 가게 하는 것이 옳지 않은 일이라는 것은 정말 너무나도 확실했다. 만일 그 자신이 다시 동상에 걸리면 손을 모두 쓸 수 없게 된다는 것을 알았더라도, 그는 그런 기색을 전혀 보이지 않았고, 원정대에 포함시켜달라고 매일같이 애원했다. 결국 나는 이 문제의 결정을 험프리즈와 워렌에게 넘겼다. 그들 모두 의학적 관점에서 보면 그를 원정대에 포함하는 것은 잘못이라고 나와 의견을 같이했다. 하지만 누가 파상의 놀랄 만한 지구력과 언제나 웃는 모

습을 모른 척할 수 있을까? 우리는 그를 데리고 가기로 결정했고, 그를 스미스-윈덤의 개인 하인으로 고용하여 만족스런 절충이 이루어졌다. 이 일을 함으로써 그는 더 이상 손에 해를 입힐 위험이 있는 제1캠프 이상으로 올라가지 않아도 되었다. 그의 안전에 대한 우리의 모든 예비 조치에도 불구하고 파상은 어느 날 베이스캠프의 지루함으로부터 탈주했다. 그는 언제나 최전선의 병사였고, 무슨 일이 벌어지고 있는지 우리 중의 누군가가 알아차리기도 전에 노스 콜 위로 짐을 옮겼다. 이튿날 그는 자기 주인과 함께 다시 되돌아와서 웃음을 머금으며 어느 때보다 행복해했다. 아직도 다른 누구보다 잘할 수 있다는 사실을 자기 자신의 만족을 위해 증명했다. 그 사람을 막을 방법이 없었다.

파상의 아우인 밍마는 반대로 침착하고 온화한 기질을 지닌 전혀 다른 유형의 인간이었다. 그는 육체적으로 파상보다 강하지만 그런 빛나는 의지력은 부족했다. 내 마음속에 파상의 모습은 항상 남아 있을 것이지만—내가 생각하기에 무엇이라도 그 모습을 지울 수 없다—밍마의 모습은 금세 사라져가고, 일 년이 채 지나기도 전에 그가 어떻게 생겼었는지조차 잊어버리게 될 거라는 점이, 두 형제간의 차이를 더 잘 표현하는 것일 터이다.[6]

다음해 파상 픽처와 아우인 밍마 모두 1937년의 독일 원정대에 합류하여 낭가파르바트에 다시 돌아왔다. 1934년 원정 때 사진사였던 페터 뮐리터, 제5캠프로부터 몇 발짝 남겨두고 사망한 핀조의 형인 다 툰두도 합류했다. 다 툰두는 독일인들을 용서하지 않고 있었다. 그러나 일자리가 있었으므로 그 일을 맡았다.

독일 등반가인 한스 하르트만 역시 원정에 참가했다. 그는 이전에 히말라야에 와, 파울 바우어와 함께 1931년 캉첸중가에 올랐던 적이 있었다. 그는 알프스 원정에서 동상으로 모든 발가락과 발 앞쪽 반을 잃어버렸기에 이번 원정에 참여하는 것이 올바른 판단인지 의문이 들었다. 하지만 그들이 카슈미르를 떠나 베이스캠프로 행군을 시작했을 때 하르트만은 빌리 메르클과 그의 동료에 대한 1934년도 추도회에서 나치 체육 지도자인 폰 참머 운트 오스텐이 행한 감동적인 연설을 기억해냈다. 폰 참머는 시인 프렉스의 시 구절을 인용했다.

강추위와 고통이 마음대로 하라지요
한 가지 완수해야 할 맹세를 나는 지키리니
칼에도 가슴에도 손에서도
맹세는 횃불같이 타오르리라
운명이 무엇을 정해주든지 간에
독일이여, 나는 그대 곁에 서 있으리![7]

하르트만은 일기에 적고 있다.

〔이 시구가〕 그대로 내 가슴 깊이 남아 있다. 이 구절은 진정 나를 따라다녔다. 1931년도 캉첸중가 원정에 참가하겠다는 결정을 내리는 데 많은 어려움이 있었는데, 이는 건강한 발을 가진 다른 사람들이 아마 나보다 더 필요할지 모른다는 사실을 인정해야 했기 때문이다. 그러나 결국 의지와 열정이 승리했고, 내가 이런 위대한 경험을 했다고 말할 때마다 감사와 겸손한 마음이 함께했다. 그리고 1937년 낭가파르바트 계획이 추진되었다…… 여기 내가 다시 한번 와 있다! 하지만 내가 이 원정에 참여하는 것을 이해하고 인정해주는 사람은 많지 않았다.

"그의 아내와 아들은 어쩔 셈인가?…… 그의 과학적 연구가 희생될 것이다!…… 왜 그는 다시 가야만 하는가? 그는 지난번 정말 아주 간발의 차이로 생환했다." 사방에서 이런 종류의 비난이 나에게 쏟아졌지만 나는 그 문제를 다르게 생각했다. "강추위와 고통이 마음대로 하라지요." 나는 항상 스코트의 일기와 알프레트 베게너의 마지막 여행담을 읽었다. "한 가지 완수해야 할 맹세를 나는 지키리니……" 나는 캉첸중가의 동료를 생각했다. 샬러가 쓰러진 뒤 피르처는 숨을 헐떡이며 피켈에 몸을 구부리고 되돌아갈 힘이 나기를 기다렸다. 제10캠프 위에서 바우어의 심장이 거의 멈췄을 때, 그의 강철 같은 의지가 눈에 생기를 불어넣었다.[8]

1937년 원정대는 다시 다르질링 사람과 현지 발티족 포터를 고용했다. 그들은 1934년의 루트를 따라갔으나, 심한 눈 때문에 훨씬 더 천천히 나아갔다. 6월 14일에 우연히 등반가 대부분과 포터들이 제4캠프에 모였다. 빈은 날씨가 개면 그들이 제5캠프를 설치하고 정상으로 밀고 올라가보겠다는 전갈을 아래로 내려 보냈다. 제2캠프에 있던 울리 루프트는 나흘 동안 아무런 소식도 듣지 못했다. 닷새째 되던 날 그는 몇 명의 발티족과 셰르파족 포터를 데리고 올라가 무슨 일인지를 알아보았다.

나는 제3캠프에서 제4캠프에 이르는 완만한 능선 너머로 홀로 서둘러갔으며, 동료들이 나아갔던 그곳 산허리에서 제5캠프나 동료들이 지나간 흔적을 찾기 위해 라키오트 봉우리를 계속 둘러보았다. 그러나 헛수고였다. 한낮이 되어, 내가 알기로는 10일부터 비어 있었던 제4캠프의 첫 지점에 도달했다…… 나는 친구들이 학수고대하던 편지를 친구들에게 전해줄 수 있기를 바라며 숨을 몰아쉬면서 15분간 위쪽으로 터벅터벅 올라갔다. 나는 얕은 분지에 멈추어서 총그라 봉으로부터 능선을 따라 라키오트 봉까지 시야를 방해받지 않고 둘러보았다. 짓누르는 듯한 침묵이 깔려 있었다. 거의 지워진 발자취가 마치 영원 속으로 향하듯 동쪽 능선 쪽으로 뻗어 있었다.

잔인한 진실이 나에게 서서히 드러났다.

내가 서 있는 곳에 무시무시한 양의 눈사태가 거의 6만 제곱미터나 되는 표면을 거대한 얼음 덩어리로 덮어버렸다. 캠프의 흔적은 하나도 없었다. 캠프는 수천 수만 평방미터의 얼음 밑에 묻혀버렸다.

포터들이 올라가서 그들이 14일 하산했을 때 캠프가 바로 이곳이었다고 확인했다. 저 아래쪽에서 우리는 눈사태의 표면을 따라 운반되어 내려간 몇 개의 깡통과 세 개의 빈 배낭을 발견했다. 세 시간 동안 수색을 마치고 나서 우리가 가진 가벼운 곡괭이로는 깊이 파묻힌 캠프를 파낼 수 없다는 사실이 분명해졌다. 모든 것이 움직이지 않는 단단한 덩어리로 얼어버렸다.[9]

눈사태가 폭 150미터, 너비 400미터에 이르는 지역을 완전히 덮었다. 파상 픽처의 아우인 밍마 체링, 그리고 페터 뮐리터가 사망했다. 지그메이 셰르파, 기알젠 몬조, 창 카르마, 앙 체링Ⅱ, 니마 체링, 카미 셰르파, 님 체링, 카를 빈, 한스 하르트만, 페르트 팡크하우저, 군터 헤프, 아돌프 고트너 그리고 마르틴 페퍼가 모두 얼음 무게에 짓눌리거나 순식간에 질식되어 사망했다.

뮐리터와 지그메이 셰르파는 1934년 낭가파르바트에 갔었으나 아무도 폭풍에 휘말리지 않았다. 지그메이는 캉첸중가를 세 번 올랐으며, 에베레스트는 1933년, 1935년, 1936년 그리고 1937년에 올랐었다. 휴 루트리지는 그를 "의지와 즐거움이 그치지 않는" 사람이라고 말했다. 빈은 니마 체링에 대해서 "침착하고 사려 깊고, 놀랄 만큼 조용히, 확신을 가지고 무엇이든 공격한다"고 말했다. 앙 체링Ⅱ는 낭가파르바트의 영웅인 앙 체링Ⅰ과는 다른 사람으로 쿰부에 살았으며 에베레스트를 세 번 올랐다.

제4캠프에서는 한 사람의 생존자도 없었다. 살아남은 등반가와 고소포터들은 오직 눈사태가 나던 날 밤 제2캠프에 있었던 사람들이다. 울리 루프트, 사다인 누르상, 또 다른 다르질링 사람, 그리고 다 툰두였다. 이제 이들 네 사람이 사람들을 묻어버린 눈 위에 서서 무슨 일이 벌어졌는가를 천천히 되새겼다.[10]

루프트의 옆에 서서 침묵의 눈 더미를 둘러보며 다 툰두가 느꼈을 감정을 상상하기는 힘들다. 바로 이 장소, 제4캠프는 그가 고정 자일을 타고 내려온 다음 휴식처가 되어준 장소였다. 여기서 그들이 포터의 천막에서 동상에 걸린 그의 손을 밤새 마사지해주었다. 그보다 몇 시간 전에는 제5캠프에서 동생인 핀조가 죽었다.

다 툰두는 언제나 말수가 적은 사람이었다. 이곳에서 그가 울었다거나 소란을 피웠다는 기록은 찾아볼 수 없다. 그는 아마 충격 속에서 스스로에게 질문을 던졌을 것이다. 왜 나만이?

나는 그의 미망인인 라무 이티에게 등반가의 생존에 가장 중요한 것은 무엇이라고 생각하는지 물어보았다. 힘, 지능, 또는 행운? 나는 이 질문을 많은 등반가들에게 던졌다. 힘이 센 사람들은 힘이라고 말하는 경향이 있다. 지적인 사람은 세 가지 모두라고 했다. 다 툰두의 미망인은 사람을 구하는 것은 행운이라고 말했다.

계속되는 시도

루프트와 다 툰두가 눈사태를 발견한 뒤 이틀이 지나 파울 바우어는 독일에서 그 소식을 접했다. 그는 곧 프리츠 베히톨트와 크라우스라는 이름의 등반가를 대동하고 낭가파르바트로의 여행을 준비했다. 그들은 인도로 날아갔으며, 그곳에서 영국 공군 비행기로 길기트에 도착했다. 그 소식을 들은 지 20일 만에 바우어와 베히톨트가 베이스캠프에 도착했다. 그곳에서 그들은 운이 좋았던 생존자인 셰르파 사다 누르상을 만났다. 바우어와 누르상은 서로 잘 아는 사이였다. 그들은 1929년 캉첸중가를 함께 올랐었고, 그곳에서 제1차 세계대전 때 벨기에의 이프레 전선에서 상대편 참호에서 싸웠다는 것을 알게 되었다. 누르상은 구르카 상사였고, 바우어는 독일군 장교였다.

바우어는 눈 덮인 산등성이에서 사망한 독일인 시신을 수습하려 했다. 다 툰두가 이를 돕기 위해 다시 올라갔다.[11] 베히톨트도 너무 구토를 해서 아무것도 먹지 못했으나 올라갔다. 그들과 함께 올라간 현지 포터인 주숩 칸은 현지 낭가파르바트의 요정들이 어떻게 등반가와 포터를 죽였는지를 환상 속에서 보았다. "어둠이 깔릴 즈음에 수십 명의 나체 여인이 사히브 앞에 있는 제4캠프 근처 빙하 위에서 춤을 추었으며, 그들이 잠이 들자 캠프를 전부 파괴했다."[12] 나중에 길기트에서 한 영국인이 바우어에게 1934년 라키오트 빙하에서 자신이 찍은 사진을 보여주었다. "그 사진은 빙벽에 비친 요정들의 실루엣 중 하나를 보여주고 있었다."[13]

제4캠프에서, 바우어, 루프트, 크라우스, 수카르 알리, 그리고 사타라가 3미터를 파들어가자 소지품 하나도 훼손되지 않은 채 텐트 안에서 모두 평화롭게 죽어 있는 사람들을 발견했다. 그들은 즉사한 것 같았다. 바우어와 나머지 사람들은 일곱 명의 독일인 가운데 다섯 사람을 파내어 집단 공동묘지에 다시 매장했다. 그들은 셰르파족은 남겨두었다. 바우어는 사다인 누르상이 그들을 지금 누워 있는 곳에 남겨두기를 원했기 때문이라고 했다. 누르상이 정말 그랬을지도 모르지만, 단지 명령에 복종하고 있었을지도 모르며, 그 자신은 모든 계획이 이상하다고 생각했을지도 모른다.

사실 해발 6천8백 미터까지 올라가서 다섯 구의 시신을 다시 매장하기 위해 파내서 더 많은 생명을 위험에 노출시키는 것은 정말 미친 짓이었다. 가족을 위해 일기를 회수하는 것은 어느 정도 의미가 있었다. 바우어는 자신이 원정대를 조직했기에 죄책감을 느꼈음이 틀림없다. 그는 또한 이 사고가 독일의 히말라야 등반 전체를 위협한다는 사실을 알고 있었을 것이다. 이번에는 장기간의 후퇴나 영웅적인 비박이 있었던 것도 아니었다. 열여섯 명의 사람이 사냥꾼의 사격을 기다리는 오리들처럼 쉽게 잠을 자는 사이에 죽었다. 수 톤의 얼음과 눈이 그들의 텐트를 덮치기 전에 아무런 경고도 없었다.

바우어가 의도한 것은 불가항력적인 사고를 긴 전쟁에서의 또 다른 한 전투로 바꾸는 것이었다. 그리고 이 시도는 먹혀들었다. 독일 정부는 새 원정대가 이듬해인 1938년에 낭가파르바트로 다시 갈 수 있도록 더 많은 기금을 제공했다.

그 원정으로 다르질링 사람들이 또 다시 필요했으며 누르상은 사다로 다시 돌아왔다. 영국 등반가인 H. W. 틸먼은 다르질링에서 1938년도 에베레스트 원정을 위해 포터를 고용하고 있었다.

우리를 위해 열두 명의 포터를 골라내는 외에 우리는 나중에 히말라야에 오는 세 원정대를 위해 20명을 더 뽑아야 했다. 이 일을 마치고 나자 경험 많은 사람은 더 이상 찾아볼 수 없는 듯싶었다. 한 사람, 곧 누르상이…… 낭가파르바트로 갈 포터를 모으고 있었는데 그토록 많은 동료들이 죽은 기억이 생생하게 남아 있는 사람들을 설득해 그 억세게 재수 없는 산에 또 데리고 가는 것에 얼마간 어려움을 겪고 있었다. 누르상의 강렬한 호소는 프리드리히 대제가 동요하는 군대에 용기를 북돋는 장면을 연상하게 했다. "입에 차마 담을 수조차 없는 불한당의 자식들아 오라. 너희들은 영원히 살기를 원하지 않느냐?"[14]

누르상은 마침내 포터 열 명을 모았는데, "그들 모두가 경험이 없는 젊은이였다".[15] 기알젠, 니마 셰르파, 파상, 파상 치카디, 펨바 부티아, 펨바 셰르파, 핀초, 푸타르, 투틴, 부티아, 그리고 소남이 그들이다. 많은 사람들이 우리가 이제까지 익히 들은 사람들과 같은 이름이지만 이들은 다른 사람들이었다. 다 툰두는 참가를 거절했다. 하지만 1937년의 유일한 독일인 생존자인 울리 루프트는 돌아왔다. 그리고 빌리 메르클의 가장 친한 친구인 프리츠 베히톨트가 돌아와 6년 만에 낭가파르바트로의 네번째 여정에 올랐다. 여기에는 광기, 생존자에 대한 죄의식, 그리고 슬픔과 영웅심이 또한 작용하고 있었을 것이다.

눈이 너무 많이 내려 등반이 어려웠다. 연달은 네 번의 원정에서 독일 등반가들은 날씨가 그들에게 적대적이라는 사실을 알게 되었다. 어쩌면 단지 그들이 낭가파르바트의 날씨를 대비하지 못한 것인지도 모른다. 적은 수의 포터라는 단점을 보완할 목적으로 융커 폭격기로 보급품을 산에 투하하는 계획을 세웠다. 그 계획은 실패했다. 짐에 매단 낙하산이 펴지지 않아 상자들은 산을 따라 굴러서 크레바스에 빠졌다.

7월 19일 독일의 등반가 루트스는 라키오트 봉우리 아래 고정 자일에서 동사한 셰르파 시신을 발견했다. 사다인 누르상이 에베레스트에서 낭가파르바트 정상보다 높이 올랐으며 제5캠프 바로 앞 자일에서 죽은 니마 도르제의 시신이라고 확인해주었다. 누르상과 독일인들은 니마 도르제의 시체를 잘라 가지고 내려와 다른 포터들이 보기 전에 얼른 묻었다. 바로 전해의 사고가 멀지 않은데 그 광경을 보고 포터들이 너무 놀라 일을 하지 않겠다고 할까봐 걱정을 했다.

사흘 후에 그들은 라키오트 봉을 돌아가서 '무어인의 머리' 바로 아래 북쪽 능선에 도달했고, 바우어가 그곳에서 무엇인가를 보았다. 그는 자기 바로 뒤의 두 셰르파족 포터들이 그것을 보았는지 알아보기 위해 몸을 돌렸다. 다행히도 바우어에게 가장 가까웠던 푸타르가 열다섯 걸음 정도 떨어져 있었다. 바우어는 "추크를 큰 소리로 불러 두 포터를 뒤쪽으로 거리를 두게 하였다". 그리고 베히톨트에게 앞으로 오라고 했다.

베히톨트가 알았다며 다가갔다. 얼음 위에 앉은 채 얼어버린 사람은 어릴 적부터 친구였던 빌리 메르클이었다. 그의 옆에서 얇은 얼음막 밑에 누워 있는 사람은 가이라이였다.[16] 베히톨트는 두 사람이 자신들의 마지막 비박 장소를 출발해 여기까지 올라왔거나 기어왔다는 사실을 알게 되었다. 바우어는 후일 다음과 같이 기술했다. "우리는 고인들을 앞에 두고 모자를 벗었다. 그리고 얼음을 제거했다. 메르클의 얼굴은 완전하게 보존되어, 마치 밀랍으로 만든 것처럼 보였다. 그의 주머니에는 편지가 있었는데, 빌로 벨첸바흐의 마지막 구조 요청을 담고 있었다…… 우리는 그들을 발견한 곳에 묻었다."[17]

두 사람을 묻기 전에 가이라이의 미이라가 된 몸, 그의 둥근 얼굴, 바라보는 눈을 사진에 담았다(예의를 지키기 위해 그 사진을 출판하지 않았고, 나 또한 소장하고 있지 않다[18]). 그리고 베히톨트와 바우어가 포터들을 인도해서 제5캠프로 다시 내려갔다. 그러나 적어도 포터 중 푸타르 한 사람은 그 시신을 보았다. 다음날 그들은 제6캠프를 설치했고, 그 다음날 두 독일 등반가들이 '실버 새들'까지 수직 거리 150미터 안에 도달했다. 메르클과 가이라이가 발견된 닷새 뒤에 독일 등반가 네 명과 포터인 핀초가 '실버 새들'에 이르는 능선 위에 위치한 제7캠프에 이르렀다. 다른 포터들은 너무 아파서 제5캠프 이상 등반할 수 없다고 했다. 그들은 정말 몸이 아팠거나 또는 푸타르가 본 것을 두려워했는지도 모른다.

그때 라키오트 봉 아래 제5캠프에서 눈 위에 붉은색 낙하산을 펼쳤다. 그것은 미리 정해놓은 후퇴하라는 신호였다. "당연히 열의에 불탄 선두는 이 결정에 불편함을 드러냈다"고 바우어가 말하고 있다.[19] 그러나 그에게는 일할 수 있는 포터가 한 사람뿐이었다. 그는 말하지 않았지만 바우어 역시 지난 12개월 동안 많은 사망자들을 파내야 했다. 그가 강철 같은 의지를 갖고 있었을지 모르지만, 낭가파르바트에서 또 한번 실패하는 것이 또 다른 비극을 만드는 것보다 나았다.

바우어는 병든 포터인 푸타르를 제4캠프로부터 데리고 내려왔다. "그 셰르파족은 우리가 '무어인의 머리' 근처에서 시신을 발견한 이후로 결코 생각이 변하지 않았다"라고 바우어가 말했다.[20] 그들은 베이스캠프에서 휴식을 취했고, 그리고 한 차례 더 시도했지만 제5캠프 이상 올라가지 못했다.

바우어는 포기하지 않았다. 이듬해인 1939년에 그는 네 명의 등반가와 세 명의 다르질링 포터로 구성된 소규모 독일 원정대를 보내 낭가파르바트의 북서 벽을 탐사하게 했다.[21] 바우어는 이전 원정 루트에서 지속적으로 일어나는 눈사태를 걱정했다. 그는 북서 벽은 아주 가파르고, 거의 수직에 가깝다는 것을 알고 있었다. 또 훨씬 더 직선에 가까운 북서 벽을 택하면 등반가들이 북쪽 능선을 건너 '실버 새들'에 이르는 긴 트래버스를 피할 수도 있을 것이다. 이번 1939년 원정은 정찰이 목적일 뿐, 1940년에 또 다른 원정대가 진짜 시도를 할 것이었다.

1939년의 탐사에는 하인리히 하러가 참가했는데, 그는 알프스의 아이거 북벽을 처음 등정한 네 사람 가운데 한 명이었다. 아래쪽 마을의 관광객들이 망원경을 통해 바라보는 동안 하러와 다른 등반가들이 이전에도 많은 사람들이 기어오르다 사망했던 아이거 북벽을 위로 조금씩 올라갔다. 베를린에서는 아돌프 히틀러가 라디오를 통해 등반에 관한 생중계를 듣고 있었다. 그들이 성공하자 히틀러는 그들을 만나 독일의 새로운 영웅이라고 추켜세웠다. 안내인이자 아이거의 네 영웅 중 한 사람이었던 안데를 헤크마이어는 몇 년 뒤에 자신은 감동받지 않았다고 술회했다. "그것은 춤추는 곰에게도 일어날 수 있었다."[22] 이미 나치 친위대(SS)의 중위가 되어 있었던 하러는 확실한 감명을 받았다.

그리고 하러는 낭가파르바트에 왔다. 독일 등반가 네 사람은 북서 벽은 좁고 준엄하여 위협적이라는 것을 깨달았다. 6월에는 지속적으로 눈사태가 일어났으며, 7월에는 낙석이 떨어졌다. 등반의 많은 부분에 전문적인 등반 기술이 필요했으며, 대부분의 다르질링 포터들에게는 분명히 너무 어려운 일이었다. 독일인들은 6천7백 미터 바로 위 지점까지 올라갔으며, 더 위로 안전하게 올라가는 길을 찾을 수 있으리라 생각했다.

그들이 산에서 내려왔을 때 독일과 영국 간의 전쟁이 임박한 듯 보였다. 독일인들은 집으로 돌아갈 배를 타기 위해 카라치를 향했으나 배가 도착하지 않았다. 하러는 재빨리 도시를 떠나 발루치스탄 사막을 건너 이란으로 가기 위해 서쪽으로 갔으나 라스벨라에서 체포되었다. 네 등반가 모두 적대국 국민으로서 억류되었다.

그들이 갇힌 감옥은 히말라야 기슭에 있었다. 1944년 그들 중 하러와 아우프슈나이터 두 사람이 세 명의 다른 독일 포로들과 탈주했다. 그들은 산기슭을 가로질러 산속으로 걸어 들어갔다. 그들은 때로는 낮에 숨어 다녔으며, 어떨 때는 자신들을 먹여주고 보살펴주는 현지 마을 사람들을 신뢰하며 의지했다. 결국 두 등반가는 티베트까지 도망쳤으며, 전쟁에서 중립을 지키던 달라이 라마 정부가 그들에게 망명을 허용했다. 그 이듬해에 전쟁이 끝났으나, 두 사람은 계속 티베트에 머물렀다. 하러는 무역업자가 되었으며, 어린 달라이 라마의 친구이자 선생이 되었다. 그는 중국군이 침공해올 때까지 머물렀으며, 티베트에서 7년을 지내고 그곳을 떠났다.[23]

그러나 낭가파르바트에 대한 독일의 공격은 아직 끝난 것이 아니었다.

10. 셰르파 생존자들

K2 원정대

1936년 봄에 브루스 장군이 다르질링에 왔다. 낭가파르바트의 정상 도전을 했던 다섯 명의 셰르파 생존자들—앙 체링, 키타르, 파상 키쿠리, 파상 픽처 그리고 다 튠두—을 업저버토리 힐(Observatory Hill)에서 거행된 기념식에 초대했다. 브루스는 독일 적십자가 그들의 용기를 기리는 증서를 한 사람 한 사람에게 증정했다.

키타르와 앙 체링은 앙 체링의 새 부인과 키타르의 아들을 데리고 함께 살고 있었다. 그해 봄 늦게 키타르와 파상 키쿠리는 인도 가르왈 히말라야에 위치한 난다데비를 등정하려는 영국 원정대의 일자리를 얻었다.

난다데비 원정에 가담했던 파상 푸타르는 고지대 골짜기 위 좁은 길을 따라서 걸어 들어가는 것이 어려웠다고 말한다. 행진 때는 음식에 문제가 발생했다. 여러 명의 포터가 이질에 걸렸으며 키타르가 특히 심했다. 다른 포터들은 키타르를 메고 가거나 되돌려 보내기를 원했다. 대장인 H.W. 틸먼은 이 제안이 전진을 지체시킬 뿐이라고 말하며 거부했다.

파상 푸타르는 틸먼이 아랫사람들을 힘들게 하는 사람이었다고 말한다. 틸먼은 자신이 수영을 할 수 있다고 과신하여 산 계곡의 급류에 뛰어들어 건너가곤 했다. 반대편에 도착하고 나면 뒤를 돌아보지도 않고 큰 보폭으로 나아갔다. 수영을 할 줄 모르는 포터들은 틸먼이 되돌아와 건널 수 있게 도와주기를 기다리며 개울가에 서 있었다. 그는 결코 도와주지 않았으며, 포터들은 스스로 최선을 다해 개울을 건너는 수밖에 없었다.

푸타르는 틸먼이 암벽에서도 마찬가지였다고 이야기한다. 손으로 허공을 열심히 낚아채며 오버행(90도 이상의 암벽/옮긴이)에서 열심히 돌출부를 헤적여 찾는 흉내를 낸다. 그리고 그는 영어로 "아주 위험한 사람"이라고 말한다. 파상 푸타르가 뜻한 것은 틸먼이 위험을 즐기는 사람이고, 그에게 고용되어 일하는 것이 위험했다는 것을 뜻한다.

그들이 난다데비 베이스캠프에 도착했을 즈음 키타르는 대변을 볼 때 피가 나와 매우 아파했다. 그는 그곳에서 원정이 끝날 때까지 줄곧 누워 있었다. 틸먼, 십턴, 그리고 오델이 정상에 올랐으며 당시에 등정한 가장 높은 산이었다. 키타르는 베이스캠프에서 죽었다. 틸먼은 후일 키타르는 "우리에게 아주 호감을 주는 셰르파의 전형처럼 보이지 않았다"[1]고 썼다.

파상 푸타르는 키타르의 죽음이 틸먼의 책임이라고 했다. 앙 체링은 한 걸음 더 나아갔다. 그는 틸먼이 살인자라고 느꼈으며 결코 그를 용서

하지 않았다.

키타르는 앙 체링의 집에 등이 굽은 장애를 지닌 아들을 남겼다. 소년은 똑똑했고 앙 체링은 그를 돌봐주고 학교를 마칠 때까지 돈을 대주었다.

파상 키쿠리는 난다데비 원정 때 운이 좋았다. 틸먼은 네 명의 셰르파 중에서 "키쿠리만이 진지한 일에 한 자리를 차지할 가치 있는 사람"[2]이라고 말했다. 그는 높은 곳까지 운반했으며 그 원정대의 유일한 미국인 등반가 찰스 휴스턴과 친구가 되었다. 1938년 휴스턴이 K2 미국 원정대의 대장으로 인도에 되돌아왔을 때 파상 키쿠리를 사다로 고용했다. 이 소규모 원정대는 정상에는 이르지 못했다 하더라도 썩 괜찮은 결과를 냈다. 키쿠리는 미국인들과 함께 높은 캠프에까지 등반이 허용되었다. 이듬해 2차 미국 원정대가 다시 왔으며 파상 키쿠리는 다시 사다가 되었다.

1939년의 K2 원정대는 셰르파 역사에서 두 가지 전환점이 되었다. 이때 처음으로 셰르파가 히말라야 거봉의 정상 공격조의 일원이 되었다. 그리고 낭가파르바트의 기억에 시달려온 파상 키쿠리는 셰르파의 역할에 대한 모든 사람들의 생각을 바꿔놓았다.

카슈미르에서 K2 봉까지 행군하기 바로 전 스리나가르의 정원에서 고소 포터들이 사진을 찍었다.[3] 비록 그들 중 셋은 자루 같은 인도 바지를 입고 있긴 하지만, 아홉 명의 남자들은 유럽 산 양털 재킷, 흰 셔츠, 그리고 스웨터를 입고 있다. 그리고 머리는 짧게 자르고 정성스럽게 빗질하고 있다. 그들은 자부심이 대단해 보인다. 준보석으로 장식한 장발을 묶고 있는 그들은 처음 고향에서 다르질링으로 온 이래 긴 인생 여정을 걸어왔다.

아홉 명 가운데 일곱은 그 당시 사람들이 사진을 찍을 때 짓는 굳은 표정으로 카메라를 정면으로 바라본다. 줄 한쪽 끝에 서 있는 파상 키쿠리의 동생 소남만이 미소를 띠고 있다. 반대편 끝은 1934년과 1937년 낭가파르바트에서 생존한 다 툰두이다(그는 내키는 대로 자신의 이름을 Da Thundup, Dawa Thundu, Dawa Thudup이라고도 썼다. 그러나 모두 다 툰두라고 불렀다).

파상 키쿠리는 가장 고급스럽게 그리고 신경써서 옷을 입고 중앙에 자리 잡고 있다. 무릎 길이의 반바지와 조끼에 맞춘 양모 양복을 입고 있다. 줄에 서 있는 사람 중 가장 작았지만, 잘 만든 코트가 가슴 크기와 근육을 보여준다. 그는 28세였고 10년 동안 전문적으로 등반을 해왔다.

파상 다와 라마가 그 열에 서 있으며 머리에 가르마를 튼 유일한 사람이다. 그는 외투 단추를 풀어놓았고 그 속으로 하얀 셔츠가 보이는데, 이런 옷차림은 그가 자유분방하고 멋 부리는 성격임을 보여준다. 그는 28세이고 경험이 가장 적은 사람이지만 힘에서는 정평이 나서 벌써 부(副)사다가 되었다. 그 원정대의 다른 다섯 포터들—키쿠리, 그의 아우 소남, 핀수, 펨바 키타르, 체링 노르부—은 전년도에 휴스턴과 페졸트와 함께 K2 봉에 올랐었다. 다 툰두는 낭가파르바트를 뒤로하고 서 있다. 이들 외에 파상 키타르와 체 텐드룹을 더해 아홉 명을 이루었다. 아홉 명으로는 K2 봉에 오르는 고소 포터로서 충분하지 않았지만 이 팀은 강하고 경험이 풍부했다.

미국 등반가들은 전체적으로 보아 특별한 점이 있었다. 강하고 경험 많은 유일한 등반가는 대장 프리츠 비스너였으며, 그는 1932년의 1차 독일 낭가파르바트 원정대에 참여했다. 그때 그는 독일인이었으나,

1933년 미국에 정착하여 시민권을 획득했다. 자기 사업의 이익을 좇는 한편, 새로운 나치 정부와 멀어지려고 결심한 것인 듯싶다. 그러나 그는 사회보수주의자였다. 미국 등반가 앤드류 카우프먼과 윌리엄 푸트남은 세월이 흐른 뒤에도 그를 잘 기억하고 있었다. 그들의 탁월한 1992년 저서인 『K2: 1939년의 비극』에서 그들은 비스너를 다음과 같이 기술하고 있다.

> 프리츠는 인본주의자는 아니었다. 오히려 그는 적자생존을 강조하여 다윈의 자연주의를 설교했다. 나약한 자는 강자들이 살 수 있도록 사라져야만 한다—이것이 그의 철학이다. 그는 특히 자신이 좋아했던 사람들과 좋은 동료가 될 수 있었으며 1930년대에 그러한 사람은 부자이자 영향력 있는 사람을 의미했다. 그는 그들을 '좋은 사람들'이라고 불렀다. 그는 중앙유럽인의 매력을 발산할 수 있었고, 은혜와 예절로 '적절한 상황에 적절한 조처'를 어떻게 취하는지 알고 있었지만, 그가 싫어하는 사람이나 자기에게 쓸모없는 사람에게는 잔인할 정도로 무뚝뚝할 수 있었다.[4]

168센티미터의 키, 대머리, 떡 벌어진 어깨, 근육질의 강한 비스너는 K2에 어울리는 사람이었다. 그는 경험 많은 등반가와 원정 비용을 댈 뜻이 있는 부자들을 섞어 팀을 구성했다. 하지만 원정대가 뉴욕을 떠나기 전 경험 많은 등반가들은 모두 손을 뗐다. 이제 비스너의 미국인 동료 네 명 중 누구도 등반대를 이끌고 K2 봉으로의 루트를 찾아낼 능력이 없었다. 산에는 등반하는 내내 복잡한 바위와 얼음이 도처에 있었기에 이 능력은 필수적이었다. 아브루치 능선이 정상 밑에서 경사면까지 올라갈 수 있는 가장 쉬운 루트였지만, 그곳에서조차 순간 방심하면 추

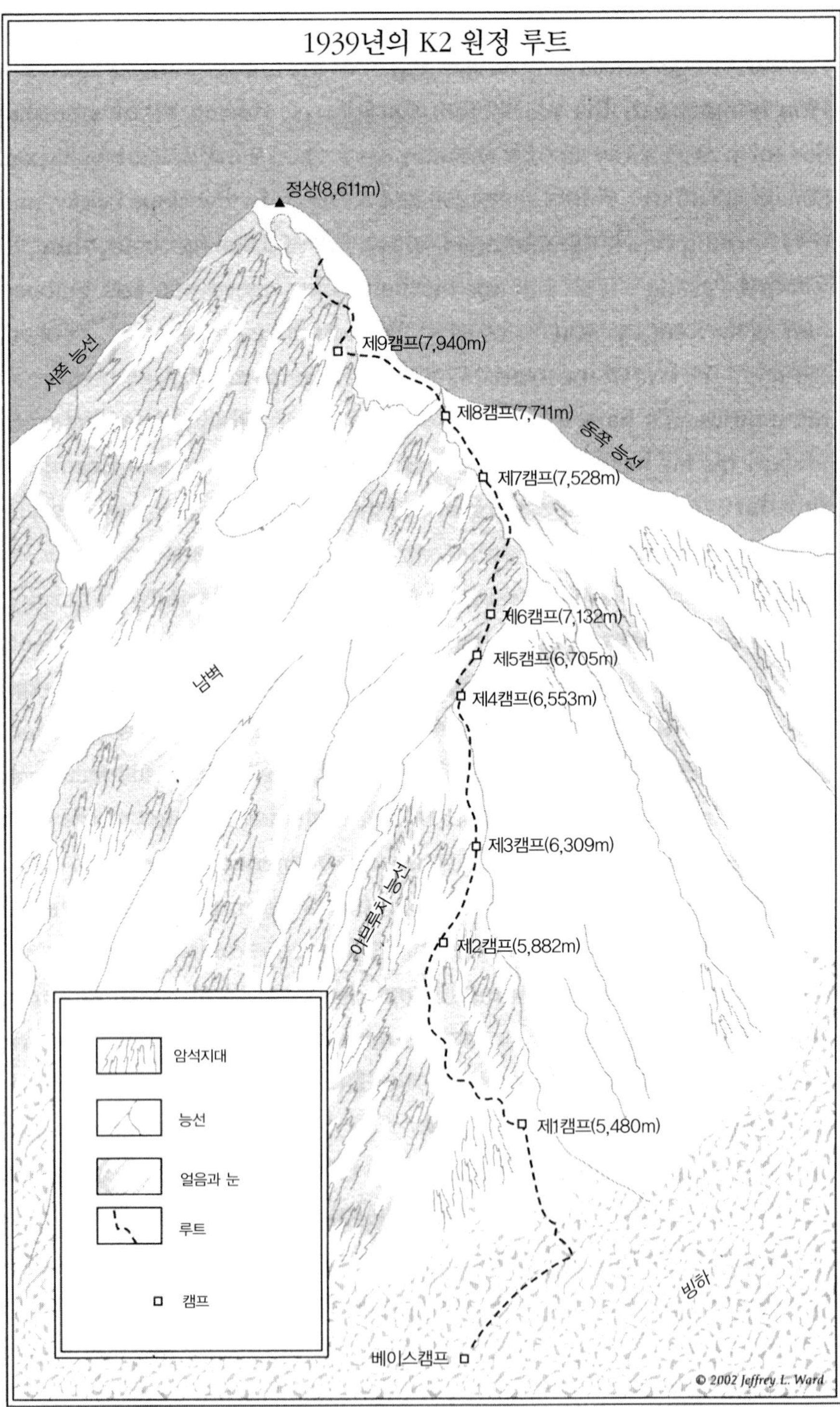
1939년의 K2 원정 루트
정상(8,611m)
제9캠프(7,940m)
서쪽 능선
제8캠프(7,711m)
동쪽 능선
제7캠프(7,528m)
제6캠프(7,132m)
제5캠프(6,705m)
남벽
제4캠프(6,553m)
제3캠프(6,309m)
아브루치 능선
제2캠프(5,882m)
암석지대
능선
제1캠프(5,480m)
얼음과 눈
루트
빙하
캠프
베이스캠프
© 2002 Jeffrey L. Ward

락사에 이를 천8백 미터 높이의 가파른 구간이 연속해 펼쳐졌다. 비스너는 베이스캠프로부터 거의 정상에 이르는 길을 줄곧 혼자 이끌어가기로 함으로써 이 문제를 해결했다. 등반대원들은 그때부터 고정 자일 없이, 또 확보해줄 다른 등반가 없이 단독으로 신속하게 거대한 봉우리를 올랐다. 아무도, 그때 이전이나 이후에도 K2에서 비스너처럼 선두에 서서 홀로 이끄는 경우는 없었다.

셰르파가 함께 오르다

문제는 그 다음이었다. 누가 그에게 뒤지지 않고 따라갈 수 있을 것인가? 가장 어려운 기술적 등반이 요구된 곳은 아브루치 능선 위의 제4캠프 바로 위에 있는 하우스 침니였다. 이것은 겨우 25미터 높이였지만, 한 해 전에 빌 하우스가 처음 그곳을 올라가는 데 무려 네 시간이 걸렸다. 7월 11일 파상 키쿠리의 아우인 소남이 고정 로프로 침니를 반쯤 올라가다가 미끄러졌다. 소남은 12미터를 추락해서 다시 눈 덮인 경사면을 60미터 정도 굴러 떨어졌고, 그 아래 9백 미터의 낭떠러지가 있는 곳을 향해 돌진해 내려갔다. 제4캠프에서 파상 키쿠리가 동생이 떨어지는 것을 보고 달려 나와 옆을 스칠 때 붙잡았다. 소남은 타박상은 입었지만 뼈 하나 부러진 곳 없이 살아났다. 그는 상처 때문에 원정이 끝날 때까지 베이스캠프에서 지냈다. 파상 키쿠리가 죽음을 향해 추락하는 동생에게 달려갈 때 어떤 감정을 느꼈을지 상상하기 어렵다. 상황이 급박하여 그 순간에는 다른 모든 감정을 배제했다 하더라도 나중에는 두려움에 휩싸였을 것이다.

그때까지 파상 키쿠리는 강인하게 산을 올랐으며, 다른 셰르파들을 독려해왔다. 잭 듀런스는 원정에 참가한 세 명의 다트머스 대학교 학생 중 한 사람인데 그의 일기에 어느 날 키쿠리가 자일의 맨 끝에서 등반하며 체 텐드룹에게 앞으로 나아가라고 피켈로 규칙적으로 쿡쿡 찔렀다고 적고 있다. 하지만 그 일이 있고 나서도 파상 키쿠리는 7,132미터에 있는 제6캠프까지 올라갔다. 낭가파르바트에서 동상에 걸린 이래로 그는 고소에서 발가락에 지속적으로 문제가 생겼다. 어쩌면 그의 발의 혈액 순환계가 영구적인 손상을 입었는지도 모른다. 그는 발을 살리기 위해 베이스캠프로 되돌아왔다.

그 결과 미국인 두 사람과 셰르파 한 사람만이 아브루치 능선이 정상 능선과 합쳐지는 7,711미터 지점에 설치한 제8캠프에 남게 되었다. 비스너와 파상 다와 라마는 여전히 힘이 넘쳤으나 다른 미국인인 더들리 울프는 멈춰야만 했다.

울프는 제8캠프에 있을 만한 사람이 아니었다. 그는 43세이고 아주 뚱뚱해서 행동이 굼뜨고 서투른 사람이었다. 그는 이전의 모든 등반을 안내인과 함께 했다. 그가 알프스와 로키 산맥에서 어려운 비탈을 올라가는 데 종종 두 사람의 안내인이 필요했는데, 한 사람은 밑에서 그의 엉덩이를 밀어올리고 한 사람은 위에서 팔을 잡아 끌어당겼다. 그는 지금 지상에서 가장 어려운 산의 정상에서 9백 미터 정도 못 미치는 곳까지 올라와 있었다. 일을 더 복잡하게 만드는 것은 그가 평생 그를 돌보아주는 하인이 있는 뉴욕의 저택에서 응석받이 삶을 살아왔다는 것이었다. 지금 그는 자신의 식사 준비를 할 수 없었고—어떻게 준비하는지를 몰랐다—고소에서 물을 끓이기 위해 압력 버너에 불을 붙이는 일에도 큰 어려움을 겪었다.

적어도 다른 등반가 둘은 울프가 원정 자금을 지원한 대가로 비스너가 원하는 높이까지 안내해주기로 했다고 믿었다. 하지만 비스너 역시 정상에 오르기 위해서는 동료가 필요했으며, 1939년에 그 동료가 다른 백인이 되어야 한다는 것은 당연한 일이었다. 뚱뚱하고 몸이 둔하지만 울프는 건강했으며 비스너 외에 제8캠프에 도달한 유일한 미국인이었다.

그곳에서부터 울프, 비스너, 파상 다와 라마는 정상 도전 전의 마지막 캠프인 제9캠프를 향해 떠났다. 출발하자마자 곧 울프는 자신은 더 이상 올라갈 수 없다는 사실을 깨달았다. 그러자 비스너는 파상 다와 라마에게 자신과 동행하여 정상에 오르자고 했다.

이것은 전혀 새로운 일이었다. 알렉산더 켈라스나 찰리 브루스 같은 소수의 사람들이 다른 사히브를 동행하지 않고 포터들과 비교적 덜 중요한 정상에 올랐던 적은 있었다. 때때로 두세 명의 사히브가 포터 한 사람을 데리고 여분의 장비를 운반시키며 그들과 함께 정상에 올랐다. 하지만 어떤 사히브도 대규모 원정에서 포터에게 영광을 나눠갖자고 한 적은 없었다.

다른 각도에서 보면 비스너에게는 선택의 여지가 없었다. 파상 다와 라마가 그곳에 있었고, 그는 힘이 넘쳤으며 비스너의 성공이 그에게 달려 있었다. 그러나 비스너가 셰르파들을 대하는 태도 역시 일반적이지 않았다. K2 봉의 낮은 경사면에서 그는 포터들에게 23킬로그램의 짐을 운반하게 하는 한편 사히브(울프를 제외하고)에게도 15킬로그램을 지게 했다. 높은 경사면에서 사히브와 포터는 모두 18킬로그램의 짐을 졌고, 비스너 자신도 등반을 이끄는 의무에 더해 이 무게의 짐을 졌다. 이런 공평함과 평등함은 이전엔 없던 것이었다.

한 캠프에 텐트가 두 개만 있었던 적이 있었는데, 하나는 듀런스와 울프와 비스너에게, 다른 하나는 셰르파들에게 배정되었다. 울프의 몸집이 커서 사히브들의 텐트가 너무 좁았으며 이 때문에 비스너는 셰르파 텐트를 함께 사용했다. 이는 아주 사소한 것일지 모르지만, 비교적 현재와 가까운 1955년에도 저명한 스위스 등반가인 게오르그 디렌푸르트는 셰르파와 사히브가 텐트를 공동으로 사용할 수 없다는 사실을 여전히 당연하게 여겼다. 그가 1938년의 K2 원정에 대한 책을 쓰면서 사히브 넷과 셰르파 셋이 제3캠프에 있었던 것에 대해 언급했다. "이는 유일하게 현실적인 구성이었는데, 왜냐하면 사히브 한 명과 포터 한 명이 는다는 것은 모든 필수 장비와 함께 텐트가 두 개 더 필요하다는 것을 뜻하기 때문이다."[5]

이제 셰르파가 산을 등반해온 지 18년이 지났다. 해마다 산과 산을 오르며, 그들은 사히브들의 셰르파에 대한 생각과 셰르파가 이룰 수 있는 것에 대한 인식을 변화시켜왔다. 파상 다와 라마는 뛰어나고 강인한 등반가였다. 그래서 그 순간의 필요와 비스너와 라마의 개인적인 성격, 그리고 그 세대 셰르파가 보여준 능력으로 인해, 바로 그 제8캠프 위에서 사히브와 셰르파 간의 관계가 바뀌었다.

비스너와 파상 다와 라마는 그날 밤 제8캠프에서 230미터 정도밖에 올라가지 않은 곳, 정상으로부터 670미터 떨어진 곳에 제9캠프를 설치했다. 다음날 아침 그들은 오전 9시에 출발했다. 일반적인 경우와 다른 늦은 출발이었다. 요즘의 정상 공격조는 새벽 3시나 4시에 출발한다. 그 당시는 대부분 6시나 7시에 출발했다. 출발 시간으로 보아 비스너와 파상 다와 라마가 이미 지쳐 있었다고 볼 수도 있지만 1939년 원정에서는 매일 늦게 출발하는 경향이 있었다.

비스너는 두 루트 가운데 하나를 선택해야 하는 기로에 섰다. 한 루트는 험난하고 가파르며 울퉁불퉁한 능선을 지나가야 했다. 다른 루트는 벽 위의 설원을 가로지르는 옆길로 가는 것이었다. 그 루트가 더 쉽고, 덜 가파르게 보였으나 시간이 오래 걸릴 것 같았다. 비스너는 이성적인 판단 아래 암석 능선을 택했으나 그것은 잘못된 판단이었다. 그 이후 모든 원정대는 설원을 가로지르는 루트를 택했을 때만 원정에 성공할 수 있었다.

그들이 출발한 지 아홉 시간이 지난 뒤 저녁 6시에 비스너는 모든 어려운 구간을 통과했고 오직 한 곳만을 남기고 있었다. 8미터의 트래버스가 옆으로 가로막고 있었지만 불가능해 보이지는 않았다. 그 위로는 눈길이었다. 그는 어둠 속에서 등반하여 서너 시간 안에 돌파하고 아침이 밝아올 때쯤 하산할 수 있으리라고 판단했다.

파상 다와 라마는 안 된다고 했다. 그들이 정상을 정복할 수 있으리라는 사실에는 의심의 여지가 없어 보였다. 하지만 파상 다와 라마는 그들이 그날 밤에 살아남지 못하리라는 것을 느꼈으며 분명 그가 옳았을 것이다.

그들은 그 자리에 서서 다투었다. 비스너는 자신의 욕심에 사로잡혀 등반을 시작했다. 그를 확보해주던 파상 다와 라마는 자일을 풀어주지 않았다. 그래서 비스너에게는 다른 방도가 없었다. 그들은 제9캠프로 내려왔다. 파상 다와 라마의 적절한 감각과 주장이 그들의 생명을 구했다.

그들이 이루어낸 것은 따로 강조할 만한 가치가 있다. 그들은 무산소로 등반했다. 비스너는 베이스캠프 위에서 36일, 그리고 제6캠프 위에서 6일을 보냈다. 그는 몇백 미터를 빼고는 산 정상까지 줄곧 혼자 원정대를 이끌어갔다. 고소에서 그렇게 오랜 시간을 머물면 몸이 망가진다. 요즈음에는 그런 높이에서 그렇게 오랫동안 머무는 사람은 아무도 없다. K2는 지상에서 가장 오르기 어려운 산이며, 에베레스트보다도 훨씬 더 어렵다. 40년 후인 1978년에 이르러서야 최초로 두 사람이 무산소로 에베레스트에 올랐다. 1980년에 가서야 K2를 산소 없이 등정할 수 있었다. 이 등반가들은 훨씬 더 나은 장비의 덕을 보았으며 더 많은 휴식을 취했다. 비스너와 파상 다와 라마가 정상 도전했던 날 택한 루트로 K2 봉을 등정한 사람은 아직 아무도 없다. 그러나 그들은 정상에서 240미터 못 미치는 곳까지 올라갔다. 이것은 분명 1978년 이전까지 가장 놀랄 만한 단독 등반이었다. 하지만 그들이 정상을 밟지 못했기 때문에 이 사실은 잊혀졌다.

사다의 역할

그들은 6시 이후 어느 때인가 되돌아왔다. 어둠 속에서 수직 하강하면서 파상 다와 라마는 자일이 엉키는 바람에 아이젠을 잃어버렸다. 새벽 2시 30분에 그들은 제9캠프의 텐트에 도착했다. 다음날 아침은 햇볕이 나고 따뜻했으나 바람은 여전했다. 비스너는 텐트 바람막을 열어놓은 채로 침낭 속에 옷을 걸치지 않고 누워 있었고, 점차 회복되어갔다. 파상 다와 라마는 곁에 누워 있었다. 그날 오후 파상 다와 라마는 비스너에게 자신은 한 번 더 정상 도전을 할 준비가 되었다고 말했다. 그 두 사람은 아주 강한 사람들이었다.

하지만 그들은 아이젠 없이 얼음을 깨고 등반로를 개척해야 했고, 그것은 가망 없는 일이었다. 그날 밤 그들은 제9캠프에서 다시 휴식을 취했으며—등반가들은 그때까지도 고소를 이해하지 못했다—아침에 하산하기 위해 짐을 꾸렸다. 그들은 텐트와 비스너의 침낭을 남겨두었다. 파상 다와 라마는 조심스럽게 자신의 작은 침낭과 매트리스를 배낭에 집어넣었다. 그것들은 여전히 원정에서 받은 급료의 중요한 부분을 차지했다. 그의 침낭은 사히브들이 갖고 있는 것보다 작았는데, 셰르파족의 체구가 작은 것이 한 원인이었다. 덕분에 원정대는 경비를 줄일 수 있었을 것이다.

제8캠프로 내려오는 길에 파상 다와 라마가 또 넘어졌으나, 비스너가 피켈과 자일로 확보해 붙잡았다. 제8캠프에서 비스너는 보급품과 포터를 더 발견하기를 기대했다. 그러나 그들은 아무도 볼 수 없었으며 텐트 하나만 덩그러니 세워져 있었다. 그들은 텐트 안에는 누군가가 죽어 있으리라고 생각했다. 그때 더들리 울프가 텐트 밖으로 기어 나왔다. 울프는 정말 서투른 등반가여서 매 단계를 오르기 위해 도움이 필요했기에 베이스캠프 위쪽에서 43일 동안 지냈다. 그는 산을 제대로 오를 수 없었으며, 그래서 캠프 하나를 오르면 약 일주일을 쉬고 나서 다음 캠프를 향해 올랐다. 그는 제8캠프에서 일주일 동안 머물고 있었다. 비스너와 파상 다와 라마가 나흘 전 그를 그곳에 두고 떠난 뒤 얼마 되지 않아 그는 거의 모든 성냥을 다 써버렸다. 하인도 없이 지치고 탈진하여, 난로를 가동시키려고 성냥을 하나하나씩 모두 사용한 것이 틀림없었다. 그러자 성냥이 없어 음식을 준비할 방법이 없었다. 더 중요한 것은 눈을 녹여 물을 만드는 것이었다. 다행히 햇볕이 따뜻했다. 울프는 텐트 밖 방수포 위에 눈을 놓고 햇볕으로 녹였다. 그렇게 해서 생존했다.

세 사람은 곧 제7캠프로 내려오기 시작했다. 도중에 울프가 넘어져서 뒤에 따라오는 파상 다와 라마를 끌어당겼다. 비스너가 아주 간신히 그들을 자일로 확보할 수 있었다. 파상 다와 라마가 가슴에 심한 타박상을 입었고, 저녁이 되자 신장에 심한 통증이 왔다. 울프는 추락할 때 침낭을 잃어버렸다.

세 사람은 파상 다와 라마의 작은 침낭에 비집고 들어가려 애쓰며 그날 밤을 제7캠프에서 보냈다. 다음날 아침 비스너와 파상 다와 라마는 결정을 내려야 했다. 제7캠프 아래는 산에서 가장 어려운 얼음 경사지였다. 그 전날 비교적 쉬운 직선 루트에서 발생한 추락은 울프가 얼음 경사에서는 세 사람을 모두 죽음으로 몰고 갈 수 있다는 것을 잘 알려주었다.

비스너는 다음 아래 캠프인 제6캠프에 울프를 구조하러 나서는 사람이 있으리라고 믿었다. 그는 아래에 있는 셰르파들과 미국인들이 정상 공격조가 되돌아오기를 일주일이나 기다린 다음 아마 사망했으리라고 결론내린 사실을 알지 못했다. 부대장인 토니 크롬웰은 산을 비우도록 명령했으며, 텐트는 남겨두었지만 침낭과 식량을 운반해 내려갔다. 그들 밑에 피신처는 있었지만 도움을 기대할 수는 없었다.

비스너와 파상 다와 라마는 제7캠프에 울프를 남겨두기로 결정했다. 비스너는 자신이 하고 있는 행위를 스스로 받아들일 수 없었다. 더들리 울프는 아마 파상 다와 라마와 마찬가지로 자신이 우연한 일로 나머지 두 사람을 죽음에 몰아넣을지 모른다는 사실을 이해하고 있었을 것이다. 울프는 항상 점잖고 불평하지 않는 사람이었다. 지금도 그는 불평하지 않았다.

비스너와 파상 다와 라마는 산을 이틀 동안 내려왔다. 그들이 각 캠프를 지날 때마다 아무도 발견하지 못하자 비스너는 어떤 상황인지를 비로소 이해하기 시작했다. 그들이 베이스캠프에 도달했다. 토니 크롬웰과 다른 사람들이 그들을 마중나왔다. 비스너는 거의 말을 할 수 없었다. 그는 낮고 쉰 목소리로 크롬웰을 살인자라고 불렀다. 비스너는 자기 자신이 울프를 죽게 했다는 사실을 마음속 어디에서인가 느끼고 있었겠지만, 결코 공개적으로 인정하지 않았으며, 아마 그 스스로도 그렇게 생각하려 하지 않았을 것이다.

다음날 아침 잭 듀런스, 파상 키타르, 그리고 핀수가 울프를 구조하기 위해 산을 올랐다. 사다인 파상 키쿠리는 그들과 함께 가지 못했다. 동상이 여전히 발가락에 남아 있었다.

세 명의 구조대원들이 하루 만에 900미터 위에 있는 제2캠프에, 다음날에는 또 660미터를 올라 제4캠프에 도착했다. 그곳에서 듀런스는 자신은 더 이상 올라갈 수 없음을 깨달았다. 그 다음날 그는 하산했고, 파상 키타르와 핀수는 자신들에 대한 사그라지지 않는 신망에 부응해 제6캠프로 홀로 계속 올라갔다. 거기에서 그들이 멈췄다. 울프와 제7캠프로부터 390미터 아래였다. 그들은 제6캠프와 제7캠프 사이의 가파른 빙판 경사지를 올라가는 것을 주저했을지도 모른다. 어쩌면 울프를 구하기엔 너무 늦었다고 느꼈을지도 모른다. 그러나 그들은 하산하지 않았다.

듀런스는 같은 날 베이스캠프에 도착했다. 그러자 사다인 파상 키쿠리가 울프를 구조하기 위해 산을 올라가겠다고 말했다. 그는 살아남는다 하더라도 발가락은 물론이고 어쩌면 발도 잃게 되리라는 사실을 분명히 알고 있었다. 이 원정에 참여한 미국인들을 포함한 비스너의 적들은 훗날 파상 키쿠리를 죽음에 몰아넣는 명령을 했다고 그를 비난했다. 하지만 키쿠리가 나중에 보여준 행동을 보면 그가 자원했다는 사실은 의심의 여지가 없다.

우리는 그가 왜 그렇게 했는지 알 수 없으나 합리적인 추론을 해볼 수 있다. 그의 관점에서 보면 지금 산 위에서는 한 사람이 아니라 세 사람—울프, 파상 키타르, 그리고 핀수—이 위험에 빠져 있었다. 키쿠리는 낭가파르바트에 올랐었다. 그는 세 사람이 그곳에서 느끼고 있을 감정을 너무도 잘 알 수 있었을 것이다. 낭가파르바트에서 그가 얻은 교훈은 극한 상황에서 셰르파만이 올바른 행동을 하고 서로를 보살피며, 사람을 구할 수 있다는 사실이었다. 그리고 자신이 구조를 이끌 수 있는 유일한 사람이라면, 그렇게 하는 것이 자신의 의무라는 결론에 이르렀을 것이다. 이 또한 추측일 뿐이지만, 나는 그의 결정이 사히브에 대한 충성심에서 비롯됐다고 생각할 수 없다. 이것은 니잉제(nyingje)—사랑—의 문제였다.

이유야 어떻든 간에 파상 키쿠리는 올라갔다. 바로 그 순간 그는 셰르파 사다가 된다는 것이 무엇인가 하는 정의를 새로이 내렸다. 2000년에 내가 낭가파르바트에 관한 이야기를 하던 것을 듣고 경험 많은 남체의 등반가 아누 셰르파는 그 모든 비극이 일어날 때 사다는 어디에 있었냐고 갑자기 나에게 물었다. 그는 그런 긴급 상황에서 사태를 책임지는 것은 사다의 임무라고 여기고 있었다. 답은 사다였던 레이와아가 몇 년 전 발가락이 모두 절단되어 그가 올라갈 수 있는 곳까지 올라가 제4캠프에 있었다는 것이었다. 하지만 1934년에는 사다의 역할을 이야기하지 않았다. 그 이유는 아무도 그가 중요한 책임을 지고 있다고 생각하지 않았기 때문이다. 구조 또는 후퇴는 사히브들에 의해 행해졌다. 파상 키쿠리가 그 나흘 동안 했던 행동이 그런 결정권에 변화를 일으켰다.

파상 키쿠리는 체링을 데리고 갔다. 그들은 베이스캠프에서 제6캠프까지 수직 길이로 2천1백 미터를 하루 만에 올라갔다. 이것은 탁월한 수준의 등반이었다. 거기서 그들은 파상 키타르와 핀수가 무사한 것을 발견했다. 다음날 아침 키쿠리는 파상 키타르와 핀수를 이끌고 빙판 경사지를 넘어 제7캠프로 갔다. 체링은 얼음 경사지를 위험 때문에 주저했거나, 어쩌면 그 전날 힘을 너무 써서 지쳐서인지 뒤에 남았다.

파상 키쿠리와 다른 사람들은 울프를 발견했다. 그는 아직 살아 있었지만 위급한 상태였다. 그는 6천7백 미터 이상 되는 곳에서 38일간 머물고 있었다. 지난 16일 동안은 평균 높이 7천6백 미터에 머물렀다. 게다가 그에게는 성냥이 없었다. 그는 데운 음식을 먹을 수도, 더 심각한 것은 눈을 녹여 물을 만들 수도 없었다는 것이다. 지난 닷새 동안 아무것도 마시지 못했다. 그가 아직 살아 있다는 것 자체가 기적이었고, 육체의 강인함을 보여주는 것이었다. 하지만 그는 너무 쇠약해져 침낭 위에 드러누웠으며, 셰르파들이 가져온 비스너가 보낸 우편물과 쪽지조차 읽지 못했다. 그는 여러 날 동안 텐트 밖으로 나간 적이 없었다. 파상 키쿠리와 다른 사람들을 가장 곤혹스럽게 한 것은 울프가 침낭 여기저기와 식량 전체에 배설을 해놓은 것이었다. 그들은 차를 끓여 그에게 마시게 하고 자신들이 그를 데리고 하산하겠다고 말했다. 울프는 내일 다시 와달라고 셰르파들에게 말했다. 그때쯤이면 기운을 회복해 그들과 함께 갈 수 있으리라는 것이었다.

이 시점에 울프는 아마도 미끄러지지 않고서 경사지를 내려갈 수 없으리라는 사실을 인식하고 있었으며, 자기를 데리고 가도록 할 의도가 없었다. 파상 키쿠리, 파상 키타르와 핀수는 여전히 버티고 있었다. 그들은 울프를 텐트 밖으로 데리고 나와 일으켜 세웠다. 그는 비틀거렸고 셰르파들은 울프가 한 말의 의미를 알았다. 그래서 다음날 다시 오겠다고 말하고 그를 그곳에 남겨두고 떠났다. 그들은 진정으로 그렇게 할 생각이었다.

그들은 제6캠프와 체링이 있는 곳으로 내려왔다. 그날 밤 눈이 내렸고, 다음날 종일 폭풍이 몰려와서 텐트 안에 셰르파 넷이 갇히게 되었다. 그들은 그곳에서 어떻게 해야 할지를 의논했다. 결국 그들은 한 번 더 시도해보기로 결정했다. 울프를 자기 발로 서게 해서, 그를 인도하여 밑으로 내려가게 하려 했다. 만일 그들이 그를 움직이게 할 수 없거나 그가 다시 거부하면, 울프에게 그들이 노력은 했지만 남는 것이 그의 결정이라는 글을 추천장에 써달라고 부탁하기로 했다.

그들은 추천장이 필요했다. 그들의 미래 일자리, 그리고 특히 키쿠리의 일자리가 당연히 추천장에 의해 좌우될 것이기 때문이었다. 1937년 이래 셰르파들이 얻게 되는 추천장에 중요한 변화가 일어났다. 그해 영국이 경영하는 인도의 히말라야 클럽은 고소 포터의 기록을 작성해 각 개인에게 공공 기록일지를 발급했다. 그 기록일지는 두터운 방수 갈색 가죽으로 양장되어 검은색 가죽 케이스에 보관되었다. 이 덮개는 일지가 수년간 원정의 거친 풍상에 견디도록 도왔다. 일지마다 히말라야 클럽 간사가 1937년 이전의 공헌에 대한 짧은 기록을 적어 넣었다. 1937년 이후에는 원정대장들이 각자 공헌도를 써넣을 수 있었다. 요점은 이제 셰르파족 포터는 평판이 좋지 않은 추천장을 잃어버릴 수 없게 된 것이다. 그의 모든 추천장이 한 권의 일지에 담기게 되었고, 실망하거나 앙심을 품은 고용주가 한 사람의 일생을 파멸로 몰아넣을 수 있었다.[6]

자기 일지에 나쁜 항목이 없더라도, K2에서 생겼던 일이 등반계에서는 아주 중요하며, 산에서 있었던 그의 행적에 관한 호의적이거나 악의적인 이야기가 아주 빨리 퍼져나간다는 사실을 파상 키쿠리는 잘 알고 있었다. 그가 추천장이 필요하다고 느꼈다는 사실은 또한 많은 사히브들이 무슨 일이 발생했는지에 대한 그의 말을 믿지 않으리라는 것을 잘 알고 있었음을 의미한다.

다음날 아침 날씨가 좋아졌다. 아직도 얼음 덮인 경사지를 두려워하는 체링은 제6캠프에 남았다. 나머지 세 사람은 울프를 데리고 내려올 수 없으면 추천장이라도 받을 생각으로 올라갔다. 체링은 그들이 돌아오기를 48시간이나 기다리다가 베이스캠프로 내려왔다. 파상 키쿠리, 파상 키타르, 핀수, 그리고 울프는 다시는 발견되지 않았다.

울프와 핀수는 자식이 없었다. 파상 키타르는 미망인과 아이 둘을 남겼다. 부인과 두 아이가 있는 가장이어서 호의적인 추천장이 필요했기 때문에 죽게 되었다고 말하는 것이 그의 관대함과 영웅 정신을 깎아내리는 일은 아니다.

낭가파르바트의 그림자

제2차 세계대전 동안에 히말라야에는 원정대가 없었다. 다르질링 등반가들은 다른 직업을 찾아야 했다. 앙 체링은 영국 장교와 함께 일하게 되었다. 그는 미얀마와 국경을 이루는 인도 동부 아삼 지방의 나가 부족 지역으로 앙 체링을 데리고 갔다. 영국 장교의 임무는 나가 부족이 전진해오는 일본군과 동조하지 않도록 설득하는 일이었다. 그는 그들에게 더 많은 무료 학교와 더 많은 공공사업을 약속했다. 어느 날 영국군 기지에 있을 때 앙 체링은 총소리를 들었다. 군인들이 모두 참호로 뛰어들자 앙 체링 역시 그렇게 했다. 일본군 비행기가 날아와 급강하하며 기관총을 쏘아댔다. 일본군 비행기의 무시무시한 점은 소음이 없는 것이었다(영국군 비행기는 시끄러웠다). 군인들이 비행기에 응사했다.

그 일이 있은 뒤 앙 체링은 네팔어로 자기 앞으로 편지를 썼다. 그 편지에 아버지의 병이 위중하여 임종이 멀지 않았으며, 앙 체링이 집에 돌아와야 한다고 적었다. 그는 그 편지를 영국 장교에게 가져갔다.

영국 장교가 말했다. "당신은 돌아갈 수 없네. 하지만 내가 다르질링의 관계 당국에 편지를 써서 아주 훌륭한 의사가 당신 아버지를 치료하게 할 것이네."

"그건 아무 소용없어요" 하고 체링이 말했다. "아버지는 다르질링에 계시지 않아요. 길을 따라 며칠을 가야 하는 네팔의 솔루 쿰부에 살고 계세요."

영국 장교가 말했다. "당신은 거짓말을 하고 있어."(그가 이 말을 나에게 할 때 '이제 나는 죽었다'를 뜻하는, 손가락으로 목을 자르는 시늉을 했다.)

영국군 장교는 그가 해줄 수 있는 것은 15일 동안의 휴가라고 말했다. "하지만 나는 당신에게 약속된 급료를 한푼도 주지 않겠어. 그러니 당신은 꼭 돌아와야 하네."(그가 이 말을 할 때도 다시 손가락으로 목을 자르는 시늉을 했다.)

그는 15일 동안 휴가를 얻었다. 그는 다르질링에서 아이들과 함께 있는 것이 너무 행복했다. 95세의 앙 체링은 푹신한 팔걸이가 달린 의자에 앉아 온몸을 위아래로 흔든다. 넓은 어깨를 쫙 펴고, 삶의 풍성함이 그를 통해 터져나온다, 두 눈에는 장난기가 넘치고 나와 함께 농담을 나누며 크게 웃으며 말한다. "나는 너무 행복해서 돌아가지 않았지. 돈은 잊어버렸어."

전쟁이 끝나고 산에서의 일이 다시 시작되었다. 그리고 1947년 케다르나스에서 낭가파르바트의 기억이 왕디 노르부를 산을 거부하는 극단적인 행동으로 이끌었다.

왕디 노르부는 티베트인이다. 그는 1932년 에베레스트 베이스캠프에서 고산병으로 거의 죽을 뻔했고, 1934년 낭가파르바트 제2캠프에서 드렉셀이 사망했을 때 함께 있었다. 그 일이 있은 뒤로 왕디 노르부는 제4캠프 이상은 등반하지 않았다. 독자들이 기억하듯이 메르클은 최종 공격을 하기 위해 셰르파들을 선발했다. 왕디 노르부는 생존자들과 이야기를 나누었으며, 그가 듣고 보았던 것들 때문에 계속 공포에 떨었다.

그는 본성적으로 자신만만하고 허풍이 심한 사람이었다. 프랭크 스마이더는 낭가파르바트 원정 2년 전인 1932년 카메트 원정 당시의 왕디 노르부를 기술한다. 원정 행진에 들어가며 여러 다르질링 포터들은 그들의 짐을 운반할 현지인을 다시 고용했다.

> 사히브와 같이 거닐며 자기 짐을 운반하는 대리 포터에게 급료를 지불할 수 있는, 그들의 위세가 계곡 주변에서 굉장히 커졌다. 마을 사람들이 그들에게 음료수를 제공할뿐더러 마을 미인들의 호의적인 눈길을 받기도 했다. 나는 다르질링 사람들 중에서 처음으로 대리 포터를 고용한 옹디[왕디 노르부]가 우리가 마을을 지나갈 때 여성들의 선망의 대상이 된다는 사실을 알게 되었다. 그의 용모는 전혀 그럴 만하지 않았기에 우리는 그를 쳐다볼 때 '왜' 하고 의문을 품었다.[8]

그러나 그는 매력과 품위가 있었다. 5년 후에 스마이더는 다음과 같이 묘사했다.

그는 골격과 강인함으로 다부진 작은 체구의 사람으로 필요 없는 살이 1킬로그램도 없으며 내가 본 사람 중에서 가장 강인한 용모를 하고 있다. 그는 '강인'하게 보이지만 사실은 얌전하고 법을 준수한다. 그는 다른 티베트인보다 광대뼈가 덜 튀어나왔으며, 입술은 더 얇고, 더 굳건해 보인다. 그의 눈은 보통 흰자위가 약간 충혈되어 있어서 잔인한 인상을 주었으나 왕디는 잔인하지 않았다. 그는 다만 내가 알고 있는 강인한 사람 중 한 사람이다……

왕디는 문맹이지만 그의 모국어 외에 우르두어와 네팔어를 유창하게 한다. 그는 행동과 말이 빠르고 돌발적이다. 마치 나올 곳을 찾지 못하는 타오르는 불이 그의 안에 있는 것 같다. 그는 많은 티베트인처럼 타고난 재주꾼이지만, 쿠크리(장식된 구르카 칼)로 안 되면 자기 이빨을 쓰곤 한다. 〔이빨 사이에〕 카메라 삼각대의 잘 빠지지 않는 나사못을 끼우고 빼내다가, 그 과정에서 깨진 이빨 파편을 뱉는 모습을 본 적이 있다. 마지막으로 특히 그는 훌륭한 등반가이다…… 그리고 자신의 강한 힘과 의심할 바 없는 기술을 사용할 때 그는 행복해한다.[9]

1936년 에베레스트에서 그는 두 번 이상 고산병에 걸렸지만 하산하자마자 완전히 회복했다. 1937년 왕디 노르부는 프랭크 스마이더와 소규모 원정길에 나섰고, 그때 낭가파르바트에서 눈사태로 16명이 사망했다는 소식을 들었다. 왕디 노르부는 마음이 심란했다. 그들 중 많은 사람이 친구였다. 그날 밤 그는 스마이더에게 낭가파르바트에 대해 말했다. 스마이더가 다음과 같이 적어놓았다.

모닥불만큼 친밀감을 더 잘 불러오는 것은 없다. 춤추듯 넘실대는 불빛의 따스한 원 안에 퍼지는 동료애를 느끼지 못하는 이는 무감각하고 상상력이 부족한 사람이다…… 나는 얼굴에 붉은 불빛이 어른거리고, 언제나 떼놓지 않는 담뱃대를 입술로 꽉 물고 땅바닥에 다리 꼬고 앉아서 〔말하고〕 있는 그를 바라본다…… "나는 항상 낭가파르바트는 다른 어떤 산과도 다르다고 느꼈죠. 그 산에는 원하기만 하면 당신을 죽일 수 있는 어떤 것이 있습니다. 그 산은 저주받은 산이죠. 올해 나는 다시 가자는 권유를 받았지만 거절하고 당신과 함께 가기로 했습니다. 또 사고가 날 것이며 그래서 많은 사람이 죽을 것이라고 확신했기 때문입니다."[10]

1938년 히말라야 클럽은 티베트인 다섯 명 그리고 셰르파족 다섯 명, 모두 열 명의 가장 뛰어난 다르질링 포터를 선발하여, '호랑이'라는 특별한 상으로 그들을 기렸다. 왕디 노르부는 그중 한 사람이었다.

10년 후 1947년, 그는 가르왈 히말라야를 오르는 소규모 스위스 원정대의 사다였다. 그들이 첫번째로 도전한 봉우리는 케다르나스로 6,940미터였다.[11]

다섯 명으로 정상 공격조가 구성되었다. 앙드레 로쉬와 르네 디테르는 경험 많은 등반가로 산악 안내인 알렉스 그레이븐과 한 자일에 묶였다. 다른 자일에는 왕디 노르부와 알베르트 수터가 조를 이뤘다. 수터는 다른 사람들보다 경험이 적었고, 이런 경우에서 자주 그렇듯이 이 공격조에서 가장 부자였다. 풍부한 경험을 지닌 왕디 노르부는 수터에게 적당한 짝이었다.

정상으로 향하는 마지막 능선에서 수터나 왕디 중 누군가가 미끄러졌다. 아마도 수터였을 것이다. 미끄러진 사람은 상대방을 능선 너머로 끌고 갔다. 그들이 3백 미터를 추락하여 서로 엉켜버렸다. 추락은 멈췄지만 다른 대원들은 그들이 살았는지 죽었는지를 알 수 없었다. 두 사람에게로 곧장 내려갈 수도 없었다. 그들은 능선을 다시 내려가 암벽을 트래버스해야 했다. 이렇게 내려오는 데 꽤 많은 시간이 걸렸다. 그들은 수터가 살아서 몸을 떨고 있으나 아주 심한 부상은 아니며, 왕디는 일어서거나 걸을 수 없는 상태인 것을 보았다. 왕디의 한쪽 다리는 부러졌고, 다른 한쪽은 두 사람이 함께 추락할 때 수터의 아이젠에 심하게 베였다.

왕디 노르부가 하산할 수 있는 유일한 길은 스위스 대원들이 그를 나르는 것뿐이었다. 하지만 그들 역시 몹시 지쳐 있었다. 그래서 그들은 바람을 막아주는 크레바스 안의 바위 턱에 그를 편안하게 눕히고 다음날 다시 오겠다고 말했다. 만일 스위스 대원이 다쳤다면, 분명 다른 대원 중 누구라도 크레바스에 그와 함께 남아 있었을 것이다.

다음날 아침 로쉬는 왕디 노르부를 구조하기 위해 셰르파들을 산 위로 올려 보냈다. 스위스 대원들은 가지 않고 아침 내내 잠을 잤다. 셰르파들은 왕디가 있는 곳 근처에 이르렀으나 그 크레바스를 찾을 수 없었다. 왕디 노르부는 그들이 자신의 이름을 외치며 돌아다니는 소리를 들을 수 있었다. 그는 쇠약해진 몸으로 모든 힘을 다해 자신이 낼 수 있는 가장 큰 소리를 질렀다. 하지만 크레바스의 벽은 때때로 소리를 가로막는다. 이 경우에도 그랬다. 오후 1시에 셰르파들이 다시 내려가 왕디 노르부를 찾을 수 없다고 사히브에게 보고했다. 스위스인 누구도 다시 올라가지 않았다.

왕디 노르부는 강인한 사람이었다. 17년 전 그는 캉첸중가를 혼자 오르다가 크레바스에 빠진 적이 있었다. 발견될 수 있을지 알지도 못한 채로 크레바스에 끼여 무력하게 세 시간을 보냈다. 그는 또한 에베레스트에서 두 번이나 죽을 고비를 넘겼다. 지금 그는 한 다리가 부러졌으며 다른 다리는 찢겨졌다. 그는 분명 고통 속에서 쇠약해지고, 추위에 떨었을 것이다. 다시 어둠이 다가오자 그는 희망을 포기했다. 셰르파들은 그를 발견하지 못했으며 사히브들은 그를 찾으러 다시 오지 않았다. 그는 사히브들이 자신을 죽게 내버려두었다고 생각했다. 내가 생각하기에 이러한 추측은 1934년 낭가파르바트에서 사히브들이 저질렀던 일에 대한 기억에 기초한 것이다.

왕디 노르부는 칼을 꺼냈다. 셰르파들은 전쟁이 끝난 다음에는 서로의 몸에서 칼을 수색하는 일을 하지 않은 듯하다. 크레바스의 벽 사이에 누워 그는 자신의 목을 베기 시작했다. 몸이 쇠약해져 있기에 이것조차 아주 힘들었다. 목을 조금 베다가 왕디는 문득 부인과 아이들을 떠올렸다. 그는 그들을 생각해 하루 더 살아 있기로 결심하고 칼로 크레바스의 벽을 찔렀다.

길고 긴 밤이었다. 그는 목에 난 상처에서 피를 흘리며 아주 조용히 누워 있었다. 그는 자신이 움직이지 않고 있으면 피가 멎으리라 생각했다. 고통이 참기 어려울 정도로 심했을 것이다.

텐징 노르가이는 그 원정에서 포터로 일했다. 그는 다른 등반가와 베이스캠프로 내려와 있었으나 저녁 7시에 높은 곳의 캠프에 도착했다. 그는 왕디 노르부와 오랜 친구였다. 텐징은 자서전에서 직접적으로 말하고 있지는 않지만 행간에서 그의 분노를 읽을 수 있다. 그는 셰르파들을 조직해 날이 밝자마자 다시 올라갔다. 이번에는 텐징이 앙드레 로쉬를 대동해 그 크레바스를 찾아냈다.

안쪽 얼음이 피로 뒤덮여 있었다. 왕디 노르부는 목은 붉게 물들었지만 살아서 그곳에 누워 있었다. 크레바스로부터 그를 조심스럽게 들어낸 다음 텐징과 다른 포터들이 등에 업고 때로는 들것에 싣고 산 아래로 내려왔다. 처음에 그들은 천천히 조심하며 움직였으나, 나중에는 목의 상처가 다시 벌어지지 않으리라는 사실을 알 수 있었다.

그들은 무수리에 있는 병원으로 그를 데리고 갔다. 텐징은 후에 다음과 같이 썼다. "그리고 병원에서 얼마 지난 뒤에 상처가 아물고 집으로 돌아갈 수 있었다. 하지만 그가 다시 예전과 같을 수는 없었다. 나중에 그를 다르질링에서 만났을 때, 그가 겪었던 일이 그의 육체뿐 아니라 정신에도 지워지지 않을 영향을 주었음이 분명했다. 노련한 호랑이 왕디는 다시는 등반을 하지 않았으며, 몇 년 뒤에 집에서 죽었다."[12]

도르제 라투는 다르질링에서 왕디 노르부의 아들과 같이 학교를 다녔다. 도르제는 왕디 노르부가 케다르나스에서 돌아오고 나서 먹을 것이 물밖에 없어 길에서 구걸을 한다 할지라도 다시는 산을 오르지 않겠다고 맹세했다고 전한다. 그리고 그는 자식들에게 어느 누구도 산으로 일하러 가지 말라고 당부했다. 그의 당부대로 그의 자식 중 그 어느 누구도 산에서 일하지 않았다.

왕디 노르부가 일을 못하게 되자 스위스인들은 새로운 사다를 물색해야 했다. 그들은 그 직책을 텐징에게 제안했다. 새로운 등반 역사가 시작되었다.

11. 텐징이 안내인을 만나다

히말라야에 안내인이 오다

텐징 노르가이는 다른 셰르파 등반가들과 다르다. 텐징 자신은 다른 사람은 폐를 두 개 가지고 있는데 자신은 세 개 갖고 있는 듯한 것이 차이라고 말했다. 표고가 높아질수록 그는 더 힘이 솟았다. 그러나 그를 아는 사람들은 의지력과 지력이라는 두 요소를 강조한다.

다 툰두가 조용하고 자신의 뜻을 강하게 밀고 나가지 않는 반면, 텐징은 그와 반대 성향을 갖고 있었다. 소년 시절 그는 항상 원대한 꿈을 지니고 있었다. 1933년에 그는 그해 영국 에베레스트 원정대에서 일을 찾는 사람들 틈에 끼었다. 그는 선발되지 못하자 실망했다. 다른 셰르파들은 그가 산을 오르기에 너무 어린 열여덟 살밖에 되지 않았으니 마음을 편히 먹으라고 충고했다. 그는 경험도 없고 추천장도 없어 선발되지 못했다. 하지만 이때 에릭 십턴이 마지막에 두 명을 교체할 필요가 생겼다. 그들에게 말을 걸어보지도 않고 눈빛만으로 십턴은 텐징과 다른 사람을 선발했다. 그 원정과 그후 모든 원정마다 텐징은 다른 어떤 포터보다 높이 올라갔다.

하지만 의지력과 힘은 지력이 뒷받침되어주지 않으면 중요한 역할을 하지 못한다. 텐징의 열정이 단지 안에서만 불타고 있는 것은 아니었다. 그는 자신의 꿈을 실현시키는 방법을 알고 있었다. 텐징과 일을 같이한 사히브들은 한결같이 그의 지능에 대해 언급했다. 그를 잘 알고 있는 셰르파족은 그가 자신들이 만난 사람 중에 가장 똑똑한 사람이었다고 말한다.

1953년 나왕 곰부가 열일곱 살 때 삼촌인 텐징과 에베레스트에 올랐다. 그는 후일 에베레스트를 두 번 오른 첫번째 사람이 되었으며 다르질링의 히말라야 등반학교에서 텐징 밑에서 20년 동안 일했다. 곰부는 자신이 텐징과 함께 일을 할 때 어떤 예기치 않은 일이 닥친 적이 있다고 이야기한다. 텐징이 그 일에 대한 조처를 취했고, 얼마 뒤에는 그의 조처가 탁월한 것이었다는 사실이 명확해졌다. 곰부는 텐징은 무슨 일이 벌어지기 며칠 전에 파악을 하고, 계획을 세우며, 그 계획의 결과가 어떻게 전개될지를 알았다는 사실을 실감했다. 곰부는 오른팔을 힘껏 쭉 뻗어서 손가락 하나를 치켜세우고, 그 손가락을 곁눈질로 쳐다보며 말한다. "한 이 정도로. 삼촌은 언제나 앞서 생각을 했죠."

텐징은 산악 안내인이 히말라야에 처음 왔을 때 처음으로 사다가 되었다. 이 안내인들은 등반, 셰르파, 그리고 텐징을 변화시켰다.

19세기 영국 등반가들이 알프스에 왔을 당시 산을 안내할 사람으로 현지 농부를 고용했다.[1] 셰르파족과 마찬가지로 이 마을 사람들은 산을 두려워했으며 산을 오른 적도 없었다. 하지만 또한 셰르파족처럼 그들 중 몇몇은 안락한 생활을 알게 되었으며 스스로 산을 오르는 방법을 배우고, 아들과 손자들에게 필요한 기술을 가르쳤다. 산악 안내인이 그 자체가 직업이 되고, 일반적으로 지역 조합을 형성했다. 1950년부터 이들 최고의 산악 안내인들이 히말라야에 오게 되었다. 셰르파들은 그런 사람들을 본 적이 없었다. 그들은 텐징이 자신의 위대함을 이루는 계획을 가능하게 했다.

셰르파들에게 안내인들이 끼친 충격은 다음 두 가지 이유 때문에 굉장히 컸다. 첫째, 안내인들은 직업인들이었고, 셰르파들을 동등하게 취급했다. 두번째로 그때까지 히말라야 등반은 신사 계층 사람들에 의해 독점되어왔다. 영국과 미국의 두 예가 이것을 잘 보여준다.

1921년 조지 핀치는 틀림없이 영국에서 가장 경력이 많은 산악인이었고, 당연히 그해 에베레스트 원정에 선발되어야만 했다. 하지만 그가 신사가 아니라는 이유로 알파인 클럽에서 불편한 기색을 드러냈다. 먼저 그는 오스트레일리아 출신이었다. 그는 영국 공공 교육기관인 옥스퍼드 대학이나 케임브리지 대학을 다니지 않았다. 대신 그는 부유하지만 방랑기 많은 어머니를 따라 유럽 대륙에서 자랐다. 핀치는 스위스 대학에서 박사학위를 받았으며, 런던에 있는 임페리얼 대학에서 화학과 강사직을 얻었다. 이 경력으로는 충분치 않았다. 그는 많은 사람들이 그의 합류가 확정되었다고 생각했던 1921년 원정대에서 신체검사에서 떨어져 탈락했다.

이것이 작은 스캔들로 발전해 1922년 원정에 핀치를 포함시키라는 거센 압력이 생겼다. 팀을 구성하는 사람들 중 한 명이 개인적으로 맬러리에게 접근했다. 그는 맬러리에게 핀치 같은 사람과 텐트를 같이 사용하는 것을 어떻게 생각하는지 물었다. 맬러리는 에베레스트 등정을 할 기회가 높아진다면 누구하고라도 잠잘 수 있다고 대답했다. 그래서 핀치를 받아들였다.

핀치는 직업이 있었기에 티베트에서 다소 늦게 원정대에 합류했다. 그가 도착하기 전 원정대 부대장인 에드워드 스트럿 중령은 잡지에서 조지 핀치의 사진을 보았다. 그 사진에는 핀치가 공공연히 노동자들이 하듯이 등산화를 직접 수선하는 모습이 찍혀 있었다. "나는 항상 이 사람이 형편없는 인간이라는 것을 알았다"고 스트럿이 이야기했다.[2]

폴 페졸트

좀더 은근하기는 해도 비슷한 계층 구별이 미국 등반계에도 있었다. 1938년 K2 봉에 오른 폴 페졸트의 예를 들어보자.[3]

페졸트는 아이다호 주의 가족 농장 근처의 스네이크 강 협곡의 절벽에서 아홉 살 때부터 혼자 등반을 시작했다. 열네 살이 되었을 때 미망인이 된 어머니가 농장을 잃었다. 그러자 페졸트는 학교를 떠났으며 7년 동안 지나가는 차를 얻어 타고, 기차에 무임승차해가며 유랑 생활을 시작했다. 그의 자랑스러운 부인인 페트리샤는 후일 "한때 그는 시카고 발 20세기 급행열차(Twentieth Century Limited)에 올라타기도 했다. 이것은 유랑하는 사람 사이에서도 거의 불가능한 묘기라고 인정받고 있다"

고 자랑을 하기도 했다.[4]

22세가 되던 해에 페졸트는 와이오밍 테턴에 있는 잭슨 홀 계곡에서 여름 동안 돈벌이를 했다. 그는 안내, 접시 닦기, 포커 도박, 그리고 사기 골프로 돈을 벌어 대학 2년 과정을 마쳤다.

테턴에 등반하러 온 윈저 성의 주임사제가 페졸트를 성에 초대했다. 페졸트는 차비를 아껴 기차를 타고 뉴욕에 갈 테니 대양 여객선을 태워 달라고 애걸했다. 그는 윈저 성에서 즐거운 시간을 보냈으며, 골프도 치고 책도 많이 읽었다. 페졸트는 책을 아주 좋아했다. 그는 유랑하고 다닐 때 처음에는 추위를 피하기 위해 도서관에 가기 시작해서, 책을 읽는 시늉을 하면 쫓아내지 않는다는 사실을 알게 되었고, 그리고 곧 책읽기에 빠졌다.

그는 윈저 성에서 알프스로 자전거를 타고 갔다. 페졸트는 방값을 낼 처지가 못 돼 산에서 캠핑을 했다. 근처 오두막에 있던 스위스 등반가들은 그에게 무슨 문제가 있는가 해서 두 젊은이를 보내 알아보게 했다. "두 젊은이는 그들이 미국인과 이야기를 나누고 있다는 사실을 알고 대단히 놀랐다. 대부분의 부유한 미국인들—그들은 모두 부유한 듯 보인다—은 안내인에게 앞에서 끌게 하고, 또 다른 사람에게는 밀게 하고, 그리고 한 사람에게는 점심을 들게 해서 산에 간다" 하고 패트리샤가 기록했다.

"그들은 폴에게 등반은 아주 위험한 운동이니 안내인 없이 시도해서는 안 된다고 확신시켰다."[5]

그 주에 페졸트는 마터호른을 하루에 두 번씩 올랐다. 한쪽 면으로 올라가 다른 면으로 내려간 다음 다시 올라갔다가 내려왔다.

그는 와이오밍에서 만난 대학생 페트리샤에게 편지를 써서 청혼했다.

그녀는 몇 초 생각을 한 다음 좋다는 답장을 보냈다. 그는 다시 답장을 보냈다. "사랑하는 당신, 당신이 나와 결혼하면 고생할지도 몰라. 물질적인 것은 내가 당신에게 줄 것이 별로 없어. 당신을 굶기지 않을지 확신할 수도 없어. 하지만 난 우리가 멋진 인생을 살 수 있으리라 확신해. 우리 두 사람이 함께할 수 있는 재미있는 일이 아주 많을 거야."[6]

그들은 스키를 타고, 관광 목장에서 일하고 테턴 공원에서 등반도 하고 안내도 했다. 어느 겨울 그녀는 잭슨 홀 계곡에서 신경쇠약 때문에 집으로 돌아갔다. 그녀의 어머니는 홀로 오는 페트리샤를 보고 걱정이 가득했다. 패트리샤는 "결혼한 여자로서 나는 대단한 성공을 했다고 자부한다"는 것을 어머니에게 확신시켰다.[7]

폴이 미국 K2 원정대에 참여해달라는 전보를 받은 시기는 1938년 부부가 멕시코에 있을 때였다. 윌리엄 루미스가 원정대에서 빠지면서 페졸트를 자기 대신 추천했다. 또한 루미스는 페졸트 몫의 경비를 지불하기로 했다. 그렇지 않았다면 그는 절대 갈 수 없었다. 다른 네 명의 등반가들은 아이비리그에서 교육을 받은 부자들이었다.

히말라야는 폴의 꿈이었다. 패트리샤는 등산하는 남편을 둔 여느 부인과 마찬가지로 걱정이 태산이었다.

폴은 영화 카메라의 필름을 사는 데에만 얼마간의 돈을 쓰고 나머지는 패트리샤에게 남겼다. 뉴욕에 도착하고 나서 루미스의 돈은 원정대 공동 적립금에 들어가 있어서 폴의 운임과 식사 비용 외에는 아무런 돈도 지급되지 않는다는 사실을 알게 되었다. 대양 여객선에서의 여행과 인도에서 보낸 모든 시간 동안 페졸트는 브리지 게임이나 술 마시는 초대는 전부 거절했는데, 이는 마실 것을 살 돈이 없었기 때문이었다. 그는 자신이 무뚝뚝하고 사회성이 없어 보일까 걱정했다. 하지만 자신의 상황을 이들에게 말할 수 없었다.

폴 페졸트와 다른 등반가 네 사람과의 격차가 너무 컸다. 패트리샤는 이렇게 설명한다.

> 이때는 1938년이었고 산악 등반은 아직 미국에서는 대중적이지 않았다는 것을 감안해야 한다. 미국 알파인 클럽은 상대적으로 소규모 집단의 인사로 구성되었으며 그들 대부분이 미국 동부에 살고 있었다. 이들이 등반계를 지배했다. 알파인 클럽은 상당히 배타적이었다…… 매우 많은 사람들이 내심 영국 전통을 따르고 있었다…… 영국 산악 등반의 초기 책자에는 어떤 특정 계층의 사람들만이 등반에 의한 명성을 쌓을 수 있는 특권을 갖고 있다고 정해놓았다. 초기 책자는 '신사'와 '안내인'의 능력을 비교하지 않았다. 안내인이 얼마나 더 기술이 있는지에 상관없이, 혹은 그 신사가 산에 오르는 줄곧 잡아당겨지고 밀어 올려져야 했더라도, 산을 등반한 사람은 항상 신사였다. 만약 어떤 신사에게 기술 좋은 유명한 안내인이 있다면, 그 사실은 등반가가 강한 자일과 적절한 등산화를 선택한 판단력을 칭송하듯이 그 안내인을 선택한 가치 있는 판단으로서만 이야기되었다. 이런 앞뒤가 맞지 않는 생각을 지니고 있는 출신이 좋은 많은 미국인들에게 그들이 영국 기준으로는 '신사'가 아니었다는 사실을 일깨워준다면 아주 당황할 것이다.
>
> 후에 폴은 그가 등반대의 다른 사람들과 사회적으로 적응할 수 있을지에 대해 알파인 클럽에서 우려를 했다는 사실을 알게 되었다. 그가 직업적인 안내인이었다는 사실에 대해 의문을 제기했다. 그리고 물론 그가 서구인이었으며 비록 얼마간의 교육을 받았다고 알려지기는 했지만 아이비리그의 대학을 다니지 않았다는 것이었다. 하지만 결국에는 실질 사항에 대한 고

려가 결정 요인이 되었다. 뛰어난 기술과 놀랄 만한 인내력으로 최고 수준의 산악 등반가 사이에서 아주 좋은 평판을 얻고 있는 등반가에게서 얻는 이점을 그들은 완전히 이해했다. 안내인으로 계속 등반을 하며 살아온 그의 삶이 분명히 가치 있으리라는 것을 언급하지 않고서.[8]

원정대가 K2 봉으로 전진해가자마자, 페졸트는 여느 등반가들이 하지 못했던 업적을 이루어냈다. 그 원정에는 다르질링에서 온 파상 키쿠리를 포함하여 다섯 명의 셰르파족 포터가 있었다. 폴은 자신이 직업 안내인이었기 때문에 그들이 무엇을 필요로 하는지를 알 수 있었다. 그래서 그는 "셰르파족 포터들을 위한 등반학교를 시작했다. 비록 그들에게 산에서의 경험이 있었지만 그들은 고난이도 등반에 수반되는 필수적인 기술은 가지고 있지 않았다. 폴은 그들에게 하켄을 박는 법, 카라비너(자일과 하켄을 연결하는 고리/옮긴이)의 사용법, 그리고 현수 하강 기술을 시범 보였다. 그는 연습을 위해 협곡의 벽을 이용해 일종의 등반학교 게임을 만들어냈고, 셰르파족은 열심히 참여했다".[9]

그리고 그들이 산을 오를 때, 페졸트는 물론 누구보다도 더 높이 올라갔다.

샤모니의 안내인들

제1차 세계대전 전에 영국 등반가 톰 롱스태프와 이탈리아 등반가 아브루치 공작은 자신들을 위해 일을 시킬 목적으로 산악 안내인을 히말라야에 데려왔다. 두 세계대전 사이에서 K2 봉의 폴 페졸트나, 낭가파르바트의 페터 아센브레너 같은 안내인은 예외적 존재였다. 그러나 1950년에 프랑스인들이 안나푸르나에 왔을 때는 달랐다. 대장 모리스 에르조그는 몽블랑 기슭의 샤모니 출신이었다. 등반가 중 세 사람—루이 라슈날, 가스통 레뷔파, 리오넬 테레이—은 샤모니의 전문 안내인이었다. 이들이 전체 원정대의 분위기를 만들어냈으며, 셰르파들에게 어떻게 얼음과 바위를 등반해야 하는가를 가르쳤다.

안나푸르나 베이스캠프로 나아가던 중에 므리스티 코라 강을 건너야 했다. 한번 미끄러지면 아래로 흐르는 강물에 빠져 죽게 될 것이었다. 에르조그는 "그 전날 다른 사람들이 놓은 외나무다리를 발견했으나, 우리 쿨리들은 짐을 지고 감히 그 위를 건너가려 하지 않았다. 레뷔파와 나는 머뭇거리지 않았다. 우리는 스스로 짐을 옮기려 했다. 레뷔파는 이제 포터가 되었다. 그는 짐 바구니를 지탱하는 끈을 이마에 맸고, 그의 머리와 긴 몸이 위험스럽게 흔들거렸다".[10]

하지만 그는 외나무다리를 건너갔다.

그가 같이 등반했던 외국인 중 최고가 누구였는지 남체의 칸사에게 물었다. 그는 리오넬 테레이였다고 했다. 그들은 1956년 마칼루에서 함께 일했고, 칸사가 테레이를 좋아했던 이유는 그가 셰르파 모두에게 산을 오르는 방법을 가르쳐주었기 때문이었다. 나는 테레이가 안내인이었으며, 그 안내인의 할아버지들은 등반가들이 처음 히말라야에 왔을 때의 셰르파족처럼 농부였다고 말해주었다. 칸사는 셰르파들이 모두 그 사실을 알고 있다고 말했으며, 그들은 프랑스인들이 머리에 끈을 매고 무거운 짐을 나르는 법을 조상들로부터 배웠다는 사실을 아주 좋아했다.

안나푸르나를 더 높이 올라가면서 사히브들은 한 사람 당 20킬로그램의 짐을 운반했다. 에르조그는 후일 다음과 같이 기록했다.

6천 미터가 넘는 고지에 도달했을 때 우리는 숨을 가쁘게 몰아쉬었다.

"우리는 셰르파가 아니야." 라슈날이 씁쓸히 말했다.

"우리는 짐을 지는 동물이 되려고 히말라야에 온 것이 아니야." 레뷔파가 투덜댔다.

테레이가 자극을 받아 대답했다.

"등반가는 자신의 장비를 운반할 수 있어야 해. 우리는 셰르파들과 똑같이 하고 있어. 안 그래?"

라슈날은 피켈 위로 몸을 구부렸고, 레뷔파는 배낭 위로 털썩 쓰러졌다. 그들의 얼굴은 홍조를 띠었고, 땀이 줄줄 흘러내렸다. 그들은 보통 감정을 잘 드러내지 않지만, 이때는 정말 화가 나 보였다.

"만약 우리가 이 우스꽝스러운 등짐 때문에 지금 지쳐버리면, 어떻게 며칠 안에 우리가 일을 해낼 수 있을까? 빙탑을 지나 안전한 루트를 개척하는 것은 셰르파가 아니야."

그러자 테레이가 불같이 화를 냈다.

"그러고도 너희들이 샤모니의 안내인이야! 너희들은 아주 질 나쁜 아마추어에 불과해."[11]

앙 타르카이는 안나푸르나 원정 때 사다였다. 앙 체링의 아우인 아지바는 셰르파 포터였다. 그리고 다 툰두는 그때 나이가 43세였다. 그는 7,162미터까지 올라갔다.

안나푸르나의 경사가 점점 가팔라지자 에르조그와 테레이는 선두로 나서도록 셰르파들을 독려했다. 다 툰두와 나머지 사람들은 자신들의 능력이 한계에 다다르자 계속 선두를 다른 사람에게 내주려 하였다. 이는 양쪽 모두의 일반적인 행동과는 정반대였다. 아주 가파른 경사지에서 에르조그가 다 툰두와 앙다와를 이끌었다. 그들 중 누구라도 미끄러지면 세 사람은 함께 사라져버린다는 것을 잘 알고 있었다. 영국, 독일 혹은 미국 등반가라면 고정 자일을 설치했을 것이다. 에르조그는 셰르파들을 자신들과 같은 안내인으로 취급했기에, 그들을 존중하면서도 무서운 상황에 이르게 했다.

앙 타르카이와 사르키는 제5캠프까지 짐을 운반해간 제일 강인한 셰르파였다. 에르조그는 이렇게 적고 있다.

우리식 피진 영어로 앙 타르카이와 짧은 대화를 나누었다.

"내일 아침 라슈날 사히브와 바라 사히브가 안나푸르나 정상 정복에 나설 것이오."

"알겠습니다, 대장님."

"당신은 사다이고 셰르파 중에서 가장 경험이 많소. 당신이 우리와 동행해준다면 나는 정말 기쁠 것이오."

"감사합니다, 대장님."

"우리는 정상 정복의 기쁨을 함께 나누어야 하오. 함께 가지 않겠소?"

그때 나는 수긍할 만한 셰르파의 감정을 생각해주는 것이 내 의무라고 느꼈다. 잠깐 있다가 앙 타르카이는 대답했다. 그는 내가 제시한 선택권에 대해 고마워했으나 자제했다.

"바라 사히브, 대단히 감사합니다만, 제 발이 얼기 시작해서……"

"알겠소."

"제4캠프로 내려갈 수 있게 해주십시오."

"물론 앙 타르카이, 좋을 대로 하시오. 너무 늦었으니 곧 내려가야 할 거요."

"감사합니다, 대장님."

곧 그들은 짐을 꾸렸으며 막 출발하려는 순간 뒤를 돌아다보았다. 우리를 홀로 남겨두고 떠나는 것을 걱정하고 있다고 짐작할 수 있었다.

"살람, 대장님. 행운을!"

"살람, 그리고 조심하시오."

몇 분 뒤에 검은 두 점이 우리가 방금 올라왔던 비탈을 내려가고 있었다. 그들의 마음은 얼마나 이상한가. 믿음성과 헌신으로 이름난 두 사람은 분명히 산을 오르는 것을 즐겼다. 그러나 쏟아놓은 노동의 열매를 거두어들이려는 순간에 그들은 신중하게 물러섰다. 하지만 나는 우리의 사고방식이 그들을 더욱 이상하게 보게 한다는 것을 의심하지 않는다.[12]

앙 타르카이는 에르조그와 라슈날이 죽을지도 모른다고 생각했으며, 그들과 함께 죽기를 원하지 않았다. 또한 발에 동상이 생기기 시작했다. 결과적으로 두 사람은 산 정상에 올랐으나, 하산하는 도중에 심한 동상에 걸려 거의 사망할 지경에 이르렀다. 앙 타르카이는 그때 죄책감을 느꼈으며, 그들과 함께했었기를 바랐다. 하지만 그의 판단은 이번에도 역시 정확했다.

텐징 노르가이라면 반대로 그들과 동행했을 것이다.

랑베르와의 만남

두 해 뒤 에베레스트에서 텐징에게 기회가 찾아왔다.

1950년 중국군이 티베트를 침공했다. 그후 러시아나 중국 원정대만

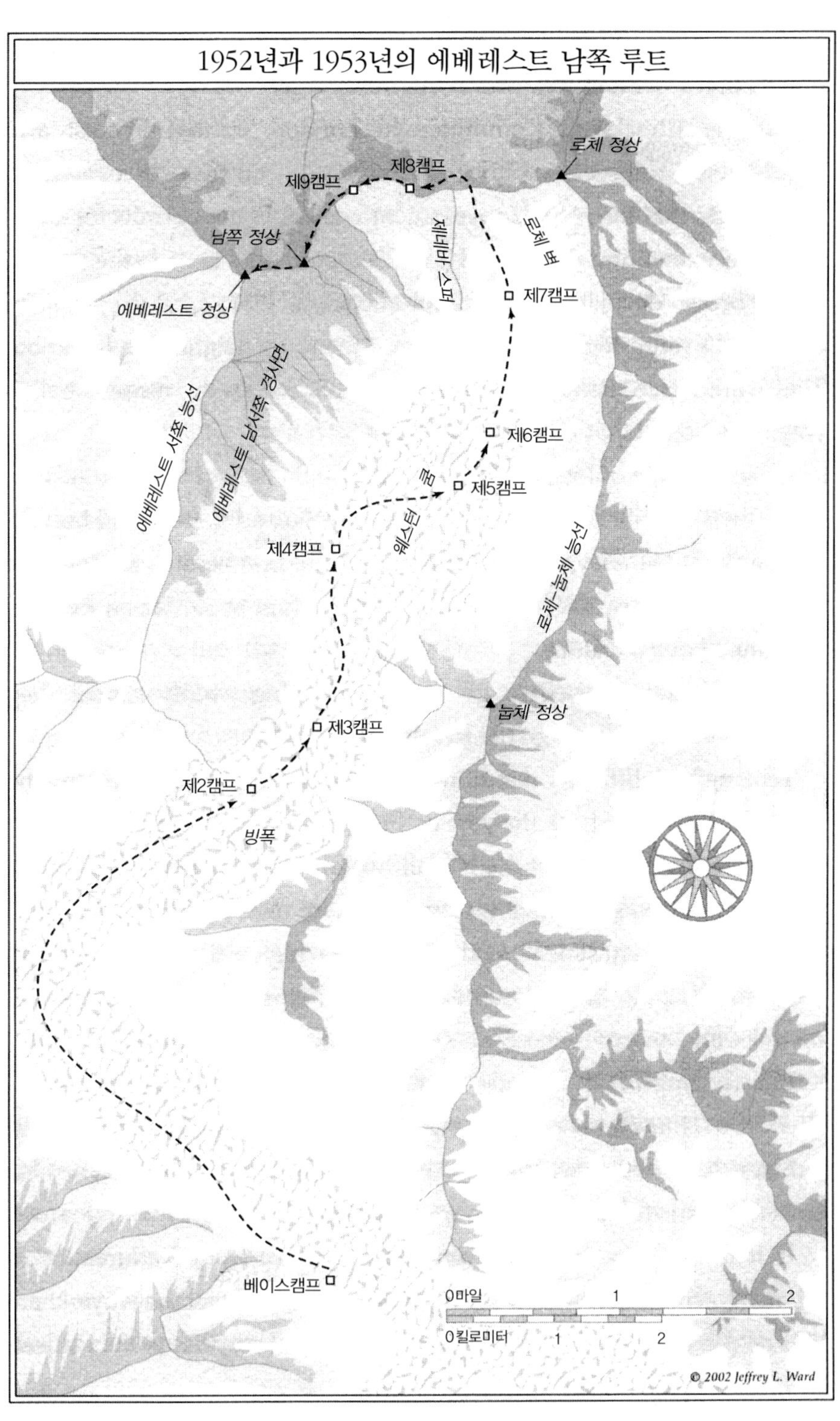
1952년과 1953년의 에베레스트 남쪽 루트
로체 정상
제8캠프
제9캠프
제네바 스퍼
로체 벽
남쪽 정상
에베레스트 정상
제7캠프
에베레스트 남서쪽 경사면
에베레스트 서쪽 능선
제6캠프
제5캠프
웨스턴 쿰
제4캠프
로체-눕체 능선
눕체 정상
제3캠프
제2캠프
빙폭
베이스캠프
0마일
1
2
0킬로미터
1
2
© 2002 Jeffrey L. Ward

이 에베레스트를 오르는 옛 루트로 오를 수 있었다. 하지만 1950년에 네팔에서 혁명이 일어나 봉건 군주인 라나 가문과 영국 연합군을 몰아냈다. 이제는 입헌군주 아래에서 제한적인 민주주의가 시행되었다. 구정부는 민주주의 사상을 배척하기 위해 쇄국 정책을 펼쳤었다. 새로운 정부는 국경을 개방했다. 에베레스트를 이제 남쪽으로부터 등반할 수 있게 되었다.

영국인들은 이 산을 아직도 자신들의 소유라고 생각하고 있었다. 항공사진으로 보면 단 하나의 루트가 가능할 것 같았다. 그들은 '웨스턴 쿰'(Western Cwm, Cwm은 쿰이라고 발음되고 웨일스어로 계곡이라는 뜻이다)이라고 불렀던 6.5킬로미터 길이의 상대적으로 평평한 빙하를 발견했다. 계곡의 한편에 에베레스트가 있었고, 다른 편에 로체와 눕체라는 거대한 봉우리 사이에 긴 능선이 뻗어 있었다. 빙하와 눈의 가파른 절벽이 계곡의 앞쪽에 있었으나, 등반해 올라갈 수 있을 것 같았다. 그 절벽 꼭대기에는 그들이 '사우스 콜'이라고 부르는 고원이 펼쳐졌다. 사우스 콜은 에베레스트 정상으로부터 달려 내려와서 로체로 다시 올라가는 능선의 저점에 있었다. 그 능선도 역시 올라갈 수 있을 듯싶었다.

계곡으로 들어가는 것이 난관이었다. 낮은 쪽 끝에 거대하게 뒤엉킨 빙폭이 입구를 막았다. 그것은 아주 위험해 보였다. 1951년 옛 에베레스트 위원회의 후신인 런던의 히말라야 위원회는 빙폭을 지나가는 것이 가능한지를 알아보기 위해 십턴이 이끄는 원정대를 보냈다.

그들은 빙폭을 통과하지 않았다. 사다였던 앙 타르카이는 누구도 그렇게 할 수 없으리라고 생각했다. 런던에 돌아와 십턴은 빙폭을 가로지르는 것이 가능하겠지만 대규모 원정대를 지원하기 위해 여러 셰르파 포터 팀이 그곳을 가로질러 짐을 운반해야만 할 것이라고 보고했다. 언제라도 빙폭이 움직이면 그것은 죽음을 가져올 것이었다. 십턴은 어떤 산이 그들 생명만큼 가치가 있을까 하는 의문을 가졌다.

그러나 런던의 히말라야 위원회는 에베레스트를 원했고, 이듬해에 대규모로 공격하기로 결정했다. 그러나 네팔 정부가 한 해에 한 원정대에게만 에베레스트 원정 허가를 내주고 있으며 1952년도 허가는 이미 스위스인들에게 돌아갔다는 사실을 알고 경악했다.

영국인들은 1952년 십턴을 다시 보내 쿰부에 있는 세계에서 아홉번째로 높으며 에베레스트의 이웃에 있는 초오유를 등반하기로 결정했다. 그 등반은 그들에게 연습 기회를 제공할 것이다. 그동안 그들은 스위스인들이 에베레스트에서 실패하기만 바랐다.

스위스인들이 허가를 받았다는 것이 텐징에게는 행운이었다. 에베레스트 원정에 선발된 스위스 등반가 중 로쉬와 디테르가 있었다. 이들은 왕디 노르부의 사고가 있은 뒤 텐징이 처음 사다가 되었던 시기에 텐징과 함께 가르왈 히말라야에 있었다. 지금 그들은 에베레스트에서 그가 사다로 일하기를 바랐다. 그는 이 기회를 놓치지 않았다.[13]

앙 타르카이는 참가를 거부했으며, 그들이 빙폭을 통과하지 못한다는 데 20루피를 걸고 텐징과 내기했다.

텐징은 원하는 만큼의 포터를 구하는 데 애를 먹었는데, 그 이유는 지난해 갔다온 사람들이 십턴의 원정을 몹시 욕했기 때문이었다. 많은 네팔의 저소 포터들에게 임금이 다 지불되지 않았다. 사히브가 도둑맞았다고 주장하는 카메라에 대해서도 논란이 많았다. 그리고 고소 포터들은 원정이 끝난 뒤에 팁을 받지 못했다. 팁은 트레킹에서는 관례적이었고 십턴 같은 경험 많은 산악인은 그것을 잘 알고 있었다.

하지만 텐징은 결국 '열세 명의 유능한 사람들'을 모았다.[14] 그들 중

한 사람은 막역한 친구인 다 툰두로 이제 46세이며 낭가파르바트, K2 그리고 안나푸르나를 오른 경험이 풍부한 사람이었다. 아지바도 있었는데 앙 체링의 아우로, 집안에서 가장 뛰어난 사람은 아니었지만 몸집이 크고 강했다.

원정대는 땅을 가로지르고 언덕을 오르내리며 카트만두에서 남체까지 꼬박 16일을 걸어갔다. 1952년에 그곳에는 길이 없었다. 다르질링 포터들에게 스위스인들은 경이로움 자체였다. 4년 뒤에 텐징은 왜 영국인들보다 그들을 좋아하는지를 설명했다. 그는 자신은 영국인을 싫어하지 않는다고 말했다.

> 나는 어떤 다른 사람들보다도 영국 사람들과 더 많이 등반했고, 그들과 행복한 시간을 보냈다. 그리고 어떤 사람들은…… 가장 가깝고 소중한 친구라고 생각하고 있다. 하지만…… 일반적으로 영국인들은 내가 알고 있는 다른 나라 사람들보다 더 체면을 중시하고 격식을 차린다. 그리고 특별히 이런 특성은 그들이 오랫동안 동양에서 통치자 역할을 해왔기 때문이거나, 어쩌면 그들 본성에 있는 것인지도 모른다. 그러나 이것은 우리 셰르파족이 최근에 많은 나라 사람들과 산을 오르는 경험을 하게 되면서 아주 많은 기회를 통해 관찰한 것이다. 스위스 사람이나 프랑스 사람들은 나를 동료 또는 동등한 사람으로 대해주었으나, 영국인들에게는 결코 그런 것을 기대할 수 없었다. 그들은 친절한 사람들이다. 그들은 용감하다. 그들은 항상 바르고 정의롭다. 하지만 언제나 그들과 외부인 사이, 사히브와 피고용자 사이에는 경계가 존재하고, '경계 없는' 〔스위스 사람과의〕 세상을 경험해온 우리 셰르파족 같은 동양 사람에게 이것은 어려움이자 문제가 될 수 있다.[15]

텐징이 언급하는 격식 차리기와 체면은 영국 상류사회에 속하는 일부 사람들의 특성이라고 말해야 할 것이다. 나머지 영국인들은 버티 우스터(영국 작가 워드하우스의 유머 소설에 나오는 인물. 시종에게 의지하는 쾌활한 신사이다/옮긴이)나 휴 그랜트보다는 링고 스타나 존 레논을 닮았다. 1951년에 이르러서야 새로운 노동계급과 중산층 영국 등반가 세대가 웨일스와 스코틀랜드의 암석을 오르는 새로운 루트를 개척했다. 이들 새로운 등반가 세대 중 첫번째 사람이 히말라야에 나타나기까지는 여러 해가 지나야 했다. 그러나 그때에도 굳게 다문 윗입술을 한 전형에서 벗어난 예외적인 사람들이 있었다. 앙 체링은 자신이 조지 맬러리를 좋아한 이유는 그가 아주 친절한 사람이었기 때문이라고 말한다.

그러나 일반적으로 그 차이는 셰르파들에게 아주 컸다. 텐징이 가장 이끌린 스위스 등반가는 레이몽 랑베르였다. 랑베르는 안나푸르나의 프랑스 등반가들처럼 산악 안내인이었다. 스위스 등반가들이 쿰부의 텡보체 수도원에 도착했을 때 주지와 승려들은 버터를 녹여 넣은 차를 대접하면서 정중히 그들을 맞이했다.

버터차는 셰르파가 사는 지역에서는 맛있는 음식 이상의 의미를 가진다. 그것은 융숭한 대접을 상징하는 전형적인 음식이다. 손님이 오면 사람들은 특별한 격식의 언어로 "앉으시지요, 앉으시지요" 하고 권하며 "버터차 한잔?" 하고 묻는다. 일상생활에서는 대부분의 셰르파들은 소금을 넣은 차를 마시며 우유나 버터를 넣지 않는다. 세계 어디에나 가난한 사람들에게 기름은 사치스러운 음식이며, 특히 아주 추운 지역에서는 더 선호된다. 소금과 버터를 넣은 차는 큰 대접이다.

모든 티베트나 네팔에 관한 여행 책자에는 냄새나는 야크 버터를 넣은 차에 대한 조소를 담고 있다. 사실 티베트에서 버터는 상하지 않는다. 그 나라는 전체가 천연 냉장고이다. 쿰부를 방문한 많은 관광객들이 냄새나는 버터를 넣은 차를 마셔보았다고 말하는 것을 들었지만, 그때 버터가 상한 것이 아니었다는 사실을 나는 알고 있다.

셰르파 주민들은 나에게 언제나 버터차를 권했다. 당신이 원하는 것이 우유를 넣은 인도 차라고 할지라도, 정중하고 예의 바른 셰르파 말로는 어떤 차인지 구분하여 말할 수 없다. 그래서 집주인은 내가 정말 티베트 버터차를 원한다고 말했는지를 조심스럽게 확인하곤 했다. 내가 그렇다고 하며 차를 마시고 나면, 그들은 기뻐하며 놀랐다고 말했다.

한 사람을 빼고는 스위스 등반가들은 언제나처럼 승려들이 부어준 차를 마시지 않았다. 그 예외가 바로 레이몽 랑베르였다. 그는 차를 마시고 정중하게 미소 지으며, 자기 동료들에게 따라준 찻잔의 차까지 모두 마셨다. 그는 텐징의 마음을 사로잡았다.

이것은 랑베르가 버터차를 좋아했다는 뜻은 아니었다. 이 일화가 의미하는 바는 그가 자기 나라에서 사람들에게 보여주어야 하는 것과 동일한 정중함으로 셰르파 주민들을 대해야 한다고 느꼈다는 것이다.

랑베르는 힌두어나 네팔어를 구사하지도 못했고, 영어도 거의 하지 못했다. 텐징은 그러므로 "우리의 대화는 대부분 수화로 이루어졌다. 하지만 시간이 얼마 흐른 뒤 우리는 점차 서로를 아주 잘 이해하게 되었다"고 말했다.[16]

다르질링 사람들이 스위스 사람을 따뜻하게 대했던 또 다른 이유가 있다. 1952년에 텐징의 조카인 나왕 곰부는 16살이었고, 아직 고향 타메에 살고 있었다. 그는 삼촌을 만나려고 에베레스트의 베이스캠프에 갔다. 그해 셰르파 포터들에게 정말 감명을 준 것은 스위스 사람들이 가져온 의복과 장비의 질이었다고 곰부는 이야기한다. 영국인들이 사용해

온 것보다도 훨씬 좋았다. 이전 원정대와는 달리 스위스 사람들은 자신들이 사용했던 것과 똑같은 장비를 고소 포터에게 지급했다.

쿰부의 마을 사람들에게 스위스 원정대는 서커스단이 도시에 공연차 온 것과 같았다. 등반가들이 남체에 도착했을 때, 사람들은 도처에서 구경나왔으며, 대부분 이렇게 피부가 하얀 사람들을 이전에 본 적이 없었다. 그 당시 밍마 체링은 십대로 쿰중에 살고 있었다. 그는 군중 사이에서 자신들의 캠프에 있는 사히브를 조용히 쳐다보며 서 있었던 것을 기억한다. 그는 매혹적이었다고 말한다. 군중 안에서 누구도 움직이거나 말하지 않았다. 그는 그곳에 몇 시간 동안 있었으며 목에 심한 경련이 일었다.

텐징이 감격스러운 순간을 맞이했다. 그의 아버지는 이미 죽었고 그는 집을 떠난 뒤로 어머니를 만난 적이 없었다. 지금 이곳에 어머니가 양팔과 양손에 손자들을 잡고 서 있었다. "18년이 흐른 뒤, 우리는 서로 껴안았다."[17]

이것이 모든 다르질링 셰르파들이 고향에 돌아가는 최선의 방법이었다. 그들 대부분은 집을 떠날 때 가난한 소년이었고 보잘것없었다. 지금 그들은 돈도, 직업도, 매력도 갖추고 있었다. 쿰부의 나이든 사람들은 얼마나 다르질링 사람들이 세련되어 보였는지, 얼마나 그들의 옷이 멋있었는지, 그리고 그들이 얼마나 으스대면서 마을을 돌아다녔는지를 기억하고 있다. 친척과 친구와 함께할 때는 집에서 담근 창이 무한정 있었다. 그들은 젊은 여자들의 꿈이었으며, 그들은 그녀들을 어떻게 대해야 할지를 잘 알고 있었다.

스위스 팀과의 도전

원정대는 베이스캠프를 설치하고 빙폭으로 들어갔다. "그것은 마치 하얀 정글에서 길을 찾는 것과 같았다"고 텐징이 이야기했으나, 그들은 그 일을 해냈다. "좋아, 앙 타르카이. 당신 나한테 20루피 빚졌어" 하고 그는 생각했다.

그들은 빙폭 위에 제3캠프를 세웠다. 텐징은 사르키, 아지바 그리고 다 툰두의 도움을 받아 빙폭을 지나 짐을 나르는 일을 감독했다. 3주 동안 스위스 사람들이 침묵의 계곡이라고 부르는 '웨스턴 쿰' 위로 올라가는 길을 찾았다. 텐징은 점점 더 랑베르와 가까워졌다. 그들은 이전의 사히브와 포터 사이의 관계와는 아주 달랐으며 종종 텐트를 함께 사용했다. 좋든 나쁘든 간에 무슨 일이 생기면 랑베르는 프랑스말로 "잘 될 거야"라는 의미의 "사 바비엥(ça vabien)"이라는 말을 했다. 그러면 텐징이 그에게 그 말을 다시 했다.

제5캠프가 '웨스턴 쿰' 앞부분에 세워졌다. 사우스 콜로 가는 최단 루트는 그들이 '제네바 스퍼(Geneva spur)'라고 불렀던 천2백 미터 높이의 암벽 산마루 위로 쭉 뻗어 있었다. 자신감 넘치는 등반가인 스위스 사람들이 올라갔다. 그들은 올라가는 동안 계속해서 셰르파 중에 기술이 좋은 사람들을 선두에 세워, 루트를 찾고 개척하도록 했다. "나는 주로 랑베르와 함께 등반했다"라고 텐징은 말했다. "아무도 그렇게 하라고 명령하지 않았다. 자연스럽게 일이 그렇게 된 것 같았다. 나는 아주 만족했는데, 우리는 아주 잘 어울렸으며 강한 팀을 이루었다."[18]

그것은 그냥 우연히 일어난 것은 아니었다. 텐징은 이번에도 미리 심사숙고했으며 정상 정복을 위해 선발될 가능성이 가장 높은 사람의 등반 상대로 자신을 만들어갔다. 어쨌거나 텐징은 이번에 정상에 오를 수 있는 기회가 있음을 알았다. 스위스 사람들은 그를 사히브로서 사다로 대했을 뿐만 아니라 원정 '등반대원'으로 그를 받아들였다. 그는 그것이 자신이 받아왔던 대우 가운데 가장 큰 영광이라고 느꼈으며 "나는 마음속으로 나 자신의 가치를 증명하리라 맹세했다".

5월 말에 그들은 '제네바 스퍼' 위로 루트를 개척해 사우스 콜 멀리까지 이르렀다. 정상 정복팀이 구성되었다. 오베르, 프로리, 랑베르 그리고 텐징이었다.

이들 네 사람은 포터 여섯 명과 함께 '웨스턴 쿰'으로부터 '제네바 스퍼' 위로 사우스 콜을 향해 출발했다. 등반을 시작한 지 한 시간이 지나서 앙 체링의 아우 아지바가 몸에 열이 있어서 하산해야겠다고 말했다. 나머지 사람들이 그의 짐을 나누었다.

여덟 시간이 흐른 뒤 앙 노르부와 밍마 도르제가 짐을 털썩 내려놓고 자신들은 더 이상 갈 수 없으며 동상이 무섭다고 했다. 텐징은 그들과 논쟁을 벌였으나 사히브들은 포터들이 할 만큼 했다고 말했다. 텐징은 그들이 옳다는 것을 알았다. 그런 고소 상황에서는 사람들이 각자 결정을 내릴 수 있도록 해야 했다. 만일 그렇게 하지 않으면 그들은 죽을지도 모른다.

앙 노르부와 밍마 도르제가 하산했다. 남아 있는 일곱 명이 두 사람의 짐을 할 수 있는 한 나누어 가지고 나머지는 눈 속에 남겨두었다. 그들은 어둠을 뚫고 열 시간 동안 등반했다. 저녁 7시에 그들은 그날 밤 사우스 콜에 도달할 수 없으리라는 사실을 깨닫고 텐트 두 채를 칠 평평한 임시 비박지를 팠다.

텐트는 두 사람이 쓸 수 있게 설계된 것이다. 한 텐트에 세 명의 사히브가 그리고 다른 텐트에 네 명의 셰르파가 들어갔으며 침낭을 펼칠 공간이 없었다. 바람은 텐트를 날려보낼 듯이 불어댔다. 만일에 대비하여 랑베르는 피켈을 눈 속에 박고 자기 몸에 묶었다. 각 텐트에서 그들은 한 군데에 모여 온기를 느끼려고 서로 몸을 맞댔으나 너무 추워 밤새 잠을 자지 못했다.

날이 밝아오자 날씨가 쾌청해져 사우스 콜이 아주 가까이에 있음을 알 수 있었다. 사히브 셋과 텐징이 출발했다. 푸 타르카이와 다 남기알은 그 전날 오후에 앙 노르부와 밍마 도르제가 버린 짐을 가지러 내려갔다. 파상 푸타르 자키는 자신이 그들을 기다리겠다고 말했다(이 사람은 동상으로 손가락 일곱 개를 잃은 이전에 우리가 봤던 사람과는 다른 사람이다. 파상 푸타르 자키는 키가 작고, 다르질링 경마장에서 말을 타던 사람이다).

아침 10시에 스위스인 세 사람과 텐징이 7,879미터에 있는 사우스 콜에 도착했다. 텐징은 흥분에 휩싸였다. 그들은 정상에 거의 근접했다. 그는 스위스 등반가에게 배낭을 넘겨주고 세 명의 셰르파를 살피기 위해 다시 내려갔다.

그들 셋은 모두 임시 비박지에 있었다. 푸 타르카이와 다 남기알은 짐을 가져왔으나, 거기서 멈췄다. 파상 푸타르 자키는 텐트 안에서 신음소리를 내고 있었다. 그는 텐징에게 말했다.

> "나 병이 나서 죽게 될 것 같아"
>
> "아니, 너는 죽지 않아." 나는 대답했다. "너는 아무 일도 없을 거야. 네 병이 나아서 짐을 사우스 콜까지 운반할 수 있을 거야."
>
> 그는 그렇게 할 수 없다고 말했다. 나는 그가 꼭 해야만 한다고 말했다. 우리는 말다툼을 벌였고, 나는 그에게 욕을 하고, 그가 죽지 않았다는 것을

그에게 증명하기 위해 뺨을 때리고 걷어찼다. 왜냐하면 지금은 다른 사람들이 아래에서 되돌아간 상황과는 달랐다. 만약 짐을 안부까지 옮기지 못하면, 사히브 셋은 거기서 분명히 죽게 될 것이다. 그리고 내가 파상을 그곳에 그대로 두면 그 역시 분명 죽을 것이다. 하지만 이번에는 그의 상상만은 아니었다. 그는 정말 병이 났다…… 하지만 여전히 움직일 수 있고, 움직여야만 했다.

텐징은 결국 파상 푸타르 자키를 일으켜 세우고, 푸 타르카이와 다 남기알을 사우스 콜로 데리고 올라갔다. 세 사람 모두 그곳에 도착하자마자 뻗어버렸다. 그들은 천막을 치고 그 안으로 기어들어갔다. 텐징은 임시 비박지로 다시 내려가서 식량과 장비가 든 짐을 가져왔다. 그가 그 짐을 안부까지 가져다놓고도 여전히 몸 상태가 괜찮아 다시 내려가서 또 다른 짐을 가져왔다.

텐징은 지금 등반가, 사다 그리고 포터 네 사람의 역할을 도맡고 있었다. 그가 일하는 데 이기심은 없었다. 텐징은 원정의 성공을 간절히 바랐다. 하지만 그는 또한 자신이 안부 위에 있는 사람 가운데 가장 강한 사람이라는 점을 분명히 깨닫고 있었다.

사 바비엥

그날 밤 그는 이인용 텐트를 랑베르와 함께 사용했다. 아침에 그들은 이곳부터 정상까지의 중간 지점인 정상 능선 위에 캠프를 하나 더 세워야 한다는 사실을 깨닫게 되었다. 하지만 텐징은 파상 푸타르 자키는 지금 대단히 아프며, 푸 타르카이와 다 남기알도 '더 나을 게 없다'는 사실을 알 수 있었다. 스위스 사람들은 다 남기알과 푸 타르카이에게 한 캠프 위까지만 짐을 나른다면 현금 보너스를 주겠다고 제안했다. 두 사람은 그렇게 할 수 없다고 말하고, 텐징에게 자신들이 하산하게 도와달라고 애원했다. 그는 완강하게 거절했다. 그래서 푸 타르카이와 다 남기알은 자키를 일으켜 세워 자일로 묶고 하산하기 시작했다. 그들의 작업 없이는 사우스 콜 위 캠프로 정상 정복에 필요한 보급품을 충분히 비축하는 것이 어렵거나 불가능할 것이다. 텐징은 자신이 없었다.

정상은 안부에서 약 9백 미터 위에 있었다. 프로리, 오베르, 랑베르 그리고 텐징이 가볍게 짐을 지고 정상 능선 위로 출발했다. 짐은 침낭 없이 이인용 텐트 하나와 하루치 식량뿐이었다. 텐징은 사히브들이 루트를 한 번 탐색해보고, 텐트와 적은 양의 보급품을 캠프 장소에 남겨두고 다시 되돌아오려는 계획을 세우고 있다고 생각했다. 그들에게 포터가 좀더 있었으면 이 캠프에 적절한 양을 비축했을 것이다. 텐징은 여섯 명의 가장 강인한 포터들과 '제네바 스퍼'에 올랐던 적이 있었다. 이제 그는 누구에게 일을 시켜야 할지 몰랐다. 하지만 그는 계속 입을 다물었다.

이제 등반을 하고 있는 사람들은 정상 정복을 위해 선발된 네 명뿐이었다. 그들은 처음으로 산소통을 사용하고 있었다. 폐쇄회로 장치는 오직 그들이 가만히 서 있거나 앉아 있을 때만 숨을 쉴 수 있도록 작동했다. 이는 거의 무용지물이었다. 그들은 한 시간 한 시간 천천히 올라갔다.

정상에서 바로 3백 미터 아래, 안부에서 6백 미터 올라간 곳에 이르자 그날은 더 이상 올라갈 수 없다는 사실을 알았다. 하지만 텐징은 날씨가 정상 정복에 이상적이라는 것을 알았으며 그와 랑베르는 모두 건강이 양호했다. 그는 캠프 장소로 적당한 곳을 보고 그곳을 가리키면서 랑베르에게 말했다. "사히브, 오늘 밤은 여기서 쉬어야 합니다." 랑베르는 텐징에게 미소로 답했으며 두 사람은 다른 이들이 무엇을 생각하고 있는지 알고 있었다. 사히브 셋은 서로 이야기를 나누었다. 그들은 프로리와 오베르는 하산을 하고 텐징과 랑베르가 텐트에 남아서 내일 아침 정상 도전을 하는 데 동의했다.

의지력, 힘, 지력, 그리고 언제 입을 다물어야 하는지를 아는 판단력이 텐징을 이곳까지 오게 했으며 기회를 잡을 수 있게 했다. 하지만 스위스 사람들이 그를 평등하게 대우하지 않았거나 랑베르가 친구가 아니었더라면 그는 그 기회를 잡을 수 없었을 것이다. 두 사람은 텐트를 세웠다. 날씨는 아름다웠고 그들은 함께 밖에 앉아 눈 앞의 경관을 바라보았다. 의사소통에 문제가 있어 말을 많이 할 수는 없었지만 텐징은 개의치 않았다. "내가 그를 가리키며 영어로 '내일, 당신과 나'라고 말했다. 그러면 랑베르는 이를 드러내며 '사 바비엥!' 하고 말했다."

그날 밤 그들은 침낭이 없었다. 짐을 가볍게 한 탓이었다. 그들은 만일 잠이 들면 죽을지도 모른다고 생각했다. 그래서 "꼭 붙어서 서로를 두드리고 비벼대어 혈액순환을 유지하면서" 드러누운 채 밤새 깨어 있었다. 텐징은 이렇게 온기를 유지했으나, 그는 랑베르가 "몸집이 크고 건장하여 내가 한 번에 일부분만 따뜻하게 해주지 못한다"는 것을 걱정했다. 랑베르는 텐징을 걱정했다. 이 스위스 등반가는 알프스에서 동상에 걸려 발가락 모두를 잃었었다. 그는 지금 텐징에게 "나는 아무 걱정 없다. 나는 발가락이 없다. 하지만 당신은 발가락을 조심하라"고 말했다. 텐징은 감동했다.

아침에 날씨가 흐렸으며 바람이 불고 있었다. 그들은 말을 하지 않고 머뭇대며 서로를 쳐다보았다. "랑베르는 눈짓을 하며 능선을 향해 엄지 손가락을 들어 올렸고, 나는 웃으면서 고개를 끄덕였다." 그들은 아주 천천히 위로 올라갔다.

랑베르와 텐징은 사흘 밤 동안 하루만 잠을 잤다. 산소통은 쉬고 있을 때만 작동했고, 그래서 그들은 자주 멈췄다. 경사가 가팔랐고 두 사람은 여러 곳에서 손과 무릎으로 기어서 위를 향해 올라갔다. 그들은 서로 번갈아가며 선두에 섰고, 그래서 선두에 서지 않은 사람이 쉴 수 있었다. 랑베르가 무슨 말을 했으나, 텐징은 그 말을 알아들을 수 없었다. 곧 그가 다시 반복했고 텐징은 그의 웃는 모습을 보았다.

"사 바비엥"이라고 랑베르는 말하고 있었다.

"사 바비엥." 텐징이 응답했다.

그러나 그는 상황이 좋지 않다는 것을 알았다.

텐징은 집, 아내, 그리고 아들을 생각했다. 그는 자신들은 성공하지 못할 것이며 어쩌면 두번째 스위스 등반대가 목적을 이룰 수도 있을 것이라고 생각했다. 그는 또 자신들이 꼭 해내야만 한다고 생각했다. 그는 생각을 멈추고 마치 기계처럼 올라갔다. 그의 앞에서 랑베르가 멈췄다. 텐징은 그가 더 나아가야 할지 말지 생각에 잠겨 있다는 것을 알 수 있었다. 텐징은 너무 지쳐서 생각조차 할 수 없었다. 그는 결정을 랑베르에게 맡겼다. 그들은 다섯 시간 동안 2백 미터를 올라왔다. 그들은 아직도 정상으로부터 220미터 아래에 있었다. 만일 그들이 계속 올라간다면 정상에 설 수 있을지도 모른다. 하지만 살아서 되돌아갈 수는 없을 것이다.

그들은 방향을 돌렸다.

텐징은 어떻게 에베레스트를 올랐나

스위스 사람들은 그해 봄에는 에베레스트를 오르지 않았다. 그들은 그해 가을에 다른 원정대를 보내기로 결정했다.

영국인들은 1953년도 등반 허가를 받았으며 스위스인들은 그들이 분명 성공할 것이라고 생각했다. 가장 적절하며 가능성이 있는 방법으로 스위스인들은 영국인들의 초등을 막고자 했다. 당시에는 어느 누구도 가을에 에베레스트를 등반하려고 하지 않았다. 오늘날 사람들은 보통 그렇게 하지만, 그 당시에는 겨울이 아주 빨리 찾아오리라고 생각했었다. 이때 스위스인들은 선택의 여지가 없었다. 스위스 등반대원 중 네 명은 새로운 대원이었으나, 랑베르는 다시 왔으며 텐징도 다시 참가했다.

빙폭은 이번에도 무난했다. 하지만 스위스인들이 침묵의 계곡이라고 불렀던 '웨스턴 쿰'은 언제나 거친 바람 소리로 가득 찼다. 그들은 '제네바 스퍼'를 오르기 시작했다. 10월 31일 열두 명이 함께 산을 오르고 있었는데, 얼음이 섞인 작은 눈사태가 그들을 덮쳤다. 열한 명은 박차의 벽에 달라붙었다. 밍마 도르제는 위를 쳐다보았다. 단검 같은 얼음이 그의 얼굴을 찔렀으며, 그는 쓰러져 의식불명이 되었다.

여러 사람들이 조심하면서 가파른 빙하 아래로 그를 내려놓기 시작했다. 아이라, 노르부 그리고 밍마 흐리타는 한 자일에 연결되어 있었다. 아마 그들은 사고로 지쳐 있었을 것이다. 어떤 경우든지 그들 중 한 사람이 미끄러지자 모두 넘어져 180미터를 굴렀다.

결국 네 사람을 '제네바 스퍼' 기슭에 있는 제5캠프로 데리고 가서 공기 매트리스에 눕혔다. 밍마 흐리타는 쇄골이 부러졌다. 아이라와 노르부는 단지 타박상을 입었을 뿐이었다. 하지만 밍마 도르제는 얼굴 말고도 가슴에 창 같은 얼음이 관통했다. 그는 몇 시간 뒤에 사망했다.

텐징이 말하기를 셰르파들은 '심하게 불안해'했다. 스위스인들도 마찬가지였다. 그래서 그들은 히말라야 등반에서 이제껏 한 번도 없었던 선례를 남겼다. 그들은 텐징에게 포터들이 원정을 계속하기를 원하는지를 물어보라고 했다. 만일 다수가 계속하기를 원하면, 스위스인들은 계속 전진할 것이다. 만일 다수가 원정 취소를 원한다면 스위스인들은 그 의사를 따를 것이었다.

포터들은 텐징과 만나 '밤늦게까지' 의견을 나누었다. "누구도…… 마음이 편한 사람이 없었다. 어떤 사람들은 매우 비관적이었다…… 하지만 결국 그들 모두 사히브를 실망시킬 수 없다는 데 의견을 같이했다"라고 텐징은 전했다.[19]

스위스인들은 지적인 고용주였다. 만일 그들이 계속 가자고 명령했다면 어쩌면 아무도 그 말을 듣지 않았을 것이다. 이 전략 뒤에는 계산만큼이나 과대함도 깔려 있었기에 제대로 먹혀들었다.

밍마 도르제는 18년 만에 에베레스트에서 사망한 사람이었다. 그는 침묵의 계곡에 묻혔다. 스위스인과 셰르파족은 '제네바 스퍼'가 너무 위험하다고 판단해 포기했다. 로체 벽의 덜 가파른 경사로 올라가서 트래버스하여 사우스 콜로 가는 다른 루트를 시도했다. 하지만 날씨가 험악해져서 내년에 올 영국인들에게 원정 공간을 활짝 열어준 채 그들은 되돌아서야 했다.

나는 나왕 곰부에게 왜 그의 삼촌인 텐징이 가장 높은 봉우리의 정상에 오른 첫번째 셰르파가 되었는지 물었다. 그와 같은 세대의 다른 셰르파들과는 다르게 왜 그는 그것을 추구했는가? 어떤 사람들은 텐징이 가난하게 자랐기에 살든 죽든 신경을 쓰지 않았기 때문이라고 했다고 전했다. 또 다른 사람들은 야망이 동기였다고 했다.

나왕 곰부는 그것은 아니며, 진짜 이유는 레이몽 랑베르 때문이라고 말했다. "당신이 새로운 종류의 사람과 일하고 그들과 친구가 될 때, 그것은 자신이 누구인가 하는 생각을 바꿉니다"라고 곰부는 말했다. "당신은 스스로에게 '나도 저렇게 될 수 있다'라고 말하게 됩니다. 그것이 텐징에게 일어난 변화입니다. 레이몽 랑베르는 그를 친구로, 동등한 인간으로 대했고, 텐징은 스스로에게 '나도 레이몽 랑베르처럼 될 수 있다'고 다짐한 거죠."

이것이 텐징이 곰부에게 한 말 그대로는 아니다. 하지만 1953년에 에베레스트를 올라가는 동안 줄곧 텐징은 곰부에게 속내를 털어놓았는데, 이는 아마 그가 친척이기도 하고 유일한 소년이기도 했기 때문일 것이다. 그리고 훗날 곰부는 다른 누구보다도 텐징을 잘 이해하게 되었다.

나는 그가 옳다고 생각한다. 그리고 텐징 노르가이가 레이몽 랑베르를 사랑했다는 사실은 의심의 여지가 없다.

12. 어느 사다의 시련

싸움

스위스인과 포터들이 12월에 카트만두를 향해 행진해갔다. 남체에 사는 갈첸은 걱정이 가득했다. 그는 후일 네팔과 티베트 사이를 오가는 성공한 교역상이 되었으나, 1952년에는 하루에 1루피 이상을 벌지 못했다. 텐징은 저소 포터를 책임지는 사다의 직책을 그에게 주었다.

이것은 큰 기회였으나 또한 골칫거리이기도 했다. 그들이 카트만두로 되돌아가기 전에 텐징은 펨바라는 이름의 셰르파를 베이스캠프에서 내려 보내 포터를 고용하게 했다. 펨바는 계곡을 내려가는 도중에 술을 너무 많이 마셔버려 그가 뭘 해야 하는지조차 알지 못했다. 그래서 그는 만나는 사람마다 일을 하고 싶으면 베이스캠프로 가라고 말했다. 약속된 날이 되자 스위스인들이 고용하기로 정한 숫자보다 더 많은 사람들이 베이스캠프로 왔다. 갈첸과 텐징은 그렇게 먼 길을 온 사람들을 그냥 되돌려 보낼 수 없다고 느꼈다. 그들은 스위스인에게 가서 이 일을 해결했다.

여기까지는 좋았다. 그들이 출발하자마자 갈첸은 젊은 셰르파 여성 다섯이 포터로서 급료 명단에 추가되어 있음을 발견했다. 그들 다섯은 다르질링 포터들(텐징은 아니었다)의 새 여자친구였다. 그들은 짐을 잘 운반했으며, 돈을 원했으나, 갈첸은 임금을 어떻게 지불해야 할지 알 수 없었다. 또한 스위스인에게 어떻게 설명해야 할지도 알 수 없었다. 그는 여자들을 정중하게 해고하고 싶었지만 그녀들의 남자친구들은 거친 사람들이었다. 그들이 그를 협박했고, 그중 한 사람은 정말 무서웠다.

그래서 그는 그저 걱정만 했다. 자기 임금으로 그들 임금을 지불해야 할지도 몰랐다. 그리고 그는 텐징이 자기 한계에 이르렀음을 알 수 있었다. 그 당시 대부분의 사다는 술을 마셨다. 그들은 집에서 담근 창만 평생을 마시다가 라크시를 마실 여유가 생겼다. 술은 직업병인 신경과민에 즉효였다. 하지만 텐징은 정말 너무 마셨다. 그는 주머니에 라크시 술병을 갖고 다니며 한 모금 마시기 위해 계속 멈췄다. 갈첸은 이렇게 이야기한다. "당신도 요즘 미국인 트레킹 여행자들이 아주 더운 날 물병을 얼마나 갖고 다니는지 알죠? 텐징은 바로 그렇게 술을 마셨죠."

자기 자신과 자신이 무엇을 할 수 있는지에 대한 생각이 너무 많이 변했다. 그리고 그는 자신의 일을 해낼 수가 없었다. 그는 너무 가까이 있었지만 또 너무 멀리 있었다. 일 년 동안 두 차례의 주요 원정에서 그는 사다이자 등반가로 일했다. 두 가지 일은 항상 서로 상충되었다. 사다는 뒤에 남아 관리하며 열심히 일해야 하는 직책이었다. 그는 모든 다

툼이 마주치는 체계 안에 있었다. 등반가는 대원을 이끌며, 새로이 길을 낼 뿐 아니라, 정상 정복을 위해 스스로 휴식을 취하고, 자신을 보호해야만 했다. 텐징은 지쳤다.

두 차례에 걸친 스위스 원정대의 정상 공격이 실패로 돌아간 뒤 베이스캠프에서 카트만두로 원정대가 행진할 때, 앙 체링은 갈첸과 텐징과 함께 있었다. 최근 몇 년 사이 앙 체링은 트레킹과 원정 때 주방장이 되어 전문성을 키워나갔다. 그는 이 일로 인해 여러 곳을 여행 다녔으며, 이 일은 그의 노년 생활의 일부가 되었고 합리적인 보수를 받을 수 있었다. 이번 가을 원정에서도 그는 주방장이었다.

카트만두까지 중간 지점인 텐징의 아주머니가 살고 있던 마을에서 그들은 하룻밤을 보냈다. 아주머니는 창을 내왔으며 잔치가 벌어지고 모두들 취했다. 셰르파 잔치에서 종종 그러하듯이 화가 폭발했다. 앙 체링의 아우인 아지바가 피켈로 텐징을 공격했다.

왜? 텐징과 아지바 사이에는 분명 긴장감이 감돌고 있었다. 도르제 라투는 거의 같은 시기에 다르질링에서 벌어진 텐징과 아지바의 격렬한 싸움을 기억하고 있다. 도르제는 그 당시 조그만 소년이었고 셰르파 지역 주민들이 야외 새해 놀이를 하고 있던 때였다. 그들은 업저버토리 힐 근처 능선에 있었는데, 그곳에 영국인들은 바비큐를 할 수 있도록 화덕이 있는 공원을 조성해놓았다. 도르제와 다른 작은 소년들은 새총으로 원숭이를 괴롭히고 있었다. 그 장난이 재미있어서 푹 빠져 있었다. 갑자기 커다란 고함 소리가 들렸다. 도르제 라투가 뒤를 돌아보자, 몸집이 큰 아지바가 텐징을 매단 채로 마치 역도선수가 팔을 쭉 뻗듯이 팔을 머리 위로 올리고 있었다. 모든 것이 멈춘 듯했으며, 아지바는 텐징을 가파른 언덕 아래로 내던졌다. 텐징은 나무 사이에 처박혔다. 완전한 침묵의 순간이 흘렀다. 아무도 텐징이 살았는지 죽었는지를 확신하지 못했다. 많은 사람들이 상황을 알기 위해 나무 사이를 뚫고 달려 내려갔다. 그들이 텐징을 데리고 왔는데, 타박상만 입었을 뿐, 아주 멀쩡했다.

작은 소년의 생각으로는 일이 더 재밌어졌다. 새해에는 보통 늘 그렇듯이 어른들은 모두 술이 취했다. 사람들은 아지바, 또는 텐징과 편을 짓기 시작했고 서로 치고받았다. 더 재밌게도 한 남자가 다른 남자를 때리자 그 부인들도 싸우기 시작했다. 그러나 그들은 주먹을 주고받지는 않았다. 그들은 서로 욕질을 해댔다. 욕을 해대면서, 한 여인네가 자기 젖가슴과 비밀스런 곳을 내놓고 상대방 얼굴에 대고 과시하며 음담을 늘어놓았다. 지금은 중년이 된 도르제 라투는 그 옛날에 여자들이 속옷을 입지 않은 것이 얼마나 멋진 일이었냐고 말한다.

이제 싸움은 네번째 단계가 시작되었다. 여인이 자신의 비밀스런 부분을 노출할 때마다, 다른 편 아이들이 젖꼭지 모양을 흉보며 그 여인의 아들들을 놀리곤 한다. 소년들은 부끄러워하며 자신들을 놀리는 아이들을 때린다. 그러면 모든 아이들이 편을 가르고, 때리려는 한 무더기의 아이들은 서로 주먹질하는 남자와 소리 지르는 여자들 주위를 소용돌이 치듯이 움직였다.

그것은 대단한 잔치였다.

사다를 둘러싼 갈등

지금도 남체의 셰르파 신년 잔치에서, 술 취한 사람들은 여전히 토지나 계약 그리고 질투 따위의 문제로 싸움을 벌인다. 때로는 현재 벌어지고 있는 정사에 대한 것이기도 하다. 트레킹 일을 하러 멀리 출타했던 20년 전에 자기 부인이 벌인 불륜을 가슴 속에 담고 있는 사람도 많다. 그런 사람은 술이 거나하게 오르면 옛 연적을 비난하기 시작한다.

갈첸은 1952년에 있었던 아지바와 텐징 사이의 싸움이 어떤 여자 때문에 벌어졌다고 생각했다. 어쩌면 그럴 수도 있다. 오늘날 셰르파족 사이의 성 규범은 유럽이나 미국의 성 규범과 아주 비슷하다. 사람들은 진실해야 하지만 때로는 바람을 피운다. 누군가가 이를 발견하게 되면 모든 사람이 상처를 받는다. 한 남자가 트레킹이나 등반 일을 마치고 집에 돌아와, 친척이나 이웃에게서 그동안 아내가 다른 사람을 만나고 있었다는 사실을 들으면 그는 화가 끓어오른다. 반대로 부인들은 남편이 돌아오면 침낭을 주의 깊게 관찰한다. 침낭 안에서 있어서는 안 되는 머리카락이 발견되면 그는 큰 화를 당한다. 셰르파족과 서구 관습의 유사성은 많은 셰르파 남녀가 외국인과 결혼하게 됐던 한 가지 이유이다.

그러나 도르제 라투는 50년 전 유럽인들은 지금보다도 더 내성적이었고 셰르파족은 더 자유분방했다고 지적한다. 그는 이것을 셰르파족과 티베트 남녀 사이에 항상 존재해왔던 평등 개념 때문이라고 말한다.

셰르파 여성이 남성들의 억압을 받지 않았다고 말하는 것은 잘못일 것이다. 하지만 셰르파족 남녀관계는 예나 지금이나 평원지대에 사는 네팔인이나 인도인의 남녀관계보다 훨씬 평등하다. 그들은 또한 미국의 전문직 계층 남녀 사이의 관계보다 더욱 평등하다. 셰르파 남편과 아내는 동반자이다. 1995년 여름 우기 동안 나는 네팔의 셰르파족이 경영하는 작은 롯지에 머물렀다. 남편은 트레킹 일을 마치고 집에 와 있었으며, 나를 제외하고는 관광객이 아무도 없었다. 그는 아이들 옷을 갈아입

히고, 꼭 껴안고, 눈을 떼지 않으면서 즐겁게 아이들과 놀아주었다. 부인이 롯지를 운영했다. 그가 멀리 있을 때도 그녀는 이 일을 일 년 내내 했다. 이는 그녀의 사업이었다. 요리를 하기 위해 물이 필요할 때도 "물 좀 가져와요" 하면 남편은 조금도 투덜대지 않고 물을 가져왔다. 셰르파 남자는 요리도 할 줄 알고, 실제 하기도 하며, 셰르파 여자는 포터 일을 할 줄 알고, 또 실제로 한다.

남녀가 불평등한 곳은 종교의 좀더 높은 곳이다. 여승이 아닌 남승들이 불경을 독경하기 위해 일반인의 집을 찾는다. 학식 많고 존경받는 남승들은 어떤 여승보다도 훨씬 더 높은 단계까지 이를 수 있다. 그렇지만 여전히 젊은 남승과 여승 사이에는 우정 어린 평등이 존재한다. 사람들은 한 무리를 이루어 함께 웃고 장난치며 카트만두로 순례나 여행을 떠나는 이들을 길에서 볼 수 있을 것이다.

잘 사는 가정에서 유달리 점점 보편화되고 있는 중매결혼에서도 역시 불평등이 존재한다. 소년은 선택권이 있지만 소녀들은 보통 없다. 하지만 결혼한 여자도 얼마간 시간이 지나면 결혼생활을 마감하고 집으로 돌아갈 수 있다. 그 여자의 아버지는 술에 취하면 딸을 혼내며, "그는 괜찮은 사람이었어, 네가 큰 실수를 한 것이다" 하고 말한다. 딸은 "아니에요, 그는 좋은 사람이 아니었어요. 아버지가 잘못 생각한 거예요. 아버지는 바보예요" 하고 아버지에게 대든다.

셰르파 남자들은 확실히 남성성의 개념을 가지고 있다. 하지만 여자에게 야비하게 구는 것은 그런 남성다움의 개념 중심에는 없다. 나는 한때 '남성성'이란 뜻을 가지는 셰르파어 단어를 찾아보려고 이틀간 애썼으나 성공하지 못했다. 밀어붙이고, 경쟁심 있고, 논쟁을 잘하는 사람(앙체르모, angcherno)을 가리키는 단어는 있으나, 이 말은 남녀 공통으로 쓰이는 말이다. 네팔어에는 바하두르(bahadur)라는 단어가 있는데, 용감하고, 강하고, 남성적이며, 강인하다는 뜻이 있다. 셰르파어에는 그런 단어가 없다. 셰르파족 남녀는 분명히 용감하게 행동하고 용기를 중시한다. 하지만 셰르파어에서 두려움이라는 말은 위험이라는 단어와 같다. 네팔어로 "당신은 에베레스트가 두려웠는가?"라고 물을 수 있다. 셰르파어로 하면 "지와아(jiwaa) 하였는가?"이다. 이 물음은 "위험하였는가?"와 "당신은 두려웠는가?"를 모두 뜻한다. 위험한 상황에서 정상적인 심성의 사람은 당연히 두려워하며, 그것을 수치스러워하지 않을 것이기 때문이다. 셰르파족은 용감하게 행동하는 것과 두려움을 느끼지 않는다는 것은 다르다고 생각한다.

성별간의 평등성이 있다는 것은 성적인 이중 잣대가 없다는 것이다. 남성에게 괜찮은 것은 여성에게도 괜찮았다. 결혼할 때 거의 모든 셰르파 남녀는 순결을 간직하지 않았다. 도르제 라투가 말하듯이 어쨌든 소년과 소녀는 나무를 하기 위해 항상 함께 밖에 나가 있었다. 또 남편과 부인은 서로의 부정에 대해 화를 낸다. 하지만 그들은 보통 상대방을 용서했다. 물론 용서가 망각을 의미하지는 않는다. 도르제 라투는 이것을 나에게 설명하려고 애썼다. 나는 그에게 내가 1960년대 미국에서 성장했다고 말했다. 내가 명확히 기억하기로는, 성적인 평등을 믿으며, 개방적 관계를 가지지만, 여전히 누군가를 죽이고 싶은 것 같다고 말해주었다. "맞아요, 그런 것과 같아요" 하고 도르제가 대답했다.

어쩌면 이것이 아지바와 텐징 사이에 벌어진 상황일 것이다. 그렇다면 그때 아무도 누가 큰 잘못을 저질렀다고는 생각하지 않았을 것이다. 하지만 또 다른 설명이 가능할 수도 있다.

새해에 일어나는 많은 싸움이 돈에 관한 것이라는 것을 상기해보자.

텐징과 앙 체링 집안 사이의 긴장은 셰르파 사다 사이의 광범위한 경쟁의 한 단면이었다. 굉장히 많은 돈이 걸려 있었다.

1952년 소수의 사람들이 선도적인 등반을 하는 사다로 인정받았다. 텐징, 다 남기알, 앙 타르카이 그리고 파상 다와 라마가 그들이다.[1] 앙 체링은 아깝게 이들 범주에 들지 못했고, 그의 발만 온전했다면 확실히 그 범주에 속했을 것이다. 다 툰두는 같은 수준의 등반가였지만 야심이 없었고, 그래서 사다로서 경쟁자가 되지 못했다.

원정대에서 사다는 굉장히 많은 돈을 벌 수 있었다. 어떤 사람들은 포터의 임금을 속였다. 어떤 이들은 여전히 그렇게 하며 어떤 이들은 그러지 않는다. 대규모 에베레스트나 낭가파르바트 원정에서 현지 포터 6백 명과 고소 포터 30명의 임금 중에서 1퍼센트만 착복해도 아주 막대한 금액이 될 수 있었다. 텐징은 자신은 그렇게 하지 않아서 포터들과 분쟁을 훨씬 덜 겪었다고 자서전에서 말하고 있다. 그러나 다른 사람들은 그렇게 했으며 포터들이 그 사실을 알고 불평했다고 말하고 있다.

그러나 부정을 하지 않아도 사다는 잘 살았다. 1952년에 젊은 셰르파들은 나무를 하거나, 장을 본 물건을 들거나 하는 등의 심부름을 할 수 있는 기회를 노리며 주요 사다의 집 주위를 항상 맴돌고 있었다고 도르제 라투는 말한다. 이들 젊은이들은 일을 원했고, 사다들은 일자리를 손에 쥐고 있었다. 원정대가 왔을 때 사히브들이 특정 사람들을 원할 수도 있으며 다른 사람들의 이름을 알고 있을 수도 있다. 하지만 사다는 여전히 자기 친척, 측근 그리고 오랜 친구들을 선발할 수 있었다. 등반가들은 그의 추천을 중요하게 받아들였다. 게다가 이름난 등반가인 사다는 또한 트레킹에서도 사다로서 많은 일자리를 얻을 수 있었고, 그런 일을 할 때에는 아는 사람을 더 쉽게 고용할 수 있었다.

라크파 디키에게 1930년대와 1950년대에 일자리를 얻으려고 사다에게 뇌물을 준 사람들이 있었는지 물어보았다. 그녀는 자신이 트레킹 포터로 일했을 때나 남편이 원정대에서 일했을 때에는 그런 일이 없었다고 말했다. 앙 체링 역시 그때는 사다가 절대로 뇌물을 받지 않았다고 한다. 지금은 어떤 사람은 받고, 어떤 사람은 받지 않는다.

그러나 사다에게는 트레킹 여행 사업을 할 수 있는 되는 기회가 열려 있었다. 카르마 폴은 복음주의 기독교 교회에 의해 길러지고 영어로 교육받은 티베트인 고아였다. 1927년에 그는 다르질링에서 택시 두 대를 가지고 있던 기술 좋은 자동차 정비사였다. 그는 또한 종종 통역으로 1921년부터 1938년 사이에 영국 원정대에서 사다로 일했다. 같은 시기에 그는 트레킹 여행사를 세워 텐징이나 앙 타르카이 같은 사람들을 고용하고 훈련시켰다. 그의 딸 코로넬 폴은 카르마 폴이 성실로 뭉쳐진 바위 같은 사람이었다고 말한다. 그녀는 아버지가 남자로서는 훌륭한 성품을 가지고 있으며, 그녀 자신도 그렇게 살려고 항상 노력했으나, 아버지로서는 완벽하지 않았다고 말한다. 그가 부정직했었더라면 그들은 훨씬 더 유복하게 살 수 있었을 것이다. 하지만 사실상 그에게서 일하면서 배운 지식으로 앙 타르카이와 텐징과 다른 여러 사람들이 자신의 트레킹 여행사를 운영했다. 그것은 그들이 부정을 저지르지 않고도 합리적인 이익을 창출해낼 수 있었다는 것을 뜻했다.

그래서 아마도 텐징과 아지바 사이의 적대감은 경쟁에 뿌리를 둔 것 같다. 이들 모두—텐징, 다 툰두, 다 남기알, 앙 타르카이, 앙 체링—는 청년 시절부터 친구였으며, 아주 친밀한 관계이기도 했다. 그들은 같은 자일로 연결되어 서로의 손에 자신들의 목숨을 맡긴 채 많은 원정에서 함께 등반했다. 그리고 그들은 서로 일을 찾아주었다. 1952년에 이르자 이런 관계에 긴장감이 드리워졌다. 많은 원정에서 그랬고, 에베레스트에서 가장 심했다. 그들은 산에서 동지였으나 시장에서는 또한 사업가였다. 예를 들면 앙 타르카이는 한때 자신에게 예의를 갖춰 선물로 창을 가지고 와 일을 달라고 부탁했던 텐징을 위해 일한다는 것은 불가능하다는 사실을 깨달았다. 그리고 앙 체링과 텐징은 얼마 동안 점점 더 사이가 벌어졌다.

표면적으로는 사이가 벌어진 이유를 말 때문에 생긴 언쟁 탓으로 돌렸다. 텐징이 트레킹에서 짐을 나르기 위해 앙 체링의 말 한 마리를 빌렸다. 그 말이 죽자 앙 체링이 보상을 요구했다. 앙 체링의 가까운 친척이 트레킹에서 일하면서 말을 돌보았다는 논리적인 이유를 대며 텐징은 이를 거부했다.

두 사람을 모두 알던 사람들은 말은 단지 오랫동안 쌓여온 경쟁 관계를 구체화시킨 것에 불과하다고 말한다. 위대한 등반가 중 한 명이었던 이와 가장 위대해지려 했던 이의 대립이었다.

다시 에베레스트로

이유가 무엇이었든지 간에 텐징과 아지바는 한 번 이상 싸움을 벌였다. 이제 1952년에 에베레스트에서 카트만두로 돌아가는 행진 중에 일어난 싸움으로 되돌아가자. 갈첸은 삼촌과 조카가 텐징을 피켈로 공격했다고 말한다. 텐징이 반격했고—그는 언제나 강했다—다른 사람들이 두 사람을 떼어놓았다. 텐징은 그날 밤 다치지 않은 것 같았다.

앙 체링도 역시 그곳에 있었다. 앙 체링은 텐징과 싸움을 한 사람은 아지바였고, 아무도 피켈을 사용하지 않았으며, 텐징과 싸운 다른 나이 든 사람을 보지 못했다고 한다. 갈첸은 두 명이 있었다고 확신했다. 그는 텐징이 두 사람과 피켈로 싸우고도 상처를 입지 않은 데 감명을 받았다. 아마도 두번째 사람은 자신의 아우를 도우려 했던 앙 체링이었을 것이다. 어떤 경우이든지 술에 취하면 이런 일들이 생긴다. 아무도 죽지 않았고 아무것도 망가지지 않았다.

하지만 다음날 아침에 텐징은 너무 아파 걸을 수가 없었다. 그들은 날마다 카트만두까지 그를 들것에 싣고 가야 했다. 그는 혼수상태에 빠졌으며 스위스인 의사는 그가 죽을지도 모른다고 말했다.

텐징은 자서전에서 그 싸움에 관해 이야기하고 있지 않다. 그는 자신의 병은 말라리아가 재발한 것 같았지만, 자신은 그것을 사다와 등반가를 동시에 해야 했던 두 번의 힘든 원정 때문에 생긴 스트레스로 생각했다고 말한다. 확실한 것은 싸움에서 다치지는 않았다는 것이다. 하지만 그것은 마지막으로 남은 감정의 한 가닥인지도 몰랐다. 아지바는 '제네바 스퍼'에 그와 함께 올랐으며 앙 체링은 오랜 친구였다. 텐징은 사다라는 직책이 외롭다는 사실을 절실히 깨달았다. 어쩌면 싸움으로 상처를 입은 것은 그의 몸이 아니었다.

스위스 등반가들은 텐징을 카트만두에서 인도의 파트나로 공수하여 그곳에서 그를 회복시켰다. 그는 이미 내년에 있을 영국 에베레스트 원정대의 사다로 일하자는 요청을 받았다. 그것은 합리적인 선택이었다. 텐징은 자신의 직책에 정통했고, 어떤 셰르파나 영국 등반가보다도 더 높은 곳까지 오른 경험이 있었다.

텐징은 고민에 빠졌다. 핸더슨 부인은 그가 가야 한다고 강하게 설득했다. 그녀의 말엔 무게가 실려 있었다. 그녀는 일을 나누어주는 데 영향력이 있었고, 오랫동안 많은 셰르파에게 친절하게 대했으며, 정직했다. 그러나 스트레스 때문에 그는 병으로 죽을 뻔하기까지 했다. 텐징의 부인 앙 라무가 그에게 말했다.

"당신은 또 병이 나거나 얼음 위에서 미끄러져 떨어져 죽게 될 거야."

"아냐, 나는 조심할 거야" 하고 내가 대답했다. "내가 언제나 그렇게 해온 것처럼."

"당신은 너무 위험을 무릅써."

"나는 등반을 하기 때문에 돈을 받아. 그들은 내가 놀라고 돈을 주는 게 아니야. 나는 내가 돈을 받는 만큼 일해야 해."

"당신은 당신이 죽으면 나나 아이들에게 무슨 일이 생길지 전혀 신경 쓰지 않고 있어."

"여보, 물론 나는 걱정해. 하지만 이건 내 직업이야. 그게 내 인생이고. 당신은 그걸 이해하지 못하겠어?"

"당신이 죽을 거야."

이 지경이 되자 나는 점점 화가 치밀었다. "맞아, 나는 죽겠지. 그렇다면 오두막에서 죽을 바에야 차라리 에베레스트에서 죽을 거야!"

우리는 화를 냈고, 화해를 하고 다시 화를 냈다. 하지만 결국 앙 라무가 내 결심이 확고함을 알고는 말했다. "좋아요, 당신이 이겼어요."[2]

그래서 그는 갔다. 그는 열여덟 살인 남체 출신의 나이 어린 칸사, 조카이자 열여덟 살인 토프카이 그리고 누이의 아들로 열일곱 살인 쿰중 출신의 나왕 곰부를 데리고 갔다. 남체 출신의 갈첸 셰르파는 저소 사다에서 고소 포터로 승진되었다. 그리고 이제 47살인 다 툰두도 역시 함께했다.

그것은 텐징의 일곱번째 에베레스트 원정이었다. 그는 39살이었고, 그 원정은 어쩌면 그의 마지막 기회였다.

영국인들 역시 결심이 굳었다. 그들이 만일 성공하지 못한다면, 이듬해에 스위스인들이 다시 올 것이다. 런던에 있는 히말라야 위원회는 처음에 뽑은 대장인 에릭 십턴이 정상 정복을 강력히 밀어붙이지 않을지 모른다고 걱정했다. 그는 빙폭에서 위험을 무릅쓰려 하지 않았다고 알려졌다. 더 중요한 것은 1952년에 스위스인들이 에베레스트를 오르고 있는 동안 그가 초오유 원정대를 이끌었던 일이다. 초오유에서는 등반이 거의 이루어지지 않았다. 그래서 위원회는 대장을 십턴에서 존 헌트로 바꿨다.

헌트는 42세로 알프스와 히말라야에서 상당한 등반 경험이 있었으며, 탁월하지는 않았지만 좋은 등반가였다. 그는 영국 육군 대령으로 참모장교였다. 헌트는 아주 훌륭한 장교가 작전을 수행하듯이 원정을 이끌었다. 그는 예의 발랐고, 절대 누구에게도 소리를 지르지 않았으며, 용기에 대한 연설도 하지 않았다. 대신에 그는 적절한 시간에 적절한 곳에 충분한 보급품을 확보하여 대원들이 따뜻하고, 잘 먹고, 잘 보급받고 건강할 수 있는 데 역점을 두었다. 헌트에게 정상을 향한 맹목적인 돌진은 없었다. 그의 에베레스트 원정에서 포터 한 사람만이 한 손가락에 동상이 걸렸다. 날씨가 좋았던 행운도 한 이유이다. 하지만 주된 이유는 누가 문제가 생겨 산을 내려오게 될 때마다 헌트가 다음 캠프에 그를 돌봐줄 사람들이 있는지 확인했기 때문이었다.

헌트는 또한 히말라야가 보이는 인도의 심라에서 태어났으며 힌디어가 모국어였다. 그의 원정대에는 옥스퍼드와 케임브리지 산악회의 이

전 회장을 포함한 영국 신사들 중에서도 최고의 등반가들이 포진하고 있었다. 그뿐 아니라 헌트와 원정대원 모두는 비장의 카드가 셋이 있다고 확신했다.

한 사람은 조지 로우인데 뉴질랜드 출신 초등학교 선생이며 강한 등반가였다. 두번째 사람은 또 다른 뉴질랜드 출신의 에드먼드 힐러리였다. 그는 1951년 에베레스트 원정에, 1952년에는 초오유 원정에 참여했다. 힐러리 같은 사람들은 전쟁 이전이라면 등반대에 참여할 수조차 없었을 것이다. 그의 아버지는 제1차 세계대전 때 상사였으며, 힐러리 자신도 제2차 세계대전 중에 상사로 복무했다. 그는 대학을 일 년 다니다가 그만두었다. 대학은 그에게 맞지 않았다. 힐러리는 집에서 양봉업을 하는 아버지를 도와 일했으며, 육체노동으로 삶을 꾸려나갔다. 그는 키가 크고 건장하며, 강한 체력의 탁월한 등반가이자, 철저한 평등주의자였고 예의 바른 사람이었다.

헌트의 세번째 비장의 카드는 텐징이었다. 그들이 만났을 때 헌트는 텐징에게 스위스 원정대에서 했듯이 사다의 역할과 함께 등반대원이 되어달라고 부탁했다. 공식적으로는 텐징이 없으면 대원이 13명이어서 불길한 숫자가 되었기 때문에 그랬다고 말했다. 그는 개인적으로 꼭 첫 번째는 아니라 할지라도 정상 정복의 기회를 텐징에게 주겠다고 약속했다. 헌트는 앞서 생각하고 있었다.

텐징 역시 앞서 생각하고 있었다. 나왕 곰부는 이 사실에 대한 명백한 증거가 텐징이 다르질링을 떠날 때 짐 속에 인도 국기를 갖고 떠났다는 사실이라고 말했다. 텐징은 이미 자신이 정상에 우뚝 선 뒤의 충성심과 장래의 출세에 대해 생각하고 있었다.

등반을 하던 어느 시점에 텐징은 헌트에게 기회가 닿으면 자신이 정상에 인도 국기를 가져가도 되느냐고 물었다. 인도에서 태어난 헌트는 좋다고 허락했다.

텐징은 또한 레이몽 랑베르가 헤어질 때 자신에게 준 붉은 스카프를 가져갔다. 그는 사실 스위스인들과 함께 갈 수 있었으면 했다. 하지만 랑베르와 정상에 설 수 없다면 친구가 준 그 스카프를 정상에서 맬 것이다.

텐징의 시련

원정이 시작되면서 텐징은 정상에 오르고자 하는 갈망과 동료 셰르파들에 대한 의무 사이에서 번민했다. 원정대가 카트만두에서 셰르파들과 만났을 때 등반가들은 영국 대사관에 거처를 정했다. 셰르파들은 한때 마구간이었던 차고에 배정되었다. 그들은 화장실이 없다고 불평했다. 물론 정말 그들을 화나게 했던 것은 헌트와 대사가 그들을 화장실도 필요하지 않은 사람들이라고 생각했다는 사실이었다.

양쪽 모두에게 제국에 대한 상징과 기억이 강하게 작용하고 있었다. 영국은 어느 나라보다도 강력한 식민지 제국으로 제2차 세계대전에 참전했다. 윈스턴 처칠의 명구인 '왕관의 보석'은 바로 인도였다. 1946년이 되자 미국과 러시아가 초강대국이 되었다. 이제 영국은 미국과 연합한 한 나라에 지나지 않았다. 전쟁이 끝나기 바로 전에 처칠의 보수당 정권이 선거에서 노동당에게 패한 것은 영국의 보수층에게는 더욱 안 좋은 사건이었다. 그리고 1947년에 인도 국민회의와 인도인들이 마침내 독립을 쟁취했다.

보수층에 있어서 에베레스트는 이 모든 상황의 상징적 반전을 보여주는 것이었다. 에베레스트는 제국의 일부로서 언제나 영국의 산이었다. 모든 영국인들 중 일부 신사계층 사람들이 용기만으로 조용히 세계를 정복한 것처럼, 그들은 에베레스트로 달려갔다. 정상 정복 달성이 새로운 여왕인 엘리자베스 2세의 대관식과 함께 이루어져 새로운 엘리자베스 시대가 열리는 것이 그들의 희망이었다.

그러나 에베레스트가 영국 상류층에 일어난 모든 변화에 대한 상징적 반전을 보여주는 것이라면, 존 헌트의 원정은 이러한 변화로부터 득을 보았다. 1945년 이후 전 서구의 노동자들은 더 많은 긍지와 자긍심을 지니게 되었다. 이러한 변화가 없었다면 헌트도 힐러리를 데리고 갈 수 없었을 것이다. 인도가 독립하지 않았다면, 게다가 스위스인들이 없었다면, 텐징을 대원으로 받아들인다는 사실 역시 상상조차 할 수 없었을 것이다.

그러나 화장실 문제로 되돌아가보자. 셰르파족에게는 이 화장실 문제가 다르질링의 초우라슈트라에서 그들이 벤치에 앉아 있다가, 한 영국 등반가가 와서 그들을 벤치에서 쫓아내고 자리를 차지했던 시절의 상징이었다. 이제 그들은 더 이상 참지 않았다. 그리고 그들은 프랑스인과 스위스인들을 통해 백인들을 대할 다른 태도가 있다는 사실을 알게 되었다.

이 모든 것이 텐징을 곤경에 빠뜨렸다. 그는 사히브들을 기쁘게 해야 했고, 그렇지 않으면 정상에 오르도록 허락받지 못할 수도 있었다. 다른 한편으로 그는 셰르파들을 계속 기쁘게 해야 했고, 그렇지 않으면 짐이 사우스 콜에 도달하지 못할 수도 있었다. 그래서 그는 셰르파들을 달래기 위해 차고에서 그날 밤을 보냈다. 다음날 아침 그의 충고에도 불구하고 그들은 항의의 표시로 대사관 진입로에 공개적으로 소변을 보았다.

텐징에게는 멀고도 먼 원정길이 될 듯싶었다. 셰르파들은 그가 자신들을 대표하는 대장이 되기를 원했다. 반면 헌트는 그가 셰르파들을 통솔하는 장교의 역할을 하는 대장이 되기를 원했다.

그들은 카트만두에서 베이스캠프까지 긴 여정을 시작했다. 남체 출신의 칸사 셰르파는 열여덟 살밖에 되지 않았으나 영국인 때문에 화가 나지 않았다. 그는 다만 일을 하게 되었다는 사실에 흥분해 있었다. 임금을 주고 보급품을 구매할 모든 돈을 인도 루피 동전으로 운반했다. 동전은 12개의 단단한 나무 상자에 가득 채워져 저소 포터 열두 명이 운반했다. 구르카 병사 다섯 명이 돈을 훔쳐가지 못하도록 하기 위해 하루 종일 이들 열두 명의 포터를 따라 다녔다. 밤에는 셰르파들끼리 당번을 정해서 구르카 병사와 돈이 있는 텐트 안에 앉아서, 구르카 병사를 감시했다고 칸사는 이야기한다. 이것은 또한 셰르파들의 돈이기도 했다.

베이스캠프까지 가는 동안 보급품과 장비에 대한 불평이 끊이지 않았다. 그곳에 있었던 나왕 곰부는 대사관에서 있었던 소동이 사실은 화장실 때문이 아니었다고 말했다. 정말로는 원정이 군대식으로 운영되었기 때문이라고 그는 말했다. "군대는 어느 나라나 다 똑같아요. 당신은 내가 무슨 말을 하는지 알죠?" 나는 고개를 끄덕였다. 그러나 셰르파들에게 정말 중요한 것은 장비였다고 곰부가 말했다. 스위스인들은 최첨단의 훌륭한 장비를 가져왔으며, 이를 함께 썼다. 영국인과 셰르파들은 다시 기본적인 수준에 만족해야 했다.

도중에 많은 사소한 불평이 있었으나 위기는 베이스캠프에서 폭발했다. 사우스 콜에 도달하는 모든 사람에게 3백 루피의 보너스를 줄 것이라고 영국인들이 셰르파 포터들에게 공언했다. 하지만 그 이상은 팁을 보장할 수 없다고 했다. 더욱 중요한 것은 고소 포터들이 그동안 당연한 권리로 여기며 일반적으로 집에 가져갔던 등산화, 외투, 침낭 등이었다. 이번에는 그런 약속을 할 수 없다고 분명히 말했다. 만일 누군가가 일을 잘해서 사히브가 그에게 만족하면 주어진 장비를 가져가게 할 수도 있었다. 만일 그렇지 않다면 그들은 장비를 원정이 끝나는 시점에 회수당할 것이었다.

이것은 감정을 상하게 하는 것일 뿐만 아니라 관습적 권리를 침해한 것이다. 이는 또한 금전적으로도 문제가 되었다. 예를 들어 칸사의 아버지는 1930년대에 딱 한 번 영국 에베레스트 원정대에서 고소 포터로 일한 적이 있었다. 그는 집에 돌아와서, 자신의 등산화, 침낭, 외투를 남체에 사는 다섯 명의 부자들 중 한 사람에게 팔았다. 그 돈으로 그는 칸사가 태어난 집을 살 수 있었다.

셰르파들은 장비에 대해 항의했고, 그들 사이에서 논쟁을 벌였다. 그리고 그들은 파업을 하거나 집으로 돌아가겠다고 위협했다. 텐징이 훗날 다음과 같이 썼다. "이때가 모든 원정에서 내가 직면했던 최악의 순간이었다. 화해를 위해 노력했던 와일리와 함께 나는 빵 두 쪽 사이에 눌린 샌드위치의 가운데 부분이 된 것 같았다. 양쪽 다 내가 다른 편을 위해 일하고 있다고 생각하고 있었으며, 특히 셰르파들은 내가 자신들의 입장과 반대의 말을 하도록 영국인들에게 많은 돈을 받았다고 생각하는 것 같았다. 거의 언제나 나는 나 자신이 단순히 평범한 셰르파이기를 원했다."[3]

저항 세력의 지도자는 파상 푸타르 자키였다. 텐징이 따귀를 때리고 걷어차서 사우스 콜까지 짐을 나르게 했던 바로 그 사람이었다는 것은 아마 우연이 아닐 것이다. 텐징은 사히브들이 타협안을 제안했다고 말한다. 파상 푸타르 자키와 앙 다와는 타협안을 받아들이지 않았든지, 또는 해고를 당한 것 같다. 어떤 경우든 간에 그들은 떠났으며 사태가 진정되었다. 원정대는 빙폭으로 향했다.

텐징은 나왕 곰부에게만 오직 속내를 드러낼 수 있었다. 그가 곰부와 말을 나누었던 이유는 그가 친척이고 소년이며, 그래서 경쟁자가 아니기 때문이었다고 나는 생각한다. 하지만 곰부는 현재도 현명하고 점잖은 사람이므로 분명 그때 역시 그랬을 것이다.

텐징은 곰부에게 이번에 자신이 정상에 오르거나, 아니면 오르다가 죽게 될 것이라고 말했다.

13. 1953년

헤를리히코퍼의 도전

영국 원정대의 사다가 되어 텐징이 에베레스트에 돌아왔던 1953년 봄에 독일 원정대가 자신들의 오랜 숙원인 낭가파르바트를 다시 오르려 하고 있었다. 이번 원정대장은 카를 헤를리히코퍼였으며, 그는 배다른 형인 빌리 메르클이 1934년 낭가파르바트에서 숨졌을 때 불과 열일곱 살이었다.

나는 나의 영웅인 큰형을 잃었을 때 자연히 슬픔에 잠겼다. 하지만 내가 이 산의 비극에 진정 충격을 받은 것은 명성 있는 우리 일곱 등반가가 충직한 셰르파족과 함께 단번에 죽은 1937년이었다. 그때 나는 그 자리에서,

무슨 일이 있어도 새로운 독일 히말라야 원정대를 조직해 스러져간 동지들의 영웅적 투쟁을 계승해 반드시 승리하리라고 결심했다.[1]

헤를리히코퍼는 이 일을 하는 데 꼬박 20년이 걸렸다. 그는 전쟁을 겪었으며, 의사가 되었고, 형에 대한 전기도 썼으며, 고지대를 걷고 기어오르기도 했다. 1951년, 독일이 전쟁의 상처에서 마침내 회복되자 그는 원정대를 이끌 시기가 왔음을 느꼈다. 하지만 그는 등반 경험이 거의 없었으며, 히말라야에 가본 적도 없었다. 그가 등반계에서 완전 무명이었으므로, 그와 함께, 그것도 낭가파르바트에 가려는 사람은 극히 적었다. 오스트리아 알파인 클럽은 그를 후원하기로 했으나, 규모가 훨씬 더 큰 독일 알파인 클럽은 거절했다. 하지만 헤를리히코퍼는 의지가 굳은 사람이었다. "나는 나 자신의 이상을 위해 싸움을 시작해야만 했다…… 나에게 단념이라는 것은 없었다." 그는 자금은 모았으나 그가 실제로 등반을 이끌 수 없다는 사실은 자명했다. 그는 이 문제를 페터 아센브레너에게 의지했다.

아센브레너는 1932년 낭가파르바트에 간 적이 있었다. 그는 1934년에도 갔었으며 '실버 새들' 바로 아래에서 포터를 버리고 스키를 타고 도망갔다. 그는 스트립젠조흐 산의 대피소 관리자가 되어 쿠프스타인에서 일하고 있었다. 아센브레너는 헤를리히코퍼에게 일 때문에 시간을 낼 수 없다고 말했다. 이 이유는 전혀 설득력이 없지만 나는 왜 아센브레너가 그 산에 다시 가지 않으려 했는지에 대해 여러 이유들을 추측할 수 있다. 헤를리히코퍼는 포기하지 않았으며 결국 아센브레너는 수락했다. 그리고 아센브레너와 부인은 20년 결혼생활 만에 단 한 번 심각한 부부싸움을 했다.

그것은 헤를리히코퍼의 천재적인 수완이었다. 이제 메르클의 동생과 1934년의 베테랑이 이끄는 원정대가 꾸려졌다. 헤를리히코퍼는 또한 다르질링에 있는 앙 체링에게 참여해달라고 요청했다. 앙 체링은 거절했다. "당신이 나에게 해준 것이 아무것도 없는데 왜 내가 당신을 위해 무슨 일이라도 해야 하지?"

아셴브레너는 오십대였으므로 그가 실제로 산을 오를 수는 없었다. 사십대 이하는 그 원정대에서 네 사람뿐이었다. 인스부르크 출신 오스트리아인인 헤르만 불이 '젊은이들'이라고 불린 사람들 가운데 가장 강한 인재였다. 그는 노동계급으로 이루어진 새로운 등반가 세대였다. 그가 성장할 때 불은 "우리집은 평범했다. 아버지는 국가 소속의 말단 공예가였으므로, 주어진 봉급으로는 목숨을 이어가기에 필요한 것들을 구하기에도 급급했다. 우리는 대개 아침에는 마른 빵을 먹었고, 점심은 내 돈으로 사먹어야 했다. 그 돈은 운송 대리인 사업장의 실습생을 하면서 받은 것이었다".[2]

불은 그 당시 29살로 뮌헨의 스포츠용품 가게에서 일하며 부인과 아이를 부양하고 있었다. 그의 정기적인 등반 상대는 28살의 쿠노 라이너였는데 그는 벽돌공 십장이자 안내인이었다. 헤르만 콜렌스베르거는 27살로 기계공이었다. 중산층 직업을 갖고 있는 유일한 젊은이는 27세인 오토 켐프터로 사업가였다.

원정대는 1939년에 비스너와 함께 K2 봉의 정상을 거의 정복했던 파상 다와 라마가 이끄는 다섯 명의 셰르파족 포터를 고용했다. 하지만 이제는 인도와 파키스탄이 서로 독립된 나라였다. 낭가파르바트는 카슈미르의 파키스탄 지역에 위치해 있었고, 인도와 파키스탄이 카슈미르를 놓고 6년 전에 전쟁에 돌입한 상태였다. 파키스탄의 관점에서 보면 다르질링 셰르파족은 인도인이었다. 그들의 파키스탄 입국은 허용했지만 낭가파르바트 입산 허가는 내주지 않았다.

그래서 헤를리히코퍼와 일행들은 1932년도 빌리 메르클의 첫번째 원정에서처럼 발티족 사람들과 훈자 포터들에 의존해야만 했다. 그들과 포터와의 관계는 옛날과 조금도 변하지 않았다. 저소 포터인 발티족 포터는 자원자도 아니었고 더 나은 임금을 요구했으며, 오로지 자기 농사일로 되돌아가기만 원했다. 1932년도 연락장교는 길기트 수색대의 프라이어 중위였다. 1953년도에는 길기트 경찰서의 경관인 라바르 하산이었다. 고소 포터는 훈자 사람들이었다. 출발할 때 헤를리히코퍼는 훈자 사람들에게 하루에 두 번씩 베이스캠프까지 짐을 날라야 한다고 말했다. 그리고 그가 진술하기를 "그들은 보란 듯이 풀오버, 파카, 등산화 그리고 다른 옷가지들을 벗어서 내던졌다. 하산은 훈자 사람들이 마음대로 장비만을 내려놓고 갈 수 없으며, 지금의 행동은 허풍에 지나지 않는다는 사실을 알았다…… 그들 중 아무라도 명백한 이유나 증명서가 없이 집으로 돌아간다면 곧바로 체포되어 강제 노동을 선고받게 될 것이다".[3]

열흘이 지난 뒤에 원정대는 마침내 빙폭 위 제1캠프에 보급품을 운반할 준비가 다 되었다. 이제부터 본격적인 등반과 위험이 시작될 것이다.

헤를리히코퍼는 다시 이야기한다.

포터들이 아침 9시에 짐을 가지고 출발할 예정이었으나, 그들이 두번째로 파업에 돌입하여 더 많은 옷과 식량, 임금을 요구했고, 짐을 28킬로그램에서 18킬로그램으로 줄여줄 것과 여분의 셔츠, 양말, 내의 같은 예비 의류에 대한 문제를 제기했다. 나는 즉각 그들에게 모든 의복과 장비를 벗어서 한 군데에 쌓아놓으라고 명령했다. 그리고 나는 그들을 해고했다. 그들 중 다섯 명은 받아야 할 임금조차 기다리지 않고, 맨발로 눈 위를 걸어 타토로 도망쳤다. 그들은 지금쯤 자신들 출신 마을에서 도망자로 분류될 것이지만 분명 그보다 더 산을 두려워하고 있었다. 그들은 자신들이 죽으면 가족들이 옷을 가질 수 있는지를 여러 번 물어봤다. 하산은 나에게 오히려 먹을 것을 더 주라고 조언했다. 그들은 많은 양을 먹어치울 수 있었다. 그리고 모든 사태는 질서를 되찾았다. 그들은 정말로 어린아이 같았다. 나는 그들에게 다시 고소 포터의 자리를 주기 전에 나에게 개별적으로 사과하도록 시켰다. 그들 중 한 사람은 수치감을 꾹 참으며 눈물을 흘렸다.[4]

또는 굴욕감이었을 것이다.

헤를리히코퍼는 포터들이 도망가지 못하도록 강요할 수는 있었지만 산을 더 높이 오르게 할 수는 없었다. 훈자 포터들은 더 높은 캠프에 올라갈 때마다 병이 생겼다고 계속 애원했으나 독일 등반가들은 믿지 않았다. 그리고 훈자 사람들이 위험한 상황을 거부한 것도 사실이었다.[5]

산에서 28킬로그램의 짐을 날라야 했던 일에 주목해보자. 다른 원정대의 기록에서 내가 찾을 수 있었던 가장 무거운 짐 무게는 22킬로그램 정도였으며, 15킬로그램 또는 18킬로그램의 경우가 일반적이었다. 헤를리히코퍼는 인력이 부족했기에 그렇게 무거운 짐을 나르도록 했을 것이다. 셰르파들은 올라올 수 없었고, 그에게는 오로지 네 명의 강인한 독일 등반가들이 있을 뿐이었다.

41시간의 등반

독일인과 훈자 사람들이 서서히 일련의 잘 비축된 캠프를 세우려고 노력했다. 포터들이 부족해 그들은 이전 원정의 제3캠프를 건너뛰어야만 했다. 그들은 1937년 16명이 사망했던 옛날 제4캠프 자리에 제3캠프를 세웠다. 그들은 시작한 지 5주가 지난 6월 30일까지 아직도 '무어인의 머리'를 지나서는 캠프를 하나도 세우지 못했다. 젊은 독일인들, 특히 헤르만 불은 짐 운반에도 큰 몫을 했다. 이제는 '무어인의 머리' 위로 올라갈 능력과 뜻이 있는 포터는 셋뿐이었다. 헤르만 불만이 높이 등반할 수 있을 듯이 보였고, 우기가 곧 다가올지도 몰랐다. 그들은 긴 라키오트 능선과 '실버 새들'에 캠프를 세울 시간이 없었다.

평생 안내인으로 지냈으며 1934년의 기억을 갖고 있는 페터 아셴브레너는 등정을 포기했다. 베이스캠프에서 그와 헤를리히코퍼는 아직 제3캠프에 머무르고 있는 프라우엔베르거, 에르틀, 켐프터, 그리고 불에게 그 소식을 무전으로 보냈다.

불이 주도하여 네 사람은 하산을 거부했다. 그 다음날 그들은 라키오트 봉우리 바로 앞에 위치한 제4캠프까지 올라갔으며 베이스캠프는 그들을 세 번이나 호출했다. 아셴브레너는 그들에게 추잡한 욕으로 저주를 퍼부으며 소리를 질러댔고, 그들은 바이에른 욕으로 되받아쳤다.

이튿날 아침에도 다시 무전으로 충돌했다. 발터 프라우엔베르거가 "반시간 정도 언쟁을 하고 나서 결국에는 저 아래에 있는 사람들로부터 허락을 억지로 받아냈다. '좋다, 정 그렇다면 하나님의 가호 아래 올라가라. 우리 모두 행운이 있기를 빈다.' 우리는 그 이 말을 듣고 다시 한번 한숨을 돌렸다"고 불은 나중에 이 당시를 회상한다.[6] 등반가 넷과 포터 셋은 출발해 '무어인의 머리'를 지나고 다시 긴 능선을 내려가 가장 낮은 곳에 이르렀다. 거기서 그들은 텐트를 쳤다. 그리고 포터들과 등반가 둘은 아래로 내려갔으며, 불과 오토 켐프터만이 다음날 정상 도전을 하기 위해 남았다.

이것은 야망이 가득한 시도였다. 정상은 아마도 하루 동안 갈 수 있는 거리보다 더 멀리 떨어져 있었다. 아주 자신만만하던 1934년 원정대조차 '실버 새들' 바로 위에 그들의 최종 캠프를 설치했었다. 불과 켐프터는 '실버 새들'까지 6백 미터를 올라가고, 그런 다음에 좌측으로 방향을 틀어 긴 정상 능선을 따라 6백 미터를 더 오를 계획이었다. 최소한 이 계획이 얼마나 힘들지 약간이라도 인식한 불은 아침 2시 30분에 기상해 올라가고자 했다. 켐프터는 좀더 잠을 자기를 원했으며 불은 혼자서 돌진해 나갔다. 켐프터는 처음에는 삼십 분만 늦었지만 나중에는 한 시간 뒤처졌다. 황소(bull) 같은 성격의 불(Buhl)은 그를 기다리기 위해 멈추지 않았다.

불이 '실버 새들'의 정상에 도달했다. 길고 평평한 백색의 정상 고원이 앞에 펼쳐졌다. 태양이 끝없이 펼쳐진 눈에 반사되어 땀이 흘렀으며 벌써 목이 따갑게 타들어갔다. 바람은 불지 않았다.

불은 다시 바람 한 점 없는 아침에 '실버 새들' 위를 걸어 나갔다. 그는 한 발자국마다 다섯 번씩 숨을 쉬면서 정상 고원을 가로질러가기 시작했다.

켐프터가 이윽고 '실버 새들'에 도달했다. 그는 벌써 기진맥진했으며 쉬기 위해 눈에 앉아 있다가 불이 되돌아오기를 기다리기로 마음먹었다. 그는 하루 종일 기다렸다. 그런 다음 오후 늦게 켐프터는 혼자서 다른 일행들이 만일을 대비해 기다리고 있는 텐트로 내려갔다.

불은 오후 어느 때 광대한 정상의 평지를 가로질러 갔다. 그는 시간을 계산하고 있지 않았다. 그는 멈춰서 자신의 작은 배낭을 길 옆에 버렸다. 몇 킬로그램 되지 않는 것조차 너무 무거워 메고 갈 수 없었다. 그는 배낭에 두터운 양모 스웨터를 남겨두고, 얇은 목 스웨터와 파카만 입고 있었다. 아직은 날씨가 더웠다. 그는 주머니에 들어갈 수 있는 것만 가지고 갔다. 정신을 맑게 해주는 볼리비아 산 코카 차, 기운 나게 하는 몇 알의 약, 그리고 혼자서 정상에 올랐다고 하면 아무도 믿지 않을 것이기에 사진을 찍을 카메라를 챙겨 갔다. 원정대가 정상에 꽂아주기로 약속한 파키스탄 국기와 자신이 소속된 티롤 지방 산악회의 삼각 깃발도 가지고 갔다. 불은 오스트리아인이었지만 자기 나라나 독일 국기는 가져가지 않았다.

이제 그는 서쪽 정상의 기슭에 당도했다. 여기는 너무 높았고 등반하기에는 너무 돌이 많아서 서쪽 정상과 더 높은 주 정상 사이의 틈으로 힘들여 내려갔다. 그는 왼쪽으로든 오른쪽으로든 서쪽 정상을 돌아가야만 했다. 그는 왼쪽을 선택했다. 이쪽이 좀더 짧아 보였다. 그는 능선 위로 걸어 올라갔으며 발밑에는 눈이 처마 모양으로 얼어 있었다. 그는 눈이 무엇인가 위에 놓여 있기를 바랐다. 만일 눈이 금이 간다면 그는 세계에서 가장 큰 산의 경사면 절벽인 남쪽 벽 2천1백 미터 아래로 떨어질 것이다.

그는 능선 위로 60미터 넘게 솟아 있는 암석 절벽에 도달했다. 자일로 확보도 하지 않고 올라간다는 것은 자살행위가 될지 모른다. 그가 애써 절벽을 돌아가자, 또 다른 절벽을 마주하게 되었다.

내 5미터 아래 눈이 일부 쌓여 있는 소협곡이 곧바로 능선의 정상부까지 이르고 있었다. 그러나 내가 어떻게 그 소협곡에 들어갈 수 있을까? 협곡의 위아래는 돌출된 바위들로 막혀 있었다. 나는 지금 무슨 위험이라도 무릅쓸 준비가 되어 있었다. 아이젠이 아직 내 등산화에 부착되어 있었기에 〔바위를 지칠 수 있었다.〕 나는 유일한 희망인 크랙(바위의 갈라진 틈, 침니보다 작다/옮긴이)으로 높이, 부서지기 쉬운 녹갈색의 편마암의 가파른 경사면을 재빠르게 올라갔다.

내가 고향 산에서 자주 그렇게 했듯이 다시 한번 장갑을 주머니에 넣고 갈라진 틈새 밑바닥에 내 몸을 밀어 넣었다. 지금은 속도가 생명이었다. 〔왜냐하면 밤은 다가오고 있었고 힘이 쇠잔해갔다.〕 단지 10미터 정도 밖에 되지 않았지만 내 아이젠이 아주 좁은 바위 갈라진 틈에 끼었고, 손가락은 모든 것을 놓아버릴 것 같았다. 그것은 와츠만의 동벽(동부 알프스 최대의 암벽/옮긴이)과 비교할 만한 최고 난이도의 등반이었다. 나는 〔손가락이 움직이지 않는〕 섬뜩한 감각을 느꼈다. 하지만 내 바로 몇 미터 위에 소협곡으로 향하는 새로운 길이 있었다. 올라가야만 했고 이제 나는 소협곡에 안착했다. 정말 끔찍한 몇 분이었다.[7]

그는 서쪽 정상을 돌았다. 온 길로 다시 갈 수 없다는 것을 알았지만 개의치 않았다. 그는 코카 차의 마지막 한 모금을 마셨다. 차는 아직 따뜻했으며 파카는 허리에 묶어서 걸쳤다.

갑자기 시간이 저녁 6시라는 것을 깨달았다. 밤새 밖에서 지새야만 할 것 같았다. 심한 갈증이 몰려왔다. 그는 이제 땅에 엎드려 손과 발로 외롭게 기어갔다.

공개적으로 말할 수는 없었지만 그는 규칙을 어기고 홀로 등반하는 것을 항상 원했었다. 1943년, 그는 18살에 운 좋게도 산악 구조 전문 군

부대에 자리를 얻어 징집을 피할 수 있었다. 어느 주말에 그는 등반을 떠났고, 휴가 기간을 넘기고 말았다. 그 벌로 동부 전선으로 갔으며 포로수용소에서 2년을 보냈다. 그는 항상 홀로 등반하는 것을 좋아했으며 단독 등반을 하는 것으로 유명했다. 그가 오토 켐프터가 따라오도록 기다리지 않았던 것은 전혀 놀라운 일이 아니다. 그는 각자 자신의 목숨을 걸 권리가 있다고 믿었다. 그는 손과 무릎으로 계속 나아갔다.

어떤 한 친구가 그를 계속 앞으로 가라고 격려했다. 친구는 모든 것이 잘될 것이며 안전할 거라고 불에게 말을 건넸다. 불은 뒤를 돌아보았으나 아무도 없었다. 다시 장갑 낀 손 앞에 전개된 눈 쪽으로 앞을 바라보았고, 그 친구는 또 말을 건넸다. 그는 그 목소리를 들은 적이 있었지만 이름이 기억나지 않았다.

몇 시간이나 지났을까, 친구의 계속 나아가라는 꾸준한 독려 속에 헤르만 불은 낭가파르바트 정상을 밟았다. 그는 17시간 동안 등반을 계속했다. 불은 자신이 속한 산악회의 삼각 깃발을 꺼내, 피켈에 묶고 그것을 눈에 박았다. 그는 앉아서 카메라를 꺼내 피켈과 그 뒤로 '실버 새들'과 북쪽 능선 사진을 찍었다. 그는 대략 삼십 분 동안이나 거기 앉아 있었다.

그리고는 이번에는 걸어서 내려오기 시작했다. 갑자기 강한 힘과 두려움이 함께 찾아왔다. 그는 정상에 피켈을 남겨두었다. 그게 너무 무거웠거나 아니면 단지 신경 쓰지 않았을 것이다. 그는 다가오는 어둠과 맞서야 했다. 그가 올라왔던 루트는 너무 위험했다. 서쪽 정상의 다른 방향으로 새로운 루트를 찾아야 했다. 그는 지금 정신이 혼미했다. 그의 친구가 여전히 말을 걸었고 두려움에 떠는 그를 위로해주었다. 그가 55도 경사의 슬래브를 내려올 때, 그때서야 주위가 완전히 깜깜해진 것을 갑자기 깨달았다.

멈춰서 새벽까지 기다려야 했다. 그는 한 사람이 앉기도 너무 작은 바위 돌출부에 서 있었다. 한 손으로는 뒤에 있는 암벽을 꽉 붙잡았고 다른 한 손으로는 두 스키 폴대를 쥐고 있었다. 그는 스키 폴대를 산을 오르는 데 많이 사용하지 않았다. 지금은 피켈이 없었기 때문에 내려가면서 균형을 잡기 위해 그것들이 절박하게 필요했다. 만일 그것마저 잃어버리면 머지않아 미끄러져 사라져버릴 것이다. 또는 넘어져서 발목이 삘 수도 있었다. 이 고도에서는 그것만으로도 모든 것이 끝이었다. 그는 기진맥진했다. 한순간이라도 잠이 들면 스키 폴대를 놓칠 수도 있었다. 그는 스키 막대를 허리에 묶을 생각을 하지 못했다. 눈을 감고 졸다가 두려움에 퍼뜩 깰 때도, 그의 두 손은 스키 폴대를 부서져라 쥐고 있었다. 그는 얇은 목 스웨터만 입고 있었으며 발은 무감각해졌다. 그는 홀로 8천 미터 고지에서 18시간 동안 등반을 한 다음 비박을 하고 있었다. 그에게 살아날 권리란 없었다. 그의 친구가 그에게 말을 걸었다. 날씨는 여전히 호의적이었고 바람도 불지 않았다.

아침에 하늘이 밝아왔을 때 그는 아직 살아 있었다. 그는 아주 천천히 하산했다. 출발한 지 41시간 만에 '무어인의 머리' 바로 아래에 있는 제5캠프로 귀환했다.

낭가파르바트의 신

'무어인의 머리'에 있는 그의 친구들이 '실버 새들'에서 검은 점처럼 보이는 그를 발견한 것은 그들이 가이라이와 메르클의 눈 무덤에 새로운 기념물을 봉헌하고 있을 때였다. 텐트에 도착하자마자 그들은 그에게 한 컵 한 컵 계속 차를 권했고, 그를 보자 울음을 터뜨렸다. 불은 말을 할 수 없었으며 그들은 그가 정상 정복을 했는지 묻지 않았다. 무엇보다도 그것이 그의 마음을 상하게 했다.

그는 8천 미터급 14개 봉우리 중 하나를 세번째로 초등한 사람이었다. 단독 등정으로는 단연 첫번째였고 무산소로도 그랬다.

불은 동상에 걸렸으며 그가 몇 개의 발가락을 잃게 되리라는 사실은 분명했다. 다음날 그들은 힘들게 하산했다. 그들이 베이스캠프에 도착했을 때 페터 아센브레너는 이미 떠난 뒤였다. 그는 불이 정상 정복했다는 소식을 듣자마자 떠났다.

아센브레너는 집으로 돌아갈 교통편을 예약해놓았으며 돌아갈 직장이 있었다. 그렇다 해도 이상한 행동이었다. 어쩌면 명령을 따르지 않은 불에 대해 분노했을 수도 있다. 아니면 19년 전 그 자신이 거의 이룰 뻔한 업적을 달성한 사람을 만나고 싶지 않았을지도 모른다. 아센브레너에게 낭가파르바트는 슬픔으로 가득한 곳이기에 그 자신도 이해하거나 견디지 못할 감정이 마음속에서 복받쳐 올랐다는 것은 가능한 일이다. 어쩌면 그는 누구라도 그곳에서 등정을 성공하는 것을 원하지 않았을지 모른다.

헤를리히코퍼 역시 불을 차갑게 대했다. 훈자 포터들이 존경심을 지니고 주의를 기울여 불을 베이스캠프로부터 도로까지 운반해왔으며, 그는 발가락 둘만을 잃었다. 독일에서는 헤를리히코퍼 지지파와 불 지지파가 서로 나뉘어 격렬하게 공개 언쟁을 벌였다. 결국 불의 주장이 가장 강력했는데 어찌되었건 그는 정상을 올랐고, 승리자였다. 그래서 대부분의 사람들을 헤를리히코퍼와 아센브레너를 진흙탕에 빠져 있는 노인네라고 여겼다. 하지만 두 노인이 옳았다. 산에서 그들은 정상을 안전하게 함께 올라갈 수 있는 사람을 확보하지 못했다. 불은 좋은 날씨, 고요함, 무풍이 아니었더라면 죽음을 맞이했을 것이다. 8천 미터 고봉에서는 그런 경우는 극히 드물었고, 사람의 목숨이 다른 무엇보다도 가치가 있다면, 헤를리히코퍼의 주장이 정당한 것이었다.

등반할 때 나타난 불의 유령 친구에 대해서는 두 가지 설명이 가능하다. 하나는 산소가 없이 아주 높은 고소에 머물렀던 많은 사람들이 그랬듯이 환청을 경험했다는 것이다. 특이하게 좋았던 날씨와 부합되는 또 다른 설명은 그의 친구가 낭가파르바트의 신이었다는 것이다.

텐징과 힐러리

반면에 그해 봄 에베레스트로 되돌아온 영국 원정대는 불행한 사고 없이 빙폭을 통과했다.[8] 젊은 칸사는 줄곧 공포에 떨었지만 동시에 일을 하는 것이 행복했다. 그는 또한 다르질링에서 온 나이 지긋한 사람들에게 깊이 감사했다. 그들은 그에게 어떻게 확보를 하는지, 어떻게 다리에 상처를 내지 않고 아이젠을 끼고 걷는지를 보여주었다. 그는 그들이 없었다면 살아남을 수 없었을 것이다.

텐징은 사다로서 조금은 편한 시간을 보내고 있었다. 아직도 논쟁은 남아 있었다. 영국인들이 포터가 28킬로그램짜리 짐을 운반해야 한다고 말했다. 셰르파들이 불평했고, 텐징은 무게를 23킬로그램으로 줄일 수 있었다. 그는 대부분의 시간을 베이스캠프나 바로 빙폭 앞쪽에 머물면서, 짐을 분배하거나 보급품이 끊임없이 전해지도록 했다. 그는 원정대에서 모든 사람의 이름을 알고 있는 유일한 사람이고, 다른 셰르파들보다 영어가 아주 유창했기 때문에 그가 꼭 있어야 했다. 자일로 연결된 칸사와 다른 사람들은 영국 등반가와 의사교환을 위해 수신호를 이용했다. 하지만 공통의 신호 체계가 없었기에 칸사는 종종 무엇을 하라는 것인지 잘 알지 못했다.

베이스캠프에서 텐징은 작업의 효율성에 감명을 받았다. "군사 규범에 따라 작업이 진행되었으며 우리들 대부분이 좀더 느슨하고 비격식적인 것을 선호해왔었다는 것은 의심의 여지가 없다"[9] 고 그는 말했다. 하지만 군대식 체제는 효과적이었다.

어려운 부분은 등반을 이끌어가는 것이 아니었다. 에드먼드 힐러리는 빙폭을 지날 때 루트 개척의 많은 부분을 이끌어왔다. 그가 셰르파족에 대해 많은 것을 알게 된 45년 후에 힐러리는 이런 글을 남겼다.

> 많은 수의 일행들이 빙폭 위로 올려 보낼 중요한 짐을 가지고 도착했으며, 모든 일이 순조롭게 진행되어가는 듯 보였다. 이는 그해 텐징이 베이스캠프 위로 올라가는 첫번째 등반이었지만, 나는 그가 아주 행복한 것 같다는 생각이 들지 않았다. 스위스인들과 원정할 때 그는 선두 등반가의 일원이었으나, 헌트는 이 단계에서는 그의 영향력과 경험이 다른 셰르파들을 조직하고 짐을 빙폭 위로 올려 보내는 데 더 가치가 있다고 느꼈다. 나는 텐징의 명성에 대해서 상당한 존경심을 지니고 있었지만, 우리 스스로도 잘 대처할 수 있는 어려운 얼음 관련 문제를 헤쳐나가는 데 그의 도움이 필요하다는 생각은 들지 않았다. 텐징이 언제나 우리보다 스위스인들에게 더 따뜻한 정을 품고 있었다는 사실은 놀랄 일이 아니다.[10]

제6캠프가 사우스 콜 아래 로체 벽의 가파른 경사지 기슭에 설치될 때까지 빙폭 위로 깊은 골짜기를 지나 짐들을 옮겼다.

텐징과 힐러리는 처음으로 자일로 함께 연결하고 베이스캠프로 내려갔다. 힐러리가 크레바스에 왔을 때 그들은 '원자폭탄'이라고 불리던 빙폭의 한 부분을 지나 질주해갔다. "정상적인 다리를 건너는 대신에 나는 공중에 몸을 날려 뛰어올라 매달려 있는 처마 부분 끝에 착지했다. 그것이 금세 깨어지면서 그 위에 올라앉은 나를 매달고 크레바스로 곤두박질쳤다."[11] 텐징은 오랜 경험으로부터 즉시 반응해 피켈을 눈 속에 박아 자신보다 훨씬 더 큰 사람을 붙잡았다. 크레바스로부터 올라오면서 힐러리는 생각했다. "나는 텐징의 기술과 로프 사용, 그리고 어려운 일을 해냈다는 성취감에 깊은 인상을 받았다. 나에게 처음으로 이런 생각이 들었다. '존 헌트가 조지 로우와 나를 함께 등반하도록 할 것 같지 않다. 그는 뉴질랜드인만 두 사람을 정상에 오르게 할 수는 없다. 하지만 텐징과 나라면 어떨까?' 그것은 좋은 생각인 듯싶었고 그렇게 권해 보기로 결정했다."[12]

텐징도 곧 같은 결정을 내렸다. 두 사람은 베이스캠프에 머물렀다. 헌트는 그들을 쉬게 했지만 그들은 자신들의 역량을 보여주기를 원했다. 5월 7일에 그들은 함께 베이스캠프에서 제4캠프로 올라갔다가 그날로 다시 되돌아왔다. 존 헌트에게 있어 중요한 것은 그들이 폐쇄회로 산소 장비를 시험하고 있었다는 것이다. 사실 그들은 자신들이 무엇을 할 수 있는지를 그에게 보여주고 있었다.

닷새 후에 헌트는 그가 구상한 정상 정복 계획을 발표했다. 조지 로우는 로체 벽을 올라 사우스 콜까지의 루트를 이끌 것이다. 그리고는 두 정상 정복팀으로 나눌 것이다. 먼저 찰스 에반스와 톰 부르디론이 폐쇄회로 산소 장비를 사용하여 사우스 콜로부터 정상 정복 시도를 하게 될 것이다. 이 두 사람이 성공하든 실패하든 힐러리와 텐징이 그 다음날 정상 정복을 시도하게 될 것이다. 개방회로 산소 장비를 사용하여, 그들은 정상 능선 위로 어느 정도까지 올라가 텐트를 세울 것이다. 그 다음날 아침 일찍 그들은 정상을 향해 올라갈 것이다(폐쇄회로 산소 장비는 잠수부들이 쓰는 것과 같이 순수한 산소만을 호흡하는 것이다. 개방회로 산소 장비는 운동선수들이 사용하는 산소 마스크처럼 주위의 공기와 함께 혼합된 산소를 호흡하는 것이다).

헌트는 모든 것을 고려하고 있었다. 그것은 영국 원정대였고, 될 수 있다면 가능한 영국인이 먼저 정상에 오르기를 바랐다. 에반스(왕립 외과대학 특별연구원)와 부르디론(옥스퍼드 연구원)은 강한 체력을 지녔지만 힐러리와 텐징과 같은 수준의 등반가는 아니었다. 만일 영국인들이 실패했을 경우에도 헌트는 여전히 두 명의 최고 등반가를 예비해둘 수 있었다. 그는 또한 서로 다른 산소 장비로 시도해보기로 했다. 그리고 한 조는 사우스 콜로부터 하루 만에 시도할 것이고, 다른 조는 이틀에 걸쳐 시도할 예정이었다.

텐징은 기뻐했지만 다른 많은 셰르파들은 그렇지 않았다. 그들은 텐징이 미쳤다고 했다. 그가 죽을 것이고, 그러면 그의 부인에게 무슨 말을 해야 할 것인가? 어떻게 그들이 텐징의 부인 앙 라무에게 얼굴을 들 수 있을까?

"할머니들처럼 걱정하지 말라"라고 텐징은 말했다.

그러자 그들은 더 큰 근심을 드러냈다. 어쩌면 영국인들이 텐징과 함께 정상 정복을 할 수 있을 것이다. 그리고 만일 그 일이 현실이 되면 "당신이 우리 모두의 생계를 빼앗아가게 될 것이다…… 더 이상 원정은 없을 것이다. 더 이상 일거리가 없을 것이다" 하며 항의했다.

"나는 '미친 사람은 당신들이다'라고 했다. '에베레스트가 정복되면 히말라야가 전 세계에 유명해질 것이다. 예전보다 더 많은 원정대와 일자리가 생길 것이다.'"[13]

마지막 기회

등반이 로체 벽에서 천천히 진행되었다. 조지 로우와 앙 니이마가 하루하루 루트를 개척해나갔다. 5월 15일에 앙 니이마는 다시 내려왔고, 윌프 노이스가 로우를 돕기 위해 올라갔다. 그리고 다시 노이스가 하산했고, 마이크 워드와 다와 텐징이 올라갔다. 로우는 사투를 계속했다. 그들은 로체 벽 위로 얼마간 올라간 7천3백 미터에 제7캠프를 세웠다.

헌트, 텐징, 그리고 힐러리는 '웨스턴 쿰' 중간에 위치한 제4캠프에 있었다. 힐러리와 텐징은 올라가서 선두에 서기를 간절히 원했다. 모든 것이 너무 느렸으며 우기가 곧 닥쳐올 듯했다. 헌트는 그들을 붙잡아두고 정상 도전을 위해 기운을 비축하도록 했다.

힐러리는 훗날 다음과 같이 썼다. "시간이 흘렀으며 로체 벽 상층부 등반에 성공하지 못하고 있었다. 강한 바람과 매서운 온도로 인해 하루에 30미터 나아가는 것조차 힘들었다. 존 헌트는 필사적이고 용맹한 공격이 필요하다고 결정했다."[14] 헌트는 5월 20일에 노이스와 셰르파 아홉 명을 제7캠프로 올려 보냈다. 그들은 그 다음날에 무슨 일이 있더라도, 벽 위로 쭉 올라가 사우스 콜까지 가로지르라는 명령을 받았다.

5월 21일 아침에 제4캠프에서 텐징과 힐러리는 열 명의 사람들이 제7캠프에서 안부까지 짐을 운반하고 있는 모습을 기다리며 지켜봤다. 이 짐들 중 중요한 것은 산소였다. 산소통 하나의 무게는 거의 10킬로그램 가까이 되었다.[15] 그들은 두 정상 공격조를 위해 사우스 콜에 충분한 산소를 비축할 필요가 있었다. 그들은 또한 그곳에 머무르며 정복조의 등정과 하산을 도와줄 사람들을 위한 산소와 밤에 숨을 쉬기에 필요한 실린더까지 확보해야 했다.

그랬기에 텐징과 힐러리는 가장 중요한 사우스 콜까지의 운반 상황을 고대하면서 지켜보았다. 제7캠프의 열 명 중에서 두 사람만 나타났다. 노이스와 안눌루. 그들은 사우스 콜까지 트래버스하여 짐을 남겨두고 제 7캠프로 돌아갔다. 그것으로는 부족했다.

바로 같은 아침 찰스 와일러와 셰르파 다섯이 제7캠프에 추가로 짐을 운반해왔다. 그들은 다음날 사우스 콜로 계속 가기로 했다. 그러나 다른 사람들도 떠나지 않았기에 그날 밤은 제7캠프에는 포터들 열네 명이 비좁게 지내게 될 판이었다.

하지만 아홉 명 가운데 포터 여덟 명이 그날 아침 올라가지 않았다면, 나머지도 내일 올라갈 것 같지 않았다. 텐징은 흥분하여 뛰어 올라가 그들을 재촉하려 했다. 힐러리가 헌트에게 가서 자기와 텐징을 그날 밤에 제7캠프로 가도록 해달라고 간청했다. 헌트가 이를 허락했다.

그들은 달려갔다. 이제 제7캠프에는 세 명의 사히브, 텐징, 그리고 열네 명의 포터가 있었다. 텐징은 안눌루와 노이스가 사우스 콜까지 갔다가 무사히 돌아온 사실을 강조하면서, 텐트마다 찾아가 포터들을 설득했다. 텐징은 포터들의 지친 근육을 마사지해주고, 일일이 차를 끓여주며 그들을 격려했다. 이렇게 몇 시간이 지나자 그들 모두가 다음날 아침에 사우스 콜까지 가겠다고 동의했다.

칸사가 그 자리에 있었다. 그는 시간이 흐른 뒤에 "텐징은 우리 스승이었어" 하고 말했다. 그리고는 웃음을 머금고 말했다. "아마도 또한 그는 힐러리에게도 스승이었지."

다음날 아침 텐징과 힐러리가 선두에 서서 사우스 콜까지 트래버스했다. 찰스 와일리와 열네 명의 포터들이 그들 뒤에서 출발했다. 텐징, 힐러리, 와일리는 산소를 마시고 있었다. 포터들은 그렇지 않았다. 열네 명 중 칸사와 나왕 곰부를 포함하여 열세 명이 포터가 사우스 콜까지 도달했다. 등반가와 포터들이 자기 짐을 내려놓고서 서둘러 '웨스턴 쿰'까지 내려왔다.

5월 25일에 에반스와 부르디론이 지원 역할을 맡은 헌트와 다 남기알과 함께 사우스 콜에 있었다. 그들 바로 아래 로체 벽의 캠프에는 텐징과 힐러리가 올라와 있었다. 그날 아침 에반스와 부르디론이 출발했고, 헌트와 다 남기알은 정상 능선 위 어느 정도까지 산소를 운반해주었다. 텐징과 힐러리는 사우스 콜까지 올라갔다. "산의 윗부분을 덮고 있는 구름 속으로 사라질 때까지, 능선 위로 빠르게 올라가고 있는 첫번째 정상 공격팀의 모습을 우리는 힐끗 바라보았다. 나는 텐징이 자신을 억누르고 있다는 것을 알아차렸다"고 힐러리가 기록하고 있다.[16]

텐징과 힐러리는 기다렸다. 헌트와 다 남기알이 다시 내려왔다. 헌트는 산소도 없이 자신의 한계를 넘어 등반했다. 그들은 그를 침대에 눕혔고 텐징이 차를 끓여주었다. 자기 침낭에서 누워 헌트가 "텐징, 나는 이 일을 잊지 못할 것이네" 하고 말했다. 텐징은 가슴속 깊이 감동했다. 그가 잠시 후에 헌트의 상태를 확인하러 갔을 때, "만일 그들이 여왕의 대관식에 맞추어 정상 정복을 한다면, 정말 멋질 텐데"[17]라고 대장이 말하는 것을 들었다. 엘리자베스 2세가 일주일 뒤에 대관식을 갖기로 되어 있었다. 『타임스』 기자인 제임스 모리스가 아래 제4캠프에 와 있었다. 헌트는 에반스와 부르디욘이 정상에 올라 모리스가 대관식 날에 늦지 않도록 런던으로 뉴스를 보낼 수 있기를 바라고 있었다.

텐징은 헌트의 그 말을 듣고 마음이 착잡했다. 그것이 힐러리와 자기 대신에 두 영국인이 먼저 정상 정복에 나선 이유였다고 생각했다. 그리고는 텐트 밖으로 나가 그 생각을 마음속에서 털어버리려고 노력했다. 그런 생각은 아무 가치가 없다고 느꼈다.

에반스와 부르디욘이 오후 늦게 되돌아왔다. 그들은 남쪽 정상에 도달했었으나 너무 지쳐서 정상 등정 후 안전한 하산을 할 수 없을 것 같았기에 되돌아와야만 했다. 그날 밤 힐러리와 텐징은 같은 텐트를 썼으며 힐러리는 이렇게 기록하고 있다.

왜 텐징이 그렇게 우울했는지를 알게 되었다. 그는 찰스와 톰이 에베레스트 정상에 오를 것이라고 생각했다. 그는 진정으로 첫번째 정상 공격조에 셰르파로서 참여하기를 바랐으며, 그는 언제나 자신이 그런 임무에 적합한 셰르파라고 확신했다. 나 역시 약간의 죄책감을 느꼈다. 나는 찰스와 톰이 이룩해놓은 업적을 아주 존경했지만, 나 역시 마찬가지로 아쉬운 가운데서도 안도감이 들었다. 그들이 정상에 서지 못했다. 텐징과 나에게 아직 기회가 남아 있었다. 하지만 거센 폭풍이 몰려왔으며 텐징과 내가 아침에 등정할 기회가 없다는 사실은 분명했다.[18]

셰르파의 성취

힐러리가 옳았다. 날씨가 나빠 그 다음날 그들은 사우스 콜에 묶여 있었다. 헌트, 에반스, 앙 템바, 그리고 부르디론이 내려갔다.

그 이튿날은 산을 오를 만큼 청명했다. 텐징과 힐러리가 캠프를 설치할 수 있도록 세 명의 셰르파가 능선 위로 어느 정도까지 짐을 운반하기로 되어 있었다. 하지만 그들 중 로우와 로체 벽 위로 루트를 개척한 앙 니이마만이 건강했다.

그들은 다른 두 포터의 짐을 나눠 운반해야만 했다. 로우가 20킬로그램을 운반하며 능선 위로 인도했다. 앙 니이마와 영국 등반가 앨프 그레고리가 각각 18킬로그램을 날랐다. 그들 뒤에 텐징과 힐러리가 가벼운 짐을 지고 자신들의 힘을 비축하면서 뒤따랐다.

그들은 그 전해에 텐징과 랑베르가 캠프를 쳤던 곳의 잔해에 이르렀다. 이틀 전 헌트와 다 남기알이 그곳에다 한 덩어리의 보급품을 남겨두었다. 그들은 그것을 나누어 짊어졌다. 텐징, 그레고리 그리고 로우가 각기 23킬로그램의 짐을 졌다. 힐러리는 29킬로그램을 날랐다.

그렇게 무거운 짐을 지고서 이 정도의 고소에서는 멀리 갈 수 없었다. 텐징은 그 전해에 발견했던 캠프를 세울 만한 장소를 기억하고 있다고 말했다. 그는 길을 벗어나 왼쪽으로 그들을 이끌고 갔다. 그곳은 이인용 텐트를 세울 만큼 충분히 넓지 않았지만, 그 순간 바로 조금 위에 캠프가 가능한 장소를 발견했다.

다른 사람들이 짐을 남겨놓았고, 텐징과 힐러리는 캠프 장소를 만들었다. 아주 가파른 장소였기에 계단식으로 깎아 그 사이에 걸쳐서 텐트를 세웠다. 힐러리는 위쪽 부분에서, 텐징은 그 아래에서 잠을 자게 될 것이다. 힐러리는 덩치가 컸기에 그의 다리가 텐징 위로 내려왔다.

텐징이 요리를 했다. 닭국수를 먹기 시작해서 통조림 살구를 먹는 것으로 식사를 마쳤다.

그들은 4시에 일어났다. 힐러리는 잠을 잘 때 등산화를 벗었는데, 이제는 등산화가 너무 얼어서 신을 수 없었다. 그는 작은 가스난로 위에서 한 시간 가량 신발을 녹이려고 애썼으며, 그을린 가죽 냄새가 텐트를 가득 메웠다. 힐러리는 텐징에게 자신은 랑베르처럼 발가락을 잃고 싶지 않기 때문에 이렇게 한다고 말했다.

이런 말을 하는 것은 잘못된 것이었지만 힐러리는 인식하지 못했다. 텐징은 랑베르를 끔찍이도 그리워하고 있었으며, 마지막 도전에 그와 함께 있기를 바랐다. 텐징은 이 말에 아무 대꾸도 하지 않고 랑베르의 붉은 스카프를 목에 둘렀다.

몇 년 뒤 힐러리와 텐징은 친구가 되었다. 그러나 지금 그들은 공통된 야심으로 함께하는 서로를 존경하는 두 사나이일 뿐이었다.

1950년과 1956년 사이에 거의 모든 히말라야 거봉이 등정되었다. 그 몇 해 만에 그런 결과가 나왔던 것은 부분적으로 운이 따랐기 때문이었다. 1922년 노턴이 에베레스트에 거의 오를 뻔했었다. 1924년에는 맬러리와 어빈이 그랬고, 1939년에 파상 다와 라마와 비스너가 K2 정상에 아주 가까이 다가갔었다. 장비가 개선되었고 무엇보다도 산소 장비가 그랬다. 하지만 주요한 차이는 사람이었다.

안내인들이 히말라야에 오게 되었다. 그리고 먹고 살기 위해 보통 직업을 가지고 일을 해야 했던 헤르만 불과 에드먼드 힐러리 같은 사람들이 오게 되었다. 그들은 앞서 왔던 신사들보다 더 굶주려 있었다. 맬러리, 어빈, 에반스, 부르디론은 옥스퍼드나 케임브리지를 다닌 사람들 가운데 가장 강한 사람에 속했다. 불, 힐러리, 그리고 텐징은 전 세계의 노동자들 가운데에서 가장 강한 사람에 해당했고, 신사들보다 노동자들이 훨씬 더 많았다.

텐징은 힐러리가 없었다면 그곳에 있지 못했을 것이다. 그리고 힐러리도 텐징이 없었다면 그곳에 서 있지 못했을 것이다.

텐징은 강하며, 의지가 극도로 굳었고, 항상 앞서 생각하는 사람이었기에 그곳에 있을 수 있었다. 랑베르 때문이었다. 인도가 독립했기 때문이었다. 그리고 또 그보다 앞서 그토록 많은 셰르파족과 티베트인 포터들이 이룩해왔던 것 때문이었다. 다르질링의 가파른 골목길 위아래로 백인 관광객을 태우고 다녔던 쿨리였던 그들이 1921년에 처음으로 에베레스트에 오르기 시작했다. 해가 지나고, 산과 산을 오르면서, 다른 사람 뒤에서 다른 한 사람이 남은 짐을 날랐고, 어려운 길을 가는 사히브를 도왔으며, 언제나 웃었고, 차를 끓였다. 그들은 생명의 위험을 무릅썼으며, 손가락과 발가락을 잃었고, 때로는 죽기까지 했다. 이렇게 하면서 그들은 자신들이 누구이며, 자신들이 무엇을 성취할 수 있는지에 대한 스스로의 인식을 바꾸어나갔다. 그리고 그들은 사히브들의 인식 또한 변화시켰다. 텐징은 그가 특별한 존재였기 때문에 그곳에 있었다. 그러나 그는 셰르파였기 때문에 그곳에 있었다.

1934년 낭가파르바트를 올랐던 셰르파—니마 노르부, 다크시, 니마 도르제, 니마 타시, 핀조, 다 툰두, 키타르, 파상 키쿠리, 파상 픽처, 앙 체링 그리고 가이라이—모두가 텐징이 정상 능선에 있게 한 역사의 일부였다.

6시 30분에 힐러리는 등산화를 신고 출발했다. 그들이 남쪽 정상에 이르렀고, 아래로 내려갔다가 최정상에 이르는 능선을 바라보았다. 등정이 가능할 듯 보였다. 능선의 낮은 지점 바로 아래 얼음에 둘러싸인 작은 암벽이 있었다. 그들은 그것을 등반해야 할 것 같았다. 힐러리가 앞장섰다. 텐징은 얼음 위에서는 전문가였지만 절벽에서는 아니었다.

그리고는 그들은 정상 능선을 걸어 올라갔다. 능선은 이제 그다지 가파르지 않았다. 그들은 눈 언덕을 올라갔다가 다른 눈 언덕을 내려갔고, 또 다른 눈 언덕을 올라갔으며 한 발 한 발 앞으로 가며, 이번에 밟는 눈 언덕이 마지막이기를 바랐다.

텐징과 힐러리는 티베트가 보이는 곳에 이르렀다. 그들은 마지막 작은 언덕을 올라갔으며, 그리고 그들은 그곳에 올랐다.

아직 부분적으로는 영국인인 힐러리가 악수를 하기 위해 장갑을 내밀었다. 텐징은 공중에 두 팔을 흔들었고 힐러리를 얼싸안았다. 그 순간에 힐러리는 텐징이 얼마나 간절하게 이 순간을 원했는지 이해했다. 숨을 쉴 수 없을 때까지 그들은 서로 껴안고 등을 두드렸다.

힐러리는 텐징이 정상에서 영국, 네팔, 인도 그리고 유엔 깃발이 달린 피켈을 들고 있는 사진을 찍었다.

그들이 하산했을 때, 모두들 한 자일에 묶인 두 사람 가운데 누가 정상에 먼저 다다랐는지를 물었다. 텐징과 힐러리는 그러한 질문에 대답하지 않기로 뜻을 같이했다. 그들은 그런 것은 아무 상관없다고 말했다. 그들이 함께 그 일을 이룩했다.

14. 집

텐징과 힐러리는 하산하여 사우스 콜에서 조지 로우를 만났다. 힐러리는 로우에게 "우리가 그 녀석을 눕혀버렸다" 하고 말했다.

"차 한잔 들겠소?" 로우가 답했다.

헌트는 그들을 '웨스턴 쿰'에서 만났으며 힐러리를 포옹했다. 바로 그때 힐러리는 성공이 얼마나 헌트에게 중요했는지 알게 되었다. 40년 후에 두 사람이 에베레스트와 로체를 바라보며, 텡보체에서 함께 섰다. 팔십대 노인이 된 헌트는 계곡에서 감정 때문에 잘못 판단한 실수를 힐러리에게 사과했다.[1]

앙 체링은 에베레스트와 낭가파르바트가 등정되었다는 소식을 들었을 때, 그 두 소식을 믿지 않으려는 듯했다. 에베레스트가 정복된 뒤 얼마 되지 않아 롱부크 수도원의 존경받는 수도원장이 사망했다. 그는 지난 1924년에 앙 체링과 그의 동료들에게 고소 캠프에 짐을 던져놓고 빨리 하산하라고 경고했었다. 앙 체링은 수도원장의 죽음이 산을 정복해 에베레스트를 분노하게 만든 결과라고 이해했다.

6월 2일 아침에 에베레스트 정상 정복 소식이 여왕의 대관식을 기다리는 런던의 군중에게 알려졌다. 내 어머니도 그곳에 계셨는데 군중들이 그 뉴스에 미친 듯이 환호했다고 기억하고 계신다.

힐러리는 여왕으로부터 기사 작위를 받았다. 텐징은 받지 못했다. 공식적인 설명은 텐징이 인도인이어서 법률적으로 기사 작위를 수여할 수 없었다는 것이었다. 이 설명의 결점은 그들이 텐징에게 기사 작위를 제의하여 그가 거절하게끔 할 수도 있었다는 점이다. 현실적으로, 그는 분명 받아들였을 것이며, 인도 정부도 이것을 막으려 했을 것 같지는 않다.

이것은 부분적으로는 단순한 인종차별이었지만, 정치 상황 또한 내포하고 있었다. 뉴질랜드 사람과 다르질링 출신 아시아인이 에베레스트를 올랐다. 런던의 보수당 정부는 이 사실을 영국인의 승리로 알리고 싶었다. 힐러리는 일종의 명예 영국인으로 바꿀 수 있었다. 그의 조부모가 영국에서 이민을 갔으며, 그 당시 뉴질랜드 사람들은 자기 나라 국민이자 영국 신민이었다. 하지만 만일 힐러리와 텐징을 동등하게 취급하면, 그것이 영국만의 승리가 되지 않는다는 사실은 자명했다. 그 두 사람은 적어도 다섯 개 국적을 주장할 수 있었다. 티베트인, 네팔인, 인도인, 영국인, 그리고 뉴질랜드인. 사실 이 등정은 어느 한 나라가 아니라 모든 사람들의 승리였다.

자일로 연결된 두 사람 가운데 누가 먼저 정상에 발을 내디뎠는가 하는 논쟁이 전개되었다. 내가 이야기를 나눈 65세 이상의 사람들은 대부분 이 문제에 대한 확고한 의견을 가지고 있었다. 인도인과 네팔인은 텐징이라고 믿는다. 식민주의를 싫어하는 영국인들 역시 텐징이었다고 주장했고, 반면에 발표를 쉽게 믿는 사람들은 힐러리가 먼저였다고 기억한다. 젊은 셰르파 등반가들은 산에서 일해온 것에 기초하면 그 사람은 텐징이 틀림없었다고 말한다.

텐징은 이 논쟁 때문에 섬뜩함을 느꼈다. 그와 힐러리가 함께 이룩한 것이 정치적 이익 때문에 도처에서 평가절하되고 있다고 느꼈다. 나는 누가 먼저 그곳에 올랐는지 말하려는 의도는 없으며, 만일 그 답을 알아야만 한다면 그 답은 텐징의 자서전 안에 있다.

넓은 의미로 텐징의 성취는 힐러리의 성취보다 더 위대했다. 그는 39살이었고 힐러리는 33살이었다. 텐징은 사다이자 등반가였다. 힐러리는 키가 190센티미터로 건장했다. 텐징은 172센티미터로 몸이 야윈 편이었다. 텐징은 가난하고, 외롭고, 마음껏 먹지도 못하는 환경에서 성장했다. 그가 극복해야 했던 인종, 계층, 영양이라는 장벽은 엄청난 것이었다.

1939년에 파상 다와 라마는 K2 봉을 거의 등정할 뻔했다. 1953년에 그는 낭가파르바트 원정대의 사다로 임명되었으나 파키스탄 정부는 그들을 카슈미르 지역으로 들어오지 못하게 했다. 이듬해인 1954년에 그는 쿰부에 있는 소규모 초오유 오스트리아 원정대의 사다로 임명되었다.[2] 이 산은 8천 미터 이상 되는 고봉 중 하나이고, 1954년에는 그런 고봉들 중에 안나푸르나, 에베레스트, 그리고 낭가파르바트만이 등정되었다.

당시 파상 다와 라마는 루크라 비행장 근처 차우리 카르카에 사는 젊은 여자와 결혼하기를 원하고 있었다. 그녀의 부모는 파상 다와 라마가 20살이나 연상이고 이미 부인이 있다고 지적하면서 허락하지 않았다. 그래서 파상 다와 라마는 그들과 도박을 했다. 만일 그가 초오유의 정상에 선 첫번째 사람이 된다면 그들의 딸과 결혼하기로 했다. 만일 그가 그렇게 하지 못하면, 그 젊은 여자를 홀로 남기고 떠나야 하며, 그들에게 5백 루피를 주기로 했다. 그들이 도박을 받아들였다.

오스트리아 원정대는 세찬 바람과 원정대장인 헤르베르트 티치의 심한 동상 때문에 고생하고 있었다. 식량이 바닥나서 파상 다와 라마는 보급품을 구하러 남체로 다시 내려갔다. 남체에서 그는 한 스위스 원정대가 초오유를 향해 출발했다는 사실을 알았다. 자신이 사랑하는 여인을 잃게 될 판이었다.

남체에서 낭파라를 거쳐 초오유 베이스캠프까지 가는 데는 도보로 사흘하고도 반나절이 걸렸다. 파상 다와 라마는 원정대의 모든 식량을 짊어지고도, 하루 안에 그 거리를 돌파했다. 그 다음날 그는 짐을 들고 원정대의 가장 높은 곳에 위치한 캠프까지 올라가 오스트리아 등반가들을 만났다. 사흘째 되는 날 그는 오스트리아 등반가들을 끌어 모아 그들을 정상으로 데려갔다.

남체의 아누 셰르파는 그해 여덟 살 먹은 소년이었다. 그는 파상 다와 라마가 으스대면서 한 발짝씩 무겁게 놓으며, 이를 드러내고 웃으면서, 새로운 처갓집 쪽으로 발을 구르며 골짜기를 쿵쾅대며 내려오던 모습을 기억한다. 파상 다와 라마를 보기 위해서 골짜기를 따라 사람들이 몰려들었다고 이야기한다. 그주에 차우리 카르카에서 결혼식이 거행되었고, 원정대 모두, 셰르파족이나 오스트리아 사람들이나 만취하여 인사불성이 되었다.

모든 위대한 운동 선수들은 비교적 젊은 나이에 자신들의 정상에 오르며, 남은 일생 동안 무엇을 할 것인가라는 질문을 스스로에게 하게 된다. 결과는 종종 불행으로 끝난다. 에드먼드 힐러리는 보통의 셰르파족을 도우면서 안정된 자기 삶을 보냈다. 물론 이것은 해야 할 옳은 일이었지만, 많은 다른 사람들은 그것을 생각해내지 못했다. 많은 셰르파족이 힐러리가 이 길을 찾을 수 있도록 도왔다. 그는 처음에는 등반을 계속했다. 1956년 마칼루에서 크레바스에 갇힌 두 등반가를 구조하는 과정에서 뇌졸중이 왔다. 그 일이 있은 이후 그의 사다였던 쿤데의 밍마 체링이 그에게 학교를 세울 것을 넌지시 조언했다. 밍마 체링은 힐러리에게 말했다. "내 아이들은 눈을 가지고 있지만, 글을 읽을 수 없으니 장님입니다."

다른 사람들은 다만 학교를 세우기 위한 기금만을 모았다. 힐러리는 몇 명의 친구들과 함께 목공구를 들고 쿰중으로 가서 자기 손으로 학교를 세웠다. 셰르파족이 고마워하는 데 이끌린 그는 쿤데에 병원을 세웠다. 셰르파족이 그에 대해 어떻게 느끼고 있는지 보여주자 그는 쿰부와 솔루 전역에 병원을 세울 기금을 모았다. 그는 가족과 함께 네팔까지 왕복여행을 했으며, 부인과 딸이 1975년에 비행기 추락 사고로 사망했다.

밍마의 아들 중 한 명인 앙 리타 셰르파는 쿰중 학교에 다녔고, 힐러리 장학금으로 그후 뉴질랜드에서 대학을 다녔다. 그는 네팔의 마칼루 바룬 국립공원에서 환경보호 고문으로 지난 10년 동안 근무해오고 있다. 다른 일을 한다면 앙 리타는 훨씬 더 많은 돈을 벌 수 있었다. 우리가 만날 때마다 그는 자신이 산의 아름다움과 깨지기 쉬운 생태를 보존할 수 있는 공원을 얼마나 절실히 원하는지를 장황하게 나에게 이야기하곤 한다. 하지만 그는 그 공원이 관광여행사나 트레킹 사다가 아닌 그 곳에 사는 가난한 사람들이 괜찮은 삶을 영위할 수 있도록 이용되기를 바란다. 네팔에는 포터 노동조합이 단 하나 있다. 그것은 마칼루 바룬에 있으며, 앙 리타가 이를 조직했다. 그의 꿈을 이루는 데는 많은 어려움이 있겠지만 그는 그것을 극복하려 한다.

2000년 4월에 힐러리는 쿰중 학교 건립 40주년을 맞아 연설하게 되었다. 그는 80세였다. 많은 세월이 지난 지금, 그의 몸은 해발 4천 미터 바로 아래 위치한 쿰중에서조차 고소 환경을 견뎌낼 수 없었다. 대부분의 사람들에게 그런 일은 발생하지 않았지만 힐러리에게 일어났다. 그는 헬리콥터로 날아와야 했으며 한 시간도 채 머무르지 못했다. 이 4월 아침에 그는 헬리콥터로 날아와 학교까지 180미터를 걸었다. 이것은 그에게는 아주 긴 거리였으며, 학생, 교사, 친구들이 나와서 한 사람씩 그의 목에 존경심이 담긴 비단 스카프를 걸어주었다.

그는 학교를 자랑스러워하며, 학생들에게 자부심을 가질 것을 당부하는 아주 훌륭한 연설을 했다. 그는 헬리콥터로 다시 걸어가기 시작했다. 몇 발짝을 옮기고 나자 숨을 쉴 수가 없었다. 그는 조용히 앉아야 할 것 같다고 말했다. 그가 세운 병원에 근무하는 의사가 산소통을 가지러 갔다. 산소를 들이마시며 두 셰르파에 의해 부축을 받고, 힐러리는 헬리콥터로 가서 다시 날아갔다. 그가 떠난 후에 엄청난 양의 비단 스카프가 그가 앉아 있던 의자에 남아 있었다. 내가 그 사진을 찍었다.

나는 쿰부에 사는 셰르파족이 힐러리에 대해 나쁘게 말하는 것을 듣지 못했다. 그들이 종종 말하는 농담이 있다. 그들은 “어쩌면 힐러리는 오로지 셰르파 사람들을 돕기 위해 '외국'에서 온 신일지 몰라" 하고 말한다. 그것은 농담이지만 그저 웃어넘길 농담은 아니다. 여러분은 웃음을 띠며 바보 같다고 생각할지 모르지만 어쩌면 그 말은 진실일지도 모른다.

쿰부 셰르파족은 종종 텐징을 힐러리와 비판적으로 비교한다. 그들은 한 사람은 우리를 도왔으며, 다른 사람은 그렇게 하지 않았다고 말한다. 이것은 공정하지 않다. 비교를 하는 셰르파족은 힐러리만큼 관대하지 않다. 나도 물론 아니고, 아마도 여러분도 그렇지 않을 것이다.

텐징은 다른 일들을 했다.[3] 첫번째, 그리고 가장 중요한 것은 그의 1953년 등정이 뒤를 잇는 셰르파 등반가 세대를 위해 문을 활짝 열었다는 점이다. 쿰부는 힐러리 덕분에 학교가 있다. 그곳은 텐징 덕분에 네팔에서 가장 부유한 지역이 되었다.

두번째, 그가 산을 내려와서 카트만두에 갔을 때 당국자가 "당신은 누구냐? 이름이 뭐냐?" 하고 물었다. 그 물음은 '너는 어느 계급 사람이냐' 라는 것이었다. 그는 "텐징 보티아, 티베트인이다"라고 말할 수도 있었다. 하지만 "텐징 셰르파"라고 대답했다.

그가 다르질링의 집에 도착하자, 누이 중 하나가 그에게 화를 냈다. 그녀는 자신들은 티베트인이고 텐징이 티베트인이라고 말해야 했다고 했다. 하지만 텐징은 누가 그를 정상까지 오르게 했는지 알고 있었다.

남체의 갈첸은 이렇게 말한다. "이 일이 있기 전에 우리는 보티아 사람이었죠. 땅을 등기하려고 하면 정부 관리는 '갈첸 보티아'라고 기록했습니다. 신분증명서 역시 보티아라고 적혀 있었죠. 이것은 하층민 가운데서도 최하층민이었다는 사실을 뜻했습니다. 그 일 이후 그들은 '갈첸 셰르파'라고 기록했습니다."

1953년 카트만두에서 나온 〈우리의 텐징 셰르파〉라는 네팔 유행가가 있다. "어떻게 당신은 해냈습니까? 우리의 텐징 셰르파?" 합창이 이어진다. "어떻게 당신이 산을 올라갔으며, 어떻게 산을 내려왔나요, 우리의 텐징 셰르파?" 그 노래를 55세 넘은 셰르파 남자에게 이야기하면 그의 두 눈은 금세 흐려진다. 그가 자신 있게 노래를 부를 줄 안다면 바로 그 합창을 따라 부른다. 그렇지 않다면 그는 조용히 속으로 읊조린다. 그 노래가 나온 때가 바로 그들이 인정을 받았다는 것을 알게 된 순간이었다.

텐징이 이룩했던 세번째 업적은 다르질링의 집으로 돌아가서 히말라야 등반학교를 세웠다는 것이다. 자와할랄 네루 인도 수상이 텐징에게 인도인들을 훈련시켜 수백 명의 텐징을 만들어달라고 요청했다. 그것이 그가 한 일이었다. 등반학교는 쿰부에서 온 많은 젊은 셰르파족을 포함한 등반가를 여러 세대에 걸쳐 배출했다. 그리고 그들은 내가 열여섯 살일 때 산을 사랑하도록 가르쳤다.

1986년 다르질링에서 텐징이 사망했을 때, 여섯 명의 아시아인 이름이 전 세계에 알려져 있었다. 공자, 칭기즈 칸, 부처, 마하트마 간디, 마오쩌둥, 텐징 셰르파이다. 이들 중에서 39살이 될 때까지 등에 짐을 지고 운반했던 노동자는 한 사람뿐이다.

1970년대 어느 때 파울 바우어가 히말라야 등반학교에서 열린 과거 등반가들의 재회 모임에 참석했다. 그는 만나고 싶은 단 한 사람은 앙 체링이라고 말했다. 텐징이 그에게 앙 체링이 죽었다고 말했다(그 두 사람은 끝내 화해하지 않았다). 히말라야 등반학교의 여러 직원들은 이 말을 언짢아했으며, 주방 직원 한 사람이 바우어에게 앙 체링이 살아 있으며 다르질링에 있다고 말해주었다.

1955년에 출판된 책에서 바우어는 앙 체링이 가이라이처럼 메르클과 함께 남아 있지 않았다고 신의가 없다며 비난했었다.[4] 앙 체링의 입장에서 보면 독일인들이 낭가파르바트에서 취한 행동 방식과 그들이 그후에 자신들을 전혀 도와주지 않은 것 때문에 증오에 차 있었다. 하지만 지금은 그들 모두 노인이 되었다. 두 사람에게는 그들이 1929년과 1931년에 캉첸중가에서 동료였다는 추억이 중요했다. 앙 체링은 전갈을 받고 다음날 아침 바우어를 만나려 했다. 그가 바우어가 머물고 있는 곳에 도착했을 때 전해들은 내용이 잘못되었다는 것을 알게 되었다. 앙 체링이 그 전날 밤에 오기로 약속되어 있었으며, 바우어는 이미 떠나버렸다.

2000년 남체에서 내가 셰르파어를 배우고 있었을 때 내 선생님은 한때 등반가였으며 여전히 트레킹 사다인 아누였다. 내가 동사를 배우는데 애를 먹고 있었는데 다른 방에서 계속 고함소리가 났다. 고함을 지르는 사람은 아누의 아버지 팔덴이었다.

1953년 팔덴은 40살이었다. 그는 에베레스트 원정대의 우편물을 나르는 사람 중 하나였다. 그의 일은 베이스캠프로부터 편지 몇 자루를 카트만두까지 운반하고 되돌아오는 것이었다. 그는 닷새 만에 카트만두까지 달려가는 기록을 세웠다. 지금 그 거리는 건강한 네팔인이 절반을 가는 데 7일이 걸리고 다시 나머지 절반을 버스를 10시간 타고 가야 한다.[5]

그 원정이 끝나자 팔덴은 이미 집이 있었기에 받은 임금으로 티베트어로 된 스물한 권 묶음의 불경을 샀다. 이 책들은 목판 인쇄된 페이지를 마음대로 뺐다 끼웠다 할 수 있는 것이었다. 팔덴이 구매한 불경 판

본은 원래 쿰부와 라사 사이의 교역로를 따라 살았던 거상이 소유했었기에 특히 더 성스러웠다. 학식 높은 승려가 지날 때마다 그 거상의 집에 머물면서 책을 축복해주었다. 아누가 갖고 있는 아주 어릴 적 기억 중 하나가 이 책이 도착하던 날의 일이다. 이 가족은 아직도 그 경전을 갖고 있다. 아누는 나무로 된 겉장의 붉은 천을 갈았다. 책장은 옅은 오렌지색이고 책장 둘레의 기도용 스카프는 밝은 노란색이다.

그 소리는 꼭 치매 노인이 소리치는 것 같았다. 그는 계속 같은 말을 외쳤다. 나는 노인 병원에서 일한 적도 있었으며 그를 만나보기도 그래서 이유를 물어보지 않았다. 가족들은 팔덴이 지금 앞을 보지 못하는데다 귀가 들리지 않으며, 침대에 누워 있다고 나에게 말했다.

어느 날 우리가 부엌에 앉아 있는데 한 젊은 여자가 일상적인 선물인 달콤한 튀긴 빵, 과일, 비스킷과 라크시를 가지고 왔다. 그 술은 팔덴을 위한 것이었다. 다른 많은 사람들처럼 그의 축복과 장수를 빌기 위해 가지고 온 것이다. 그런 축복은 자주 있었는데, 그것은 그가 남체에서 가장 나이 많은 노인이기 때문이었다.

아누는 그녀에게 예의 바르게 대했다. 그녀가 떠난 뒤에 그는 사람들이 그러지 않기를 바라지만 그들을 막을 수는 없다고 말한다. 그의 아버지는 술을 좋아했고 언제나 마셨다. 그가 노인이 된 지금, 아누와 그의 아내 앙 라무가 그를 돌보았다. 일반적으로 아누 같은 막내아들이 늙은 부모를 돌보게 되어 있다. 세계 다른 곳과 마찬가지로 만일 막내의 직장이 다른 곳에 있거나, 형편이 어려우면 노인 봉양은 잘 이루어지지 못한다. 하지만 아누는 잘 해냈다.

그는 술이 아버지에게 해롭다고 생각했다. 물론 금지시킬 수는 없었다. 그는 여전히 하루에 두 번씩 아침저녁으로 술을 충분할 만큼 아버지께 드렸다. 원해서 하는 것은 아니었다. 하지만 아누는 아버지가 연로하고 기운이 없을지라도 여전히 권리와 생명을 가진 인간이라고 생각하는 듯싶었다.

걱정은 아버지가 너무 적게 먹는 것이라고 아누가 말했다. 적게 먹어서 좋은 점은 대변을 며칠에 한 번씩만 본다는 것뿐이었다. 대변은 양이 적고 딱딱해서 치우기가 쉬웠다. 그러나 술 때문에 상당한 양의 소변을 보았는데, 아누에게는 이를 치우는 일이 변함없는 일과였다.

나는 나의 아버지에 대해 생각했다. "당신은 정말 효자군요. 나도 때가 오면 그렇게 잘할 수 있었으면 합니다" 하고 아누에게 말했다.

그는 아침저녁으로 술에 꿀을 타서 노인이 영양을 섭취하도록 한다고 했다. 아누는 찬장에 가서 나에게 보여주려고 두 단지를 꺼냈다. 그는 가장 좋은 질의 꿀을 카트만두에서 구입했다고 했다. "여길 봐요. 당신 보기에도 순수해 보이지요? 아버지는 살고 싶어하십니다. 하루 종일 줄곧 기도해요. 고함소리가 사실은 기도입니다. '라마, 라마'와 '부처님, 부처님'을 부르지요. 그리고 '부처님, 내 아들이 장수하게 해주소서'라고 반복해 외칩니다."

그러고 나서 들으니 그 말을 알아들을 수 있었다.

팔덴은 2000년 가을에 사망했는데, 그때 아누는 트레킹 일로 멀리 떠나 있었다. 1952년에는 저소 사다였고, 1953년에 고소 포터였던 갈첸이 지금 남체에서 가장 나이가 많다.

칸사 셰르파는 1953년에 산소통 세 개, 도합 30킬로그램을 사우스 콜까지 두 번 운반했다. 원정이 끝났을 때 텡보체에서 임금을 받았다. 칸사는 사우스 콜에 도착하면 주기로 약속된 3백 루피의 보너스를 받았다. 임금이 모두 지불되고 나자 단단한 돈궤가 텅 비었다. 칸사는 그 상자 하나를 가져가도 되는지 물었다. 그들은 괜찮다고 했다. 지금 칸사는 그것을 자기 산장의 작은 기도실에 보관하고, 의식 때 버터를 채우는 작은 등잔을 보관하는 용도로 쓰고 있다.

그는 자신의 장비 또한 가져왔다. 난 모두가 챙겼으리라고 생각한다. 그의 아버지가 그랬던 것처럼 칸사는 등산화, 재킷, 그리고 침낭을 천5백 루피에 부자에게 팔았으며 그 돈으로 집을 사고 결혼도 했다.

1980년에 다르질링 등반학교에서 유명한 등반가들의 또 다른 회의가 열렸다. 이번에는 앙 체링이 가서 1953년 첫번째 정상 공격 때 사우스 콜 위로 짐을 날랐던 다 남기알과 청중석에 앉았다. 그들은 외국과 인도의 유명한 등반가들이 자신들과 자신들이 이룩한 것에 대해 연설하는 것을 들었다. 다 남기알과 앙 체링은 듣고 있으면 있을수록 화가 더욱 치밀었다. 마침내 그들 두 사람은 연단에 있는 사람들에게 소리치기 시작했다. "셰르파는 어디에 있지? 우리가 짐을 날랐어. 우리들은 어떻게 되었지? 왜 당신들은 당신들에 대해서만 이야기하는 거야?"

앙 체링은 자신이 네팔어로 다음과 같이 소리치고 있는 것을 알고 깜짝 놀랐다. "당신들은 셰르파가 없었다면 결코 그 일을 해낼 수 없었을 거야."

앙 체링은 나에게 이 이야기를 해주며 소리내어 웃는다.

| 주석 |

머리말

1. 그후 나는 다르질링에서 그를 찾아보았으나 그 당시 이 학교 출신 그 어느 누구도 펨바를 기억하지 못했다. 아마도 내가 이름을 잘못 알고 있는 듯하다.
2. 텐징 노르가이가 있다. *Man of Everest The Autobiography of Tenzing, told to James Ramsey Ullman*(London: Harrap, 1955). 그리고 인류학자 셰리 오트너(Sherry Ortner)가 쓴 책이 있다. *Life and Death on Mount Everest: Sherpas and Himalayan Mountaineering*(Princeton: Princeton University Press, 1999).
3. Norman Collie, *Climbing on the Himalaya and Other Mountain Ranges*(London: David Douglas, 1902), p. 35. 1895년 원정대에 관해서는 Collie의 책 1~124쪽과 Major Charles G. Bruce, *Twenty Years in the Himalayas*(London: Edwin Arnold, 1910), pp. 212~240, 그리고 Brigadier General Charles G. Bruce, *Himalayan Wanderer*(London: Maclehose, 1934), pp. 128~136 참조.
4. Noel Odell, "Reflections on Guideless Climbing," *American Alpine Journal*, 1930, pp. 123~124.
5. Bruce, *Twenty Years*, p. 216.

1. 셰르파

이 장의 많은 부분은 1995년, 1998년 그리고 2000년 쿰부에서 내가 행한 조사에 근거한다. 그러나 배경 지식을 위해서 특히 Stanley Stevens, *Claiming the high Ground: Sherpas, Subsistence, and Environmental Change in the Highest Himalaya*(New Delhi: Motilal Barnarsidas, 1996)와 Christoph von Fürer-

Haimendorf, *The Sherpas of Nepal: Buddhist Highlanders*(London; John Murray, 1964)를 추천한다. 또한 Tenzing Norgay, *Man of Everest: The Autobiography of Tenzing*; Ortner, *Life and Death*; Sherry Ortner, *Sherpas Through Their Rituals*(Cambridge: Cambridge University Press, 1978); Sherry Ortner, *High Religion: A Cultural and Poltical History of Tibetan Buddhism*(New Delhi: Motilal Barnarsidas, 1989); Christoph von Fürer-Haimendorf, *Himalayan Traders: Life in Highland Nepal*(London: John Murray, 1975); Christoph von Fürer-Haimendorf, *The Sherpas Transformed : Social Change in a Buddhist Society of Nepal*(New Delhi: Motilal Barnarsidas, 1984); James Fisher, *Sherpas: Reflections on Change in Himalayan Nepal*(Berkeley: University of California Press, 1990); Sherpa Thupten Lama, *The Sherpas and Sharkhumbu*(Kathmandu: Eco Himal, 1999) 등도 아주 유용하다.

1. 남체 마을의 셰르파 이름은 나우제(Nauje)이다. 남체 바자는 네팔과 영어식 이름이다. 셰르파 투프텐 라마(Thupten Lama)는 *The Sherpas and Sharkhumbu*에서 셰르파 이름을 사용할 것을 열정적으로 주장했는데, 일반적으로 나도 그렇게 했다. 다만 남체, 솔루, 그리고 에베레스트는 예외로 했는데, 이들 이름은 셰르파어인 나우제, 소룽(Schrung), 그리고 초모룽마(Chomolungma)보다 영어식 이름이 더 잘 알려져 있기 때문이다.
2. Joe Simpson, *Dark Shadows Falling*(London: Vintage, 1998, first published 1997).
3. 이 책을 쓰고 난 다음 아파가 열한번째 에베레스트를 올랐다(아파의 에베레스트 정상 정복은 그후로도 계속되어 2006년 5월 열여섯번째를 달성함으로써 자신의 세계 최고 기록 15회를 또다시 갈아치웠다/옮긴이).
4. Fürer-Haimendorf, *Buddhist Highlanders*, p. 74. Fisher, *Sherpas*, p. 189과 Vincanne Adams, *Tigers of the Snow (and Other Virtual Sherpas): An Ethnography of Himalayan Encounters*(Princeton: Princeton University Press, 1996), p. 210에는 이와 다른 설명이 실려 있다.
5. 텐징의 어린 시절에 관한 이야기는 그의 자서전과 쿰부에 사는 사람들의 회고를

바탕으로 했다.

6. 이 당시의 다르질링에 관해서는 다음 책을 참조하라. E. C. Dozey, *A Concise History of the Darjeeling District since 1835, with a Complete Itinerary of Tours in Sikkim and the District*(Calcutta: Mukherjee, 1989), first published 1922; L. S. S. O'Malley, *Darjeeling District Gazetteer*, 1907 edition(reprinted, no date); Jahar Sen, *Darjeeling: A Favoured Rdtreat*(New Delhi: Indus, 1989). 그리고 Tanka Bubba, *Dynamics of a Hill Society: The Nepalis in Darjeeling and Sikkim Himalayas*(Delhi: Mittal, 1989)는 현재의 다르질링에 관한 것이지만, 카스트 제도 아래에서 셰르파의 위치를 이해하는 데 도움이 된다.
7. Dozey, *History*, pp. 24~25.

2. 최초의 등반

1921~1924년의 영국 등반대의 에베레스트 원정에 대해서는 2000년에 앙 체링과 가졌던 면담과 피터 핸슨(Peter Hansen)의 유쾌한 기사인 "The Dancing Lamas of Everest: Cinema, Orientalism, and Anglo-Tibetan Relations in the 1920s," *American Historical Review* 101, no. 3(1996), pp. 712~747, 그리고 그곳에 있었던 사람들의 기록에 근거했다. C. K. Howard-Bury and others, *Mount Everest: The Reconnaissance, 1921*(London: Edwin Arnold, 1922); A. W. MacDonald, "The Lama and General", *Kailash* 1, no. 3(1973), pp. 225~234; John Noel, *Through Tibet to Everest*(London: Edwin Arnold, 1927); Charles G. Bruce and others, *The Assault on Mount Everest, 1922*(New York: Longmans Green, 1923); T. Howard Somervell, *After Everest: The Experience of a Mountaineer and Medical Missionary*(London: Hodder and Stoughton, 1936); Edward F. Norton, ed., *The Fight for Everest: 1924*(New York: Longmans Green, 1925); John Morris, *Hired to Kill*(London: Hart-Davis, 1960); Tom Longstaff, *This My Voyage*(London: John Murray, 1950) 등이 참조한 책들이다.

조지 맬러리의 생애에 대한 최고의 자료는 다음과 같다. Peter Gilman, and Leni

Gilman, *The Wildest Dream: Mallory, His Life and Conflicting Passions*(Seattle: Mountaineers, 2000); David Robertson, *Geroge Mallory*(London: Faber, 1969); Tom Holzel and Audrey Salkeld, *The Mystery of Mallory and Irvine*(London: Cape, 1986).

1. Gilman and Gilman, *Mallory*, p. 231.
2. 앞의 책, p. 232.
3. 티베트 정치와 영국 연합에 대해서는 피터 핸슨의 앞의 기사와 Mevyn Goldstein, *A Modern History of Tibet, 1913~1951: The Demise of the Lamaist State*(Berkeley: University of California Press, 1989), pp. 65~138을 참조하라.
4. 영국 장교의 약탈에 관해서는, Clare Harris, *In the Image of Tibet: Tibetan Painting after 1959*(London: Reaktion, 1999), pp. 28~31, 1921년의 마을 사람들의 공포에 관해서는 Howard-Bury, *Reconnaissance*, p. 89를 참조하라.
5. MacDonald, "The Lama," p. 229.
6. 찰리 브루스에 관해서는 Tony Gould, *Imperial Warriors: Britain and the Gurkhas*(London: Granta, 1999), pp. 143~153과 Morris, *Hired to Kill*, p. 147을 참조하라.
7. MacDonald, "The Lama," p. 230.
8. Noel, *To Everest*, p. 105.
9. George Leigh-Mallory, "Third Attempt," in Bruce, *Assault*, p. 108.
10. 이것과 이어지는 인용의 출처는 Noel, *To Everest*, pp. 155~159 참조.
11. Somervell, *After Everest*, p. 64.
12. Noel, *To Everest*, pp. 158~159.
13. Robertson, *Mallory*, pp. 199~200.
14. MacDonald, "The lama," p. 231.
15. 앞의 책, pp. 231~232.
16. C. G. Bruce, "The Narrative of the Expedition," in Bruce, *Assault*, p. 75.
17. MacDonald, "The Lama," p. 231.

18. Patrick French, *Younghusband The Last Great Imperial Adventurer*(New York : Harper Collins, 1995), p. 336.

19. J. G. Bruce, "Local Personnel," in Norton, *Fight*, p. 343.

20. Noel, *To Everest*, p. 174.

21. Frank Smythe, *Camp Six: An Account of the 1933 Mount Everest Expedition* (London: Hodder and Stoughton, 1937), p. 5.

22. Noel, *To Everest*, pp. 180~181.

23. 앞의 책, p. 186.

24. 앞의 책, p. 108.

25. Somervell, *After Everest*, p. 119.

26. 앞의 책, p. 120.

27. 앞의 책, p. 101. 노턴이 편집하고 여러 등반가들이 함께 기술한 원정의 공식 기록은 해저드를 가혹하게 언급하고 있다. 이것은 아마도 다른 등반가들이 포터 넷을 노스 콜에 남겨두고 온 그에게 몹시 화가 났기 때문일 것이다.

28. 앞의 책, p. 120.

29. E. F. Norton, "The North Col," in Norton, *Fight*, pp. 87~88.

30. 이것은 소머블이 생환한 포터에게 들은 것을 노엘에게 이야기해준 것에 기초하고 있다. Noel, *To Everest*, p. 202 참조.

31. Somervell, *After Everest*, p. 121.

32. 앞의 책.

33. Noel, *To Everest*, p. 202.

34. Hanson, "Dancing Lamas," pp. 726~727. 영화와 그 결과에 대한 이야기는 핸슨에 기초하고 있다.

35. 앞의 책, p. 729.

36. 이 의견과 반대로 앙 체링은 유럽 등반가들이 셰르파들보다 눈사태에 대해 더 잘 알고 있었다고 말한다.

37. H. P. S. Ahluwalia, *Faces of Everest*(New Delhi: Vikas, 1978), p. 92.

3. 독일인

1932년 낭가파르바트 원정에 대해서는 Elizabeth Knowlton, *The Naked Mountain* (New York: Putnam, 1933)을 참조했다. 그리고 서북 변방 지역의 민족주의에 대해서는 Stephen Rittenberg, *Ethnicity, Nationalism and the Pakhtuns: The Independence Movement in India's North-West Frontier Province*(Durham, N.C.: Carolina Academic Press, 1988)을 근거로 했다.

1. Peter Mierau, *Deutsche Himalaya Stiftung: Ihre Geschichte und Ihre Expeditionen*(Munchen: Bergverlag, 1999), p. 170.
2. 파탄(Pathan)은 힌디어이다. 그들 언어로는 그들이 스스로 푸쉬툰(Pushtun) 혹은 푸크툰(Pukhtun)이라고 부른다.
3. Sumit Sarkar, *Modern India, 1885~1947*(Basingstoke: Macmillan, 1989), p. 191.
4. Rittenberg, *Ethnicity*, p. 67.
5. 앞의 책, p. 68.
6. 엄격히 말하면 부행정관은 사실상 그 지역의 가장 높은 관리이다. 행정관은 없다. 그러나 페샤와르는 지방 수도였고, 메트갈페는 도시에 상사가 있었다.
7. Rittenberg, *Ethnicity*, p. 104.
8. Knowlton, *Mountain*, p. 78.
9. 앞의 책, p. 86.
10. 앞의 책, p. 92.
11. 앞의 책, p. 112.
12. 앞의 책, p. 114.
13. 앞의 책, pp. 118~119.
14. 나는 1932년에 혼자 지방의 소작농이 되는 것이 어떤 느낌이었을지에 대한 자료를 가지고 있지 않다. 그러나 나는 현지 조사를 통해 1970년대에 서부 아프가니스탄과 파키스탄의 북서 변방 지역에서는 소작인들이 된다는 것이 어떤 것인지를 알고 있다. 내가 북부 파키스탄에 대해 알고 있는 것과 1932년 혼자 지

방의 상황이 별반 다르지 않을 것이다.

15. Knowlton, *Mountain*, p. 120.

16. 앞의 책, p. 207.

17. 앞의 책, p. 210.

18. 앞의 책.

19. 앞의 책, p. 272.

20. 앞의 책, pp. 280~281.

21. 앞의 책, p. 280. 또한 Fritz Bechtold, *Nanga Parbat Adventure*, trans. H. E. G. Tyndale(London: John Murray, 1934), p. 6 참조.

4. 추천장과 칼

1934년 독일 낭가파르바트 원정대에 관해서는 Fritz Bechtold, *Nanga Parbat Adventure*, trans. H. E. G. Tyndale(London: John Murray, 1934); Nebuka Makoto, *Sherpa: Death and Glory in the Himalayas*(in Japanese)(Tokyo: Yamato Keikokusha, 1996), pp. 105~148, 그리고 앙 체링과의 면담을 참조했다.

1. 이어지는 독일 정치에 대한 논쟁은 특히 다음 책에 의존한다. Chris Harman, *The Lost Revolution: Germany, 1918~1923*(London: Bookmarks, 1982); Donny Gluckstein, *The Nazis, Capitalism and the Working Class*(London: Bookmarks, 1989); W. S. Allen, *The Nazi Seizure of Power: The Experience of a Single German Town, 1930~1935*(Chicago: University of Chicago Press, 1965); Ian Kershaw, *Hitler, 1888~1936: Hubris*(London: Allen Lane, 1999).
2. Mierau, *Shiftung*, p. 18에서 인용.
3. 등반과 남성성에 관해서는 Sherry Ortner, *Life and Death on Mount Everest: Sherpas and Mountaineering*(Princeton: Princeton University Press, 1999), pp. 149~185 참조.
4. 메르클이 놀턴을 포함시킨 것이 그녀가 훌륭한 기금 모금자였고 신문기사나 책

을 써서 원정대의 자금을 지원하는 데 도움이 되었다는 이유만으로는 논쟁의 여지가 있다. 그리고 기술적으로 그녀는 단지 기자일 뿐이었다. 그러나 그녀는 원정대원의 사진 속에 포함되어 있으며, 메르클은 그녀가 제4캠프까지 오르는 것을 허락했다.

5. Karl Herrligkoffer, *Willy Merkl: Ein Weg Zum Nanga Parbat*(Munchen: Rudolf Rother, 1937), p. 25.

6. 모든 셰르파족은 티베트 달력으로 자신들의 탄생년도를 알고 있는데, 그것은 그 사람의 띠가 그의 운명을 점치는 데 사용되기 때문이다. 앙 체링은 2000년 가을 자신이 97세라고 말했다. 그는 아이가 태어나자마자 한 살이 되는 티베트 식으로 나이를 세는 방법을 사용하고 있었다. 티베트력의 새해는 대체로 2월 말쯤인데, 새해가 되면 티베트인들은 나이를 한 살 더 먹는다. 서양식으로는 내가 5월에 얘기를 나누었던 때는 95세나 96세였고, 아마도 12월에는 96세였을 것이다(앙 체링은 2002년에 사망했다/옮긴이).

7. Makoto, *Sherpa*, chapter on Ang Tsering, pp. 105~148.

8. 이것이 어떤 차이를 가져오는지를 알기 위해 디피쉬 차크라바르티의 책을 예로 들자. *Rethinking Working-Class History: Bengal, 1890~1940*(Delhi: Oxford University Press, 1996), first published 1989. 차크라바르티는 영국 상사들이 남겨놓은 서류만을 이용해 벵갈 황마 노동자들이 권력에 대해 갖고 있는 감정, 문화 그리고 태도를 일반화하고 있다. 이 자료들은 황마 노동자를 계층적, 인습적, 추종적으로 그리고 있으며, 차크라바르티는 그들을 그렇게만 보았다. 책을 쓸 당시인 1980년대에 적어도 10만 명의 노동자들이 아직 살아 있었지만 차크라바르티는 그들 중 누구와도 이야기를 나누지 않았다. 반대로 1922년에 일어난 차우리차라 폭동에 대한 샤히드 아민의 놀라운 조사를 예로 보자. 이 폭동은 인도 역사의 중요한 전환점으로 당시 간디와 영국인이 매도했던 평민들이 벌인 사건이며, 그러므로 그 동기나 감정은 역사 속에서 오랫동안 숨겨졌다. 그래서 폭동 참여자들이 행동했고 느꼈던 것을 이해할 수 있는 유일한 방법은 자료와 구전 역사를 연결시키는 것이었고, 이것이 아민이 했던 작업이다. Shahid Amin, "Gandhi as Mahatma: Gorakhpur District, Eastern UP, 1921~1922," *Subaltern Studies*(Delhi: Oxford University Press) 3 (1984), pp. 1~61; Shahid Amin,

Event, Metaphor, Memory: Chauri Chara in 1922(Delhi: Oxford University Press, 1994) 참조.

9. Frank S. Smythe, *The Kangchenjunga Adventure*(London: Gollancz, 1930), p. 92.

10. 앙 체링과의 면담에서

11. Bechtold, *Adventure*, pp. 98~99.

12. F. S. Smythe, *Kamet Conquered*(London: Gollancz, 1932), p. 37, p. 52.

13. 앞의 책, p. 90.

14. 앞의 책, p. 96.

15. 앞의 책, pp. 105~106.

16. 앞의 책, p. 91.

17. 앞의 책, p. 187.

18. 앞의 책, p. 208.

19. 앞의 책, p. 212.

20. 앞의 책, pp. 213~214.

21. 앞의 책, p. 224. 스마이더는 레이와아가 더 이상 사히브 없이는 내려가지 않겠다고 거부했다고 말하고 있으며, 그가 제2캠프에서 멈춘 것은 충성심에서 나온 행위인 듯이 쓰고 있다. 하지만 그는 곧 이어서 그때 네 사람이 레이와아를 제2캠프로부터 운반해가야 했다고 말한다. 하지만 레이와아가 사실 자신이 더 이상 내려갈 수 없기 때문에 멈췄으며, 그곳에는 그를 운반해 갈 사람이 없었다는 것이 사실로 보인다.

22. 앞의 책, p. 225.

23. 앞의 책, p. 229.

24. 앞의 책, p. 235.

25. Maurice Herzog, *Annapurna: Conquest of the First 8,000-Metre Peak*. trans. Nea Morin and Janet Smith(London: Paladin, 1986, first published 1952), p. 198.

26. Bechtold, *Adventure*, p. 7.

27. 앞의 책, p. 15.

28. Alfred Drexel, "Im Angesicht des Nanga Parbat," *Reichsportsblatt*, 1934. 드렉셀의 일기에서 발췌한 그 다음 인용구들도 같은 글에서 뽑았다.

29. Bechtold, *Adventure*, pp. 16~17.

30. 앞의 책, p. 18.

31. Hermann Buhl, *Nanga Parbat Pilgrimage*, trans. Hugh Merrick(London: Penguin, 1982, first published 1956), p. 355.

32. Bechtold, *Adventure*, p. 40.

33. 나는 그의 이름이 '친 노르부'로 발음되리라 기대했었으나, 앙 체링이 말하는 것을 들으면 틴으로 들렸다.

34. 예를 들어 다음의 매력적인 책을 참조하라. Joe Simpson, *Touching the Void*(London: Vintage, 1997, first published 1988).

35. 틴 노르부가 자일을 자른 것에 대해서는 캉첸중가 원정에 참여한 앙 체링과 파상 푸타르에게 들었다. 서로 칼을 소지했는지 검사하는 것에 대해서는 앙 체링에게서 들었다. 캉첸중가의 사고에 대한 이와 다른 이야기는 다음 책을 참조하라. Paul Bauer, *Himalayan Campaign: The German Attack on Kangchenjunga, the Second Highest Mountain in the World*, trans. Summer Austin(Oxford: Basil Blackwell, 1937), pp. 139~147. 이 책에서 바우어는 자일이 날카로운 바위에 의해 잘려 나갔다고 말하면서, 자일을 자른 것에 대해서는 언급하지 않고 있다. 틴 노르부가 바우어에게 거짓말을 했고, 바우어가 그 말을 믿었으며, 다른 포터들이 그를 욕했다는 것도 가능한 일이지만, 바우어가 진실을 공개했을 경우 뒤따를지 모를 논쟁을 바라지 않았으리라보는 것이 더 타당하다.

5. 강철 같은 결단력

1. Bechtold, *Adventure*, p. 45. 아센브레너의 일기를 인용.

2. 고산병에 관해서는 Charles Houston, *Going Higher: Oxygen, Man and Mountains*, 4th ed.(Shrewsbury: Swan Hill Press, 1999); Michael Ward, James

Milledge, and John West, *High Altitiude Medicine and Physiology*, 2nd ed. (London: Chapman Hall, 1995); John West, *High Life: A History of High-Altitude Physiology and Medicine*(Oxford: Oxford University Press, 1988) 참조.

3. Bechtold, *Adventure*, p. 45.
4. 앞의 책, p. 46.
5. 앞의 책, p. 49.
6. 앞의 책.
7. 앞의 책, p. 47.
8. 앞의 책, p. 49.
9. 앞의 책, p. 48.
10. Mierau, *Stiftung*, p. 47.
11. Bechtold, *Adventure*, p. 51.
12. Mierau, *Stiftung*, p. 170.
13. Eric Roberts, *Welzenbach's Climbs: A Biographical Study and the Collected Writings of Willo Welzenbach*(Goring, UK: West Col, 1980), p. 247.
14. Bechtold, *Adventure*, p. 55.
15. Roberts, *Welzenbach's Climbs*, p. 250.
16. Erwin Schneider, "Der Letzte Angriff," *Reichsportsblatt*, 1934.
17. Bechtold, *Adventure*, p. 65.
18. 앞의 책, p. 64.
19. 앞의 책.
20. 앞의 책, p. 69.
21. 앞의 책, p. 70.
22. 앞의 책.

6. 폭풍

1. 계급과 호전적 종족에 대한 논의는 광범위한 인류학 책들과 도르제 라투와의 면

담을 참조했다. 또한 다음 책들도 참조했다. Philip Mason, *A Matter of Honour: An Account of the Indian Army, Its Officers and Men*(London: Cape, 1974); David Omissi, *The Sepoy and the Raj: The Indian Army, 1860~1940*(Basingstoke: Macmillan, 1994); Tony Gould, *Imperial Warriors: Britain and the Gurkhas*(London: Granta, 1999).

2. 이 인용문은 아센브레너의 일기에서, 이어 나오는 인용구는 Bechtold, *Adventure*, pp. 73~76에서 발췌했다.
3. 그후 같은 해에 독일에서 사망자를 위한 추도 모임에서 행한 연설에서, 슈나이더는 경망스럽게도 "우리 포터들이 발밑의 이상한 나무 조각을 대고 움직이려 처음 시도할 때 넘어지는 모습"을 떠올렸다. Schneider, "Der Letzte Angriff."
4. 아센브레너는 세 명의 셰르파에게 자기 침낭을 남겨놓았다고 언급하지 않았으므로, 아마도 그 자신이 갖고 갔을 것이다.
5. Bechtold, *Adventure*, p. 77.
6. 후일 키타르가 베히톨트에게 자신들이 눈 속에 동굴을 팠다고 말했다고 베히톨트가 전한다. 이것은 오래된 고산 생존 수법으로 2년 전 낭가파르바트에서 독일인으로부터 포터들이 배울 수 있었을 것이다. 원리는 에스키모의 이글루와 같으나 얼음집을 짓는 대신에 파내려갔다. 그들은 피켈로 얼음에 구멍을 내고, 한 번에 한 사람만 간신히 비틀고 들어갈 만큼 입구를 만들었다. 그들은 입구 깊숙이 네 사람이 머물고 잠자기 충분한 크기의 굴을 팠다.

제대로 만들면 눈과 얼음의 두꺼운 벽이 바람과 추위를 막아준다. 천장을 낮게 만들고 입구를 좁게 하여 열기를 보존한다. 사람 넷의 체온이 굴 안의 온도를 상승시킨다. 그래도 온도는 여전히 영하이며, 그렇지 않으면 굴이 녹아내릴 수 있다. 하지만 이 온도는 밖에서, 심지어 텐트 안에서 자는 것보다 훨씬 따뜻하다.

어려운 점은 굴을 만드는 것이다. 얼음이거나 거의 얼음처럼 된 단단한 눈만 팔 수 있다. 그렇지 않으면 굴이 무너져버릴 것이다. 최소한 격렬한 등반만큼 노력이 필요하며, 보통은 두 시간 이상 걸리므로 고산인 히말라야에서는 특히나 어려운 작업이다. 식량도 물도 없이, 지친 네 명의 포터들에게는 분명 두 배로 어려웠을 것이다.

또한 베히톨트는 나중에 앙 체링, 가이라이 그리고 메르클이 얼음 동굴에서 하룻밤을 지냈다고 말하고 있다. 앙 체링은 그들이 눈 위에서 잤다고 말한다. 어쩌면 그의 기억이 잘못된 것일 수 있겠지만 그런 일을 잊는다는 것은 의아하다. 그리고 만일 그들이 얼음 동굴을 사용했다면, 독일인과 셰르파족이 함께 있었던 때인 고산 비박을 한 그 첫날밤에도 그들이 동굴을 팠으리라 생각할 수 있다. 하지만 그들은 파지 않았다. 나는 베히톨트가 고통스러웠던 일들을 숨기려 했다고 의심한다.

7. Bechtold, *Adventure*, pp. 78~79.

8. 앞의 책, p. 80.

9. 앞의 책.

7. 가이라이

1. 베히톨트는 1934년에 대한 책을 저술하면서 앙 체링이 그에게 고산 비박을 한 지 사흘째 다크시가 사망했고, 그리고 앙 체링과 가이라이가 그 이튿날 아침에 떠났다고 말했다고 기록했다. 앙 체링은 나에게 그가 떠날 때 다크시가 아직 살아 있었다는 것을 확신한다고 말했다. 안전한 곳에 결국 내려왔을 때조차 그는 사히브에게 다크시가 위쪽에 아직 생존해 있을지 모른다고 말했다. 나는 두 가지 이유로 그를 믿고 싶다. 첫째, 그가 누가, 언제, 어디서, 죽었다고 말한 내용은 정확했다. 둘째로, 살아 있는 사람을 남기고 떠난 것이 그의 잘못이라고 비난받을 수 있기에 그는 다크시가 살아 있었다고 말하지 않을 수도 있었다.

   이런 혼동이 일어난 이유는 원정이 끝날 즈음에 베히톨트가 앙 체링에게 분명히 감탄하고 그를 존중했기 때문인 것 같다. 그가 책을 쓰면서 주로 다루고 포장까지 했던 부분은 어떤 독일인들이 셰르파족을 뒤에 버려둔 반면에 셰르파족은 독일 등반가와 함께 남았다는, 셰르파족과 영국 등반가 사이에 널리 퍼진 공감대였다. 베히톨트는 앙 체링을 위해 그 사건을 윤색하려 했을지 모른다.

   노인인 앙 체링이 잘못 기억하고 있을 수도 있다. 하지만 나는 그렇지 않다고 생각한다.

2. 이것은 남체의 아누 셰르파와 나 자신의 〈금띠 두른 쿰부〉의 노랫말을 자연스럽

게 번역한 것이다. 이 노래는 카세트테이프 〈Music of the Sherpa people of Nepal: Shebrn Dance-Song of Namche(Khumbu)〉에 담겨 있고, Gert-Matthias Wegner (Kathmandu: Eco Himal, 1999)에 의해 녹음되었다.

3. 앙 체링 같은 이들에게는 모든 산이 신은 아니었다. 또한 그는 낭가파르바트가 신이라고 생각하지도 않았다. 현지 주민들이 셰르파들에게 산 위에 악마가 있으며 산 자체가 신령이라고 말해주었을 것이다. 이슬람교도로서 그들은 신령이 기도드릴 신이 아니라 두려워해야 하는 존재라고 생각한다.

4. Paul Bauer, *The Siege of Nanga Parbat, 1856~1953*, trans. R. W. Rickmens (London: Hart-Davis, 1956), p. 162.

5. 1934년도 앙 체링의 말에 기초한 베히톨트의 책은 포터들이 침낭을 하나 갖고 있었다고 적고 있다. 그 안에 눈이 너무 많아서 들어갈 수는 없었지만 한 사람은 방수포로 그것을 사용할 수 있었다. 앙 체링은 가이라이에게 침낭을 주었다. 반면 지금 앙 체링은 그들이 제8캠프를 버렸던 날 아침에 침낭 모두를 버려두었다고 말하고 있다.

   이 모순에는 두 가지 설명이 가능하다. 하나는 우리가 이야기를 나누었을 때 앙 체링이 96살이어서 잘못 기억하고 있다는 것이다. 그의 마음속에 그가 눈 위에서 덮을 것도 없이 잠을 잤다는 사실만 남아 있는 것이다. 다른 가능성은 베히톨트가 셰르파를 밖에서 자게 했다는 데 수치심을 느꼈기 때문에 이야기를 둘러댔다는 것이다.

6. Müllritter, in Bechtold, *Adventure*, pp. 81~82.

7. 베히톨트는 피난하기 위해 눈 동굴을 만들었다고 말한다. 앙 체링은 눈 위에서 잤다고 말한다. 신체 조건이 좋고 휴식을 취한 등반가가 얼음 동굴을 파는 데 두 시간이나 그보다 오래 걸릴 것이다. 다시 나는 베히톨트가 사태가 원래보다 덜 심각했다고 꾸미려 한다고 의심한다.

8. Tenzing Norgay, *Autobiography*, p. 50.

9. Bechtold, *Adventure*, p. 83.

8. 다르질링

1. 앙 체링이 아이와아를 사진 속에서 짚었으나 확신하지는 못했다.
2. Bechtold, *Adventure*, p. 85.
3. 앞의 책, pp. 86~87.
4. Tenzing Norgay, *Autobiography*, p. 50.
5. 앙 체링이 갖고 있는 자신의 히말라야 클럽 일지.

9. 독일의 공격

1. Bauer, *Siege*, pp. 103~104
2. Paul Bauer to von Tschammer und Osten, December 4, 1934, in Mierau, *Stiftung*, p. 68. 루아르드 아브사로카(Ruard Absaroka) 번역.
3. Bauer to von Tschammer, December 10, 1934, in Mierau, *Stiftung*, p. 170.
4. Paul Bauer, *Himalayan Quest: The German Expeditions to Siniolchum and Nanga Parbat*, trans. E. G. Hall(London: Nicholson and Watson, 1938), p. 98.
5. Paul Bauer, "Nanga Parbat, 1937," *Himalayan Journal* 10(1938), p. 145.
6. Morris, in Kenneth Mason, "In Memoriam: The Porters Who Died on Nanga Parbat, 1937," *Himalayan Journal* 10(1938), pp. 191~192.
7. Hartmann's diary, in Bauer, *Quest*, p. 99. 1937년 낭가파르바트 원정에 대한 기술은 다음 자료에 기초한다. Bauer, *Quest*, pp. 97~150; Martin Pfeffer and others, "The Disaster on Nanga Parbat, 1937," *Alpine Journal* 255(1937), pp. 210~227; Bauer, "Nanga Parbat, 1937," pp. 145~158; Bauer, *Siege*; Mason, "The Porters," pp. 189~192.
8. Hartmann's diary, in Bauer, *Quest*, pp. 98~99.
9. Bauer, *Quest*, p. 129.
10. 다 툰두와 다른 사람들이 루프트와 함께 다시 올라갔다고 나는 추측한다. 그렇

지만 원전 자료에는 이것에 대한 언급이 없다. 그러나 긴 등반 인생에서 다 툰두는 언제나 모든 일에 대비하고 있었으며 적극적으로 행동했다. 그가 어떤 일이 벌어졌는지를 알려고조차 하지 않았다고는 상상하기 어렵다.

11. 이번에 바우어는 다 툰두가 올라갔다고 지적하고 있다.

12. Bauer, *Siege*, p. 113.

13. 앞의 책, p. 114.

14. H. W. Tilman, *Mount Everest, 1938*(Cambridge: Cambridge University Press, 1948), p. 27.

15. Bauer, *Siege*, p. 113.

16. 앞의 책, pp. 161~162. 그리고 Fritz Bechtold, preface to second edition of *Deutsche am Nanga Parbat*(Munchen: F. Bruckman, 1939), pp. 1~7 참조.

17. Bauer, *Siege*, pp. 160~161.

18. 사진을 Mierau, *Stiftung*, p. 136에서 찾아볼 수 있다.

19. Bauer, *Siege*, p. 166.

20. 앞의 책.

21. 1939년의 낭가파르바트 원정에 관해서는 다음 자료를 참조했다. Peter Aufschnaiter, "Diamir Side of Nanga Parbat Reconnaissance, 1939," *Himalayan Journal* 14(1947), pp. 111~115; Lutz Chicken, "Nanga Parbat Reconnaissance, 1939," *Himalayan Journal* 14(1947), pp. 53~58; Bauer, *Siege*, pp. 175~180.

22. Anderl Heckmair, *My Life as a Mountaineer*, trans. Geoffrey Sutton(London: Gollancz, 1975), p. 124.

23. Peter Aufschnaiter, "Escape to Lhasa, 1944~1945," *Himalayan Journal* 14(1947), pp. 116~120; Heinrich Harrar, *Seven Years in Tibet*, trans. Richard Graves(London: Flamingo, 1997, first published 1955); Hans Kopp, *Himalaya Shuttlecock*, trans. H. C. Stevens(London: Hutchinson, 1957), pp. 69~160.

10. 셰르파 생존자들

1. H. W. Tilman, *The Ascent of Nanda Devi*(Cambridge: Cambridge University Press,1937), p. 63.
2. 앞의 책, p. 28.
3. Photographs-Andrew Kaufman and William Putnam, *K2: The 1939 Tragedy*(Seattle: Mountaineers, 1992), after p. 48.
4. Kaufman and Putnam, *K2*, pp. 33~34. 1939년 원정에 대한 기술을 나는 주로 등반가 잭 듀런스의 미공개이자 중요한 일기에 접근했던 카우프먼과 푸트남의 책에 기초한다. 그들의 책은 증거를 사용하는 데 있어 현명하고, 연민이 넘치며, 조심스럽다. 나는 대부분 그들의 판단을 따랐다. Chappell Cranmer and Fritz Wiessner, "The Second American Expedition to K2," *American Alpine Journal* 4(1940), pp. 9~19; Eaton Cromwell, "Obituaries, Francis Dudley Wolfe," *American Alpine Journal* 4(1940), pp. 121~123; George Sheldon, "Lost Behind the Ranges," *Saturday Evening Post*, March 16 and 23, 1940; Fritz Wiessner, "The K2 Expedition of 1939," *Appalachia* 31(1956), pp. 60~77 참조.
5. G. O. Dyhrenfurth, *To the Third Pole: The History of the High Himalaya*, trans. Hugh Merrick(London: Werner Laurie, 1955), p. 80.
6. 곤덴과 다와 템바와의 면담.
7. "In Memoriam: Pasang Kikuli, Phinsoo Sherpa and Pasang Kitar," *Himalayan Journal* 12(1940), pp. 134~135.
8. Frank S. Smythe, *Kamet Conuered*(London: Gollancz, 1932), p. 96.
9. Frank S. Smythe, *The Valley of Flowers*(London: Hodder and Stoughton, 1938), pp. 8~9.
10. 앞의 책, p. 113.
11. 케타르나스에서 일어났던 일에 대한 다음의 기술은 다음 자료에 나타난, 오히려 서로 다른 기술을 근거로 하고 있다. Tenzing Norgay's *Autobiography*, pp. 103~106; A. Lohner, Andre Roch, Alfred Sutter, and Ernst Feuz, "The Swiss

Garwhal Expedition of 1947," *Himalayan Journal* 15(1949), pp. 26~28. 그리고 도르제 라투가 많은 세월이 흐른 뒤에 스위스에서 앙드레 로쉬로부터 들었던 이야기는 도르제 라투의 면담으로부터 나왔다.

12. Tenzing Norgay, *Autobiography*, pp. 105~106.

11. 텐징이 안내인을 만나다

1. 등반 초창기에 관한 재미있는 일화는 Peter Hansen, "Albert Smith, the Alpine Club, and the Invention of Mountaineering in Mid-Victorian Britain," *Journal of British Studies* 34(July 1995), pp. 300~324 참조.
2. John Morris, *Hired to Kill*(London: Hart-Davis, 1960), p. 145.
3. 페졸트의 삶에 대한 기술은 그의 부인이 쓴 책에 근거했다. Patricia Petzoldt, *On Top of the World: My Adventures with My Mountain-Climbing Husband* (London: Collins, 1954). 이 책은 오랫동안 절판되었으나 기회가 있어 읽는다면 즐거운 책읽기가 될 것이다
4. 앞의 책, p. 57.
5. 앞의 책, p. 79.
6. 앞의 책, p. 87.
7. 앞의 책, p. 105.
8. 앞의 책, pp. 140~141.
9. 앞의 책, p. 146.
10. Maurice Herzog, *Annapurna: Conquest of the First 8,000-Metre Peak*, trans. Nea Morin and Janet Smith(London Paladin, 1986, first published 1952), p. 71.
11. 앞의 책, p. 96.
12. 앞의 책, pp. 137~138.
13. 1952년 스위스 원정대에 대한 기술은 주로 Tenzing, *Autobiography*, pp. 182~220을 근거로 한다. 또한 갈첸, 나왕 곰부, 밍마 체링, 앙 체링과의 면담과

Rene Dittert, Gabriel Chevalley, and Reymond Lambert, *Forerunners to Everest: The Story of the Two Swiss Expedition of 1952*, trans. Malcolm Barnes(London: Allen and Unwin, 1954) 참조.

14. Tenzing, *Autobiography*, p. 182.
15. 앞의 책, p. 221.
16. 앞의 책, p. 184.
17. 앞의 책, p. 185.
18. 이어지는 인용구들은 앞의 책, pp. 193~201 참조.
19. 앞의 책, pp. 209~210.

12. 어느 사다의 시련

1. 이 시점에서 셰르파족이 어디에 있었는지, 그들이 어느 원정대에서 일했는지에 대한 유익하고 자세한 기술은 L. Krenek, "Roll of Darjeeling Porters," *Himalayan Journal* 16(1950~1951), pp. 121~133 참조.
2. Tenzing, *Autobiography*, pp. 222~223.
3. 앞의 책, p. 231.

13. 1953년

1. Karl Herrligkoffer, *Nanga Parbat*, trans. Eleanor Brockett and Anton Ehrenzweig(London: Elek, 1954), p. 97. 1953년 낭가파르바트 원정에 대한 기록은 Herrligkoffer, pp. 97~238; Hermann Buhl, *Nanga Parbat Pilgrimage*, trans. Hugh Merrick(London: Penguin, 1982, first published 1956), pp. 338~420에 근거했다. 그리고 다음 기록들도 유용하다. G. J. Sutton, "Review of *The Siege of Nanga Parbat, 1856~1953*, by Paul Bauer," *Himalayan Journal* 20(1957), pp. 145~146; G. O. Dyhrenfurth, *To the Third Pole: The History*

of the High Himalaya, trans. Hugh Merrick(London: Werner Laurie, 1955), pp. 181~183.

2. Buhl, *Pilgrimage*, p. 44.

3. Herrligkoffer, *Nanga Parbat*, p. 135.

4. 앞의 책, p. 148.

5. 발트 사람들과 훈자 고소 포터들의 전통에 관해서는 Kenneth MacDonald and David Butz, "Investigating Portering Relations as a Locus for Transcultural Interaciton in the Karakorum Region, Northern Pakistan," *Mountain Research and Development* 18(1998), pp. 333~343; Kenneth MacDonald, "Push and Shove: Spatial Histroy and the Construction of a Potering Economy in Northern Pakistan," *Comparative Studies in Society and History* 40(1998), pp. 287~317 참조.

6. Buhl, *Pilgrimage*, pp. 380~381.

7. 앞의 책, pp. 392~393.

8. 1953년도 등정에 대한 주요 출처는 Tenzing Norgay, *Autobiography*; Edmund Hillary, *View from the Summit*(New York: Doubleday, 1999), pp. 1~20, pp. 104~117; John Hunt, *The Ascent of Everest*(London: Hodder and Stoughton, 1953); Walt Unsworth, *Everest*, 1st ed.(London: Allen Lane, 1981), pp. 314~342. 그리고 칸사와 나왕 곰부와의 면담이다. 또한 Edmund Hillary, *High Adventure*(London: Hodder and Stoughton, 1956), pp. 129~238; Emund Hillary, *Nothing Venture, Nothing Win*(London: Quality Book Club, 1976), pp. 144~162; Wifred Noyce, *South Col: One Man's Adventure on the Ascent of Everest, 1953*(London: Heinemann, 1954); George Lowe, *Because It Is There*(London: Cassell, 1959), pp. 20~40; James Morris, *Coronation Everest*(London: Faber, 1958) 참조.

9. Tenzing, *Autobiography*, p. 235.

10. Edmund Hillary, *View*, p. 112.

11. 앞의 책, p. 113.

12. 앞의 책, pp. 113~114.

13. Tenzing, *Autobiography*, p. 239.

14. Hillary, *View*, p. 116.

15. 그들에게는 또한 5킬로그램의 작은 통이 여러 개 있었으나, 내가 확인한 바로는 그들은 사우스 콜까지 오로지 큰 통만을 가져갔다.

16. Hillary, *View*, p. 3.

17. Tenzing, *Autobiography*, p. 252.

18. Hillary, *View*, pp. 4~5.

14. 집

1. Hillary, *View*, p. 20.

2. 1954년 초오유 원정에 관해서는 Herbert Tichy, *Cho Oyu: By Favour of the Gods*, trans. Basil Creighton(London: Methuen, 1957) 참조.

3. 텐징의 말년에 대해서는 그의 자서전 두번째 권을 참조했다. *After Everest: An Autobiography*, with Malcolm Barnes(New Delhi: Vikas, 1977).

4. Bauer, *Siege*, p. 100.

5. 팔텐의 생애에 관해서는 Makoto, *Sherpa*, pp. 207~231 참조.

| 출처와 참고문헌 |

나는 셰르파와 히말라야 등반에 관해 출판된 책들을 샅샅이 뒤졌다. 그러나 여기 수록된 참고문헌은 본문에 인용된 문헌만을 포함하고 있다. 불행히도 나는 뮌헨 소재 독일 산악회의 자료 중에서 1934년 낭가파르바트 원정에 대한 기록과 등반가의 일기에 접근할 수가 없었다. 독일 산악회는 지금까지 그들의 방대한 기록을 분류하고 목록을 만들 기금을 모금할 수 없어서 접근을 허락할 수 없다고 여기고 있다. 페터 미에라우는 지금까지 그 기록에 접근했던 유일한 역사학자이자 1930년대 독일 히말라야 재단에 대한 최근의 탁월한 역사에 대한 저자로서 그 자료가 정말로 사용하기 어려운 상태라는 것을 나의 연구 조교인 루아르드 아브사로카에게 확인시켜 주었다. 더구나 1934년의 독일과 오스트리아의 역전의 등반가들 모두가 죽었다.

이것은 불행한 일이지만 겉으로 보이는 만큼 아주 큰 약점은 아니다. 왜냐하면 원래 이 책은 유럽 등반가들보다는 셰르파족에 대한 책이기 때문이다. 나의 주요 비문헌 출처는 셰르파인 등반가, 그들 부인 그리고 자녀들과 가진 면담이었다.

나는 1995년 남체에서 두 달, 1997년에 한 달, 그리고 2000년에 넉 달을 그곳에서 보냈다. 1995년 동안 나는 그곳에서 느왕 도카의 지도로 셰르파어를 공부했으며, 2000년에는 아누를 교사로 하여 공부했다. 나는 셰르파어로 기본적인 대화를 나눌 수 있었다. 셰르파어를 말하는 곳에서 나는 종종 그들과 혼자서 면담을 했고, 어떤 때는 아누를 통역자로 데리고 갔다. 많은 사람들이 웬만큼 영어를 할 줄 알았으며 그런 곳에서는 영어로 면담했다. 그들이 네팔어를 말하는 곳에서는 친척이나 친구 중 한 사람이 나에게 통역을 하곤 했다.

구전 역사를 다루는 일반적인 방법은 먼저 정보 제공자를 만나서, 녹음을 하고 그 다음 녹음테이프의 필사본을 만드는 것이다. 나는 셰르파어로 작업할 때 몇 번 이 방법을 썼다. 하지만 나는 마찬가지로 좀더 비공식적 방법에 의존했다. 나는 두 가지 의존할 만한 면담 경험을 갖고 있었다. 1971~1973년 사이에 나는 아프가니스탄에서 인류학 현장 조사를 했으며, 그리고 뒤에 몇 년 동안 영국에서 건강 진료소의 상담자로 일했다. 두 번의 경험에서 나는 사람들을 똑바로 쳐다보고, 주의 깊게 들으며, 면담 후에 말을 줄여 기록을 자세히 쓸 수 있도록 하는 훈련을 할 수 있었다. 훈련을 하면 엄청난 양을 기억할 수 있다. 이 방법의 큰 장점은 면담자의 말을 잘 듣는 청취자가 된다는 것이다. 기억하려고 애를 쓰다보면 정말로 남의 말을 잘 듣도록 노력하게 된다. 사람들이 당신의 얼굴 표정을 살펴보거나, 또는 그렇게 하지 않기에 말을 잘하는지 못하는지는 신경 쓰지 않게 된다.

나는 또한 사람들을 계속해서 찾아가 만나보는 것이 도움이 된다는 것을 인류학과 상담을 통해 배웠다. 이를 통해 사람들이 나를 알게 되고 나에게 무슨 말을 해주어야 하며, 내가 무엇을 이해할 수 있는지를 판단할 수 있게 된다.

이 조사에서 나는 또한 듣고 기억하는 것이 중요하다는 것을 깨달았다. 내가 기억하지 못하면, 되돌아가서 다시 물었다. 나는 어떤 면담에서는 네팔어와 셰르파어로 녹음테이프를 만들었다. 그러나 더 많은 경우에 만들지 않았다. 여러 경우에, 특히 앙 체링과의 나중 면담에서처럼 그가 나를 잘 알 때는 진행해가면서 기록을 했다. 대부분의 경우에는 끝날 때까지는 기록을 하지 않았다. 모든 이들이 내가 책을 저술하는 역사학자인 줄 알았으며, 그래서 그들은 적절히 편집해서 말을 했다. 그들은 기록될 것을 염두에 두고 이야기를 했다. 나는 사람들이 나에게 말한 것을 아무것도 감추지 않았다. 하지만 어떤 경우에는 출처를 제시하지 않았다.

조사가 끝난 뒤에 나는 영어만 사용하여 통역자와 일을 할 수 있으리라고 생각했었다. 하지만 만일 그렇게 했다면 나는 사람들이 생각했고 느꼈던 많은 것들을 놓쳤으리라 확신한다. 내 셰르파어 실력은 기껏해야 기초 수준이었다. 하지만 그 말을 배우려고 노력함으로써 나는 셰르파 문화의 어떤 복잡한 부분까지 들여다볼 수 있었다.

또한 나는 쉽게 면담할 수 있었다. 책에서는 아마도 드러나지 않을 것이나, 여전히 중요한 것은 도합 7개월 동안을 남체에 살았기 때문에 과거에 어떤 일이 일어났는지를 이해하는 데 커다란 차이가 있다는 것이다. 특히 중요했던 것은 사람들이 부엌에 앉아서 누가 왔다 가는지를 관찰하는 것과, 또한 트레킹 여행자들과 등반가들이 오늘날 셰르파를 대우하는 모습을 보는 것이었다.

⊙ **면담 기록**

앙 라무	2000년 2월에서 4월 사이에 남체에서 셰르파어로 여러 번.
앙 푸르바	2000년 5월과 12월에 다르질링에서 영어로 일고여덟 번.
앙 리타 셰르파	2000년 4월에 쿤데의 카트만두에서 영어로 일고여덟 번.
앙 타시	1997년 쿰중에서 영어로 한 번.
앙 체링	2000년 5월과 7월에 다르질링에서 여러 번.
아누	2000년 2월에 남체에서 영어로 여러 번.
체왕 니마	2000년 2월에 타메에서 영어로 한 번.
다와 템파	2000년 5월과 12월에 다르질링에서 영어로 여러 번.
도르제 라투	2000년 5월과 12월에 다르질링에서 영어로 여러 번.
갈첸	2000년 4월에 남체에서 셰르파어로 두 번.
곤덴	2000년 12월에 다르질링에서 네팔어로 한 번.
제이미 맥그네스	2000년 3월에 남체에서 영어로 일고여덟 번.
카미 리타	2000년 2월에 타메에서 영어로 두 번.
칸사	2000년 1월에서 4월 사이에 남체와 영어로.
라크타 디키	2000년 12월에 다르질링에서 네팔어로 한 번.
라무 이티	2000년 12월에 다르질링에서 네팔어로 한 번.
밍마 체링	2000년 2월에 타메에서 영어로 한 번.
남두	2000년 3월과 4월에 남체에서 셰르파어로 일고여덟 번.
나왕 곰부	2000년 5월과 12월에 다르질링에서 영어로 두 번.
느왕 도카	1995년,1997년, 2000년에 남체에서 셰르파어로 여러 번.
파상 디기	2000년 2월에 타메에서 셰르파어로 한 번.
파상 카미	2000년 3월과 4월에 남체에서 영어로 일고여덟 번.
파상 푸타르	2000년 5월과 12월에 다르질링에서 셰르파어와 네팔어로 두 번.
파상 푸티	2000년 12월에 다르질링에서 네팔어로 한 번.
코로넬 체링 도마 폴	2000년 12월에 영어로 두 번.

펨바 2000년 1월에서 4월까지 남체에서 영어로 일고여덟 번.

푸 시타 2000년 4월에 쿤데에서 셰르파어로 한 번.

타와 2000년 1월에서 4월 사이에 카트만두, 루크라, 그리고 남체에서 영어와 셰르파어로 여러 번.

⊙ 참고문헌

Adams, Vincanne. *Tigers of the Snow (and Other Virtual Sherpas): An Ethnography of Himalayan Encounters*. Princeton: Princeton Universtiy Press, 1996.

Ahluwalia, H. P. S. *Faces of Everest*. New Delhi: Vikas, 1978.

Allen, W .S. *The Nazi Seizure of Power: The Experience of a Single German Town, 1930~1935*. Chicago: University of Chicago Press, 1965.

Amin, Shahid. "Gandhi as Mahatma: Gorakhpur District, Eastern UP, 1921~1922." *Subaltern Studies*(Delhi: Oxford University Press) 3(1984), pp. 1~61.

__________. *Event, Metaphor, Memory: Chauri Chara in 1922*. Delhi : Oxford University Press, 1995.

Aufschnaiter, Peter. "Diamir Side of Nanga Parbat Reconnaissance, 1939." *Himalayan Journal* 14(1947), pp. 111~115.

__________. "Escape to Lhasa, 1944~1945." *Himalayan Journal* 14(1947), pp. 116~120.

Bauer, Paul. *Himalayan Campaign : The German Attack on Kangchenjung, the Second Highest Mountain in the World*. Trans. Summer Austin. Oxford : Basil Blackwell, 1937.

__________. *Himalayan quest: The German Expeditions to Siniolchum and Nanga Parbat*. Trans. E. G. Hall. London: Nicholson and Waston, 1938.

__________. "Nanga Parbat, 1937." *Himalayan Journal* 10(1938), pp.145~158.

__________. *The Siege of Nanga Parbat, 1856~1953*. Trans. R. W. Rickmers. London: Hart-Davis, 1956.

Bechtold, Fritz. *Deutsche am Nanga Parbat*. 2nd ed. Munchen: F. Bruckman, 1939.

__________. "The German Expedition to Nanga Parbat, 1934." *Himalayan Journal* 7(1935), pp. 27~37.

__________. *Nanga Parbat Adventure*. Trans. H .E .G. Tyndale. London: John Murray, 1934.

Bruce, Charles Granville. *Himalayan Wanderer*. London: Maclehose, 1934.

__________. *Twenty Years in the Himalayas*. London: Edwin Arnold, 1910.

Bruce, Charles Granville, et al. *The Assault on Mount Everest, 1922*. New York: Longmans Green, 1923.

Bubba, Tanka. *Dynamics of a Hill Society: The Nepalis in Darjeeling and Sikkim Himalayas*. Delhi: Mittal, 1989.

Buhl, Hermann. *Nanga Parbat Pilgrimage*. Trans. Hugh Merrick. London: Penguin, 1982, first published 1956.

Chakrabarty, Dipesh. *Rethinking Working-Class History: Bengal, 1890~1940*. Delhi: Oxford University Press, 1989.

Chicken, Lutz. "Nanga Parbat Reconnaissance, 1939." *Himalayan Journal* 14(1947), pp. 53~58.

Collie, J. Norman. *Climbing on the Himalaya and Other Mountain Ranges*. London: David Douglas, 1902.

Cranmer. Chappell, and Fritz Wiessner. "The Second American Expedition to K2." *American Alpine Journal*(1940), pp. 9~19.

Crawford, C. G. "Everest 1933: Extracts from the Everest Diary of C. G. Crawford." *Alpine Journal* 46(1934), pp. 111~129.

Cromwell, Eaton. "Obituaries, Francis Dudley Wolfe." *American Alpine Journal* 4(1940), pp. 121~123.

Dash, A. J. *Darjeeling* Alipore, Bengal: Bengal District Gazetteers, 1947.

Dittert, Rene. Gabriel Chevalley, and Raymond Lambert. *Forerunners to Everest: The Story of the Two Swiss Expeditions of 1952*. Trans. Malcolm Barnes. London: Allen and Unwin, 1954.

Dozey, E. C. A *Concise History of Darjeeling District since 1835*. Calcutta: Mukherjee, 1922.

Drexel, Alfred. "Im Angesicht des Nanga Parbat." Reichsportsblatt, 1934.

Dyhrenfurth, G. O. *To the Third Pole: The History of the High Himalaya*. Trans. Hugh Merrick. London: Werner Laurie, 1955.

Fisher, James. *Sherpas: Reflections on Change in Himalayan Nepal*. Berkeley: University of California Press, 1990.

French, Patrick. *Younghusband: The Last Great Adventurer*. New York: HarperCollins, 1995.

Fürer-Haimendorf, Christoph von. *Himalayan Traders: Life in Highland Nepal*. London: John Murray, 1975.

__________. *The Sherpas of Nepal: Buddhist Highlanders*. London: John Murray, 1964.

__________. *The Sherpas Transformed: Social Change in a Buddhist Society of Nepal*. New Delhi: Motilal Barnarsidas, 1984.

Gilman, Peter, and Leni Gilman. *The Wildest Dream: Mallory, His Life and Conflicting Passions*. Seattle: Mountaineers, 2000.

Gluckstein, Donny. *The Nazis, Capitalism and the Working Class*. London: Bookmarks, 1989.

"Gold-Patterned Khumbu." On the cassette *Music of the Sherpa People of Nepal: Shebru Dance-Songs of Namche*(Khumbu). Recorded by Gert-Matthias Wegner. Kathmandu: Eco Himal, 1999.

Goldstein, Melvyn. *A Modern History of Tibet, 1913~1951: The Demise of the Lamaist State*. Berkeley: University of California Press, 1989.

Could, Tony. *Imperial Warriors: Britain and the Gurkhas*. London: Granta, 1999.

Hansen, Peter. "Albert Smith, the Alpine Club, and the Invention of Mountaineering in Mid Victorian Britain." *Journal of British Studies* 34(July 1995), pp. 300~324.

__________. "The Dancing Lamas of Everest: Cinema, Orientalism, and Anglo-Tibetan Relations in the 1920s." *American Historical Review* 101, no.3(1996), pp. 712~747.

Harman, Chris. *The Lost Revolution: Germany, 1918~1923*. London: Bookmarks, 1982.

Harrar, Heinrich. *Seven Years in Tibet*. Trans. Richard Graves. London: Flamingo, 1997, first published 1955.

Harris, Clare. *In the Image of Tibet: Tibetan Painting after 1959*. London: Reaktion, 1999.

Heckmair, Anderl. *My Life as a Mountaineer*, Trans. Geoffrey Sutton. London: Gollancz, 1975.

Herrligkoffer, Karl. *Nanga Parbat*. Trans. Eleanor Brockett and Anton Ehrenzweig. London: Elek, 1954.

__________. *Willy Merkl: Ein Weg Zum Nanga Parbat*. Munchen: Rudolf Rother, 1937.

Herzog, Maurice. *Annapurna: Conquest of the First 8,000-Metre Peak*. Trans. Nea Morin and Janet Smith. London: Paladin, 1986, first published 1952.

Hillary, Edmund. *High Adventure*. London: Hodder and Stoughton, 1955.

__________. *Nothing Venture, Nothing Win*. London: Quality Book Club, 1976.

__________. *View from the Summit*. New York: Doubleday, 1999.

Holzel, Tom, and Audrey Salkeld. *The Mystery of Mallory and Irvine*. London: Cape, 1986.

Houston, Charles. *Going Higher: Oxygen, Man and Mountains*. 4th ed. Shrewsbury: Swan Hill Press, 1999.

Howard-Bury, Charles K., et al. *Mount Everest: The Reconnaissance, 1921*. London: Edwin Arnold, 1922.

Hunt, John. *The Ascent of Everest*. London: Hodder and Stoughton, 1953.

"In Memoriam: Pasang Kikuli, Phinsoo Sherpa and Pasang Kitar." *Himalayan Journal* 12(1940), pp. 134~135.

Kauffman, Andrew, and William Putnam. *K2: The 1939 Tragedy*. Seattle: Mountaineers, 1992.

Kershaw, Ian. *Hitler, 1888~1936: Hubris*. London: Allen, Lane, 1999.

Knowlton, Elizabeth. *The Naked Mountain*. New York: Putnam, 1933.

Kopp, Hans. *Himalaya Shuttlecock*. trans. H. C. Stevens. London: Hutchinson, 1957.

Krenek, L. "Roll of Darjeeling Porters." *Himalayan Journal* 16(1950~1951), pp. 121~133.

Lama, Sherpa Thupten, *The Sherpa and Sharkhumbu*. Kathmandu: Eco Himal. 1999

Lohner, A., Andre Roch, Alfred Sutter, and Ernst Feuz. "The Swiss Garwhal Expedition of 1947." *Himalayan Journal* 15(1949), pp. 18~45.

Longstaff, Tom. *This My Voyage*. London: John Murray, 1950.

Lowe, George. *Because It Is There*. London: Cassell, 1959.

MacDonald, A. W. "The Lama and the General." *Kailash* 1, no. 3(1973), pp. 225~234.

MacDonald, Kenneth. "Push and Shove: Spatial History and the Construction of a Portering Economy in Northern Pakistan." *Comparative Studies in Society and History* 40(1998), pp. 287~317.

MacDonald, Kenneth, and David Butz. "Investigating Portering Relations as a Locus for Transcultural Interaction in the Karakorum Region, Northern Pakistan." *Mountain Research and Development* 18(1998), pp. 333~343.

Makoto, Nebuka. *Sherpa: Death and Glory in the Himalayas*. In Japanese. Tokyo: Yamato Keikokusha, 1966.

Mason, Kenneth. "In Memoriam: The Porters Who Died on Nanga Parbat, 1937". *Himalayan Journal* 10(1938), pp. 189~192.

Mason, Philip. *A Matter of Honour: An Account of the Indian Army, Its Officers and Men*. London: Cape, 1974.

Mierau, Peter. *Deutsche Himalaya Stiftung: Ihre Geschichte und Ihre Expeditionen*. Munchen: Bergverlag, 1999.

Morris, James. *Coronation Everest*. London: Faber, 1958.

Morris, John. *Hired to Kill*. London: Hart-Davis, 1960.

Noel, John. *Through Tibet to Everest*. London: Edwin Arnold, 1927.

Norgay, Tenzing. *After Everest: An Autobiography*. With Malcolm Barnes. New Delhi: Vikas, 1977.

__________. *Man of Everest: The Autobiography of Tenzing*. Told to James Ramsey Ullman. London: Harrap, 1955.

Norton, E .F., et al. *The Fight for Everest: 1924*. New York: Longmans Green, 1925.

Noyce, Wilfred. *South Col: One Man's Adventure on the Ascent of Everest, 1953*. London: Heinemann, 1954.

Odell, Noel. "Reflections on Guideless Climbing." *American Alpine Journal*, 1930, pp. 123~124.

O'Malley, L .S. S. *Darjeeling District Gazetteer*. 1907 edition, reprinted no date.

Omissi, David. *The Sepoy and the Raj: The Indian Army, 1860~1940*. Basingstoke: Macmillan, 1994.

Ortner, Sherry. *High Religion: A Cultural and Political History of Tibetan Buddhism*. New Delhi: Motilal Barnarsidas, 1989.

__________. *Life and Death on Mount Everest: Sherpas and Himalayan Mountaineering*. Princeton : Princeton University Press, 1999.

__________. *Sherpas Through Their Rituals*. Cambridge : Cambridge University Press, 1978.

Petzoldt, Patricia. *On Top of the World: My Adventures with My Mountain-Climbing Husband*. London: Collins, 1954.

Pfeffer, Martin, et al. "The Disaster on Nanga Parbat, 1937." *Alpine Journal*

255(1937), pp. 210~227.

Rittenberg, Stephen. *Ethnicity, Nationalism and the Pakhtuns: The Independence Movement in India's North-West Frontier Province*. Durham, N. C.: Carolina Academic Press, 1988.

Roberts, Eric. *Welzenbach's Climbs: A Biographical Study and the Collected Writings of Willo Welzenbach*. Goring, UK: West Col, 1980.

Robertson, David. *George Mallory*. London: Faber, 1969.

Russell, Scott. "Geroge Finch—The Mountaineer. A Memoir." In George Ingle Finch, *The Making of a Mountaineer*. 2nd ed. Bristol: Arrowsmith, 1988.

Sarkar, Sumit. *Modern India, 1885~1947*. 2nd ed. Basingstoke: Macmillan, 1989.

Schneider, Erwin. "Der Letzte Angriff". *Reichsportsblatt*, 1934.

Sen, Jahar. *Darjeeling: A Favoured Retreat*. New Delhi: Indus, 1989.

Sheldon, George. "Lost Behind the Ranges." *Saturday Evening Post*, March 16 and 23, 1940.

Sherpa, Ang Pinjo. *Sherpa Nepali English: A Language Guide for Beginners*. Kathmandu: Eco Himal, 1999.

Simpson, Joe. *Dark Shadows Falling*. London: Vintage, 1998, first published 1997.

__________. *Touching the Void*. London: Vintage, 1997, first published 1988.

Smythe, Frank S. *Camp Six: An Account of the 1933 Mount Everest Expedition*. London: Hodder and Stoughton, 1937.

__________. *Kamet Conquered*. London: Gollancz, 1932.

__________. *The Kangchenjunga Adventure*. London: Gollancz, 1930.

__________. *The Valley of Flowers*. London: Hodder and Stoughton, 1938.

Somervell, T. Howard. *After Everest: The Experience of a Mountaineer and Medical Missionary*. London: Hodder and Stoughton, 1936.

Stevens, Stanley. *Claiming the High Ground: Sherpas, Subsistence, and Envirmental Change in the Highest Himalaya*. New Delhi: Motilal

Barnarsidas, 1996.

Sutton, G. J. "Review of *The Siege of Nanga Parbat, 1856~1953*, by Paul Bauer". *Himalayan Journal* 20(1957), pp. 145~146.

Tichy, Herbert. *Cho Oyu: By Favour of the Gods*. Trans. Basil Creighton. London: Methuen, 1957.

Tilman, H.W. *The Ascent of Nanda Devi*. Cambridge: Cambridge University Press, 1937.

__________. *Mount Everest, 1938*. Cambridge: Cambridge University Press, 1948.

Unsworth, Walt. *Everest: A Mountaineering History*. 1st ed. London: Allen Lane, 1981.

Ward, Michael, James Milledge, and John West. *High Altitude Medicine and Physiology*. 2nd ed. London: Chapman Hall, 1995.

West, John. *High Life: A History of High-Altitude Physiology and Medicine*. Oxford: Oxford University Press, 1988.

Wiessner, Fritz. "The K2 Expedition of 1939." *Appalachia* 31(1956), pp. 60~77.

| 감사의 말 |

나는 많은 사람들에게 고마움을 표해야 한다. 가장 먼저 용기 있고 선한 다르질링의 앙 체링 셰르파의 도움이 없었다면 이 책은 지금보다 훨씬 내용이 떨어지는 것이 되었을 것이다.

남체의 느왕 도카는 나의 첫번째 셰르파어 교사로 차분한 분별력, 지력과 친절함을 갖춘 여성이었다. 나는 그곳에 머무를 때마다 남체의 친절한 주인이 되어주었던 그녀와 모든 가족, 특히 그녀의 어머니인 남두에게 감사한다.

2000년에 아누는 남체에 사는 내 셰르파어 교사였다. 경험 많은 등반가인 그는 셰르파의 문화, 일, 사랑, 믿음, 그리고 약점에 대해 통찰력이 넘치는 안내인이었다. 그는 자신의 사회와 인간 조건을 이해하고 있었고, 나의 연구 조사가 성과가 있기를 계속 갈망했다.

다르질링에서는 텐징 로둔과 라무 이티가 사려 깊은 주인이 되어주었다. 텐징 로둔, 다와 템파, 그리고 앙 푸르바 셰르파 소령은 친절한 통역자였다. 도르제 라투는 오랜 세월 동안 등반 역사에 대해 생각해왔고,

고맙게도 내가 이해하려고 애써왔던 많은 사회적인 과정들을 이야기해주었다. 체링 도마 폴과 그의 여동생은 크리스마스 이브에 감사하다는 말로는 모자랄 식사를 대접해주었다. 나는 특히 남체의 앙 라무에게 감사한데, 그녀는 여러 달 동안 차와 음식을 대접해주었다.

그리고 물론 내가 면담을 했던 다른 사람들에게도 나는 진심으로 고마움을 느낀다. 네팔에서는 칸사, 앙 라무, 아누, 앙 리타, 갈첸, 제이미 맥기네스, 밍마 체링, 남두, 느왕 도카, 파상 디기, 파상 카미, 푸 시타 그리고 타와가 면담에 응해주었다. 다르질링에 있는 앙 체링, 앙 푸르바 셰르파 소령, 다와 템파, 도르제 라투, 곤덴, 라크파 디키, 라무 이티, 나왕 곰부, 코로넬 체링 도마 폴, 파상 푸타르 그리고 파상 푸티에게도 나는 감사를 드려야 한다.

나는 또한 뉴햄프셔 주에 있는 다트머스 대학의 베이커 도서관, 런던에 있는 동양 및 아프리카 연구소의 도서관, 옥스퍼드 대학의 지리학 도서관, 그리고 이즈링턴에 있는 매너가든 도서관의 직원들에게 고마움을 전한다.

핌 펙킬디는 사진과 관련해 큰 도움이 되었다. 초고를 뛰어난 통찰력으로 주의 깊게 읽어준 독자들이 있었는데, 그들 모두 중요한 방법으로 초고를 수정하게 해주었다. 낸시 린디스파니, 로라 랭리, 리처드 모스, 테리 닐, 그리고 바바라 닐. 낸시는 나에게 지속적인 지원과 격려를 해주었으며 시상을 불러일으켰다. 그녀와 두 번씩이나 네팔에서 함께 일한 것은 아주 큰 행운이었다. 그녀는 내가 만난 최고의 현지 조사 연구원이고 그녀에게서 최대한 많이 배우려고 나는 노력했다.

뉴욕의 로라 랭리는 이상적인 대리인이자, 주의력 깊은 편집자이며, 요구를 많이 하기는 하지만 점잖고 명석한, 그리고 사업 수완이 좋은 사람이었다. 나는 20년 동안 전문 작가로 일해왔으며, 이 글을 읽는 동료 작가에게 한마디만 하자면 만일 당신이 로라를 대리인으로 선임할 기회가 있으면, 쾌히 응락하라고 말하고 싶다.

리처드 아브사로카는 독일 관련 조사와 번역을 도와주었다. 등반가들이 정확히 무슨 생각을 하고 있었는지에 대한 그의 사려 깊은 통찰력은 큰 도움이 되었다. 에드워드 린디스판은 일본어를 번역해주었으며 그에게도 역시 감사한다.

세인트 마틴 출판사에 근무하는 에즈라 프리츠는 이 책을 놀랄 만하게 편집해주었다. 그의 제안은 모두 도움이 되었고, 여러 곳에서 정말로 나를 뻗어 나가게 해주어 더 좋은 책으로 태어나게 했다. 스티브 볼트는 세심한 원고 편집을 했으며, 내가 수치감을 겪지 않도록 해주었다. 영국의 리틀 브라운에 근무하는 린다 실버만은 그림 선택과 페이지 배정을 하는 나를 이끌어주었고, 팀 위팅은 많은 면에서 도움이 되었다.

마지막으로, 나는 이 책을 나의 아버지 테리 월터 C. 닐에게 바친다. 아버지와 어머니가 우리 가족을 인도로 데려가주어서 나는 루디아나, 찬디가르 그리고 러크나우에서 3년간 유년 시절을 보냈다. 부모님들은 인도 친구 사이에서 비국적 이탈자로서의 삶을 조심스럽게 영위했고, 항상 우리를 그 도시에서 두번째로 좋은 학교에 보냈으며, 그래서 내 친구들 역시 모두 인도인이었다. 부모님으로부터 나는 노동을 하는 사람들의 말을 존경심을 가지고 경청하는 법을 배웠다. 테리는 인도 경제사 분야에서 개척적인 업적을 남겼고, 나는 이 책이 그의 발자취를 따라가는 것이라고 생각하고 싶다. 나는 아버지와 많은 산책을 하면서 산을 사랑하는 법을 배웠다. 그리고 내가 이 책을 절반 정도 썼을 때 정말 아주 침체의 늪에 빠진 적이 있었다. 나는 원고가 무엇인가 잘못되었다는 것을 알았으나, 무엇이 잘못인지 몰랐다. 아버지가 원고를 읽고 나서 나를 앉혀놓고, 나의 문제는 어깨너머로 유럽 등반가를 바라보면서 등반 관련 책을 쓰려고 애쓰는 것이라고 지적해주었다. 그는 나에게 말했다. "사히브들은 잊어버려. 누가 그들에게 관심이 있겠어? 셰르파들 이야기를 해봐." 그래서 나는 그렇게 했고 글이 물 흐르듯 써졌다.

| 찾아보기 |